2020

21天突破

公司战略与风险管理

Corporate Strategy and Risk Management

2020年注册会计师全国统一考试应试指导

李彬 编著　　BT学院 组编

CPA

李彬教你考注会®

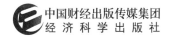
中国财经出版传媒集团
经济科学出版社

图书在版编目（CIP）数据

公司战略与风险管理. 2020/李彬编著. —北京：经济
科学出版社，2020.3
（李彬教你考注会）
ISBN 978 - 7 - 5218 - 1416 - 3

Ⅰ. ①公… Ⅱ. ①李… Ⅲ. ①公司 - 企业管理 - 资格
考试 - 自学参考资料②公司 - 风险管理 - 资格考试 -
自学参考资料 Ⅳ. ①F276.6

中国版本图书馆 CIP 数据核字（2020）第 046791 号

责任编辑：孙丽丽　胡蔚婷
责任校对：靳玉环
责任印制：李　鹏

公司战略与风险管理

李　彬　编著　BT 学院　组编
经济科学出版社出版、发行　新华书店经销
社址：北京市海淀区阜成路甲 28 号　邮编：100142
总编部电话：010 - 88191217　发行部电话：010 - 88191522
网址：www. esp. com. cn
电子邮件：esp@ esp. com. cn
天猫网店：经济科学出版社旗舰店
网址：http：//jjkxcbs. tmall. com
北京鑫海金澳胶印有限公司印装
787 × 1092　16 开　26.25 印张　710000 字
2020 年 4 月第 1 版　2020 年 4 月第 1 次印刷
ISBN 978 - 7 - 5218 - 1416 - 3　定价：57.00 元
（图书出现印装问题，本社负责调换。电话：010 - 88191510）
（版权所有　侵权必究　打击盗版　举报热线：010 - 88191661
QQ：2242791300　营销中心电话：010 - 88191537
电子邮箱：dbts@ esp. com. cn）

使用说明

满怀欣喜地又在春夏交叠之际与大家见面，2017 年是本套教材的出版元年，幸得各位同学的支持和喜爱，给予了编写组不尽的创意与动力，2020 年的再版相信会带给你们新的惊喜。

一、本书特点说明

初心不忘，我们的目标依旧是做一套真正符合青年学员胃口的注会辅导书，这意味着本套书需要在兼顾科学、全面的基础上，以简洁的语言、活泼的例证让你学通学透，这目标说白了就是一个字——"俗"。如何才能做到"俗"，我们一帮"俗人"做了诸多尝试。

关于章节设置。在章节设置上，我们做了较大的创新，以《会计》为例，我们将全书28 章重新整合化为总论、资产、负债和所有者权益、收入及财务报告、特殊事项 10 篇，其中资产篇为整本书的重中之重，资产（一）包含了按"初始计量—后续计量—处置"三段式处理方法进行会计处理的存货、固定资产、无形资产、投资性房地产；资产（二）则是讲述关联度极高的长期股权投资和企业合并报表两部分内容。审计、财务管理、税法等科目也重新搭建了全书构架，在每本书的前言皆有详细表述。

关于前言。有心的同学可能发现，我们这套书的"前言"都很长，像《会计》《审计》《财务成本管理》等，甚至从前言就开始讲述知识点。是因为 21 天的时间太紧迫了，要提前加课吗？确实是。**前言就像是一节先修课**。想要在 21 天内入手一门新的学科，其最大的难度在于对该领域建立整体的认知，所以在前言提纲挈领地为大家搭建好"手脚架"是提升大家"搬砖"速度的关键，在各科的前言中，我们将常见的问题拢了拢，一起呈现给你，希望你先大致略读一遍，有个印象，等真正遇到问题时，就能体会其中深意了。

关于双色。本书采用双色印刷，重要的词句均以彩色标识，这大大提升了我们的学习效率，同学们在阅读时也要对彩印部分加以重视。但切不可偷懒！**为避免造成"满篇皆是重点反而无重点的情况"，我们并没有对所有需要注意的语句进行标识**。各位同学在初学时要一视同仁，不可怀着侥幸心理只关注彩色部分，这可能使你错过理解重点难点的关键解释性段落。

关于提示。为了保证内容的严谨性，我们大多采用删减掉不必要语句段落的教材原文作为本书正文，并以【提示】的方式对原文知识点进行注解或重难点提示，对于【提示】的内容，请大家务必默读三遍以上，确保理解。

关于例题。书中所选择的例题覆盖近 5 年真题，同时收录教材和相关准则中的经典例题，紧扣考点，权威性强且含金量高。希望各位在学习、复习过程中通过例题多揣摩知识点的考查方式，将题目做会、做熟。

二、彬哥学习五法

这"五法"也讲究个顺序，首先要有良好而稳定的心态；其次是要按照框架法"从宏观到微观"再"从微观回到宏观"的反复学习；再次是题目至少做"三遍"，这里所说的三遍是每次连续地做三遍，短时间内高强度地重复可助你深刻体会一道题的精髓；然后就是要建立好改错本，这是整个学习过程中最具个性化也是成效最显著的环节；最后则是要在冲刺阶段善用真题去夯实基础、查缺补漏以及锻炼临场心态。

接下来，我们就详细讲讲这制胜五法。

* 第一法　彬哥心态法 *

心态，我一直认为是考试第一法，也是最重要的方法，我们准备考试时，心要似磐石，定而稳。当你身边出现各种嘈杂声音时，有嗤笑围观的，有摇头反对的，有约饭、约影、约旅游的，此时就别浪费时间感叹天地人狗皆不仁了，既然闲言碎语免不了，不如想想如何面对吧！

（1）树立必过的信念！即使每年报考的人犹如过江之鲫，而实际被端盘上菜的"烤生"只有40%左右，这40%中也会有很大比例的人并未做好充足准备，鳞未去，腹未剖。因此像你这种花数月时间认认真真把自己洗干净准备上"烤场"的人实属罕见，过关率会非常高的。因此，在准备注会的那一刻开始，我们就应该告诉自己，我只要认真复习了，那么过关就是必然的事情！

（2）学习过程中学会调节自己的心态！其实每个人的坚持都是有极限的，每过一段时间都有崩溃的感觉，轻则厌学，重则厌世，好不容易把炸毛的自己安抚好了，过了段日子又炸了。这种"心道好轮回"会反复循环发作，其实解决之法倒也不难，只要明白你不是一个人，这是每个考生都会面临的常态即可，放平心态，炸着炸着也就习惯了。

（3）学会取舍！有舍才有得，我们在学习知识的时候不需要一次性100%学完吃透！有选择性地放弃一点内容，留着第二遍、第三遍慢慢来补足反而更佳。比如，我们在学习第三章的时候，可能遇到了第十三章的概念，你也知道为了这个概念追本溯源先把第十三章看一遍是没必要的，所以此时最有效率的做法是在不影响我们总进度的前提下，把这块内容先放一放，往后继续学习，待后面学到了再回头看或许会有更加饱满的认知。其实大家不必多虑，对于这个问题，我们已经在相应位置为你做好了提示，你只需要把心放在肚子里，安安心心地学下去即可。

（4）动笔！动笔！动笔！好记性不如烂笔头，当你拿起书本的那一刻开始，你就要拿起你手中的笔，不断地在书上或讲义上画画写写，可能很多时候只是无心的一些勾画也能增强你的记忆，所以看书务必拿出笔。

（5）学而不思则罔，必须要学会深思。在手机面前，我们都是它忠实的奴仆，我们习惯性地每隔几分钟就要温柔地对它又抚又摸念念叨叨，导致我们总是在浅层次思考。可是在学习上，要想透彻地想明白一个知识点，对一种类型的题目触类旁通，就必须要形成自己的思维，不让自己沉下去思考怎么可能做到呢？因此，在学习的时候要学会摆脱手机的控制，深思2个小时强于浮躁地学习5个小时。

∗ 第二法　彬哥框架法 ∗

所谓框架法，就是"从宏观到微观"，然后"从微观回到宏观"。

如果是自学，那么框架法的应用如下：

1. 要读书，先读目录

学习整本书前，先翻一遍本书的大概章节，大致了解一下各章的内容，对本书有一定的初步了解。

学习每章之前，将每节的标题列出来，将每节的次级标题也可以列出来，比如合同法：合同法概述—合同的订立—合同的生效—合同的履行—合同的担保—合同的变更和转让—合同的终止—违约责任。

从标题中我们就可以发现本章的大致思路：合同订立了到底能否生效？生效了怎么履行？履行的过程中可能需要提供担保也可能变更？完成或者不能完成合同要终止，终止了谁有过错谁来承担责任。

纵观章节标题，我们可以对本章有个初步了解，当然在理清章节构架之后，还可以深入到每一节，借助小标题再理清一下每节构架。

2. 心怀框架，进入细节的学习

第三步就是进入到每节的细节学习，在细节的学习过程中可能会有一点点的乱。这时要心怀警惕，一旦有要乱的苗头就赶紧跳出包围圈重新去回顾一下自己列的框架，定位一下目前学到了哪里，理顺之后再继续深入学习。

3. 重新整理框架，再回"高地"

经过前面的学习，我们已经学完了本章，这个时候不要急急忙忙地学习下一章，最好重新拿出框架，做细化完善，这时你的框架就正式形成，再将这个框架熟记于心，你会发现这章知识你已经彻底掌握。

如果跟直播学习，那么框架法的应用如下：

（1）每科的第一课花 1 个小时时间熟悉整本书的内容，对整本书有大致的了解，对每章有大致的了解。

（2）在每章的学习中，花半个小时将本章的内容稍微详细地讲述一遍，对本章要阐述的基本问题做到心中有数，也是为了消除学生心中的紧张情绪和对未知事物的抵触。

（3）进入到每章节的细节学习。每次直播课学习的内容多达几十页，大家可能学到中间又会模糊，不知身在何处，我会带领大家跳出细节回到框架，定位当前的学习进度。当然在跟上节奏的前提下，希望各位自己也要学会这种跳出定位法。

（4）当所有内容学完再重新回到框架时，对框架的理解也会更加深刻。在此基础上，可以对着框架回忆细节，让框架的血肉更加饱满。

（5）下课后，要在适当的时点，多多回忆框架，这样学习、复习都会更加轻松。

∗ 第三法　彬哥三遍法 ∗

所谓三遍法的思想精髓就是"贪精不贪多"。回忆一下之前我们做题的习惯，很多时候我们做了一大堆的题目，可再做第二遍时又感觉和没做一样。这是因为你对这众多的题目没有消化分解，故而难免积食。我认为做题的目的在于消化吸收，才能做到举一反三，而不仅仅止于完成。

遇见好题目，就像遇见你心爱的恋人一般，看见之后都应该有兴奋的感觉、都应该有喜极而泣的感觉、都应该有爱不释手的感觉、都应该有马上搞懂抄下来的冲动。题目不在多，而在精，课本的例题是最好的练习题，默写几遍都不为过。真题是第二好的题目，也需要多思考几遍才能使其发挥应有的价值。

那么三遍法该如何应用呢？

第一遍，看到好的题目，自己独立做一遍，正确弄懂这道题考点在哪里？妙在哪里？错误了要思考几分钟之后看着答案搞懂，然后问问自己思维误区在哪里？

第二遍，在第一遍的基础上，马上重新做一遍，其实对一道较长的题目，马上做依旧会出错，可借此再次检验自己的思维误区。

第三遍，在第二遍的基础上赶紧再重做一遍，这个时候你会感觉到彻底消化了这道题目，这才是好题的正确打开方式。

经历了上面的三个步骤，你已经初步掌握了好题，但是也要时刻拿出来重温，对于做错的题目和特别好的题目，应该记入你的改错本。

＊ 第四法　彬哥改错本法 ＊

就像你上高中时班主任耳提面命地让你抄错题一样，我也要一次一次地将改错本拎出来告诉你它的妙用。改错本法是经过实际验证卓有成效的方法，因为每个人的思维都是定式的，第一遍出错时，我们以为看了答案就足够了，但要真的从潜意识里纠正误区，需要下狠功夫，死皮赖脸地去磨、去看，直到让错误思维烦不胜烦地自己出走，才算罢休，这就是改错本法。

1. 改错本只是记录错题吗

改错本不只是记录错题，还应该记录经典的题目。

2. 改错本的格式

如果是短题目：第一步，抄写上题目；第二步，写上你的错误方式；第三步，纠正你的错误；第四步，写上总结，总结是自己为什么错误了，思路有什么问题，这类题目以后怎么办。

如果是长题目：题目太长的话，则无须抄写，但是要详细写明从这道题中你学到的知识，你的思路出错的地方。

3. 错题本该怎么用

首先，利用业余时间要多翻翻改错本，不断地修正自己的错误和学习经典的题目。

其次，一定要学会"撕掉"改错本，一本改错本看了10多遍之后，你会发现很多题目已经烂熟于心了，而且对你意义也不大了，但是有些题目你却特别喜欢，这个时候你就需要将前面经典的部分抄写到新的地方，前面的改错本要学会"撕掉"。

请记住："慢即是快"，不要去节约改错本这点时间，从这里获得的收获远远大于你的付出，这也是将外在的知识内化成自己的知识必经的一步。

＊ 第五法　彬哥真题法 ＊

"书上例题＋真题"是学习注会甚至是学习所有考试科目的最好的练习题，试想，这么多年的考试，任何一个考点基本都有所涉及，如果我们能够将真题涉及的每个考点都吃透，那么考试还怕什么呢？

因此，除了书上例题之外，真题就是我们最重要的习题资料，务必"内化"成自己的知识。所谓"内化"就是将真题的考点真正地消化成自己的，那么也需要经历上面说过的几点：

（1）心态上务必重视真题，真题的每一道题目都要重视；

（2）在每章节的经典习题里面，会涉及很多真题，在每章节的习题中要弄明白真题的考点；

（3）学习完之后，将汇总的每年的完整的真题重新做 3 遍以上，以便弄明白每年的考点都是怎么分布，整套试卷是什么感觉？

（4）将真题的答案在 Word 中完整地动手打出来，感受一下机考的时候打字的感觉。

"彬哥学习五法"是基本方法的总结，也是在大量实践中不断总结改进所得出的，其核心思想就是将知识真正消化，真正消化并不是靠完全的背诵，而是"动笔＋思考"的有机结合。如果只是纯粹的看书、做题、抄错题本，而不动脑筋思考，那最终的分数必然很低，因为根本没有完全消化。如果只是盯着书本，笔都不拿地在脑子里头脑风暴，分数可能也就 60 分左右，稍有不慎就和过关失之交臂了，因为在真正的考试中你就会发现自己的下笔无神，一边写一边战战兢兢，对错就完全听天由命了。

总之，合理运用好上面的五法，多尝试"动笔＋思考"的模式，相信会给同学们的学习多一份助力。

三、21 天计划及使用方法

在讲述 21 天学习计划时，我们首先要强调，**本学习计划可能不适合于所有人**，即使本方法是我们的教研团队将每门课程的章节设置特点、记忆规律与在教学实践中无数学生的经验反馈相结合并经反复推敲设计而成。但我们坚信该计划适用于绝大多数考生朋友，是否每位同学都能将这套计划发挥出其最大的价值，还要因人而异。直白地说，本计划只适合于那些**有决心、有定力、肯吃苦并在这 21 天中每天能够拿出一个专门的时段（4 小时左右）专心攻克一门科目**的同学，对于连专心和投入都做不到的同学，我想，再精巧的计划也无济于事，所以在各位考生朋友开始学习本书之前，先问自己几个问题。

➢ **我已经准备好学习一门新的学科了吗？**

➢ **在这 21 天中，我能够每天至少确保 3 个小时的学习时间吗？**

➢ **在接下来的计划中，我可能面临着极大的理解压力和复习压力，我真的做好准备去攻克，无论遇到什么样的困难都不退缩了吗？**

如果上面三个问题，你的答案都是肯定的，那么就请进入下一环节——请听我给大家解释一下本套丛书 21 天计划的设计理念。

其一，关于 21 天。初学者最初接触到一门新鲜的学科，总会感到无所适从，对未知的恐惧会造成不断的自我怀疑，"我这样做可不可以？""我是不是又走了弯路？""为什么这门课我还是零零散散毫无印象？"这是正常的心理状态，随着认知的不断深入，你对一个新鲜的概念越来越熟悉，对其特性越来越了解，心理就会感到安定。在学习的后期不需要他人替你引导，你也可以根据自己的实际情况制订最适合自己的学习计划。授人以鱼不如授人以渔，这套书要做的就是带你入门。

那么为什么是 21 天呢？美国医学博士麦克斯威尔·马尔茨曾在他的自救书 *Power Self Image Pyschology* 中提到过 21 天习惯养成法，他告诉我们要改变心理意象一般至少需要 21 天。在各科的 21 天学习计划中，我们设计了新学课和 2～3 轮复习以帮助大家建立对该门学科的"心理意象"。在这 21 天的学习中，你将会逐渐构建学科框架，对重点、难点、记忆点、易考点做到心中有数，随着认知的不断加深和知识的不断重复，你还会发现知识点之间的明里暗里的关联，这会使你真正地明白框架结构的原理为何，这时候整个知识体系才牢牢扎根在你心里，任谁也拔不走了。除此之外，发现个性才是对于你而言最宝贵的东西，认真贯彻落实彬哥错题法，你会了解到自己的薄弱点所在，守好自己的命门，焉会有 59 分的道理？

所以，虽说想要顺利通关，21 天可能并不是充分条件，但作为奠基性的 21 天，它却是十分关键的。

其二，关于新学科。我们把每本书根据内容的难易程度划分不同的任务单元，按照往年的教学经验，学员在新接触一门学科的前几天，容易产生因为搞不清楚我是谁、我在哪、我在学什么、我该怎么学而由内心升起一种迷茫情绪，重症者可能演化成抵抗情绪，这会相应地减缓知识的接受程度。考虑到这一点，我们一般不会在前 3 天赶进度，而是希望大家循序渐进地慢慢接受新知识，感悟到新学科的知识结构和学习方法，并在重大章节之后设置复习日，以便让同学们能够在缓冲期将迷失的自己拉回来，整理行程继续上路，希望同学们能够合理利用复习日，把已学的内容夯实，毫无压力地继续下一天的学习。综上，每一天的学习计划都是我们精心为大家设计的，希望大家多体会、多思考。

其三，关于三轮复习。请大家合上眼回想一下，21 天前发生的事你还能记得多少？学习更是这样，理解吃透只是第一步，不断地循环复习才是制胜的法宝。为避免大家陷入"熊瞎子劈棒子"的窘境中，我们特意在 21 天的学习进程中穿插入 2～3 轮复习。

复习计划的设计也付诸了我们诸多心血。我们翻阅了许多记忆规律方面的文献发现，学习者在学习过程中效率低下的原因常常是因为没有在恰好的时间做及时的复习和巩固，使之前所学内容逐步被遗忘，再次拿起书本时又像是新的一样了，这就造成了大量的重复劳动和时间浪费，严重的还会使学习者信心严重受挫，多来上几回，可能连再拿起课本的念头都没有了。所以，我们这套计划，将艾宾浩斯记忆规律与新学课的内容多少和难易程度相结合，为大家在不同时点针对不同的目的设计了两轮复习。一轮复习的时间安排在新学课的次日，一是为了让大家再回顾一遍旧识，二是紧凑的复习计划其实也是一种复习习惯的养成。二轮复习的安排相对松散，复习时点与初学时相隔 3～4 天，这是因为根据艾宾浩斯记忆规律，4 天是一个重要记忆周期。且为了不与新学课和一轮复习冲突，二轮复习任务多安排在复习日，有充足的时间进行复习。二轮计划每次安排的复习章节数都相对于一轮多，也是为了让大家对整本书的知识做一个整合。最后一轮复习则在整个计划的末尾（有时会超出 21 天），为的是让大家最后集中起来对整本书再复习一遍，这一遍的学习压力应该大大减轻，各位所需做的就是查缺补漏了。

子曰："温故而知新"，每用心复习一遍都会对知识有一层新的领悟，所以我们提醒大家重视复习习惯的力量，重视知识重复的力量。

最后预祝同学们顺利通过考试！

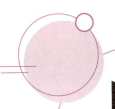

目录

Contents

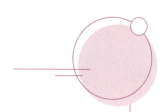

第1天

○ **复习旧内容：**

无

○ **学习新内容：**

前言（本书总框架）

第一章　战略与战略管理

○ **今天想要对你说：**

第一天学习战略这门课，你一定既新奇又忐忑吧，一方面，又朝着新的一门课发起进攻了，你满怀壮志，战意高昂；另一方面，这战略究竟是一个什么样子呢？你慌慌的，心里一点都不安静。那么今天的首要任务就是初建战略一书的知识框架，心中有框架，宛如有丘壑，自然不慌张。定下心，把今天的内容对照框架多看几遍，你会对战略这门课有一个大体的了解。

○ **简单解释今天学习内容：**

本章相当于全书的"导论"章节，对后续章节讲解的公司战略、风险管理、内部控制及公司治理等内容做概述性介绍，本章对风险管理、内部控制、公司治理的介绍并不显著，而是将其蕴含在战略实施的控制协调之中。总体框架见图1－1。

○ **可能会遇到的难点：**

本章讲述的知识总体来说大多属于概述性的、理念性的和框架性的基础知识，同学们在初步接触这些概念时，可能会因不能深刻地理解其内涵而感到迷茫，这种迷茫感将会随着对本书之后章节的不断学习而逐步消弭。就学习的第一天来讲，本章的最佳学习方法是反复看，光看内容不行，形成不了完整的框架，学到的知识是零散的，应用框架法学习的正确方式是：（1）先看一遍本章框架，做到大体知道本章讲哪些内容；（2）认真研读章节内容；（3）看过一遍内容之后，对照本章的详细框架再看一遍内容，做到将框架与内容一一对应；（4）合上书，梳理框架，回忆具体知识点。这四步走不仅适用于本章，而且在本书所有章节都普遍适用，本章属于总述章节，内容本身框架感较强，形成框架后将对之后的学习大大有益，请大家务必重视，从一开始就养成框架学习的良好习惯。

○ **习题注意事项：**

本章主要为了帮助大家建立全书框架，因此，在考试中除了"战略变革管理"可能会与其他章节结合在一起以主观题形式考查外，其他知识点通常采用客观题形式进行考查。

○ **建议学习时间：**

3小时

前　言

　　朱文公朱熹曾言："勿谓今日不学而有来日，勿谓今年不学而有来年。日月逝矣，岁不我延。"亲爱的小伙伴，既然已经翻开这本书，请不要再拖延，每个当下都是开始的良机。如果你现在还迷茫而不知所措，一身力气不知付之如何，那么请认真研读几遍本书前言，我们会向你详细地介绍《公司战略与风险管理》这门课程的内容构架、学习方法和考试要点。相信读完本节内容，你应该会对战略有一个大致的了解，至于学什么、如何学这些问题你也应当了然于胸了。

一、《公司战略与风险管理》教材内容说明

　　本书一共分为六个章节，这六章按照讲述内容来划分，又可分为两部分：

1. 公司战略管理（第一章～第四章）

2. 风险管理（第五章～第六章）

　　这两部分内容又分别讲了些什么呢？

　　如图0-1所示，公司战略管理是本书的重中之重，四章内容结构排列也十分明朗，除去总述章节（第一章）外，又按照战略从制定到执行的顺序，设置了战略分析、战略选择和战略实施三章，其中**战略分析**讲述了企业是如何进行内外部环境分析，以知己知彼为战略选择做准备的；在**战略选择**阶段，本书介绍了企业各层级的不同战略类型和相应的实施路径，为企业根据自身情况选择适合的战略提供了"备择选项"和理论基础；制定好战略之后，便是**战略实施**了，怎么实施才能确保战略持续有效、不跑偏走歪？马克思主义讲，要"具体问题具体分析"，那么第四章则讲述了企业的组织结构、文化建设和控制协调对战略实施的影响，为企业确定战略实施中的调控手段提供了建议和参考。

　　宏观来看，上段内容阐述的战略管理的三个环节只是**战略循环**中的一部分过程。在战略实施过程中，如果出现企业内外部环境的剧变，导致现行的战略已经不再适合企业的发展方向，企业掌舵者应当当机立断，重新进行战略分析，考虑是否进行战略变革，至此，又一次的循环开始。所以我们说，战略管理是一个动态的、不断循环往复的过程。

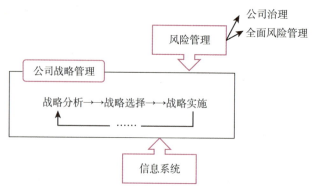

图 0-1 全书的三大组成部分

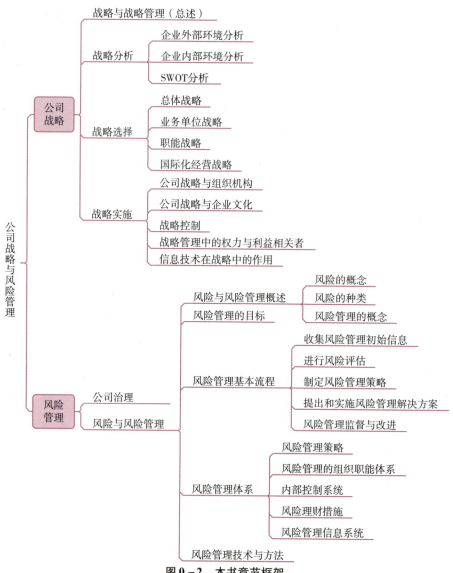

图 0-2 本书章节框架

风险管理部分又分为公司治理（第五章）、风险与风险管理（第六章）两个部分。第五章公司治理，主要讲述了公司治理中遇到的一些问题。第六章风险与风险管理基于《中央企业全面风险管理指引》文件，讲述了全面风险管理的相关知识。全面风险管理和公司治理作为企业管理的两大工具，相互依存，共同构成了本书的第二部分——风险管理。

至此，我们已经大致了解了本书的主线，那么依据这条主线，请同学们"欣赏"本书的章节框架（见图0-2），为什么用了欣赏二字呢？假设你是第一次接触《公司战略与风险管理》，又已经仔细看过了我们对本书章节设置的解释，再看下面的框架，你所熟悉的也只不过是1、2、3级枝干而已，对于更详细的内容，在你看来就不再具备任何意义了，现在如果强制你死记硬背下这幅框图，是既费时又不讨好的。但是你终归要把这幅图乃至书后更详细的框图都熟记于心，那什么时候记呢？这就需要同学们在学习中不断地理解内容、强化框架、通过框架去梳理内容、通过内容再去填充框架了，不要心急，我们将在本书学习进程中的恰当时候提示你该如何做，请放松，跟着我们的步伐走，拿下战略也就在21天后了！

二、21天计划及学习方法

在讲述21天学习计划时，我们首先要强调，本学习计划可能不适合所有人，即使本方法是我们的教研团队将战略一门的章节设置特点、记忆规律与在教学实践中无数学生的经验反馈相结合并经反复推敲设计而成，但是是否每个同学都能将我们的方法发挥出最大的价值，还要因人而异。我们坚信，该计划适用于绝大多数考生朋友。直白地说，本计划只适合那些有决心、有定力、肯吃苦并在这21天中每天能够拿出一个专门的时段（3小时左右）专心攻克战略的同学。我们说，要正确地认识"速成"的概念，所谓"速成"，不是说有多少捷径可走，而是本着长痛不如短痛的信念，在科学的学习方法指导下，付出极大的努力以达到理想的效果。速成＝科学学习法＋吃苦，而对于连专心和投入都做不到的同学，我想，再精巧的计划也无济于事，所以在各位考生朋友开始学习本书之前，先问自己几个问题。

（1）我已经准备好学习一门新的学科了吗？

（2）在这21天中，我能够每天确保3个小时的时间学习战略吗？

（3）在接下来的计划中，我可能面临着极大的理解压力和复习压力，我真的做好准备去攻克，无论遇到什么样的困难都不退缩了吗？

如果上面三个问题，你的答案都是肯定的，那么就来听我给大家解释一下战略21天计划的设计理念。

其一，关于 21 天。在战略的学习计划中，我们设计了 21 天的新学课和两轮复习以帮助大家及时复习，以免造成"熊瞎子劈棒子——劈一个丢一个"的状况。在这 21 天中，新学课的天数只占到 14 天并每天伴随着复习任务，而剩下的 7 天则要进行集中复习，为的就是让大家能够在 21 天过后彻彻底底地掌握战略，仅仅把书看一遍绝不是我们的最终目标。

其二，关于新学课。我们把全书 6 章划分为 13 个任务，按照往年的教学经验，学员在新接触一门学科的前几天，容易产生一种迷茫的情绪，会因为搞不清楚自己在学什么、怎么学而由内心产生一种抵抗情绪，会相应地减缓知识的接受程度。考虑到这一点，我们并没有在前 3 天赶进度，而是希望大家循序渐进地慢慢接受战略，领悟到它的知识结构和学习方法。随后我们将第 8 天设置为复习日，这天的设置是为了让同学们能够有一个缓冲期，希望同学们能够合理利用复习日，把已学的内容夯实，毫无压力地继续下一天的学习。综上所述，每一天的学习计划都是我们精心为大家设计的，希望大家多体会、多思考。

其三，关于三轮复习。这三轮复习的设计也付诸了我们诸多心血。我们翻阅了许多记忆规律方面的文献发现，学习者在学习过程中效率低下的原因常常是因为没有在恰好的时间做及时的复习和巩固，使之前所学内容逐步被遗忘，再次拿起书本时又像是新的一样了，这就造成了大量的重复劳动和时间浪费，严重的还会使学习者信心受挫，多来上几回，可能连再拿起课本的念头都没有了。所以，我们这份计划，将艾宾浩斯记忆规律与新学课的内容多少和难易程度相结合，为大家在不同时点针对不同的目的设计了两轮复习。一轮复习的时间安排在新学课的次日，一是为了让大家再回顾一遍旧识，二是紧凑的复习计划其实也是一种复习习惯的养成。二轮复习的安排相对松散，复习时点与初学时相隔 3～4 天，这是因为根据艾宾浩斯记忆规律，4 天是一个重要记忆周期。且为了不与新学课和一轮复习冲突，二轮复习任务多安排在复习日，有充足的时间进行复习。二轮计划每次安排的复习章节数都相对一轮多，也是为了让大家对整本书的知识做一个整合。子曰："温故而知新。"大家每复习一遍都会对知识有一层新的领悟，所以我们提醒大家重视复习习惯的力量，重视知识重复的力量。而最后一轮复习则在第 17～21 天五天，为的是让大家最后集中起来对整本书再复习一遍，这一遍大家的压力应该大大减轻，所做的就是查缺补漏了。

其四，还要强调的一点是，除了 21 天计划表外，我们还在书后附加了一份空白的时间表，此举是希望同学们要结合自己的实力和时间，不要急功近利，也不要随意放弃。如果真的不能按时完成计划，应该当机立断，根据我们上述提到的划分理念，根据自己的实际情况修改计划表，适当放宽时间要求，一定要保证之前学习内容的扎实掌握，才可以稳步向前推进。古言道："成则妙用，败则不能。"我们已经将计划和计划的设计理念毫无保留地介绍给大家，希望同学们能够掌握本计划的精髓所在，在快和稳之间掌握一个度，不要一味地追求速成，而忘记了过关才是我们的最终目标。

第一章　战略与战略管理

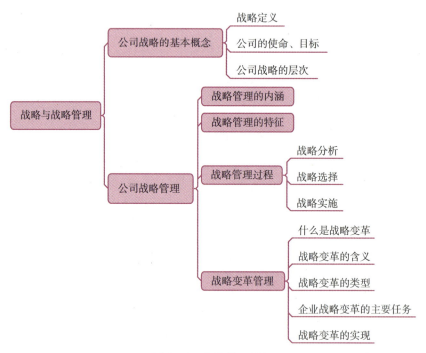

图1-1　本章学习框架

第一节　公司战略的基本概念

一、公司战略的定义（见图1-2）

1. 公司战略的传统概念

战略是公司为之奋斗的终点与公司为达到它们而寻求途径的结合物。

传统观点认为公司战略应具有**计划性、全局性和长期性**。

2. 公司战略的现代概念

从字面上看，现代概念与传统概念的区别：现代概念认为战略只包括为达到企业的终点而寻求的途径，而不包括企业终点本身；而从本质区别看，现代概念更强调战略的**应变性、竞争性和风险性**。

图1-2 公司战略的定义

【例题1-1·多选题】公司战略的现代概念强调战略的（　　　）。（2013年）

A. 全局性 　　　　　　　　　　B. 竞争性

C. 风险性 　　　　　　　　　　D. 应变性

【答案】BCD

【解析】战略的传统概念强调了公司战略的计划性、全局性和长期性；战略的现代概念更强调战略的应变性、竞争性和风险性。

二、公司的使命、目标

（一）公司的使命

公司的使命首先是要阐明企业组织的根本性质与存在理由，一般包括三个方面：

1. 公司目的

公司目的是企业组织的根本性质和存在理由的直接体现。组织按其存在理由可分为两大类：**营利组织和非营利组织**。营利组织的首要目的是为其所有者带来经济价值。相反，非营利组织的首要目的是提高社会福利、促进政治和社会变革，而不是营利。

【例题1-2·单选题】以盈利为目的而成立的组织，其首要目的是（　　　）。（2015年）

A. 履行社会职责 　　　　　　　B. 保证员工利益

C. 实现经营者期望 　　　　　　D. 为其所有者带来经济价值

【答案】D

【解析】公司目的是企业组织的根本性质和存在理由的直接体现。组织按其存在理由可以分为两大类：营利组织和非营利组织。以盈利为目的而成立的组织，其首要目的是为其所有者带来经济价值。

2. 公司宗旨

公司宗旨旨在阐述公司长期的战略意向，其具体内容主要说明公司目前和未来所要从事的经营业务范围。

公司宗旨反映出企业的定位。定位是指企业采取措施适应所处的环境。定位包括相对于其他企业的市场定位，如生产或销售什么类型的产品或服务给特定的部门，或以什么样的方式满足客户和市场的需求，如何分配内部资源以保持企业的竞争优势，等等。

3. 经营哲学

经营哲学是公司为其经营活动方式所确立的价值观、基本信念和行为准则，是企业文化的高度概括。经营哲学主要通过公司对利益相关者的态度、公司提倡的共同价值观、政策和目标以及管理风格等方面体现出来。经营哲学同样影响着公司的经营范围和经营效果。

（二）公司的目标

公司目标是公司使命的具体化。公司目标是一个体系。建立目标体系的目的是将公司的使命转换成明确具体的业绩标准，从而使得公司的进展有一个可以测度的目标。

从整个公司的角度来看，需要建立两种类型的业绩标准：**和财务业绩有关的标准以及和战略业绩有关的标准**。获取良好的财务业绩和良好的战略业绩要求公司的管理层既建立财务目标体系又建立战略目标体系。财务目标体系和战略目标体系都应该从短期目标和长期目标两个角度体现出来，具体见图 1-3。

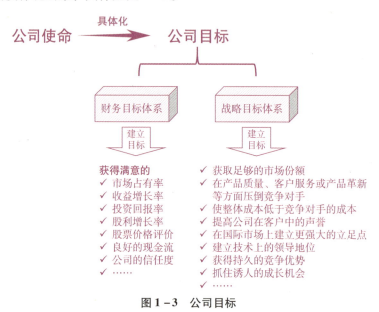

图 1-3 公司目标

【例题 1-3·多选题】下列关于公司建立战略目标体系目的的表述中，正确的有（　　）。（2014 年）

A. 提高股利增长率　　　　　　　　B. 获得满意的投资回报率

C. 提高公司在客户中的声誉　　　　D. 获得持久的竞争优势

【答案】CD

【解析】战略目标体系建立的目的在于为公司赢得下列结果：获取足够的市场份额，在产品质量、客户服务或产品革新等方面压倒竞争对手使整体成本低于竞争对手的成本，提高公司在客户中的声誉，在国际市场上建立更强大的立足点，建立技术上的领导地位，获得持久的竞争优势，抓住诱人的成长机会，等等。选项 A 和选项 B 属于财务目标体系的指标。

三、公司战略的层次（含义）

公司战略分为三个层次：总体战略、业务单位战略（或竞争战略）和职能战略，具体见图 1 - 4。

图 1 - 4　公司战略的结构层次

（一）总体战略

总体战略又称公司层战略。在大中型企业中，特别是经营多项业务的企业，总体战略是企业最高层次的战略。它需要根据企业的目标，选择企业可以竞争的经营领域，合理配置企业经营所必需的资源，使各项经营业务相互支持、相互协调。公司战略常常涉及整个企业的财务结构和组织结构方面的问题。

【例题 1 - 4 · 单选题】下列各项中，属于多元化公司总体战略核心要素的是（　　）。（2015 年）

A. 明确企业竞争战略

B. 选择企业可以竞争的经营领域

C. 协调每个职能中各种活动之间的关系

D. 协调不同职能与业务流程之间的关系

【答案】B

【解析】总体战略是企业最高层次的战略，它需要根据企业的目标，选择企业可以竞争的经营领域，合理配置企业经营所必需的资源，使各项经营业务相互支持、相互协调。所以，选项 B 正确。

（二）业务单位战略

公司的二级战略常常被称作业务单位战略或竞争战略。业务单位战略涉及各业务单位的主管及辅助人员。主要任务是将公司战略所包含的企业目标、发展方向和措施具体化，形成本业务单位具体的竞争和经营战略。业务单位战略要针对不断变化的外部环境，在各自的经营领域中有效竞争。为了保持竞争优势，各经营单位都要有效地控制资源的分配和使用。对于一家单业务公司来说，总体战略和业务单位战略只有一个，即合二为一；只有对业务多元化的公司来说，总体战略和业务单位战略的区分才有意义。

（三）职能战略

职能战略是指企业中的各职能部门制定的指导职能活动的战略，描述了在执行总体战略和业务单位战略的过程中，企业中的每一职能部门所采用的方法和手段。主要涉及企业内各职能部门，如营销、财务、生产、研发、人力资源、信息技术等，其主要职责是如何更好地配置企业内部资源，为各级战略服务，提高组织效率。

在职能战略中，协同作用有非常重要的意义。这种协同作用首先体现在单个的职能中各种活动的协调性与一致性，其次体现在各个不同职能战略和业务流程或活动之间的协调性与一致性。

【例题1-5·多选题】甲公司的100多家生活日用品百货超市，分布于一个三省交界的地域，分别由公司下设的5个地区事业部管理，各个事业部实行自我计划和自我管理。所以该公司的企业战略的结构层次应当包括（　　）。（2012年）

A. 公司战略 　　　　　　　　　B. 业务单位战略

C. 市场战略 　　　　　　　　　D. 职能战略

【答案】ABD

【解析】战略的层次包括公司战略、业务单位战略和职能战略。

【例题1-6·多选题】甲集团的经营范围涉及网络游戏、医药保健。最近该集团宣布进军电子金融领域。由此可见，甲集团的公司战略层次包括（　　）。（2013年）

A. 总体战略 　　　　　　　　　B. 业务单位战略

C. 多元化战略 　　　　　　　　D. 职能战略

【答案】ABD

【解析】公司战略分为三个层次：总体战略、业务单位战略（或竞争战略）和职能战略。在大中型企业中，特别是多元化经营的企业，总体战略是企业最高层次的战略。它需要根据企业的目标，选择企业可以竞争的经营领域（即业务单位战略），合理配置企业经营所必需的资源（即职能战略），使各项经营业务相互支持、相互协调。所以选项ABD正确。多元化战略不属于战略三个层次里面的一部分，而是总体战略的一种可选择的类型，所以选项C错误。

第二节　公司战略管理

一、战略管理的内涵

企业战略管理是为实现企业的使命和战略目标，科学地分析企业的内外部环境与条件，制定战略决策，评估、选择并实施战略方案，控制战略绩效的动态管理过程。

二、战略管理的特征

（1）战略管理是企业的**综合性管理**。战略管理是一项涉及企业所有管理部门、业务单位及所有相关因素的管理活动。

（2）战略管理是企业的**高层次管理**。战略管理必须由企业的高层领导来推动和实施。

（3）战略管理是企业的**动态性管理**。战略管理活动应具有动态性，即适应企业内外部各种条件和因素的变化进行适当调整或变更。

三、战略管理过程

战略管理包含三个关键要素：战略分析、战略选择和战略实施。战略管理过程及主要组成要素的示意图如图 1 – 5 所示。

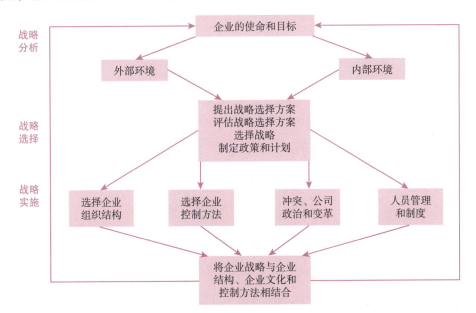

图 1 – 5　战略管理过程

（一）战略分析

战略分析的主要目的是评价影响企业目前和今后发展的关键因素，并确定在战略选择步骤中的具体影响因素。战略分析需要考虑许多方面的问题，主要是外部环境分析和内部环境分析，见图 1 – 6。

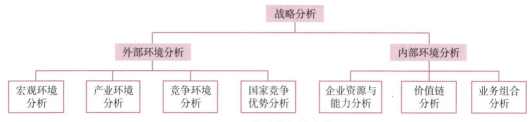

图1-6　战略分析的内容

（二）战略选择

企业在战略选择阶段要考虑可选择的战略类型和战略选择过程两个方面的问题。

1. 可选择的战略类型

可选择的战略类型，具体见图1-7。

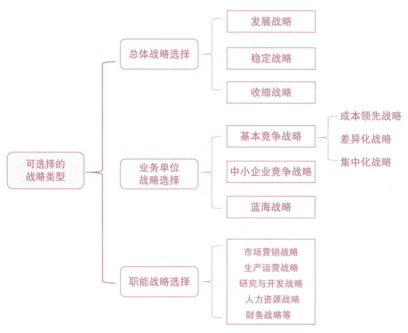

图1-7　可选择的战略类型

2. 战略选择过程

战略选择过程，具体见图1-8。

（1）制订战略选择方案（三方法）。

企业根据不同层次管理人员介入战略分析和战略选择工作的程度，选择自上而下的方法、自下而上的方法或上下结合的方法来制订战略方案。三者的区别在于战略制定中对集权和分权程度的把握。

（2）评估战略备选方案（三标准）。

①适宜性标准，即考虑选择的战略是否发挥了企业的优势，克服了企业的劣势，是否利用了外部环境提供的机会，将外部威胁削弱到了最低程度，是否有助于企业实现目标；

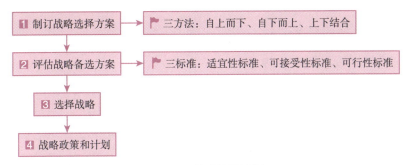

图 1-8　战略选择过程

②可接受性标准，即考虑选择的战略能否被企业利益相关者所接受；

③可行性标准，战略评估最终要落实到财务指标上。

（3）选择战略。

选择最终的战略决策，确定准备实施的战略。

（4）战略政策与计划。

【例题 1-7·单选题】甲公司评估战略备选方案时，主要考虑选择的战略是否发挥了企业优势，克服了劣势，是否利用了机会，将威胁削弱到最低程度，是否有助于企业实现目标。甲公司评估战略备选方案使用的标准是（　　）。（2014 年）

A. 适宜性标准
B. 外部性标准
C. 可行性标准
D. 可接受性标准

【答案】A

【解析】适宜性标准，考虑选择的战略是否发挥了企业的优势，克服了劣势，是否利用了机会，将威胁削弱到最低程度，是否有助于企业实现目标，所以选项 A 正确。

（三）战略实施

战略实施就是将战略转化为行动，战略实施要解决以下几个主要问题：

（1）确定和建立一个有效的组织结构；

（2）保证人员和制度的有效管理；

（3）正确处理和协调公司内部关系；

（4）选择适当的组织协调和控制系统；

（5）协调好企业战略、结构、文化和控制诸方面的关系。

四、战略变革管理

（一）什么是战略变革

企业战略变革是指企业为了获得可持续竞争优势，根据所处的内外部环境已经发生或预测会发生的变化，结合环境、战略、组织三者之间的动态协调性原则，并涉及企业组织各要素同步支持性变化，改变企业战略内容的发起、实施、可持续化的系统性过程。

（二）战略变革的含义

战略变革管理的框架如图1-9所示。

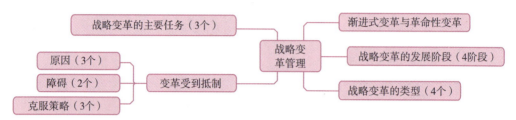

图1-9　战略变革管理框架

1. 渐进性变革与革命性变革的区别

变革有渐进性变革和革命性变革两种。

渐进性变革认为，企业的变革要适应人们的接受能力，变革应该在适当的范围内逐步进行。而革命性变革则认为，彻底的组织变化不可能零碎地、间断地完成，企业的变革必须迅速展开，要在短时期内建立新的运作规则和流程，具体见表1-1。

表1-1　　　　　　　　　　　渐进性变革与革命性变革的区别

渐进性变革的特点	革命性变革的特点
在企业生命周期中经常发生	在企业生命周期中不经常发生
稳定地推进变化	全面转化
影响企业体系的某些部分	影响整个企业体系

2. 战略变革的发展阶段

（1）连续阶段：在这个阶段中，制定的战略基本上没有发生大的变化，仅有一些小的修正。

（2）渐进阶段：在这个阶段中，战略发生缓慢的变化。这种变化可能是零打碎敲性的，也可能是系统性的。

（3）不断改变阶段：在这个阶段中，战略变化呈现无方向或无重心的特点。

（4）全面阶段：在这个阶段中，企业战略是在一个较短的时间内、发生革命性或转化性的变化。

（三）战略变革的类型（4个）

1. 技术变革

技术变革涉及工作方法、设备和工作流程等生产产品和服务技术。比如，一个污水处理厂，其技术变革是指设计出高效的污水再生系统，它还可以采用先进的信息技术在组织内传播技术知识。

2. 产品和服务变革

产品和服务变革是指企业输出的产品或服务的变革，包括开发新产品或改进现有产品，这在很大程度上影响着市场机会。

3. 结构和体系变革

结构和体系变革是指企业运作的管理方法的变革，包括组织结构变化、企业政策变化和控制系统变化。

4. 人员变革

人员变革是指企业员工价值观、工作态度、技能和行为方式的转变，目的是确保职工努力工作，完成企业目标。

（四）企业战略变革的主要任务（3个）

（1）调整企业理念。包含企业使命、经营思想和行为准则三部分。

（2）对企业战略重新进行定位。从产品范围、市场范围和企业价值系统范围三方面进行定位的选择过程。

（3）重新设计企业的组织结构。

（五）战略变革的实现

要保证战略变革的实现，需要关注两个方面，即变革的支持者和抵制者。

1. 变革的支持者推进战略变革的步骤

高层的责任：（1）支持代理人；（2）审议和监控变革的进度；（3）签署和批准变革。

变革代理人的责任：（1）赢得关键部门管理人员的支持；（2）督促各管理人员立即行动。

2. 变革受到抵制的原因与实施障碍

变革可能会产生重要的影响：生理变化、环境变化、心理变化。

（1）生理变化。这是由工作模式、工作地点的变化造成的。

（2）环境变化。如住新房子、建立新的关系、按照新的规则工作。

（3）心理变化。①迷失方向；②不确定性可能导致无安全感；③无助。

基于上述的不同因素，变革会面临的障碍，具体见表1-2：

表1-2　　　　　　　　　　变革受到抵制的原因和实施障碍

文化障碍	当企业所面临的环境产生了变化，并显著地要求企业对此适应以求得生存时，文化的不可管理性会使之成为一种惯性而阻碍变革的进程
私人障碍	（1）习惯；（2）对个人收入的影响；（3）对未知的恐惧；（4）选择性的信息处理使员工忽略管理层对变革的要求

3. 克服变革阻力的策略

在处理变革的阻力时，管理层应当考虑变革的三个方面：变革的节奏、变革的管理方式和变革的范围。处理变革的阻力时管理层应考虑以下因素（见表1-3）：

表 1-3   克服变革阻力的策略

变革的节奏	循序渐进
变革的管理方式	（1）鼓励冲突领域的对话； （2）鼓励个人参与； （3）为员工提供针对新技能和系统应用的学习课程
变革的范围	采用变革范围比较小的方式

【例题 1-8·多选题】企业由于内外环境的变化而实行的战略变革，往往会遇到阻力。在克服变革的阻力时，管理层应当考虑到（   ）。（2012 年）

A. 变革的方向   B. 变革的节奏

C. 变革的管理方式   D. 变革的范围

【答案】BCD

【解析】在处理变革的阻力时，管理层应当考虑变革的三个方面：变革的节奏、变革的管理方式和变革的范围。

第一章　战略与战略管理

彬哥跟你说：

说到战略，很多人的第一印象可能就是简单，实际上去看看过关率，战略的过关率并不是很高，也就是说战略并不是大众认为的那么简单，原因有以下几种：

（1）不善于看讲义。很多人看到讲义枯燥无味，就不想去细致地看讲义了，实际上战略的考核特别细致，需要我们对讲义足够的熟悉，方可在考试的时候不慌乱！

（2）不善于思考。CPA 的最大特点是需要思考，因为每一道题目绝对不是简单的"1＋1＝2"，而是需要在考场上进行分析，然后才能选出正确的那个答案！战略经常会给我们一个案例，让我们去分析这个案例，这些都是需要思考的！

所以，我建议各位在学习战略的时候要注意：

（1）当你觉得学不动的时候，那就去画一下框架，知道整本书的框架之后学习起来更容易！

（2）早读战略！早读战略，你会更加贴近讲义或者教材，这样你会更加熟悉战略！

刻意练习！在平时做战略习题的时候，多思考，保持刻意练习！

今日复习步骤：

第一遍：回忆＆重新复习一遍框架（8分钟）

学习要求：这一遍的目的是自己重新复习一遍框架，不需要掌握所有细节，但求框架了然于心。

包括两大部分：公司战略的基本概念、公司战略管理。

（1）基本概念：战略定义（传统/现代）、公司使命/目标、公司战略的层次（总体、业务、职能）。

（2）战略管理：内涵、特征、过程（战略分析、战略选择、战略实施）、变革管理（含义、类型、任务、实现）。

第二遍：对细节进一步掌握（30分钟）

第三遍：重新复习一遍框架（5分钟）

我问你答：

（1）公司战略的现代概念是什么？传统概念呢？

（2）公司的使命包括哪三个部分？营利组织和非营利组织的首要目的有什么区别？公司宗旨的主要内容是什么？经营哲学呢？

（3）公司目标分为哪两个目标体系？分别包括什么内容？

（4）公司战略分为哪三个层次？三个层次的战略如何区分？

（5）战略管理有哪些特征？

（6）战略管理过程有几个步骤，试着画一下图吧！

（7）战略选择方案有几种？分别是什么？

（8）评估战略备选方案有几个标准？分别是什么？

（9）渐进性变革和革命性变革的特点分别是什么？

（10）战略变革的发展阶段有几个？如何区分？

（11）战略变革的类型有几种？分别是什么？请具体阐述。

（12）企业战略变革的主要任务有哪些？

（13）战略变革受到抵制的原因有哪些？

（14）战略变革会面临哪些障碍？

（15）克服战略变革阻力的策略有哪些？

本章作业：

（1）请把讲义例题做三遍（做错的题目，请分析错误原因并记录到改错本）；

（2）请复习完口述一遍框架，发到小组群，组长组织评判；

（3）睡前请再回忆一遍框架；

（4）第二天早上，请再回忆一遍框架，对于回忆不起来的内容，请翻书看一遍

◉ **复习旧内容:**

本书总框架和第一章　战略与战略管理

◉ **学习新内容:**

第二章　战略分析　第一节　企业外部环境分析

◉ **今天想要对你说:**

前几天的任务都不繁重,大家的主要任务是熟悉战略这门课,体会它的学习方法和学科特点,掌握学习战略的节奏。

◉ **简单解释今天学习内容:**

今天我们将在基本了解战略的基础上,开始学习第二章的内容,战略分析是战略管理的第一个环节。古语言"知己知彼,百战不殆",一家企业想要制定和选择正确的战略,首先要对企业所处的内外部环境从宏观、中观、微观层面进行深入分析。所以,本章分三个部分进行讲述,总体框架见图 2 - 1。首先分别介绍企业外部、内部环境分析的几种方法,通过外部环境分析可知企业面临的外部机遇(O)与威胁(T),而通过内部环境分析可知企业拥有的优势(S)和劣势(W),由此可以进行本章的第三部分所介绍的分析方法——SWOT 分析。第二章共安排了两天的学习时间,今天的主要任务是学习第一节　企业外部环境分析。在学习过程中,要根据框架逐步推进,一边学习一边提醒自己注意学到了框架的什么位置,时刻不忘框架才会使我们的学习事半功倍。

◉ **可能会遇到的难点:**

本章主要考查内外部环境分析的各种模型和理论,因此各位同学对本章模型的学习切不可停留在表面,而是要对在什么情况下会使用哪种模型解决哪些问题如数家珍。其中,对于以下几个知识点,同学们要给予足够的重视:(1)PEST 模型;(2)产品生命周期模型;(3)五力模型;(4)战略群组;(5)核心能力含义的理解;(6)基准分析;(7)价值链模型;(8)波士顿矩阵;(9)SWOT 模型及应用。

◉ **习题注意事项:**

本章知识点既适宜考查主观题也适合考查客观题,考查方式一般比较灵活,多是从一个案例出发考查知识点的灵活运用,也有考查简单的知识点的还原类题目。

◉ **建议学习时间:**

3 小时新学 + 1 小时复习

第二章　战略分析

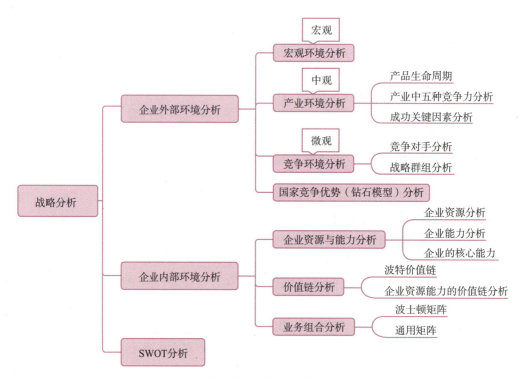

图 2-1　本章学习框架

第一节　企业外部环境分析

企业的外部环境可以从宏观环境、产业环境和竞争环境三个层面展开。

一、宏观环境分析（PEST 模型）（见图 2-2）

其中关于政治和法律因素，还有一点需要说明：

一般来说，一些政治因素对企业行为有直接影响，但政府主要通过制定法律法规间接影响企业的活动。这些法律法规的存在有以下四个目的

（1）保护企业，反对不正当竞争；

（2）保护消费者；

（3）保护员工；

（4）保护公正权益免受不合理企业行为的损害。

图 2-2　宏观环境分析

【例题2-1·单选题】下列各项中，不属于 PEST 分析的经济环境因素是（　　）。（2009年）

A. 产业结构 　　　　　　　　　　B. 经济发展水平

C. 国民收入分配政策 　　　　　　D. 人口地区分布

【答案】D

【解析】经济环境因素包括：社会经济结构、经济发展水平、经济体制、宏观经济政策、当前经济状况和其他一般经济条件。人口地区分布属于社会和文化环境因素。

【例题2-2·单选题】某国际快餐连锁公司宣布在中东开设连锁店，但并不出售猪肉汉堡，只出售牛肉汉堡、鸡肉汉堡和鱼肉汉堡。这说明该国际快餐连锁公司在战略分析中考虑了（　　）。（2009年）

A. 政治和法律因素 　　　　　　　B. 经济因素

C. 社会和文化因素 　　　　　　　D. 技术因素

【答案】C

【解析】该公司在战略分析中考虑的是文化传统，属于社会和文化因素。

【例题2-3·单选题】商界有句名言"女人和孩子的钱好赚"。从战略分析角度来看，该说法主要分析的因素是（　　）。（2011年）

A. 人口因素 　　　　　　　　　　B. 价值观

C. 生活方式变化 　　　　　　　　D. 消费心理

【答案】D

【解析】本题考查 PEST 分析中的社会和文化因素中的消费心理。"女人和孩子的钱好赚"主要分析的因素是消费心理。

二、产业环境分析

（一）产品生命周期

产业发展要经过四个阶段：导入期、成长期、成熟期和衰退期，具体见表 2 – 1。这些阶段是以产业销售额增长率曲线的拐点划分。产业的增长和衰退由于新产品的创新和推广过程而呈"S"形。

表 2 – 1

项目	导入期	成长期	成熟期	衰退期
特点	产品用户很少，只有很少的竞争对手	产品销量攀升，销售群已经扩大。竞争者涌入，企业之间开始争夺人才和资源，会出现兼并等意外事件，引起市场动荡。由于需求大于供应，此时产品价格最高，单位产品净利润也最高	竞争者之间出现挑衅性的价格竞争。产品价格开始下降，毛利率和净利润率都下降，利润空间适中	客户大多很精明，对性价比要求高
战略目标	扩大市场份额，争取成为"领头羊"	争取最大市场份额，并坚持到成熟期的到来	经营战略的重点转向巩固市场份额的同时提高投资报酬率	防御，获取最后的现金流
主要战略路径	投资于研究开发和技术改进，提高产品质量	市场营销，此时是改变价格形象和质量形象的好时机	提高效率，降低成本	控制成本，以求能维持正的现金流量
经营风险	非常高	因产品本身的不确定性的降低而有所下降，但维持在较高水平	进一步降低，达到中等水平	较低

产品生命周期理论也受到一些批评。

（1）各阶段的持续时间随产业的不同而不同，且产业处于生命周期的哪一个阶段通常不清楚。

（2）产业的增长并不总是"S"形。有的产业跳过成熟阶段，直接从成长走向衰亡；有的产业在经过一段时间衰退之后又重新上升；还有的产业似乎完全跳过了导入期这个缓慢的起始阶段。

（3）公司可通过产品创新和产品重新定位来影响增长曲线的形状。若公司认定生命周期一成不变，那就成为一种没有意义的、自我臆想的预言。

（4）与生命周期每一阶段相联系的竞争属性随着产业的不同而不同。

【例题 2 – 4·单选题】根据产品生命周期理论，产品从导入期到进入衰退期，其经营风险（　　）。（2015 年）

A. 不断下降　　　　　　　　　　　B. 先提高后下降

C. 不断提高　　　　　　　　　　　D. 先下降后提高

【答案】A

【解析】导入期的经营风险非常高；成长期的经营风险有所下降，但是经营风险仍然维持在较高水平；成熟期的经营风险进一步降低，达到中等水平；进入衰退期后，经营风险会进一步降低。

【例题2-5·多选题】下列关于产品生命周期的表述中，正确的有（   ）。（2014年）

A. 以产业销售额增长率曲线的拐点划分，产业生命周期可以划分为导入期、成长期、成熟期和衰退期四个阶段

B. 成熟期开始的标志是竞争者之间出现挑衅性的价格竞争

C. 与产品生命周期每一阶段相联系的竞争属性随着产业的不同而不同

D. 一个产业所处的生命周期具体阶段通常比较清晰

【答案】ABC

【解析】产品各阶段的持续时间随着产业的不同而非常不同，并且一个产业究竟处于生命周期的哪一个阶段通常不清楚。所以选项D错误。

（二）产业中五种竞争力

从产业组织角度，提出了产业结构分析的基本框架——五种竞争力分析。即潜在进入者、替代品、购买者、供应者与现有竞争者间的抗衡，如图2-3所示。

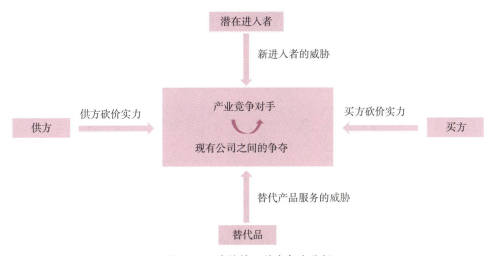

图2-3 波特的五种竞争力分析

1. 波特的五种竞争力分析

（1）潜在进入者的进入威胁。

进入威胁的大小取决于呈现的进入障碍与准备进入者可能遇到的现有在位者的反击。他们统称为进入障碍，前者称为"结构性障碍"，后者称为"行为性障碍"，如图2-4所示。

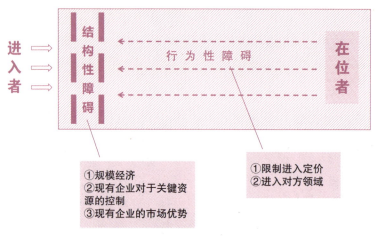

图 2 - 4 潜在进入者的进入威胁

①**结构性障碍**。波特指出存在七种主要障碍：规模经济、产品差异、资金需求、转换成本、分销渠道、其他优势及政府政策。按照贝恩的分类，这七种主要障碍又可归纳为三种主要进入障碍：规模经济、现有企业对关键资源的控制以及现有企业的市场优势。

> 贝恩三种结构性障碍：
>
> **（1）规模经济**。
>
> （2）**现有企业对于关键资源的控制**。现有企业对于关键资源的控制一般表现为对**资金、专利或专有技术、原材料供应、分销渠道、学习曲线**等资源及资源使用方法的积累与控制。如果现有企业控制了生产经营所必需的某种资源，那么它就会受到保护而不被进入者所侵犯；"**学习曲线**"（又称"经验曲线"），是指当某一产品累计生产量增加时，由于经验和专有技术的积累所带来的产品单位成本的下降。它与规模经济往往交叉地影响产品成本的下降水平。因而区分由于学习曲线所产生的学习经济和由于规模而产生的规模经济很重要。
>
> （3）**现有企业的市场优势**。现有企业的市场优势主要表现在**品牌优势**上。此外，还表现在政府政策上。

②**行为性障碍**（或战略性障碍）。行为性障碍是指现有企业对进入者实施报复手段所形成的进入障碍。报复手段主要有两类："限制进入定价"与"进入对方领域"。

A. **限制进入定价**。限制进入定价往往是在位的大企业报复进入者的一个重要武器，特别是在那些技术优势正在削弱而投资正在增加的市场上，情况更是如此。

在位企业企图通过低价来告诉进入者自己是低成本的，进入将是无利可图的。

B. **进入对方领域**。进入对方领域是寡头垄断市场常见的一种报复行为，其目的在于抵消进入者首先采取行动可能带来的优势，避免对方的行为给自己带来的风险。

（2）替代品的替代威胁。

①直接产品替代。即某一种产品直接取代另一种产品，如苹果计算机取代微软计算机。

②间接替代品。即能起到相同作用的产品非直接地取代另一些产品，如人工合成纤维

取代天然布料。

（3）供应者、购买者讨价还价的能力。

①买方（或卖方）的集中程度或业务量的大小；

②产品差异化程度与资产专用性程度：当供应者的产品存在着差异化，因而替代品不能与供应者所销售的产品相竞争时，供应者讨价还价的能力就会增强。反之，如果供应者的产品是标准的，或者没有差别，那就会增加购买者讨价还价的能力；

③纵向一体化程度；

④信息掌握的程度。

注意：劳动力也是供应者的一部分。

（4）产业内现有企业的竞争。

产业内现有企业的竞争在下面几种情况下可能是很激烈的：

①产业内有众多的势均力敌的竞争对手；

②产业发展缓慢；

③顾客认为所有的商品都是同质的；

④产业中存在过剩的生产能力；

⑤产业进入障碍低而退出障碍高。

【例题 2 - 6 · 单选题】 达美公司在全国各地拥有 10 多个仓储物流中心，还控制了多个中药材交易市场。基于此优势，达美公司决定构建一个中药材电子商务市场，并把它建成"实体市场与虚拟市场相结合"、中药材电子交易与结算服务为一体的中药材大宗交易平台。目前许多企业计划进入中药材电子商务业务。达美公司给潜在进入者设置的进入障碍是（   ）。（2015 年）

A. 规模经济   B. 资金需求

C. 现有企业的市场优势   D. 现有企业对关键资源的控制

【答案】 D

【解析】 现有企业对资源的控制一般表现为资金、专利或专有技术、原材料供应、分销渠道、学习曲线等资源及资源使用方法的积累与控制。如果现有企业控制了生产经营所必需的某种资源，那么它就会受到保护而不被进入者所侵犯，因而形成了进入障碍。题干中强调达美公司控制了多个中药材交易市场，所以选项 D 正确。

【例题 2 - 7 · 多选题】 根据波特的五力模型，下列各项中，可以提高购买商议价能力的原因有（   ）。（2012 年）

A. 购买商主要为零散的个人，但是通过协议方式进行集体大量购买产品

B. 市场上的替代产品多

C. 购买商对于产品的性能、规格、质量以及售价信息很了解

D. 购买商对于产品的供应时间要求迫切

【答案】 ABC

【解析】 大量购买，可以增加购买商的讨价还价能力；替代品较多，购买商的选择较多，所以讨价还价能力增强；购买商对于产品的信息很熟悉，也会加大议价能力。

【例题 2-8·单选题】 2007~2013 年，S 公司在作为 P 公司最大的元器件和闪存供应商的同时，推出了原创智能手机和平板，成为 P 公司在智能手机和平板市场主要的竞争对手，P 公司很想摆脱对 S 公司的依赖，但由于 S 公司在生产关键零件方面的能力显著强于其他公司因而短期内 P 公司仍离不开 S 公司，最后影响了 P 公司对 S 公司讨价还价能力的主要因素是（ ）。（2017 年）

A. 业务量
B. 产品差异化程度与资产专用性程度
C. 纵向一体化程度
D. 信息把握程度

【答案】 B

【解析】 当供应者的产品存在着差异化，因而替代品不能与供应者所销售的产品相竞争时，供应者讨价还价的能力就会增强。反之，如果供应者的产品是标准的，或者没有差别的，那就会增加购买者讨价还价的能力。这里 S 公司在生产关键零件方面的能力显著强于其他公司，因而短期内 P 公司仍离不开 S 公司，所以这是由产品差异化程度与资产专用性强度导致的。

【例题 2-9·多选题】 近年来，国内调味品企业面临着激烈的竞争压力：其一，海外调味品企业不断通过收购国内品牌或在国内直接建厂进入国内市场；其二，原料成本、用工成本不断上涨，同时由于国内企业众多，产品差异小，利润微薄；其三，天然营养的综合型调味品层出不穷，对传统调味品形成部分替代。从五种竞争力角度考查，国内调味品生产企业面临的竞争压力包括（ ）。（2017 年）

A. 产业内现有企业的竞争
B. 替代品的替代威胁
C. 供应者讨价还价
D. 购买者讨价还价

【答案】 ABCD

【解析】 "海外调味品企业不断通过收购国内品牌或在国内直接建厂进入国内市场"体现的是潜在进入者的进入威胁大；"原料成本、用工成本不断上涨"体现了供应者讨价还价能力强；"同时由于国内企业众多，产品差异小"体现了购买者讨价还价能力强和产业内现有企业的竞争激烈；"天然营养的综合型调味品层出不穷，对传统调味品形成部分替代"体现了替代品的替代威胁大。

2. 应对五种竞争力的战略（了解即可）

首先，公司必须自我定位，通过利用成本优势或差异化优势把公司与五种竞争力相隔离，从而能够超过它们的竞争对手。

其次，公司必须识别在产业哪一个细分市场中，五种竞争力的影响更少一点，这就是波特提出的"集中战略"。

最后，公司必须努力去改变这五种竞争力。公司可以通过与供应者或购买者建立长期战略联盟，以减少相互之间的讨价还价；公司还必须寻求进入阻绝战略来减少潜在进入者的威胁，等等。

3. 五力模型的局限性（了解）

波特的五力模型在分析企业所面临的外部环境时是有效的，但它也存在着局限性，具体包括：

（1）该分析模型基本上是静态的。然而，在现实中竞争环境始终在变化。这些变化可能从高变低，也可能从低变高，其变化速度比模型所显示的要快得多；

（2）该模型能够确定行业的盈利能力，但是对于非营利机构，有关获利能力的假设可能是错误的；

（3）该模型基于这样的假设：即一旦进行了这种分析，企业就可以制定企业战略来处理分析结果，但这只是一种理想的方式；

（4）该模型假设战略制定者可以了解整个行业的信息，但这一假设在现实中并不一定存在。对于任何企业来讲，在制定战略时掌握整个行业的信息的可能性不大；

（5）该模型低估了企业与供应商、客户或分销商、竞争企业之间可能建立长期合作关系以减轻相互之间威胁的可能性。在现实的商业世界中，同行之间、企业与上下游企业之间不一定完全是你死我活的关系。强强联手，或强弱联手，有时可以创造更大的价值；

（6）该模型对产业竞争力的构成要素考虑不够全面。

【例题 2-10·多选题】按照波特的产业五种竞争力分析模型，下列各项因素中，可能对某家航空公司获取产业竞争优势产生不利影响的有（   ）。（2010 年）

　　A. 进入航空业需要大量的资本投入

　　B. 航空产业的产业增长率开始处于下降趋势

　　C. 由于廉价航空公司兴起，使得机票价格大幅降低

　　D. 由于许多大型国际企业采用视频会议管理跨国业务，使得商务航空服务需求降低

【答案】BCD

【解析】"进入航空业需要大量的资本投入"说明潜在进入者进入的结构性障碍大，对公司获取产业竞争优势有利，所以选项 A 不选。产业增长率下降，会加剧现有企业的竞争，所以选项 B 正确。"由于廉价航空公司兴起，使得机票价格大幅降低"会增强购买者的讨价还价能力，故选项 C 正确。采用视频会议管理跨国企业，体现了替代品替代威胁加剧，故选项 D 正确。

4. 五力模型的改进

大卫·亚非在波特研究的基础上，根据企业全球化经营的特点，提出了第六个要素，即**互动互补作用力**。

（三）成功关键因素分析

成功关键因素（KSF）是指公司在特定市场获得盈利必须拥有的技能和资产。一个产业的成功关键因素是指那些影响产业内企业在市场上最大限度获利的关键因素，是企业取得产业成功的前提条件。

下面三个问题是确认产业的成功关键因素必须考虑的：

（1）市场共性：顾客在各个竞争品牌之间进行选择的基础是什么？

（2）资源能力共性：产业中的一个卖方厂商要取得竞争成功需要什么样的资源和竞争能力？

（3）竞争动态：产业中的一个卖方厂商获取持久的竞争优势必须采取什么样的措施？

【需要强调的是】

成功关键因素随着<u>产业</u>的不同而不同，甚至在相同的产业中，也会因<u>产业驱动因素和竞争环境</u>的变化而变化。即使是同一产业中的各个企业，也可能对该产业的成功关键因素有着不同的侧重。

随着产品生命周期的演变，成功关键因素也发生变化。（见表2-2）

表2-2   产品生命周期

方面	投入期	成长期	成熟期	衰退期
市场	广告宣传，争取了解，开辟销售渠道	创立商标信誉，开拓销售渠道	保护现有市场，渗入别人的市场	选择市场区域，改善企业形象
生产经营	提高生产效率，开发产品标准	改进产品质量，增加花色品种	加强与顾客的关系，降低成本	缩减生产能力，保持价格优势
财力	利用金融杠杆	聚集资源以支持生产	控制成本	提高管理控制系统的效率
人事	使员工适应新的生产和市场	发展生产和技术能力	提高生产效率	面向新的增长领域
研究开发	掌握技术秘诀	提高产品的质量和功能	降低成本，开发新品种	面向新的增长领域

三、竞争环境分析

竞争环境分析，具体见图2-5。

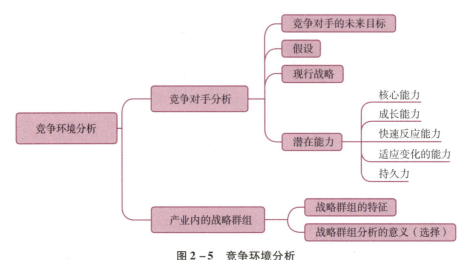

图2-5   竞争环境分析

（一）竞争对手分析

对竞争对手的分析有四个方面的主要内容，即<u>竞争对手的未来目标、假设、现行战略和潜在能力</u>。

1. 竞争对手的未来目标

对竞争对手未来目标的分析与了解，有利于预测竞争对手对其目前的市场地位以及财务状况的满意程度，从而推断其改变现行战略的可能性以及对其他企业战略行为的敏感性。

对竞争对手未来目标的分析可以从以下三个方面展开：

一是竞争对手目标分析对本公司制定竞争战略的作用；

二是分析竞争对手业务单位目标的主要方面；

三是多元化公司母公司对其业务单位未来目标的影响。

2. 竞争对手的假设

对竞争对手的假设分析，目的在于揭示竞争对手对其自身、所处产业以及产业内其他企业的评价和看法，是企业各种战略行为取向的最根本动因。

3. 竞争对手的现行战略

4. 竞争对手的能力

对竞争对手能力的分析，目的在于揭示竞争对手的强项和弱点在哪里，而其优势与劣势将决定其发起或反击战略行动的能力以及处理所处环境或产业中事件的能力。竞争性行动在本质上分为战略性和战术性两种，战略性行动需要获取大量的资源，并难以被成功地执行和改变。相反，采取战术性行动需要较少的资源，相对来说更容易执行和改变。

竞争对手的能力分析，主要围绕竞争对手以下几方面的能力：

（1）核心能力。

（2）成长能力。

（3）快速反应能力，即竞争对手对其他公司的行动迅速作出反应的能力如何，或立即发动进攻的能力如何？

这将由下述因素决定：自由现金储备、留存借贷能力、厂房设备的余力、定型的但尚未推出的新产品等。

（4）适应变化的能力。

（5）持久力。 将由以下因素决定：现金储备、管理人员的协调统一、财务目标上的长远眼光、较少受股票市场的压力等。

【提示】快速反应能力和适应变化的能力的区别，简单来讲，快速反应能力是对竞争对手的反应速度，而适应变化的能力是对整个大环境的变化的适应速度。

【例题 2－11·单选题】2008 年美国次贷危机爆发，波及中国大部分金融企业。在此期间，国外投行 K 预计其竞争对手中国的甲银行将会逐步降低权益类投资。并逐渐降低对客户的理财产品的收益率。国外投行 K 对甲银行进行的上述分析属于（   ）。（2013 年）

  A. 财务能力分析　　　　　　　　　B. 快速反应能力分析

  C. 成长能力分析　　　　　　　　　D. 适应变化能力分析

【答案】D

【解析】竞争对手的能力分析，主要围绕竞争对手以下几方面的能力：（1）核心能力；（2）成长能力；（3）快速反应能力；（4）适应变化的能力；（5）持久力。美国次贷危机爆发，波及中国大部分金融企业。国外投行 K 预计其竞争对手中国的甲银行将会逐步降低权益类投资，并逐渐降低对客户的理财产品的收益率。国外投行 K 对甲银行进行的上述分析属于对竞争对手能否对外部事件作出反应的分析，所以选项 D 正确。

【例题 2－12·单选题】2016 年，R 国汽车制造商 G 预计，随着绿色环保理念的普及和政府相关产业政策推出，R 国的新能源汽车将迎来一个巨大的发展机遇，其本国竞争对手汽车制造商 S 公司将凭借雄厚资金实力和强大科研能力，把投资和研发重点转向新能源汽车领域。G 对 S 的上述分析属于（　　　）。（2017 年）

    A. 财务能力分析　　　　　　　　　　B. 成长能力分析
    C. 适应变化的能力分析　　　　　　　D. 快速反应能力分析

【答案】C

【解析】随着绿色环保理念的普及和政府相关产业政策推出，S 公司将凭借雄厚资金实力和强大科研能力，把投资和研发重点转向新能源汽车领域。说明 S 公司具备对外部事件作出反应的能力，即适应变化的能力。

（二）战略群组分析

    战略群组是指某一个产业中在某一战略方面采用相同或相似战略，或具有相同战略特征的各公司组成的集团。战略群组分析有助于判断竞争状况、定位以及产业内企业的盈利情况，具体见表 2－3。

表 2－3　　　　　　　　　　战略群组特征及战略群组分析意义

战略群组的特征	同一战略群组内的企业会有相似或相同的特征，包括品牌、技术领先程度、研究开发能力、产品质量标准、定价策略、企业的规模、分销渠道的选择以及客户服务等。 为了识别战略群组，必须选择这些战略要素的 2～3 项。选择划分产业内战略群组的特征要避免选择同一产业中所有公司都相同的特征
战略群组分析的意义	战略群组分析有助于企业了解相对于其他企业本企业的战略地位以及公司战略变化可能的竞争性影响。 （1）有助于很好地了解战略群组间的竞争状况，主动地发现近处和远处的竞争者，也可以很好地了解某一群组与其他群组间的不同； （2）有助于了解各战略群组之间的"移动障碍"； （3）有助于了解战略群组内企业竞争的主要着眼点； （4）利用战略群组图还可以预测市场变化或发现战略机会

【例题 2－13·多选题】以下关于企业战略群组的描述，正确的有（　　　）。（2013 年）

    A. 利用战略群组图可以预测市场变化
    B. 分析战略群组可以更好地了解不同战略群组之间的竞争状况
    C. 通过战略群组分析可以了解组内企业竞争的主要着眼点
    D. 突破战略群组的边界就能够进入"蓝海市场"

【答案】ABCD

【解析】战略群组分析有助于企业了解相对于其他企业本企业的战略地位以及公司战略变化可能引起的竞争性影响。(1) 有助于很好地了解战略群组间的竞争状况,主动地发现近处和远处的竞争者,也可以很好地了解某一群体与其他群组间的不同。(2) 有助于了解各战略群组之间的"移动障碍"。(3) 有助于了解战略群组内企业竞争的主要着眼点。(4) 利用战略群组图还可以预测市场变化或发现战略机会。所以,选项A、选项B、选项C正确;传统的战略思维立足于当前已存在的行业和市场,采取常规的竞争方式与同行业中的企业展开针锋相对的竞争,那是一种"红海战略",而"蓝海战略"是指不局限于现有产业边界而是极力打破这样的边界条件,通过提供创新产品和服务,开辟并占领新的市场空间的战略。所以,选项D正确。

【例题 2-14·单选题】甲企业生产中档电动自行车。在以下四类企业中,甲企业的直接主要竞争对手是(   )。(2012年)

A. 生产高档电动自行车的企业

B. 属于同一战略群组的电动自行车生产企业

C. 生产低档电动自行车的企业

D. 属于同一战略群组的环保车生产企业

【答案】B

【解析】战略群组是指某一个产业中在某一战略方面采用相同或相似战略,或具有相同战略特征的各公司组成的集团。由于同一战略群组内的企业向相似的顾客群销售相似的产品,它们之间的竞争会十分激烈,因此,处于同一战略群组内的企业属于直接竞争对手。甲企业生产中档电动自行车,它的直接主要竞争对手属于同一战略群组的电动自行车生产企业。

四、国家竞争优势("钻石模型")分析

波特的"钻石模型"是一个识别国家竞争优势的模型,是由四个要素组成的。它们分别是**生产要素,需求条件,相关与支持性产业,企业战略、企业结构和同业竞争的表现**。这四个要素是构成"钻石模型"的基本要素,具体见表2-4。

表2-4   "钻石模型"四要素说明

"钻石模型"四要素	说明
生产要素	波特把生产要素分为初级生产要素和高级生产要素,初级生产要素是指企业所处国家和地区的地理位置、天然资源、人口、气候以及非技术人工、资金等,通过被动继承或者简单的投资就可获得;高级生产要素包括高级人才、科研院所、高等教育体系、现代通信的基础设施等,需要在人力和资本上先期大量和持续地投资才能获得
需求条件	在"钻石模型"中,需求条件主要是指**国内市场的需求**。内需市场是产业发展的动力,主要包括**需求的结构、需求的规模和需求的成长**

续表

"钻石模型"四要素	说明
相关与支持性产业	波特认为，单独的一个企业以至单独一个产业，都很难保持竞争优势，只有形成有效的"产业集群"，上下游产业之间形成良性互动，才能使产业竞争优势持久发展
企业战略、企业结构和同业竞争的表现	波特指出，推进企业走向国际化竞争的动力很重要。这种动力可能来自国际需求的拉力，也可能来自本地竞争者的压力或市场的推力

【例题 2 – 15 · 单选题】 甲汽车制造公司准备到发展中国家 M 国投资，对 M 国诸多条件进行了认真的调查分析，以下分析内容不属于"钻石模型"要素的是（   ）。（2013 年）

A. M 国汽车零部件产业发展状况　　　B. M 国劳动力价格和素质

C. M 国对汽车的需求状况　　　　　　D. M 国政府对汽车业发展的产业政策

【答案】 D

【解析】 国家竞争优势的四个决定因素：（1）生产要素：包括人力资源、天然资源、知识资源、资本资源、基础设施；（2）需求条件：主要是本国市场的需求；（3）相关与支持性产业：这些产业和相关上游产业是否有国际竞争力；（4）企业战略、企业结构和同业竞争的表现。所以选项 D 不属于"钻石模型"的要素。

第 3 天

复习旧内容：

第二章　战略分析　第一节　企业外部环境分析

学习新内容：

第二章　战略分析　第二节　企业内部环境分析和第三节　SWOT 分析

今天想要对你说：

明天即将进行的第三章内容繁多，同学们尽量要在今天把第二章学扎实，以免后继无力，加油！

简单解释今天学习内容：

今天学习的内容是企业内部环境分析的基本方法，从三个方面进行阐述——**企业资源与能力分析、价值链分析和业务组合分析**。要注意区别在分析这三方面时使用的不同方法。通过外部环境分析可知企业面临的外部机遇与威胁，通过内部环境分析可知企业拥有的优势和劣势，在此基础上可以进行 SWOT 分析。

可能会遇到的难点：

本章主要考查内外部环境分析的各种模型和理论，因此各位同学对本章模型的学习切不可停留在表面，而是要对在什么情况下会使用哪种模型解决哪些问题如数家珍。其中，对于以下几个知识点，同学们要给予足够的重视：（1）PEST 模型；（2）产品生命周期模型；（3）五力模型；（4）战略群组；（5）核心能力含义的理解；（6）基准分析；（7）价值链模型；（8）波士顿矩阵；（9）SWOT 模型及应用。

习题注意事项：

本章知识点既适宜考查主观题也适合考查客观题，考查方式一般比较灵活，多是从一个案例出发考查知识点的灵活运用，也有考查简单的知识点的还原类题目。

建议学习时间：

3 小时新学 +0.5 小时复习

第二节　企业内部环境分析

一、企业资源与能力分析（见图 2-6）

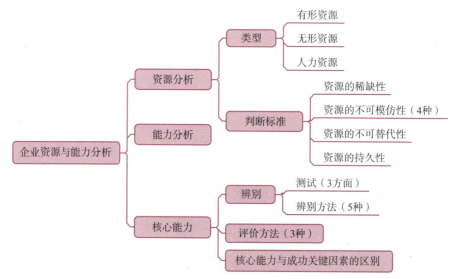

图 2-6　企业资源与能力分析

（一）企业资源分析

企业资源分析的目的在于识别企业的资源状况、企业资源方面所表现出来的优势和劣势以及对未来战略目标制定和实施的影响如何。

1. 企业资源的主要类型

企业资源是企业所拥有或控制的有效因素的总和，包括资产、生产或其他作业程序、技能和知识等。企业的资源主要分为三种：**有形资源、无形资源和人力资源**，具体见表 2-5。

表 2-5　　　　　　　　　　　　　　企业资源的主要类型

有形资源	是指可见的、能用货币直接计量的资源，主要包括物质资源和财务资源。**资产负债表所记录的账面价值并不能完全代表有形资源的战略价值**
无形资源	（1）是指企业长期积累的、没有实物形态的，甚至无法用货币精确度量的资源，通常包括品牌、商誉、技术、专利、商标、企业文化及组织经验等。 （2）由于会计核算的原因，**资产负债表中的无形资产并不能代表企业的全部无形资源**，甚至可以说，有相当一部分无形资源是游离在企业资产负债表之外的。 **（3）无形资源是一种十分重要的企业核心竞争力的来源。** 例如，商誉就是一种重要的无形资源。商誉，是指企业由于管理卓越、顾客信任或其他特殊优势而具有的企业形象，它能给企业带来超额利润。对于产品质量差异较小的行业，例如软饮料行业，商誉可以说是最重要的企业资源
人力资源	是指企业的员工向企业提供的技能、知识以及推理和决策能力

2. 决定企业竞争优势的企业资源判断标准（见图 2 - 7）

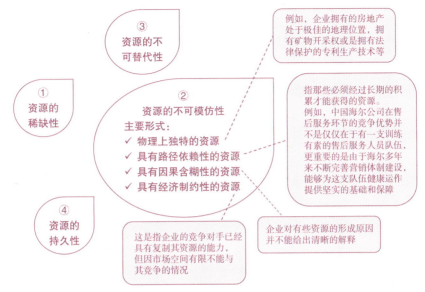

图 2 - 7　决定企业竞争优势的企业资源判断标准

【例题 2 - 16 · 单选题】W 航空公司以"家庭式愉快，节俭而投入"的企业文化为基础，构建起在 UL 航空业的竞争优势，竞争对手对其难以模仿。W 航空公司的竞争优势来源于（　　）。（2015 年）

A. 物理上独特的资源　　　　　　　　B. 具有路径依赖性的资源

C. 具有因果模糊性的资源　　　　　　D. 具有经济制约性的资源

【答案】C

【解析】有些资源的潜在的复制者不能清楚其价值究竟在何处，或不能找到准确的复制方法。例如，企业的文化常常是一种具有因果含糊性的资源，难以被竞争对手模仿。所以选项 C 正确。

【例题 2 - 17 · 单选题】经营连锁超市的 W 公司，采取在某些小城市率先投入大量资本建立大型超市的战略。由于小城市的市场空间狭小，不能支撑两个竞争者同时盈利，因而 W 公司的竞争者只好放弃竞争。W 公司的竞争优势来源于（　　）。（2015 年）

A. 物理上独特的资源　　　　　　　　B. 具有因果含糊性的资源

C. 具有路径依赖性的资源　　　　　　D. 具有经济制约性的资源

【答案】D

【解析】具有经济制约性的资源是指企业的竞争对手已经具有复制其资源的能力，但因市场空间有限不能与其竞争的情况。例如，企业在市场上处于领导者的地位，其战略是在特定的市场上投入大量资本。这个特定市场可能会由于空间太小，不能支撑两个竞争者同时盈利，企业的竞争对手再有能力，也只好放弃竞争。这种资源便是具有经济制约性的资源。因此选项 D 正确。

【例题 2 – 18·多选题】 天翔航空公司于 2016 年初率先布局航空互联网，现在该公司已有 50 多架飞机完成改造和机组培训，为乘客提供了稳定的互联网接入服务并由此赢得了明显的竞争优势。天翔航空公司的竞争优势来源于其拥有的（　　　）。（2017 年）

A. 文化资源　　　　　　　　　　B. 人力资源
C. 技术资源　　　　　　　　　　D. 物质资源

【答案】 BCD

【解析】 现在该公司已有 50 多架飞机完成改造和机组培训，体现了人力资源和物质资源。为乘客提供了稳定的互联网接入服务，体现了技术资源。

（二）企业能力分析

1. 企业能力的定义

企业能力，是指企业配置资源，发挥其生产和竞争作用的能力。企业能力来源于企业有形资源、无形资源和人力资源的整合，是企业各种资源有机组合的结果。

2. 企业能力的构成（见表 2 – 6）

企业能力主要由**研发能力、生产管理能力、营销能力、财务能力和组织管理能力**等组成。

表 2 – 6　　　　　　　　　　　　　　　　企业能力的构成

研发能力	企业的研发活动能够加快产品的更新换代，不断提高产品质量，降低产品成本，更好地满足消费者的需求
生产管理能力	生产管理能力主要涉及五个方面，即生产过程、生产能力、库存管理、人力资源管理和质量管理
营销能力	企业的营销能力，是指企业引导消费以占领市场、获取利润的**产品竞争能力、销售活动能力**和**市场决策能力**
财务能力	企业的财务能力主要涉及两个方面：一是筹集资金的能力；二是使用和管理资金的能力
组织管理能力	组织管理能力主要从以下几个方面衡量： （1）职能管理体系的分工； （2）岗位责任； （3）集权和分权的情况； （4）组织结构（直线职能、事业部等）； （5）管理层次和管理范围的匹配

（三）企业的核心能力（见图2-8）

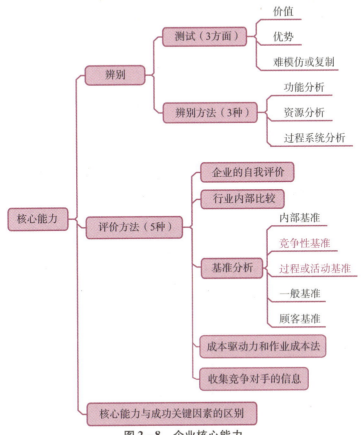

图2-8 企业核心能力

1. 核心能力的概念

所谓核心能力，就是企业在具有重要竞争意义的经营活动中能够比其竞争对手做得更好的能力。

2. 核心能力的辨别

企业的能力应同时满足以下三个关键测试才可称为核心能力：

（1）它对顾客是否有价值？

（2）它与企业竞争对手相比是否有优势？

（3）它是否很难被模仿或复制？

核心能力的辨别方法包括功能分析、资源分析以及过程系统分析，具体见表2-7。

表2-7　　　　　　　　　　　　核心能力的辨别方法

核心能力的辨别方法	含义
功能分析	考察企业功能是识别企业核心竞争力常用的方法，这种方法虽然比较有效但是它可能只能识别出具有特定功能的核心能力

续表

核心能力的辨别方法	含义
资源分析	分析实物资源比较容易，例如，企业商厦所处的区域、生产设备以及机器的质量等，而分析像商标或者商誉这类无形资源则比较困难
过程系统分析	过程涉及企业多种活动从而形成系统。过程和系统有可能仅是企业单一的功能，但是通常都涉及多种功能，因而过程和系统本身是比较复杂的，但企业通常还是会使用这种方式来识别企业的核心能力，因为只有对整个系统进行分析才能很好地判断企业的经营状况

3. 核心能力的评价

评价核心能力的方法有：

（1）企业的自我评价。

（2）行业内部比较。

（3）基准分析。基准分析就是把企业和标杆企业相比，进而评价企业的核心能力。

①基准对象。一般来说，能够衡量业绩的活动都可以成为基准对象。当然，把企业的每一项活动都作为基准对象是不切实际的。企业可以主要关注以下几个领域：占用较多资金的活动；能显著改善与顾客关系的活动；能最终影响企业结果的活动，等等。

②主要基准类型（见表2-8）：

表2-8 　　　　　　　　　　　　　　主要基准类型

主要基准类型	含义	关键词
内部基准	即企业内部各个部门之间互为基准进行学习与比较。企业内部由于存在着处于不同地理区域的部门，它们之间有着不同的历史和文化、不同的业务类型以及管理层与职员之间不同程度的融洽关系，因此可互为基准进行比较	企业内部之间的比较
竞争性基准	即直接以竞争对手为基准进行比较。企业需要收集关于竞争对手的产品、经营过程以及业绩方面的具体信息，与企业自身的情况进行比较。由于有些商业上比较敏感的信息不容易获取，因而有时还需要借助第三方的帮助	产业内竞争对手之间的比较
过程或活动基准	即以具有类似核心经营的企业为基准进行比较，但是二者之间的产品和服务并不存在直接竞争的关系。这类基准分析的目的在于找出企业做得最突出的方面，例如，生产制造、市场营销、产品工艺、存货管理以及人力资源管理等方面	不同产业但是拥有类似活动流程的企业比较
一般基准	即以具有相同业务功能的企业为基准进行比较	同一产业不同市场中的企业比较
顾客基准	即以顾客的预期为基准进行比较	顾客说了算

（4）成本驱动力和作业成本法。与传统的成本会计方法相比作业成本法能提供更有用的信息。

（5）收集竞争对手的信息。

4. 企业核心能力与成功关键因素

区别点：成功关键因素应被看作是产业和市场层次的特征，而不是针对某个个别公司。拥有成功关键因素是获得竞争优势的必要条件，而不是充分条件。

共同点：它们都是公司盈利能力的指示器。虽然在概念上的区别是清楚的，但在特定的环境中区分它们并不容易。例如，一个成功关键因素可能是某产业所有企业要成功都必须具备的，但它也可能是特定公司所具备的独特能力。

【例题 2－19·单选题】 迅驰电梯公司是世界上最大的电梯、自动扶梯和自动走道的制造、安装和服务公司。2003 年公司总裁鲍博在主持公司年度会议时，为迅驰电梯公司提出了一个愿景：超越自己，在提供卓越服务方面成为世界范围内所有公司——不仅仅是电梯公司——公认的领袖。为了追求服务卓越，迅驰电梯公司未来的参照标准是像 UPS 这样具有类似核心业务的公司。从基准分析方法判断，鲍博的观点是基于（　　）。（2012 年）

  A. 竞争性基准　　　　　　　　B. 过程或活动基准

  C. 一般基准　　　　　　　　　D. 顾客基准

【答案】 B

【解析】 "为了追求服务卓越，迅驰电梯公司未来的参照标准是像 UPS 这样具有类似核心业务的公司。"迅驰电梯公司选取的标杆企业是不同产业但拥有相同或相似活动、流程的企业，故选 B。

【例题 2－20·单选题】 下列各项中，不能增加企业核心能力的是（　　）。（2010 年）

  A. 产品差异化　　　　　　　　B. 购买生产专利权

  C. 创新生产技术　　　　　　　D. 聘用生产外包商

【答案】 D

【解析】 核心能力，就是企业在具有重要竞争意义的经营活动中能够比其竞争对手做得更好的能力。容易获取的能力一般不能直接成为企业的竞争优势，如聘用生产外包商。

【例题 2－21·单选题】 下列各项中，可以评价企业核心能力的方法是（　　）。（2014 年）

  A. 基准分析　　　　　　　　　B. 功能分析

  C. 过程系统分析　　　　　　　D. 资源分析

【答案】 A

【解析】 可以评价企业核心能力的方法有：企业的自我评价、产业内部比较、基准分析、成本驱动力和作业成本法、收集竞争对手的信息。选项 A 正确。选项 B、选项 C、选项 D 属于识别企业核心能力的方法。

二、价值链分析

（一）波特价值链

波特认为，企业每项生产经营活动都是其创造价值的经济活动；那么，企业所有的互不相同但又相互关联的生产经营活动，便构成了创造价值的一个动态过程，即价值链。

价值链的两类活动（易混淆，学会准确区分，属于本章难点之一）。

波特价值链将企业的生产经营活动分为基本活动和支持性活动两大类（见图2-9）。

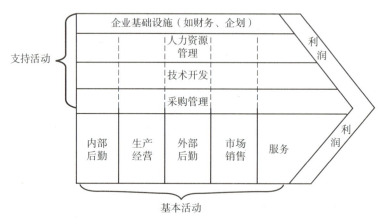

图2-9 波特价值链

1. 基本活动

基本活动，又称主体活动，是指生产经营的实质性活动，一般可以分为内部后勤、生产经营、外部后勤、市场销售和服务五种活动，具体见表2-9。

表2-9　　　　　　　　　　　　　　基本活动类型

内部后勤	又称进货物流，是指与产品投入有关的进货、仓储和分配等活动。如原材料搬运、仓储、库存控制、车辆调度和向供应商退货。这一活动的本质，是对生产的输入
生产经营	是指将各种投入品转化为最终产品的各种活动。如机械加工、包装、组装、设备维护、检测等。这一活动的本质，是输入向输出的转化
外部后勤	又称出货物流，是指与产品的库存、分送给购买者有关的活动。如产成品库存管理、产成品搬运、接受订单、送货车辆调度等。这一活动的本质，是产品输出
市场销售	是指促进和引导购买者购买企业产品的活动。如广告、促销、销售队伍、渠道建设等。这一活动的本质，是产品价值的实现
服务	是指与保持和提高产品价值有关的活动。如安装、维修、培训、零部件供应和产品生命周期结束后的回收等。这一活动的本质，是产品的价值保证和增值

2. 支持活动

支持活动，又称辅助活动，是指用以支持基本活动而且内部之间又相互支持的活动，包括采购管理、技术开发、人力资源管理和企业基础设施，具体见表2-10。

表 2 – 10 支持活动类型

采购管理	是指采购企业所需投入产品的职能，而不是被采购的投入品本身。包括购买用于企业价值链各种投入的活动，采购既包括企业生产原料的采购，也包括支持活动相关的购买行为。因此，这里的采购是广义的。例如，企业聘请咨询公司为企业进行广告策划、市场预测、管理信息系统设计、法律咨询、研发设备的购买等属于采购管理
技术开发	是指可以改进企业产品和工序的一系列技术活动，这也是一个广义的概念，既包括生产性技术，也包括非生产性技术。因此，企业中每项生产经营活动都包括技术，只不过其技术的性质、开发的程度和使用的范围不同而已。有的属于生产方面的工程技术，有的属于通信方面的技术，还有的属于领导的决策技术。这些技术开发活动不仅仅与企业最终产品直接相关，而且支持着企业全部活动，成为判断企业竞争实力的一个重要因素。企业中的各种活动，都会涉及技术开发
人力资源管理	涉及所有类型人员的招聘、雇佣、培训、提拔和退休等各种活动。人力资源管理不仅对基本活动和支持活动起到辅助作用，而且支撑着整个价值链
基础设施 （易考点）	是指企业组织结构、惯例、控制系统以及文化等活动。企业的基础设施与其他支持活动有所不同。一般是用来支撑整个价值链的运行，即所有其他的价值创造活动都在基础设施中进行。企业的基础设施包括企业的总体管理、计划、财务、法律支援、质量管理等，还包括企业与政府以及公众的公共关系

【例题 2 – 22 · 多选题】 按照波特的价值链分析方法，企业支持活动中的基础设施包括（ ）。（2015 年）

A. 财务管理

B. 厂房、道路等

C. 企业高层管理人员

D. 企业的组织结构、惯例、控制系统以及文化等活动

【答案】 ACD

【解析】 企业支持活动中的基础设施是指企业组织结构、惯例、控制系统以及文化等活动。企业高层人员往往在这些方面发挥重要作用。因此高层管理人员也往往被视作基础设施的一部分。企业的基础设施与其他支持活动有所不同。企业的基础设施包括企业的总体管理、计划、财务、法律支援、质量管理等，还包括企业与政府以及公众的公共关系。公司的厂房属于固定资产而不是一种活动，所以选项 B 错误。

【例题 2 – 23 · 单选题】 根据波特的价值分析理论，下列属于企业支持活动（辅助活动）的是（ ）。（2017 年）

A. 聘请咨询公司实施广告策略　　　　B. 物流配送产品

C. 通过互联网进行广告宣传　　　　　D. 生产设备维护

【答案】 A

【解析】 选项 A 属于辅助活动中的采购，选项 B 属于基本活动中的外部后勤，选项 C 属于基本活动中的市场销售，选项 D 属于基本活动中的生产运营。

【例题2-24·多选题】华生公司开发了有助于失明患者进行义眼移植的Y产品，并且取得了发明专利。公司随后建立了生产Y产品的工厂，目前形成了较为完善的进货、生产、发货、服务与分销体系。从企业价值链角度考察，华生公司与Y产品有关的价值活动包括（　　）。（2017年）

A. 基础设施　　　　　　　　　　B. 生产经营

C. 内部后勤　　　　　　　　　　D. 技术开发

【答案】BCD

【解析】"建立了生产Y产品的工厂"，该项活动属于生产经营，选项B正确；"形成了较为完善的进货、生产、发货、服务与分销体系"，该项活动属于内部后勤、生产经营以及外部后勤，选项C正确；"华生公司开发了有助于失明患者进行义眼移植的Y产品，并且取得了发明专利"，该项活动属于技术开发，选项D正确。

（二）价值链的确定

为了在一个特定产业进行竞争并判定企业竞争优势，有必要确定企业的价值链。即从价值链分析入手，将各种不同的价值活动在一个特定的企业中得到确认。价值链的每一项活动都能进一步分解为一些相互分离的活动。例如，图2-10是对复印机制造企业的完成价值链活动的分解。

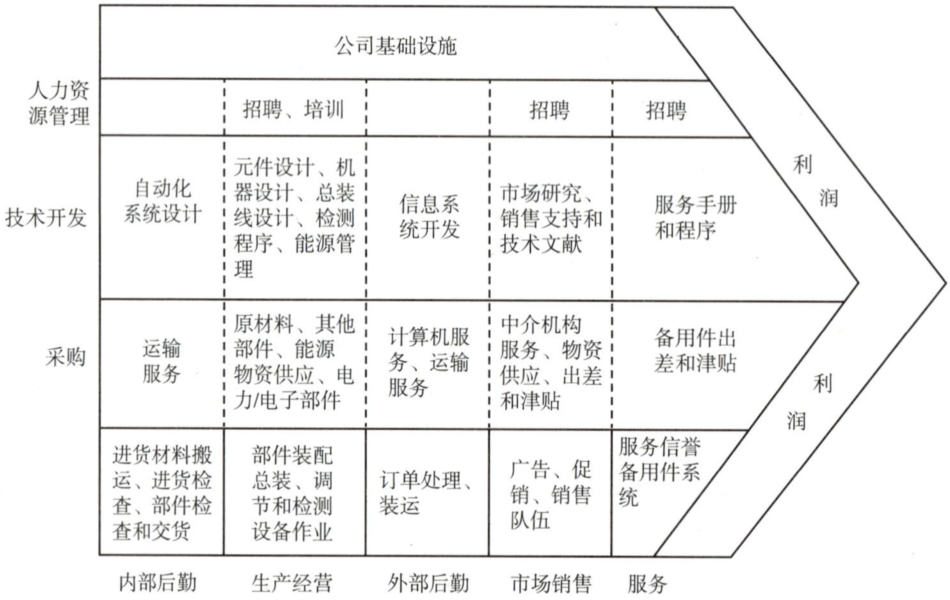

图2-10　复印机生产企业的价值链

分解的适当程度依赖于这些活动的经济性和分析价值链的目的。分离这些活动的**基本原则**是：【多选题潜在考点】

（1）具有不同的经济性；

（2）对产品差异化产生很大的潜在影响；

（3）在成本中所占比例很大或所占比例上升。

如果分解一些活动对揭示企业竞争优势很明显，那么对这些活动的分解就非常重要；反之，这些活动就没必要分解，而是可以被组合起来。

（三）企业资源能力的价值链分析

企业资源能力的价值链分析要明确以下几点：

（1）确认支持企业竞争优势的关键性活动。支持企业竞争优势的关键性活动是企业独特能力之一。

（2）明确价值链内各种活动之间的关系。价值链中基本活动之间、基本活动与支持活动之间以及支持活动之间存在各种联系，选择或构筑最佳的联系方式对于提高价值创造和战略能力是十分重要的。

（3）明确价值系统内各项价值活动之间的联系。价值活动的联系既存在于企业价值链内部，也存在于企业与企业的价值链之间。

【例题 2 - 25 · 多选题】 下列各项对企业资源能力的价值链分析表述中，正确的有（ ）。（2014 年）

A. 选择或构筑价值链各项活动之间的最佳联系方式，有利于提高价值创造和战略能力

B. 支持企业竞争优势的关键性活动是企业独特能力之一

C. 价值活动的联系既存在于企业价值链内部，也存在于企业与企业的价值链之间

D. 价值链分析适用于多元化经营企业对企业资源能力进行考察

【答案】 ABC

【解析】 价值链中基本活动之间、基本活动与支持活动之间以及支持活动之间存在各种联系，选择或构筑最佳的联系方式对于提高价值创造和战略能力是十分重要的。选项 A 正确。支持企业竞争优势的关键性活动事实上就是企业的独特能力的一部分。选项 B 正确。价值活动的联系不仅存在于企业价值链内部，而且存在于企业与企业的价值链之间。选项 C 正确。价值链分析有助于对企业的能力进行考察，这种能力来源于独立的产品、服务或业务单位。但是，对于多元化经营的公司来说，还需要将企业的资源和能力作为一个整体来考虑。选项 D 错误。

三、业务组合分析

（一）波士顿矩阵

1. 基本概念

波士顿矩阵（BCG matrix），又称市场增长率——相对市场份额矩阵、波士顿咨询集团法等。这种方法的**核心在于要解决如何使企业的产品品种及其结构适合市场需求的变化**，只有这样，企业的生产才有意义。同时，**解决如何将企业有限的资源有效地分配到合理的产品结构中去**，以保证企业收益，是企业在激烈竞争中能否取胜的关键。

波士顿矩阵认为，一般决定产品结构的基本因素有两个：**市场引力与企业实力**（见图 2 - 11）。

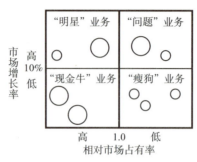

图 2－11　波士顿矩阵

市场引力包括：市场增长率（最主要）、目标市场容量、竞争对手强弱及利润高低等。**市场增长率是决定产品结构是否合理的外在因素。**

企业实力包括：企业市场占有率（**内在要素**）、技术、设备、资金利用能力等。

2. 基本原理

根据市场增长率和相对市场占有率的不同组合，会出现四种不同性质的产品类型，形成不同的产品发展前景：

（1）市场增长率和相对市场占有率"双高"的产品群（"明星"业务）；

（2）市场增长率和相对市场占有率"双低"的产品群（"瘦狗"业务）；

（3）市场增长率高、相对市场占有率低的产品群（"问题"业务）；

（4）市场增长率低、相对市场占有率高的产品群（"现金牛"业务）。

该矩阵纵坐标表示产品市场增长率，通常用 **10%平均增长率** 作为增长高、低的界限。横坐标表示本企业的相对市场占有率（**以企业某项业务的市场份额与这个市场上最大的竞争对手的市场份额之比**），相对市场占有率的分界线为1.0（**在该点本企业的某项业务与该业务市场上最大竞争对手市场份额相等**），划分为高、低两个区域。

根据有关业务或产品的市场增长率和企业相对市场占有率标准，波士顿矩阵可以把企业全部的经营业务定位在四个区域中，具体见表2－11。

表 2－11　　　　　　　　　　　波士顿矩阵在企业经营中的运用

业务类型	业务特点	战略及管理组织选择
"明星"业务（高增长—强竞争地位）	这类业务处于快速增长的市场中并且占有支配地位的市场份额。在企业的全部业务中，"明星"业务的增长和获利有着极好的长期机会，但它们是企业资源的主要消费者，需要大量的投资。为了保护和扩展"明星"业务在增长的市场上占主导地位，企业应在短期内优先供给他们所需的资源，支持它们继续发展	积极扩大经济规模和市场机会，以长远利益为目标，提高市场占有率，加强竞争地位。"明星"业务的管理组织最好采用事业部形式，由对生产技术和销售两方面都很内行的经营者负责
"问题"业务（高增长—弱竞争地位）	这类业务通常处于最差的现金流量状态。一方面，所在产业的市场增长率高，企业需要大量的投资支持其生产经营活动；另一方面，其相对市场占有率低，能够生成的资金很小。因此，企业对于"问题"业务的进一步投资需要进行分析，判断使其转移到"明星"业务所需要的投资量，分析其未来盈利，研究是否值得投资等问题	对"问题"业务应采取选择性投资战略。首先确定对该象限中那些经过改进可能会成为"明星"的业务进行重点投资，提高市场占有率，使之转变成"明星"业务；对其他将来有希望成为"明星"的业务则在一段时期内采取扶持的对策。因此，对"问题"业务的改进与扶持方案一般均列入企业长期计划中。对"问题"业务的管理组织，最好是采取智囊团或项目组织等形式，选拔有规划能力、敢于冒风险、有才干的人负责

业务类型	业务特点	战略及管理组织选择
"现金牛"业务 （低增长— 强竞争地位）	这类业务处于成熟的低速增长的市场中，市场地位有利，盈利率高，本身不需要投资，反而能为企业提供大量资金，用以支持其他业务的发展	对这一象限内的大多数业务，市场增长率的下跌已成不可阻挡之势，因此可采用收获战略，即所投入资源以达到短期收益最大化为限。（1）把设备投资和其他投资尽量压缩；（2）采用"榨油式"方法，争取在短时间内获取更多利润，为其他业务提供资金。对于这一象限内市场增长率仍有所增长的业务，应进一步进行市场细分，维持现存市场增长率或延缓其下降速度。对于"现金牛"业务，适合用事业部制进行管理，其经营者最好是市场营销型人物
"瘦狗"业务 （低增长— 弱竞争地位）	这类业务处于饱和的市场当中，竞争激烈，可获利润很低，不能成为企业资金的来源。一般情况下，这类业务常常是微利甚至是亏损的，"瘦狗"业务存在的原因更多的是由于感情上的因素，虽然一直微利经营，但像人养了多年的狗一样恋恋不舍而不忍放弃。其实，"瘦狗"业务通常要占用很多资源，如资金、管理部门的时间等，多数时候是得不偿失的	对这类业务应采用撤退战略：首先，应减少批量，逐渐撤退，对那些还能自我维持的业务，应缩小经营范围，加强内部管理；而对那些市场增长率和企业相对市场占有率均极低的业务则应立即淘汰。其次，将剩余资源向其他业务转移。最后，整顿业务系列，最好将"瘦狗"业务与其他事业部合并，统一管理

3. 波士顿矩阵的运用

通常有四种战略目标分别适用于不同的业务：

（1）**发展**：想尽快成为"明星产品"的问题业务，应以此为战略。

（2）**保持**：对于较大的"现金牛"可以此为目标，以使它们产生更多的收益。

（3）**收割**：对处境不佳的"现金牛"类业务及没有发展前途的"问题"类业务和"瘦狗"类业务应视具体情况采取这种策略。

（4）**放弃**：对无利可图的"瘦狗"类和"问题"类业务可以适用。

4. 波士顿矩阵的贡献（了解即可）

（1）波士顿矩阵是最早的组合分析方法之一，被广泛运用于产业环境与企业内部条件的综合分析、多样化的组合分析、大企业发展的理论依据等方面。

（2）波士顿矩阵将企业不同的经营业务综合在一个矩阵中，具有简单明了的效果。

（3）波士顿矩阵指出了每个经营单位在竞争中的地位、作用和任务，从而使企业能够有选择地和集中地运用有限的资金。每个业务经营单位也可以从矩阵中了解自己在总公司中的位置和可能的战略发展方向。

（4）利用波士顿矩阵可以帮助企业推断竞争对手对相关业务的总体安排。其前提是竞争对手也使用波士顿矩阵的分析方法。

5. 波士顿矩阵的局限（了解即可）

（1）在实践中，企业要确定各业务的市场增长率和相对市场占有率是比较困难的。

（2）波士顿矩阵过于简单。首先，它用市场增长率和企业相对市场占有率两个单一指标分别代表产业的吸引力和企业的竞争地位，不能全面反映这两方面的状况；其次，两个坐标各自的划分都只有两个位级，划分过粗。

（3）波士顿矩阵事实上暗含了一个假设：企业的市场份额与投资回报是呈正相关的。但在有些情况下这种假设可能是不成立或不全面的。一些市场占有率小的企业如果实施创新、差异化和市场细分等战略，仍能获得很高的利润。

（4）波士顿矩阵的另一个条件为资金是企业的主要资源。但在许多企业内，要进行规划和均衡的重要资源不是现金而是时间和人员的创造力。

（5）波士顿矩阵在实际运用中有很多困难。

【例题 2 - 26 · 单选题】 下列关于波士顿矩阵的表述中，错误的是（　　）。（2014 年）

A. 纵轴表示企业销售额增长率

B. 横轴表示企业在产业中的相对竞争地位

C. 市场增长率是决定企业产品结构是否合理的外在因素

D. 波士顿矩阵事实上暗含了一个假设，企业的市场份额与投资回报是正相关的

【答案】 A

【解析】 波士顿矩阵的纵轴表示市场增长率，是指企业所在产业某项业务前后两年市场销售额增长的百分比。选项 A 错误。波士顿矩阵，横轴表示企业在产业中的相对市场占有率，是指以企业某项业务的市场份额与这个市场上最大的竞争对手的市场份额之比。这一市场占有率反映企业在市场上的竞争地位。选项 B 正确。市场增长率，这是决定企业产品结构是否合理的外在因素。选项 C 正确。波士顿矩阵事实上暗含了一个假设：企业的市场份额与投资回报是成正比的。选项 D 正确。

【例题 2 - 27 · 单选题】 根据波士顿矩阵理论，当某企业的所有业务均处于高市场增长率时，下列各项关于该企业业务所属类别的判断中，正确的是（　　）。（2009 年）

A. "明星"业务和"现金牛"业务　　　　B. "明星"业务和"问题"业务

C. "瘦狗"业务和"现金牛"业务　　　　D. "现金牛"业务和"问题"业务

【答案】 B

【解析】 波士顿矩阵的纵坐标表示的是产品的市场增长率，横坐标表示本企业相对市场占有率。根据市场增长率和相对市场占有率的不同组合，可以将企业的业务分成四种类型："明星"业务、"现金牛"业务、"问题"业务和"瘦狗"业务，其中市场增长率高的业务包括"明星"业务和"问题"业务。

【例题 2 - 28 · 单选题】 环美公司原以家电产品的生产和销售为主，近年来逐渐把业务范围扩展到房地产、生物制药等行业，依据波士顿矩阵分析，下列对业务定位错误的是（　　）。（2017 年）

A. 家电业务的多数产品进入成熟期，公司在家电行业竞争优势显著，公司应加大投入力度，以维持优势地位

B. 新能源行业发展潜力巨大，前景广阔，公司该领域竞争优势不足，公司应对新能源重点投资提高市场占有率

C. 房地产进入寒冬期，公司房地产业务始终没有获利，应果断撤出

D. 生物制药行业今年发展迅猛，公司收购的一家生物制药企业由弱到强，竞争优势迅猛展现，公司应在短期内优先供给其所需资源，支持发展

【答案】A

【解析】选项A，家电业务已经属于"现金牛"业务，本身不需要投资，所以错误。选项B属于"问题"业务，如果市场潜力巨大，可以加大投资；选项C属于"瘦狗"业务，应该果断撤出；选项D属于"明星"业务，应该加大投资。

（二）通用矩阵（简单了解）

通用矩阵，又称行业吸引力矩阵，是美国通用电气公司设计的一种业务组合分析方法。

1. 基本原理

通用矩阵改进了波士顿矩阵过于简化的不足。首先，在两个坐标轴上都增加了中间等级；其次，其纵轴用多个指标反映产业吸引力，横轴用多个指标反映企业竞争地位。这样，通用矩阵不仅适用于波士顿矩阵所能使用的范围，而且对不同需求、技术寿命周期曲线的各个阶段以及不同的竞争环境均可使用。九个区域的划分，更好地说明了企业中处于不同地位经营业务的状态。

产业吸引力和竞争地位决定着企业某项业务在矩阵上的位置。

影响产业吸引力的因素包括产业增长率、市场价格、市场规模、获利能力、市场结构、竞争结构、技术及社会政治因素等。

影响经营业务竞争地位的因素包括相对市场占有率、买方增长率、产品差别化、生产技术、生产能力、管理水平等。

2. 通用矩阵的局限

通用矩阵虽然改进了波士顿矩阵过于简化的不足，但是也因此带来了自身的不足。

（1）用综合指标来测算产业吸引力和企业的竞争地位，这些指标在一个产业或一个企业的表现可能会产生不一致，评价结果也会由于指标权数分配的不准确而带来偏差。

（2）划分较细，对于业务多元化的大公司必要性不大，且需要更多数据，方法比较繁杂。

【例题2-29·多选题】作为公司业务组合分析的工具，波士顿矩阵的贡献有（　　）。（2015年）

A. 波士顿矩阵揭示了企业的市场份额与投资回报成正比的事实

B. 波士顿矩阵将企业不同的经营业务综合在一个矩阵中，具有简单明了的效果

C. 波士顿矩阵可以帮助企业推断竞争对手对相关业务的总体安排

D. 波士顿矩阵用多个指标测算产业吸引力和企业竞争地位，比较全面地反映这两个方面的状况

【答案】BC

【解析】 选项 A 属于波士顿矩阵的局限性。波士顿矩阵有以下几方面重要的贡献：

（1）波士顿矩阵是最早的组合分析方法之一，作为一个有价值的思想方法，被广泛运用在产业环境与企业内部条件的综合分析、多样化的组合分析、大企业发展的理论依据等方面。

（2）波士顿矩阵将企业不同的经营业务综合在一个矩阵中，具有简单明了的效果。

（3）该矩阵指出了每个经营单位在竞争中的地位，使企业了解到它们的作用和任务，从而有选择和集中地运用企业有限的资金。每个经营业务单位也可以从矩阵中了解自己在总公司中的位置和可能的战略发展方向。

（4）利用波士顿矩阵还可以帮助企业推断竞争对手对相关业务的总体安排。其前提是竞争对手也使用波士顿矩阵的分析技巧。所以选项 B、选项 C 正确。选项 D 属于通用矩阵的贡献。

【例题 2－30·多选题】下列各项中，属于企业内部环境分析常用的战略分析工具有（   ）。（2014 年）

A. 通用矩阵　　　　　　　　　　　B. 波士顿矩阵
C. 成功关键因素分析　　　　　　　D. SWOT 分析

【答案】AB

【解析】 成功关键因素分析属于产业环境分析，即企业外部环境分析工具，选项 C 错误；SWOT 分析综合考虑了企业的内部条件和外部环境的各种因素，属于内外部相结合的一种战略分析工具，选项 D 错误。

第三节　SWOT 分析

一、基本解释

S：Strengths（优势）

W：Weakness（劣势）

O：Opportunities（机会）

T：Threats（威胁）

即经过前面的内部环境和外部环境的分析，我们用一个表格将内部环境的优势（S）和劣势（W），以及外部环境的机会（O）和威胁（T）罗列出来，这就是 SWOT 分析。

二、基本原理

SWOT 分析是一种综合考虑企业内部条件和外部环境的各种因素，进行系统评价，从而选择最佳经营战略的方法。因此，SWOT 分析实际上是对企业内外部条件各方面内容进行综合和概括，分析企业的优劣势、面临的机会和威胁，进而帮助企业进行战略选择的一种方法，具体见表 2－12。

表2-12   SWOT分析的含义及判断标准

要素	含义	表现（综合题常考）	判断标准
优势	是指能给企业带来重要竞争优势的积极因素或独特能力	企业的**资金、技术设备、员工素质、产品、市场、管理技能**等方面	判断企业内部的优势和劣势一般有两项标准：一是单项的优势和劣势。例如，企业资金雄厚，则在资金上占优势；市场占有率低，则在市场上处于劣势。二是综合的优势和劣势。为了评估企业的综合优势和劣势，应选定一些重要因素，加以评价打分，然后根据其重要程度按加权平均法加以确定
劣势	是限制企业发展且有待改正的消极方面		
机会	是随着企业外部环境的改变而产生的有利于企业的时机	**政府支持、高新技术的应用、良好的购买者和供应者关系**等	
威胁	是随着企业外部环境的改变而产生的不利于企业的时机	如**新竞争对手的出现、市场增长缓慢、购买者和供应者讨价还价能力增强、技术老化**等	

三、SWOT分析的应用

SWOT分析根据企业的目标列出对企业生产经营活动及发展有着重大影响的内部及外部因素，并且根据所确定的标准对这些因素进行评价，从中判定出企业的优势与劣势、机会和威胁。

SWOT分析中最核心的部分是评价企业的优势和劣势、判断企业所面临的机会和威胁并做出决策，即在企业现有的内外部环境下，如何最优地运用自己的资源，并且建立公司未来的资源（见图2-12）。

图2-12 SWOT分析

【例题2-31·多选题】 甲公司是国内火力发电装备制造行业的龙头企业，拥有雄厚的资金实力和品牌优势。2012年，甲公司在国家政策支持下，投资开展了为核电企业提供配套设备的新业务。由于相关技术研发力量不足，且市场竞争激烈，该业务一直处于亏损状态。下列各项对甲公司所作出的SWOT分析并提出的相应战略中，正确的有（ ）。（2015年）

A. 甲公司新业务的相关技术研发力量不足，且市场竞争激烈，应将新业务出售。此为WT战略

B. 甲公司拥有雄厚的资金实力和品牌优势，但自身研发能力不足，应寻找有实力的公司，结成战略联盟。此为 WO 战略

C. 甲公司虽然新业务的相关技术研发力量不足，但面对国家政策的支持，应寻找有实力的公司，结成战略联盟。此为 ST 战略

D. 甲公司拥有雄厚的资金实力和品牌优势，应借国家政策支持的东风，加强技术攻关力度，争取新业务尽快扭亏为盈。此为 SO 战略

【答案】AD

【解析】内部环境中：S 代表优势，W 代表劣势。外部环境中：O 代表机会，T 代表威胁。甲公司新业务的"相关技术研发力量不足"属于内部环境中的劣势，"市场竞争激烈"属于外部环境中的威胁。此为 WT 战略，所以选项 A 正确。甲公司拥有"雄厚的资金实力和品牌优势"属于内部环境中的优势，但"自身研发能力不足"属于内部环境中的劣势，而 SWOT 分析的战略是内部和外部环境的组合，所以不会出现内部环境中的优势和劣势的结合。所以选项 B 错误。甲公司新业务的"相关技术研发力量不足"属于内部环境中的劣势，但面对"国家政策的支持"属于外部环境中的机会，应寻找有实力的公司，结成战略联盟。此为 WO 战略。所以选项 C 错误。甲公司"拥有雄厚的资金实力和品牌优势"属于内部环境中的优势，"借国家政策支持的东风"属于外部环境中的机会，加强技术攻关力度，争取新业务尽快扭亏为盈。此为 SO 战略。所以选项 D 正确。

【例题 2－32·单选题】 在对企业外部环境和内部环境进行综合分析时，可以运用的战略分析工具包括（　　）。(2012 年)

A. 波特五种竞争力模型　　　　　　B. 价值链分析

C. 行业吸引力测试　　　　　　　　D. SWOT 分析

【答案】D

【解析】SWOT 分析属于内部环境和外部环境分析相结合的工具。

第二章 战略分析

战略的学习最大的困扰是什么？

那就是随时会"迷路"，突然就不知道自己学到哪里去了？这个时候怎么办？那就是停下来画一下框架，给自己来一个"定位"！

当然框架之外，我还是要不断地提醒各位，一定要不断地重复讲义或者教材，你只有对讲义或者教材达到了极度的熟悉程度，战略才能高分过关！

今日复习步骤：

第一遍：回忆 & 重新复习一遍框架（10 分钟）

学习要求：这一遍的目的是自己重新复习一遍框架，不需要掌握所有细节，但求框架了然于心。

战略分析包括：外部环境分析、内部环境分析、SWOT 分析。

（1）外部分析：宏观环境分析（PEST）、产业环境分析（产品生命周期、五力分析、成功关键因素）、竞争环境分析（竞争对手分析、战略群组）、国家竞争优势分析（钻石模型）。

（2）内部分析：企业资源与能力分析（资源、能力、核心竞争力）、价值链分析（基本活动、支持活动）、业务组合分析（波士顿矩阵、通用矩阵）。

（3）SWOT 分析：内部分析和外部分析结合、优势/劣势/机会/威胁。

第二遍：对细节进一步掌握（60 分钟）

第三遍：重新复习一遍框架（8 分钟）

我问你答：

（1）产品生命周期是以什么曲线的拐点划分？每个阶段的特点、目标、风险、路径是什么？

（2）五种竞争力包括什么？结构性障碍和行为性障碍具体指什么？是属于哪种竞争力？

（3）成功的关键因素是属于外部分析还是内部分析？随着什么的不同而不同？

（4）竞争对手分析：分析竞争对手的什么能力？快速反应能力由什么因素决定？

（5）战略群组分析的意义是什么？

（6）"钻石模型"属于什么分析？包括什么要素？是否有"政策"这个要素？

（7）企业资源有哪些类型？决定企业竞争优势的资源判断标准有哪些？资源的不可模仿性包括哪四种？各有什么特点？

（8）企业核心能力的辨别方法是什么？评价方法是什么？基准分析是属于辨别还是评价，包括哪几种类型？其中，同一产业内，不同市场的比较属于什么基准？同一市场的呢？

（9）价值链分为哪两种活动？两种活动分别包括什么内容？其中，基础设施包括什么？

（10）企业资源能力的价值链分析要明确什么内容？

（11）波士顿矩阵的横轴和纵轴分别代表什么？怎样区分高低？四个象限的业务如何区分？每个象限应该采取怎样的战略？波士顿矩阵暗含的假设是什么？是否存在局限性？

（12）SWOT 分析包括哪四个要素？属于外部分析吗？SWOT 分析的应用分别包括哪四种战略？

本章作业：

（1）请把讲义例题做三遍（做错的题目，请分析错误原因并记录到改错本）；

（2）请复习完口述一遍框架，发到小组群，组长组织评判；

（3）睡前请再回忆一遍框架；

（4）第二天早上，请再回忆一遍框架，对于回忆不起来的内容，请翻书看一遍

复习旧内容：

第二章　战略分析　第二节　企业内部环境分析、第三节　SWOT 分析

学习新内容：

第三章　战略选择　第一节　总体战略

今天想要对你说：

学过了前两章是不是已经体会到框架法的优美之处了？虽然本书已经给出了章节框架供大家使用，但也要将知识点和框架进行反复的梳理、对应，才能将框架真正在自己的脑海中建立起来，继续加油。

简单解释今天学习内容：

对于第三章本身，我们要有一个明确的学习思路，本章虽然内容繁杂，主线却十分明确（见图 3 - 1）：从宏观到微观、从整体到局部、从高层到基层依次介绍公司层战略、业务单位战略和职能战略；在此基础上，介绍各层次、各类型战略在国际化环境下的应用。今天我们学习第一节总体战略，见框架图 3 - 2。

可能会遇到的难点：

总体战略中主要分为两个问题，一是总体战略的主要类型，二是发展战略的主要途径。其中总体战略的主要类型中涉及很多种战略类型，要强调的是，明确这些战略的层次非常重要，比如发展战略、稳定战略和收缩战略是主要的三大类型，这三大类型往下分又有哪些战略类型，需要同学们不断地梳理和记忆，这时框架的作用十分凸显，还是不断强调的方法——一边学一边提醒自己处于框架的什么位置，切不可在茫茫书海中迷失了自己。

习题注意事项：

本章适宜各种题型考查，常与其他章知识点联合出题，是综合性案例分析题必考章节。

建议学习时间：

3 小时新学 + 0.5 小时复习

第三章 战略选择

图 3-1 本章节设置原理

第一节 总体战略

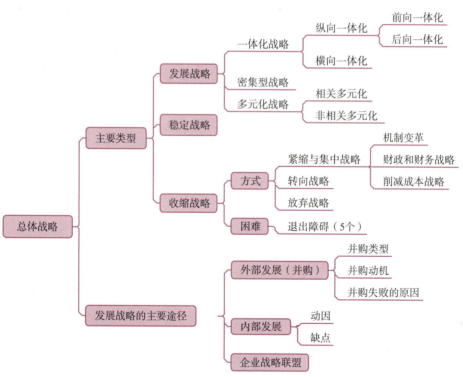

图 3-2 总体战略

总体战略（公司层战略），是企业最高层次的战略。

一、总体战略的主要类型

企业总体战略的主要类型可分为三大类：发展战略、稳定战略和收缩战略。

（一）发展战略

企业发展战略强调充分利用外部环境的机会，充分发掘企业内部的优势资源，以求得企业在现有的战略基础上向更高一级的方向发展。

发展战略主要包括三种基本类型：**一体化战略、密集型战略和多元化战略。**

1. 一体化战略

一体化战略是指企业对具有优势和增长潜力的产品或业务，沿其经营链条的纵向或横向延伸业务的深度和广度，扩大经营规模，实现企业成长。

一体化战略按照业务拓展的方向可以分为纵向一体化战略和横向一体化战略。

（1）纵向一体化战略（见表3-1）。

表3-1　　　　　　　　　　　纵向一体化战略的适用条件及风险

	主要适用条件	主要风险
前向一体化战略	（1）现有销售商销售成本较高或者可靠性较差，难以满足企业的销售需要； （2）企业所在产业的增长潜力较大； （3）企业具备前向一体化所需的资金、人力资源等； （4）销售环节的利润率较高	（1）不熟悉新业务领域所带来的风险； （2）纵向一体化，尤其是后向一体化，一般涉及的投资数额较大且资产专用性较强，增加了企业在该产业的退出成本
后向一体化战略	（1）企业现有的供应商供应成本较高或者可靠性较差而难以满足企业对原材料、零件等的需求； （2）供应商数量较少而需求方竞争者众多； （3）企业所在产业的增长潜力较大； （4）企业具备后向一体化所需的资金、人力资源等； （5）供应环节的利润率较高； （6）企业产品价格的稳定对企业而言十分关键，后向一体化有利于控制原材料成本，从而确保产品价格的稳定	

纵向一体化战略是指企业沿着产品或业务链向前或向后延伸和扩展企业现有业务的战略。

企业采用纵向一体化战略有利于节约与上、下游企业在市场上进行购买或销售的交易成本，控制稀缺资源，保证关键投入的质量或者获得新客户。不过，企业纵向一体化也会增加企业的内部管理成本，企业规模并不是越大越好。

纵向一体化战略可以分为前向一体化战略和后向一体化战略。

前向一体化战略是指获得下游企业的所有权或加强对他们的控制权的战略；而后向一体化战略是指获得上游企业的所有权或加强对他们的控制权。所谓前向与后向是对于企业自身而言的，如一家生产服装的企业，控制了一家化纤纺织工厂，自主生产原材料，则是实现了后向一体化；如果企业收购了一家服装卖场，则是实现了前向一体化。简而言之，供应商可以理解为是企业的上游企业，销售商或者零售商可以理解为是企业的下游企业（见图 3 - 3）。

图 3 - 3　前向一体化与后向一体化的区分

（2）横向一体化战略。

横向一体化战略是指企业向产业价值链相同阶段方向扩张的战略。企业采用横向一体化战略的主要目的是实现规模经济以获取竞争优势。

在下列情形中，比较适宜采用横向一体化战略：

①企业所在产业竞争较为激烈；

②企业所在产业的规模经济较为显著；

③企业的横向一体化符合反垄断法律法规，能够在局部地区获得一定的垄断地位；

④企业所在产业的增长潜力较大；

⑤企业具备横向一体化所需的资金、人力资源等。

【例题 3 - 1 · 多选题】甲公司是一家啤酒生产大型企业，利用自主研发的清爽型啤酒，在当地取得了 50% 的市场占有率。为通过保证质量、再降成本，强化成本领先战略优势，甲公司下一步应选择一体化战略中的（　　　）。（2012 年）

A. 横向一体化战略　　　　　　　　B. 纵向一体化战略

C. 前向一体化战略　　　　　　　　D. 后向一体化战略

【答案】BD

【解析】后向一体化有利于控制原材料，可以实现企业"保证质量、再降成本"的需求，故选项 B、D 正确。

【例题 3 - 2 · 多选题】下列具有不同特征的企业中，可以选择前向一体化战略的有（　　　）。（2010 年）

A. 销售环节利润率较高的企业

B. 供应环节利润率较高的企业

C. 现有上游供应商供应成本较高的企业

D. 现有下游销售商销售成本较高或可靠性较差的企业

【答案】AD

【解析】前向一体化适用条件：（1）现有销售商销售成本较高或者可靠性较差，难以满足企业的销售需要；（2）企业所在产业的增长潜力较大；（3）企业具备前向一体化所需的资金、人力资源等；（4）销售环节的利润率较高，故选项 A、D 正确。

2. 密集型战略

研究企业密集型战略的基本框架，是安索夫的"产品—市场战略组合"矩阵（见表3-2）。

表3-2 产品与市场战略组合

		产品	
		现有产品	新产品
市场	现有市场	**市场渗透** 在单一市场，依靠单一产品，目的在于大幅度增加市场占有率	**产品开发** 在现有市场上推出新产品；延长产品寿命周期
	新市场	**市场开发** 将现有产品推销到新地区；在现有实力、技能和能力基础上发展，改变销售和广告方式	**多元化** 对新技术或新市场而言的相关多元化；与现有产品或市场无关的非相关多元化

在"产品—市场战略组合"矩阵中，属于密集型战略的有三种类型，即市场渗透战略、市场开发战略和产品开发战略。

（1）市场渗透战略——现有产品和现有市场的组合。

市场渗透战略的基础是增加现有产品或服务的市场份额，或增加正在现有市场中经营的业务。它的目标是通过各种方法来增加产品的使用频率。

增长方法有以下3种：

①扩大市场份额。这个方法特别适用于整体正在成长的市场；

②开发小众市场；

③保持市场份额，特别是当市场发生衰退时，保持市场份额具有重要意义。

市场渗透的主要适用情况：

①整个市场正在增长；

②企业决定将利益局限在现有产品或市场领域；

③其他企业由于各种原因离开了市场；

④企业拥有强大的市场地位，并且能够利用经验和能力来获得强有力的独特竞争优势；

⑤对应的风险较低、高级管理者参与度较高，且需要的投资相对较低的时候。

（2）市场开发战略——现有产品和新市场的组合。

市场开发战略是指将现有产品或服务打入新市场的战略。实施市场开发战略的主要途径包括开辟其他区域市场和细分市场（见表3-3）。

表3-3 市场开发战略的采用原因及适用情形

采用市场开发战略的原因	市场开发战略的**主要**适用情形
（1）企业现有产品生产过程的性质导致难以转而生产全新的产品，因此他们希望能开发其他市场； （2）市场开发往往与产品改进结合在一起，例如，将工业用的地板或地毯清洁设备做得更小、更轻，这样可以将其引入民用市场； （3）现有市场或细分市场已经饱和，企业只能去寻找新的市场	（1）存在未开发或未饱和的市场； （2）可得到新的、可靠的、经济的和高质量的销售渠道； （3）企业在现有经营领域十分成功； （4）企业拥有扩大经营所需的资金和人力资源； （5）企业存在过剩的生产能力； （6）企业的主业属于正在迅速全球化的产业

（3）产品开发战略——新产品和现有市场的组合。

这种战略是在原有市场上，通过技术改进与开发研制新产品。

拥有特定细分市场、综合性不强的产品或服务范围窄小的企业可能会采用这一战略。产品开发战略有利于企业利用现有产品的声誉和商标，吸引用户购买新产品。另外，产品开发战略是对现有产品进行改进，由于企业对现有市场较为了解，产品开发的针对性较强，因而较易取得成功。

开发新产品可能会极具风险，这会导致该战略实施起来有难度。尽管该战略明显带有风险，但是企业仍然有以下合理的原因采用该战略：

产品开发战略的适用情形：

①企业产品具有较高的市场信誉度和顾客满意度；

②企业所在产业属于适宜创新的、高速发展的高新技术产业；

③企业所在产业正处于高速增长阶段；

④企业具有较强的研究和开发能力；

⑤主要竞争对手以类似价格提供更高质量的产品。

【例题3-3·单选题】某城市商业银行为了扩大信用卡的发行量，在当地与大型百货商场、航空公司合作，推出签账回赠礼品、签账换航空飞行里程等营销措施。从密集型战略来看，这种营销措施属于（   ）。（2013年）

A. 产品开发战略　　　　　　　　　B. 市场营销战略

C. 市场开发战略　　　　　　　　　D. 市场渗透战略

【答案】D

【解析】密集型战略包括市场渗透战略、市场开发战略和产品开发战略。市场渗透战略的基础是增加现有产品或服务的市场份额，或增加正在现有市场中经营的业务。它的目标是通过各种方法来增加产品的使用频率。本题中该商业银行为了扩大信用卡的发行量，通过与大型百货商场、航空公司合作，推出签账回赠礼品、签账换航空飞行里程等营销措施，使信用卡的使用数量增加了，所以是市场渗透战略，选项D正确。

【例题3-4·多选题】甲公司是M国的一家电子商务公司。2006年甲公司收购了N国一家从事电子商务业务的乙公司，从而正式进军N国。甲公司收购乙公司涉及的发展战略的类型有（   ）。（2014年）

A. 横向一体化战略　　　　　　　　B. 市场开发战略

C. 产品开发战略　　　　　　　　　D. 相关多元化战略

【答案】AB

【解析】甲公司和乙公司的业务都是电子商务，两者具有竞争关系，所以甲公司收购乙公司属于横向一体化战略，选项A正确；甲公司通过收购乙公司，可以将其电子商务业务扩展到N国，属于市场开发战略，所以选项B正确。

3. 多元化战略（见图3－4）

图3－4　多元化战略在总体战略中的定位及主要内容

多元化战略指企业进入与现有产品和市场不同的领域。由于市场变化是如此迅速，企业必须持续地调查市场环境寻找多元化的机会。当现有产品或市场不存在期望的增长空间时（例如，受到地理条件限制、市场规模有限或竞争太过激烈），企业经常会考虑多元化战略，具体见表3－4。

表3－4　　　　　　　　　　　　　　　多元化战略的主要内容

采用多元化战略的原因			（1）在现有产品或市场中持续经营并不能达到目标； （2）企业以前由于在现有产品或市场中成功经营而保留下来的资金超过了其在现有产品或市场中的财务扩张所需要的资金； （3）与在现有产品或市场中的扩张相比，多元化战略意味着更高的利润
多元化战略种类	相关多元化	含义	也称同心多元化，是指企业以现有业务或市场为基础进入相关产业或市场的战略。相关多元化的相关性可以是产品、生产技术、管理技能、营销渠道、营销技巧以及用户等方面的类似
		优势	有利于企业利用原有产业的产品知识、制造能力、营销渠道、营销技能等优势来获取融合优势，即两种业务或两个市场同时经营的盈利能力大于各自经营时的盈利能力之和
		条件	当企业在产业或市场内具有较强的竞争优势，而该产业或市场成长性或吸引力逐渐下降时，比较适宜采用同心多元化战略

多元化战略种类	非相关多元化	含义	也称离心多元化，指企业进入与当前产业和市场均不相关的领域的战略
		条件	如果企业当前产业或市场缺乏吸引力，而企业也不具备较强的能力和技能转向相关产品或市场，较为现实的选择就是采用非相关多元化战略
		目标	不是利用产品、技术、营销渠道等方面的共同性，而是从财务上考虑平衡现金流或者获取新的利润增长点，规避产业或市场的发展风险
采用多元化战略的优点			（1）分散风险，当现有产品及市场失败时，新产品或新市场能为企业提供保护； （2）能更容易地从资本市场中获得融资； （3）在企业无法增长的情况下找到新的增长点； （4）利用未被充分利用的资源； （5）运用盈余资金； （6）获得资金或其他财务利益，例如累计税项亏损； （7）运用企业在某个产业或某个市场中的形象和声誉来进入另一个产业或市场，而在另一个产业或市场中要取得成功，企业形象和声誉是至关重要的
实施多元化战略的风险			（1）来自原有经营产业的风险。企业资源总是有限的，多元化经营往往意味着原有经营的产业要受到削弱； （2）市场整体风险。市场经济中的广泛相互关联性决定了多元化经营的各产业仍面临共同的风险。在宏观力量的冲击之下，企业多元化经营的资源分散反而加大了风险； （3）产业进入风险。企业在进入新产业之后还必须不断地注入后续资源，去学习这个行业的相关知识并培养自己的员工队伍，塑造企业品牌。另外，产业竞争态势是不断变化的，竞争者的策略也是一个未知数，企业必须相应地不断调整自己的经营策略； （4）产业退出风险。如果企业深陷一个错误的投资项目却无法做到全身而退，那么很可能导致企业全军覆没； （5）内部经营整合风险。企业作为一个整体，必须把不同业务对其管理机制的要求以某种形式融合在一起。多元化经营、多重目标和企业有限资源之间的冲突，使这种管理机制上的融合更为困难，使企业多元化经营的战略目标最终由于内部冲突而无法实现

【例题 3 – 5 · 单选题】 下列企业采用的发展战略中，属于多元化发展战略的是（　　）。（2011 年）

A. 甲碳酸饮料生产企业通过按季更换饮料包装、在各传统节日期间附赠小包装饮料等方式增加市场份额

B. 乙汽车制造企业开始将其原在国内生产销售的小型客车出口到南美地区

C. 丙洗衣粉生产企业通过自行研发，开始生产销售具有不同功效的洗发水

D. 丁酸奶生产企业新开发出一种凝固型酸奶，并将其推向市场

【答案】 C

【解析】 本题考核的是发展战略的类型。选项 A 属于密集型战略中的市场渗透战略；选项 B 属于密集型战略中的市场开发战略；选项 C 属于多元化战略中的相关多元化战略；选项 D 属于密集型战略中的产品开发战略。

【例题3-6·单选题】甲公司是一家知名淮扬菜餐厅，在全国有100多家门店，为了在行业中始终保持领先，公司内设立研究所，紧跟市场需求变化，定期开发特色菜上市，赢得消费者好评。甲公司采取的发展战略类型是（　　）。(2017年)

A. 多元化战略
B. 市场开发战略
C. 市场渗透战略
D. 产品开发战略

【答案】D

【解析】产品开发战略是在原有市场上，通过技术改进与开发研制新产品。这种战略可以延长产品的寿命周期，提高产品的差异化程度，满足市场新的需求，从而改善企业的竞争地位。甲公司定期推出新菜，面对的还是现有的消费群体，目的是在行业中始终保持领先，所以是产品开发战略。

（二）稳定战略

稳定战略，又称为维持战略，是指限于经营环境和内部条件，企业在战略期所期望达到的经营状况基本保持在战略起点的范围和水平上的战略。

稳定战略适用于对战略期环境的预测变化不大，而在前期经营相当成功的企业。

稳定战略的风险：

（1）一旦企业外部环境发生较大变动，企业战略目标、外部环境、企业实力三者之间就会失去平衡，将会使企业陷入困境；

（2）稳定战略还容易使企业减弱风险意识，甚至会形成惧怕风险、回避风险的企业文化，降低企业对风险的敏感性和适应性。

（三）收缩战略（见图3-5）

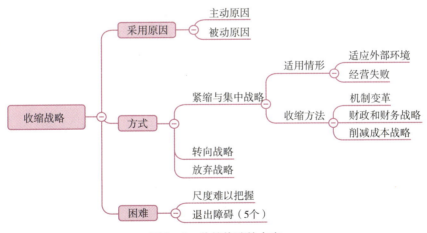

图3-5　收缩战略的内容

收缩战略，也称为撤退战略，是指企业缩小原有经营范围和规模的战略。

1. 采用收缩战略的原因

企业采用收缩战略的原因有多种，大致可分为主动和被动两大类。

（1）主动原因。

①大企业战略重组的需要；

②小企业的短期行为。

（2）被动原因。

①外部原因。由于多种原因，如整体经济形势、产业周期、技术变化、社会价值观或时尚的变化、市场的饱和、竞争行为等，导致企业赖以生存的外部环境出现危机。

②企业（或企业某业务）失去竞争优势。由于企业内部经营机制不顺、决策失误、管理不善等原因，企业在其业务市场难以为继，不得不采用防御措施。

2. 收缩战略的方式

收缩战略的方法有三种：紧缩与集中战略、转向战略、放弃战略。具体如表 3 - 5 所示。

表 3 - 5 收缩战略的方法

	含义	紧缩与集中战略往往集中于短期效益，主要涉及采取补救措施制止利润下滑，以期立即产生效果
紧缩与集中战略	收缩的方法	（1）机制变革。包括：调整管理层领导班子、重新制定新的政策和管理控制系统，以改善激励机制和约束机制等； （2）财政和财务战略。如引进和建立有效的财务控制系统，严格控制现金流量；与关键的债权人协商，重新签订偿还协议，甚至把需要偿付的利息和本金转换成其他的财务证券（如把货款转换成普通股或可转换优先股）等； （3）削减成本战略
转向战略	含义	转向战略更多涉及企业经营方向或经营策略的改变
	转向方法	（1）重新定位或调整现有的产品和服务； （2）调整营销策略，在价格、广告、渠道等环节推出新的举措。如在改善产品包装后提高产品价格，以增加收入；加强销售攻势和广告宣传等； 转向战略会使企业的主营方向转移，这有时会涉及基本经营宗旨的变化，其成功的关键是管理者明晰的战略管理理念，即必须决断是对现存的业务给予关注还是重新确定企业的基本宗旨
放弃战略		在采取转向战略无效时，企业可以尝试放弃战略。放弃战略的方式有：特许经营、分包、卖断、管理层与杠杆收购、拆产为股/分拆、资产互换与战略贸易

3. 收缩战略的困难

收缩战略对企业主管来说，是一项非常困难的决策。困难主要来自以下两个方面：

（1）对企业或业务状况的判断。

实行收缩战略的尺度较难以把握，因而如果盲目地使用收缩战略，可能会扼杀具有发展前途的业务和市场，使企业的总体利益受到伤害。

（2）退出障碍。

在收缩战略的实施过程中通常会遇到一些阻力：

①固定资产的专用程度；

②退出成本；

③内部战略联系；

④感情障碍；

⑤政府与社会约束。

【例题3－7·多选题】甲公司服装事业部的经营持续严重亏损。2014年初，甲公司决定关闭服装事业部并进行清算。消息一传出，立即引发了职工的抗议。当地政府要求甲公司就职工补偿和重新安置提出方案。甲公司股东则担心其服装生产线专用性程度高难以对外出售。甲公司关闭服装事业部碰到的退出障碍有（　　　）。（2014年）

A. 固定资产的专用性程度　　　　　　B. 退出成本

C. 感情障碍　　　　　　　　　　　　D. 政府和社会约束

【答案】ABCD

【解析】甲公司股东担心服装生产线的专用性程度高难以对外出售，体现了固定资产的专用性程度引起的退出障碍，选项A正确；甲公司关闭事业部政府要求就职工补偿和重新安置提出方案，政府要求体现了政府和社会的约束，职工补偿和重新安置则体现了退出成本，所以选项B和选项D正确；关闭服装事业部的消息一传出，立即引发职工的抗议，体现了感情障碍引起的退出障碍，所以选项C正确。

【例题3－8·单选题】M国F汽车集团在经历了10余年的全面扩张之后，由于市场变化及公司竞争力下降，业绩全面下滑。集团进行了重大战略调整，即从战略扩张改为战略收缩，只专注于北美市场，专注于其自有的核心品牌，以改变该集团地域性品牌分割状态。集团相继出售了旗下几个欧洲高端品牌，F汽车集团的战略收缩类型属于（　　　）。（2013年）

A. 削减成本　　　　B. 放弃　　　　C. 紧缩与集中　　　　D. 转向

【答案】B

【解析】放弃战略是指将企业的一个或几个主要部门转让、出卖或停止经营。所以选项B正确。

【例题3－9·多选题】2014年初，甲公司经营陷入困境，面对困境，甲公司采取了以下措施：高管减薪，加强广告宣传，委托其他公司生产本公司的产品，这些措施所体现的收缩战略的方式有（　　　）。（2014年）

A. 调整营销策略　　　B. 削减成本　　　　C. 资产互换　　　　D. 分包

【答案】ABD

【解析】高管减薪属于削减成本，反映的是实施集中与紧缩战略的措施；加强广告宣传属于调整营销策略，反映的是实施转向战略的措施；委托其他公司生产本公司的产品属于分包，反映的是实施放弃战略的措施。选项A、B、D正确。

二、发展战略的主要途径

发展战略一般可以采用三种途径，即外部发展（并购）、内部发展（新建）与企业战略联盟，如图3－6所示。

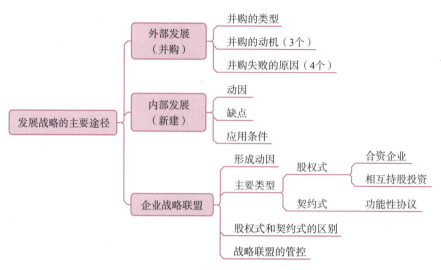

图 3 - 6　发展战略的主要途径

（一）并购战略

并购包括收购与合并。收购指一个企业（收购者）购买和吸纳了另一个企业（被并购者）的股权。合并指两个或两个以上的企业之间的重新组合。

1. 并购的类型

并购的类型，具体见表 3 - 6。

表 3 - 6　　　　　　　　　　　　　　　　并购的类型

分类标准			类别
按并购双方所处的产业分类	横向并购		并购方与被并购方处于同一产业
	纵向并购	前向并购	沿产品实体流动方向所发生的并购，如生产企业并购销售商
		后向并购	沿产品实体流动的相反方向所发生的并购，如加工企业并购原料供应商
	多元化并购		处于不同产业、在经营上也无密切联系的企业之间的并购
按被并购方的态度分类	友善并购		并购方与被并购方通过友好协商确定并购条件，在双方意见基本一致的情况下实现产权转让的一类并购
	敌意并购		并购方不顾被并购方的意愿强行收购对方企业的一类并购
按并购方的身份分类	产业资本并购		并购方为非金融企业（谋求产业利润）
	金融资本并购		并购方为投资银行或非银行金融机构（靠购入再出售企业的所有权获得投资利润）
按收购资金来源分类	杠杆收购		收购方的主体资金来源是对外负债
	非杠杆收购		收购方的主体资金来源是自有资金

2. 并购的动机

（1）避开进入壁垒，迅速进入，争取市场机会，规避各种风险；

（2）**获得协同效应**。协同效应产生于互补资源，协同效应通常通过技术转移或经营活动共享来得以实现；

（3）**克服企业负外部性，减少竞争，增强对市场的控制力**。微观经济学的理论表明，企业负外部性的一种表现是"个体理性导致集体非理性"。两个独立企业的竞争表现了这种负外部性，其竞争的结果往往使其两败俱伤，而并购战略可以减少残酷的竞争，同时还能够增强对其他竞争对手的竞争优势。

3. 并购失败的原因

（1）决策不当的并购。企业并购前，没有认真分析目标企业的潜在成本和效益，过于草率地并购，结果无法对被并购企业进行合理的管理；或者高估并购对象所在产业的吸引力和自己对被并购企业的管理能力，从而高估并购带来的潜在经济效益，结果遭到失败。

（2）并购后不能很好地进行企业整合。企业并购完成后面临着战略、组织、制度、业务和文化等多方面的整合。其中，企业文化整合是最基本、最核心，也是最困难的工作。

（3）支付过高的并购费用。

（4）跨国并购面临政治风险。

【例题 3-10·单选题】如果并购方不以谋求产业利润为首要目的，而是靠购入然后售出企业的所有权来获得投资利润，按并购方的身份分类，则该并购属于（   ）。（2014 年）

A. 杠杆并购
B. 产业资本并购
C. 非杠杆并购
D. 金融资本并购

【答案】D

【解析】金融资本并购一般并不以谋求产业利润为首要目的，而是靠购入然后售出企业的所有权来获得投资利润。所以选项 D 正确。

【例题 3-11·多选题】Z 公司是澳洲一家矿产公司，其拥有的铜、锌、银、铅、金资源储量非常可观。2008 年国际金融危机爆发，Z 公司面临巨大的债务压力。国内蓝太公司的主营业务为铜、铅、锌等金属产品的生产和经营。2009 年经双方充分协商，蓝太公司以 80% 的自有资金，完成了对 Z 公司的并购。蓝太公司对 Z 公司并购的类型属于（   ）。（2017 年）

A. 友善并购
B. 产业资本并购
C. 杠杆并购
D. 纵向并购

【答案】ABD

【解析】2009 年经双方充分协商，所以是友善并购。蓝太公司以 80% 的自有资金，完成了对 Z 公司的并购，蓝太公司为非金融公司，主体资金是自由资金，所以是产业资本并购，而不是杠杆并购。Z 公司是澳洲一家矿产公司，其拥有的铜、锌、银、铅、金资源储量非常可观。国内蓝太公司的主营业务为铜、铅、锌等金属产品的生产和经营。Z 公司属于蓝太公司的上游企业，所以属于纵向并购。

（二）内部发展（新建）战略

1. 内部发展战略的动因及缺点

内部发展战略的动因及缺点，具体见表3-7。

表3-7　　　　　　　　　　　内部发展战略的动因及缺点

动因	缺点
（1）开发新产品的过程使企业能最深刻地了解市场及产品； （2）不存在合适的收购对象； （3）保持统一的管理风格和企业文化，从而减轻混乱程度； （4）为管理者提供职业发展机会，避免停滞不前； （5）代价较低，因为获得资产时无须为商誉支付额外的金额； （6）可以避免收购中通常会产生隐藏的或无法预测的损失； （7）这可能是唯一合理的、实现真正技术创新的方法； （8）可以有计划地进行，易从企业资源获得财务支持，并且成本可以按时间分摊； （9）风险较低； （10）内部发展的成本增速较慢	（1）与购买市场中现有的企业相比，它可能会激化某一市场内的竞争； （2）企业无法接触到另一知名企业的知识及系统，可能会更具风险； （3）从一开始就缺乏规模经济或经验曲线效应； （4）当市场的发展非常快时，内部发展会显得过于缓慢； （5）进入新市场可能要面对非常高的障碍

2. 内部发展战略的应用条件

（1）产业处于不均衡状况，结构性障碍还没有完全建立起来；

（2）产业内现有企业的行为性障碍容易被制约；

（3）企业有能力克服结构性壁垒与行为性障碍，或者企业克服障碍的代价小于企业进入后的收益。

克服进入障碍的能力表现在以下3个方面：

①企业现有业务的资产、技能、分销渠道同新的经营领域有较强的相关性；

②企业进入新领域后，有独特的能力影响其行业结构，使之为自己服务；

③企业进入该经营领域后，有利于发展企业现有的经营内容。

（三）企业战略联盟

1. 企业战略联盟的基本特征

（1）从经济组织形式来看，战略联盟是介于企业和市场之间的一种"中间组织"。

（2）从企业关系来看，组建战略联盟的企业各方在资源共享、优势相长、相互信任、相互独立的基础上通过事先达成协议而结成的一种平等的合作伙伴关系。主要表现在：

①相互往来的平等性；

②合作关系的长期性；

③整体利益的互补性；

④组织形式的开放性。

（3）从企业行为来看，联盟是一种战略性的合作行为。

2. 企业战略联盟形成的动因

促使企业建立战略联盟有许多直接的动因。根据近年来企业战略联盟的实践和发展，可以把促使战略联盟形成的主要动因归结为以下六个方面：

(1) 促进技术创新（通过战略联盟分担技术开发费用）；

(2) 避免经营风险（避免盲目性和孤军奋战）；

(3) 避免或减少竞争（以合作取代竞争）；

(4) 实现资源互补；

(5) 开拓新的市场；

(6) 降低协调成本（不需要进行企业整合，协调成本低）。

3. 企业战略联盟的主要类型

从股权参与和契约联结的方式来看，可以将企业战略联盟归纳为以下 3 种主要类型（见图 3 - 7）：

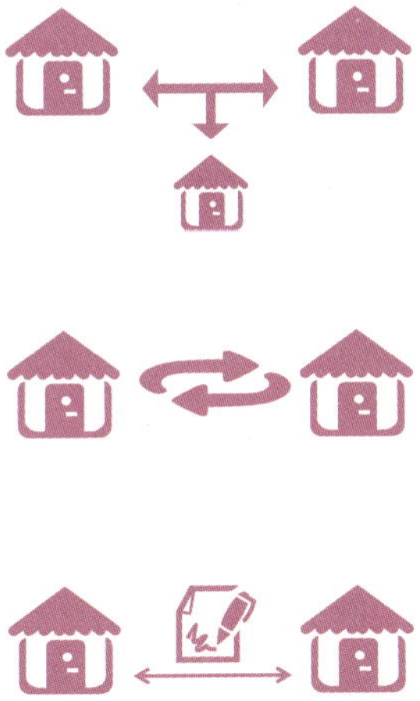

合资企业

合资企业是战略联盟最常见的一种类型。它是指将各自不同的资产组合在一起进行生产，共担风险和共享收益

相互持股投资

相互持股是指合作各方为加强相互联系而持有对方一定数量的股份；这种战略联盟中各方的关系相对更加紧密，而双方的人员、资产无须合并

功能性协议

这是一种契约式的战略联盟，与前面两种有股权参与的方式明显不同，它主要是指企业之间决定在某些具体的领域进行合作

图 3 - 7　企业战略联盟的主要类型

4. 股权式和契约式战略联盟类型的优缺点

契约式战略联盟由于更强调相关企业的协调与默契，从而更具有战略联盟的本质特征。

股权式和契约式战略联盟类型的主要优缺点，具体见表 3 - 8。

表 3 - 8　　　　　　　　　　股权式和契约式战略联盟的优缺点

	股权式战略联盟	契约式战略联盟
优点	有利于扩大企业的资金实力，并通过部分"拥有"对方的形式，增强双方的信任感和责任感，因而更有利于长久合作	灵活性好
缺点	灵活性差	企业对联盟的控制能力较差，松散的组织缺乏稳定性和长远利益，联盟内成员之间的沟通不充分，组织效率低下等

【例题 3 – 12 · 单选题】 与股权式战略联盟相比，契约式战略联盟（   ）。(2015 年)

A. 更具有战略联盟的本质特征   B. 更具有合作的稳定性和长期性

C. 更有利于扩大企业的资金实力   D. 企业对联盟的控制力更强

【答案】 A

【解析】 契约式战略联盟由于更强调相关企业的协调与默契，从而更具有战略联盟的本质特征，所以选项 A 正确。

【例题 3 – 13 · 多选题】 下列关于战略联盟的表述中，正确的有（   ）。(2013 年)

A. 战略联盟是在竞争者之间建立的一种平等合作的伙伴关系

B. 战略联盟是着眼于优化企业未来竞争环境的长远谋划

C. 合资企业是战略联盟常见的一种类型

D. 契约式战略联盟具有较好的灵活性，但企业对联盟的控制难度大

【答案】 BCD

【解析】 选项 A 错误，战略联盟并不仅限于竞争者之间，只要两个或两个以上的企业为了实现资源共享、风险与成本共担、优势互补等战略目标，而结成战略合作伙伴关系，都是战略联盟。

5. 战略联盟的管控

虽然战略联盟能够兼顾并购战略与新建战略的优点，但是相对并购战略，战略联盟企业之间的关系比较松散，如果管控不到位，可能会导致并购战略与新建战略各自的缺点在联盟中表现出来。因此，如何订立联盟以及管理联盟，是战略联盟能否实现预期目标的关键。

（1）订立协议。

战略联盟通过契约或协议关系生成时，联盟各方能否遵守所签署的契约或协议主要靠企业的监督管理，发生纠纷时往往不会选择执行成本较高的法院判决或第三方仲裁，而是联盟之间自行商议解决。

因此，如何订立协议需要明确以下一些基本内容：

①严格界定联盟的目标；

②周密设计联盟的结构；

③准确评估投入的资产；

④规定违约责任和解散条款。

（2）建立合作信任的联盟关系。

联盟企业之间必须相互信任，并且以双方利益最大化为导向，而不是以自身利益最大化为导向。

第 5 天

⬤ **复习旧内容：**

　　（1）结合框架梳理第二章；（2）复习第三章　战略选择　第一节　总体战略

⬤ **学习新内容：**

　　第三章　战略选择　第二节　业务单位战略

⬤ **简单解释今天学习内容：**

　　业务单位战略是企业在市场竞争中克敌制胜的法宝，是将公司总体战略所包括的企业目标发展方向和措施具体化，进而形成本业务单位具体的竞争与经营战略。主要分为两大部分，一是基本竞争战略，二是中小企业竞争战略，包括零散产业的竞争战略和新兴产业的竞争战略。最后又阐述了在创新驱动下极为提倡的蓝海战略，是一个易于理解的小知识点。

⬤ **建议学习时间：**

　　3 小时新学 +0.5 小时复习

第二节 业务单位战略

业务单位战略，也称竞争战略。业务单位战略及各业务单位的主管以及辅助人员，这些经理人员的主要任务是将公司战略所包含的企业目标、发展方向和措施具体化，形成本业务单位具体的竞争与经营战略（见图3-8）。

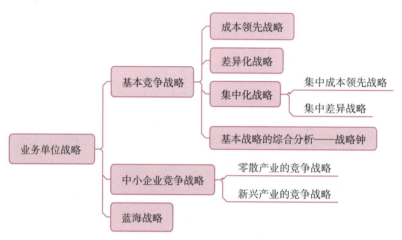

图3-8 业务单位战略框架

一、基本竞争战略

公司的基本竞争战略有三种：成本领先战略、差异化战略、集中化战略。

三种竞争战略之间的关系如图3-9所示。

图3-9 三种基本战略的关系

（一）三种基本竞争战略的选择

1. 成本领先战略

该战略是指企业通过在内部**加强成本控制**，在研究开发、生产、销售、服务和广告等领域把成本降到最低限度，成为产业中的成本领先者的战略（见表3-9）。

表 3-9　　　　　　　　　　　　　　　　成本领先战略内容

优势	（1）形成进入障碍； （2）增强讨价还价能力； （3）降低替代品的威胁； （4）保持领先的竞争地位。 总之，企业采用成本领先战略可以使企业有效地面对产业中的五种竞争力量，以其低成本的优势，获得高于其行业平均水平的利润	
实施条件	市场情况	（1）产品具有较高的价格弹性，市场中存在大量的价格敏感用户； （2）产业中所有企业的产品都是标准化的产品，产品难以实现差异化； （3）购买者不太关注品牌，大多数买者以同样方式使用产品； （4）价格竞争是市场竞争的主要手段，消费者的转换成本低
	所需资源和能力	（1）在规模经济显著的产业中建立生产设备实现规模经济； （2）降低各种要素成本； （3）提高生产（效）率； （4）改进产品工艺设计； （5）提高生产能力利用程度； （6）选择适宜的交易组织形式； （7）重点集聚
风险	（1）技术的变化可能使过去用于降低成本的投资（如扩大规模、工艺革新等）与积累的经验一笔勾销； （2）产业的新加入者或追随者通过模仿或者以更高技术水平设施的投资能力，达到同样的甚至更低的产品成本； （3）市场需求从注重价格转向注重产品的品牌形象，使得企业原有的优势变为劣势	

2. 差异化战略

该战略是指企业向顾客提供的产品和服务在产业范围内独具特色，这种特色可以给产品带来额外的加价，如果一个企业的产品或服务的溢出价格超过因其独特性所增加的成本，那么，拥有这种差异化的企业将获得竞争优势（见表 3-10）。

表 3-10　　　　　　　　　　　　　　　　差异化战略内容

优势	（1）形成进入障碍； （2）降低顾客敏感程度； （3）增强讨价还价能力； （4）抵御替代品威胁	
实施条件	市场情况	（1）产品能够充分地实现差异化，且为顾客所认可； （2）顾客的需求是多样化的； （3）企业所在产业技术变革较快，创新成为竞争的焦点
	所需资源和能力	（1）具有强大的研发能力和产品设计能力，具有很强的研究开发管理人员； （2）具有很强的市场营销能力和有市场营销能力的管理人员； （3）有能够确保激励员工创造性的激励体制、管理体制和良好的创造性文化； （4）具有从总体上提高某项经营业务的质量、树立产品形象、保持先进技术和建立完善分销渠道的能力

续表

风险	（1）企业形成产品差别化的成本过高； （2）市场需求发生变化； （3）竞争对手的模仿和进攻使已建立的差异缩小甚至转向

3. 集中化战略

所谓集中化战略，即将成本领先战略或者差异化战略在特定细分区域市场或者特定群体实施，所以也叫集中成本领先战略和集中差异化战略。

该战略针对某一特定购买群体、产品细分市场或区域市场，采用成本领先或产品差异化来获取竞争优势。集中化战略一般是中小企业采用的战略，可分为两类：集中成本领先战略和集中差异战略（见表3－11）。

表3－11　　　　　　　　　　　集中化战略优势、适用情形及风险

优势	（1）能够抵御产业五种竞争力的威胁； （2）可以增强相对的竞争优势
适用情形	（1）购买者群体之间在需求上存在差异； （2）目标市场在市场容量、成长速度、获利能力、竞争强度等方面具有相对的吸引力； （3）在目标市场上，没有其他竞争对手采用类似的战略； （4）企业资源和能力有限，难以在整个产业实现成本领先或差异化，只能选定个别细分市场
风险	（1）狭小的目标市场导致的风险； （2）购买者群体之间需求差异变小； （3）竞争对手的进入与竞争

【例题3－14·单选题】 甲公司是一家日用洗涤品生产企业。甲公司在市场调研中发现，采购日用洗涤品的消费者主要是家庭主妇，她们对品牌的忠诚度不高，但对价格变动非常敏感。目前，甲公司主要竞争对手的各类产品与甲公司的产品大同小异。在这种市场条件下，最适合甲公司选择的业务单位战略是（　　　）。（2011年）

A. 成本领先战略　　　　　　　　　　B. 差异化战略

C. 集中化战略　　　　　　　　　　　D. 一体化战略

【答案】 A

【解析】 本题考核的是竞争战略的选择。成本领先战略适用情形：（1）产品具有较高的价格弹性，市场中存在大量的价格敏感用户；（2）产业中所有企业的产品都是标准化的产品，产品难以实现差异化；（3）购买者不太关注品牌，大多数购买者以同样的方式使用产品；（4）价格竞争是市场竞争的主要手段，消费者的转换成本较低。这时，企业应当力求成为产业中的低成本生产者，使产品价格低于竞争者，以提高市场份额。本题中，消费者对品牌忠诚度不高且对价格变动非常敏感，所以选项A正确。

【例题3-15·多选题】某企业集团的下列业务单位中，适合选择成本领先战略的有（　）。（2010年）

A. 甲业务单位，生产顾客需求多样化的产品
B. 乙业务单位，生产购买者不太关注品牌的产品
C. 丙业务单位，生产消费者转换成本较低的产品
D. 丁业务单位，生产目标市场具有较大需求空间或增长潜力的产品

【答案】BC

【解析】成本领先战略适用的情形包括：（1）市场中存在大量的价格敏感用户；（2）产品难以实现差异化；（3）购买者不太关注品牌；（4）消费者的转换成本低。所以选项BC正确。选项A适合采用差异化战略；选项D适合采用集中化战略。

（二）基本竞争战略的综合分析——"战略钟"（见图3-10）

【提示】所谓综合分析是对竞争战略进行更加综合性的考虑，而不只是前面三种简单的分析。

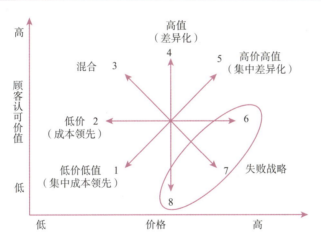

图3-10　"战略钟"——竞争战略的选择

鲍曼提出的"战略钟"，可以对波特的许多理论进行综合。将产品的价格作为横坐标，顾客对产品认可的价值作为纵坐标，然后将企业可能的竞争战略选择在这一平面上用八种途径表现出来。其中，有效竞争战略分为三大类五种：

1. 成本领先战略

成本领先战略包括途径1和途径2。可以大致分为两个层次：一是低价低值战略（途径1）；二是低价战略（途径2）。途径1可以看作是集中成本领先战略。途径2则可以看作是成本领先战略。

2. 差异化战略

差异化战略包括途径4和途径5。也可大致分为两个层次：一是高值战略（途径4）；二是高值高价战略（途径5）。途径4可以看作是差异化战略。途径5则可以看作是集中

差异化战略。

3. 混合战略（整体成本领先/差异化战略）

混合战略指途径3。在某些情况下，企业可以在为顾客提供更高的认可价值的同时，获得成本优势。

从理论角度看，以下一些因素会导致一个企业同时获得两种优势：

（1）提供高质量产品的公司会增加市场份额，而这又会因规模经济降低平均成本。其结果是，公司可同时在该产业取得高质量和低成本的定位；

（2）生产高质量产品的累积经验降低成本的速度比生产低质量产品快。其原因是生产工人必须更留心产品的生产，这又会因经验曲线而降低平均成本；

（3）注重提高生产效率可以在高质量产品的生产过程中降低成本，例如，全面质量管理（TQM）运动的全部推动力就是使公司改善生产过程，以提高产品质量，同时降低平均成本。

4. 失败的战略

途径6、途径7、途径8一般情况下可能是导致企业失败的战略。

【例题3－16·单选题】 按照"战略钟"分析体系，下列各项中属于混合战略的是（　　）。（2014年）

A. 以特别高的价格为顾客提供更高的认可价值

B. 在降低价格的同时，努力保持产品或服务的质量不变

C. 以中档的价格为顾客提供中等质量的产品或服务

D. 在为顾客提供更高的认可价值的同时，获得成本优势

【答案】 D

【解析】 选项A属于集中差异化战略；选项B属于成本领先战略；选项C不属于"战略钟"分析体系所列的战略类型；混合战略是指在某些情况下，企业可以在为顾客提供更高的认可价值的同时获得成本优势。选项D正确。

【例题3－17·多选题】 下列各项关于"战略钟"中几种竞争战略的表述中，正确的有（　　）。（2015年）

A. 成本领先战略包括集中成本领先战略

B. 低价低值战略是一种很有生命力的战略

C. 混合战略包括可能导致企业失败的战略

D. 差异化战略包括高值战略和高值高价战略

【答案】 ABD

【解析】 鲍曼提出的"战略钟"指出，有效竞争战略分为三大类五种：成本领先战略包括低价低值战略（集中成本领先战略）和低价战略（成本领先战略）；差异化战略包括高值战略（差异化战略）和高值高价战略（集中差异化战略）；混合战略（整体成本领先/差异化战略）。

二、中小企业竞争战略

中小企业的竞争战略如图 3–11 所示。

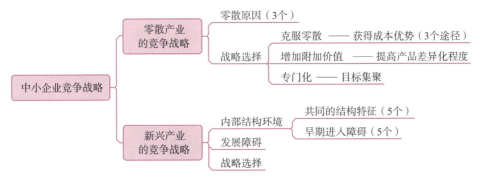

图 3–11　中小企业竞争战略框架

（一）零散产业中的竞争战略

在一般的情况下，零散型产业由很多中小型企业构成。零散型产业存在于经济活动的许多领域中，如一些传统服务业——快餐业、洗衣业、照相业等。

1. 造成零散的原因

（1）进入障碍低或存在退出障碍；

（2）市场需求多样导致高度产品差异化；

（3）不存在规模经济或难以达到规模经济。

2. 零散产业的战略选择

零散产业中有很多企业，每个企业的资源和能力条件会有很大差异，因此零散产业的战略可以从多个角度考虑。

如果从三种基本竞争战略的角度出发，零散产业的战略选择有以下三个分类：

（1）克服零散——获得成本优势。

克服零散的具体途径有：

①连锁经营或特许经营；

②技术创新以创造规模经济。如果技术变化能够产生规模经济，产业的集中就可能发生；

③尽早发现产业趋势。

（2）增加附加值——提高产品差异化程度。

（3）专门化——目标集聚。

在零散产业中可以考虑以下几种专门化战略：

①产品类型或产品细分的专门化；

②顾客类型专门化；

③地理区域专门化。

3. 谨防潜在的战略陷阱

零散产业独特的结构环境造成了一些特殊的战略陷阱。在零散产业中进行战略选择要注意以下几个方面：

（1）避免寻求支配地位；

（2）保持严格的战略约束力；

（3）避免过分集权化；

（4）了解竞争者的战略目标与管理费用；

（5）避免对新产品做出过度反应。

【例题 3 - 18 · 单选题】 下列各项中，属于造成产业零散的原因是（   ）。（2015 年）

A. 技术不确定性

B. 战略不确定性

C. 成本的迅速变化

D. 市场需求多样导致高度产品差异化

【答案】 D

【解析】 选项 A、B、C 属于新兴产业共同的结构特征。选项 D 属于造成产业零散的原因。

【例题 3 - 19 · 多选题】 靓影公司是一家经营照相、冲印、彩扩的企业。靓影公司应当采用的竞争战略有（   ）。（2017 年）

A. 聚焦细分市场需求，如婚庆大尺寸照片的拍摄、冲印、美化等

B. 适应多样化的顾客需求，开发多种服务品种

C. 增加服务的附加值，如在顾客等候时提供茶水、杂志等

D. 连锁经营或特许经营，将服务点分散在居民生活区中

【答案】 ACD

【解析】 零散产业的战略选择包括：（1）克服零散——获得成本优势。其中克服零散的途径包括连锁经营或特许经营。（2）增加附加值——提高产品差异化程度。（3）专门化——目标集聚。

（二）新兴产业中的竞争战略

新兴产业是新形成的或重新形成的产业。从战略制定的观点看，新兴产业的基本特征是<u>没有游戏规则</u>。缺乏游戏规则既是风险又是机会的来源。

1. 新兴产业内部结构的共同特征

新兴产业在内部结构上彼此差异很大，但是仍有一些共同的结构特征。

（1）技术的不确定性。

（2）战略的不确定性。

（3）成本的迅速变化。

（4）萌芽企业和另立门户企业较多。

（5）客户多为首次购买者。

2. 新兴产业的发展障碍与机遇

新兴产业在不同程度上面临产业发展的障碍。从产业的五种竞争力角度分析，这些障碍主要表现在新兴产业的供应者、购买者与被替代品三个方面，其根源还在于产业本身的结构特征。

新兴产业常见的发展障碍：

（1）专有技术选择、获取与应用的障碍。

（2）原材料、零部件、资金与其他供给的不足。

（3）顾客的困惑与等待观望。

（4）被替代产品的反应。

（5）缺少承担风险的胆略与能力。

机遇：

新兴产业的发展机遇更多从五种竞争力中的另外两个方面——进入障碍与产业内现有企业的竞争中表现出来的。由于新兴产业进入障碍相对较低，产业尚处于不平衡状态，竞争结构还没完全建立起来，因此，相对于成熟产业，新兴产业的进入成本与竞争代价都会小得多。

3. 新兴产业的战略选择

（1）塑造产业结构；

（2）正确对待产业发展的外在性；

在一个新兴产业中，一个重要的战略问题是在对产业倡导和追求自身狭窄利益的努力之间作出平衡。企业为了产业的整体利益以及企业自身的长远利益，有时必须放弃暂时的自身利益。例如，新兴产品定价与价格合谋；

（3）注意产业机会与障碍的转变，在产业发展变化中占据主动地位；

（4）选择适当的进入时机与领域，具体时机见表 3 – 12。

表 3 – 12　　　　　　　　　　　　早期进入是否合适的情形

早期进入合适的情形	早期进入不合适的情形
（1）企业的形象和声望对顾客至关重要，企业可因先驱者而发展和提高声望； （2）产业中的学习曲线很重要，经验很难模仿，并且不会因持续的技术更新换代而过时，早期进入企业可以较早地开始这一学习过程； （3）顾客忠诚非常重要，那些首先对顾客销售的企业将获得较高的收益； （4）早期与原材料供应、分销渠道建立的合作关系对产业发展至关重要	（1）早期竞争的细分市场与产业发展成熟后的情况不同，早期进入的企业建立了竞争基础后，面临过高的转换成本； （2）为了塑造产业结构，需付出开辟市场的高昂代价，其中包括顾客教育、法规批准、技术开拓等，而开辟市场的利益无法成为企业专有； （3）技术变化使早期投资过时，并使晚期进入的企业因拥有最新产品和工艺而获益

【例题 3 – 20 · 单选题】下列各项中，属于新兴产业共同的结构特征的是（　　　）。（2015 年）

A. 进入障碍低或存在退出障碍　　　B. 不存在规模经济或难以达到经济规模

C. 市场需求的多样导致产品差异化　　D. 战略的不确定性

【答案】D
【解析】选项 ABC 属于造成产业零散的原因。选项 D 属于新兴产业共同的结构特征。

【提示】先别急着往下看！回忆一下现在处于本书框架的什么位置？前后都有什么知识点？给自己的学习进度做一次精准定位吧！

三、"蓝海"战略

【提示】简单解释什么是"蓝海"战略。其实"蓝海"战略是跟"红海"战略相对应的一种战略，"红海"是红色的，代表了现有的竞争惨烈的市场，比如前些年的家电产业，厮杀非常惨烈，这就是一片"红海"了，于是战略专家提出了"蓝海"战略；"蓝海"战略就是跳出这种惨烈的竞争，开辟一块新的市场，比如苹果公司开辟了智能手机的新市场，这就是一片"蓝海"，当然"蓝海"不是永久性的，等竞争者众多的时候，"蓝海"又可能变成"红海"。

"红海"战略主要立足当前已存在的行业和市场，采取常规的竞争方式与同行业中的企业展开针锋相对的竞争。

"蓝海"战略是指不局限于现有产业边界，而是极力打破这样的边界条件，通过创新产品和服务，开辟并占领新的市场空间的战略。

（一）"蓝海"战略的内涵

"蓝海"的开拓者并不将竞争作为自己的标杆，而是遵循另一套完全不同的战略逻辑，即"价值创新"，这是"蓝海"战略的基石。之所以称为价值创新，原因在于它并非着眼于竞争，而是力图使客户和企业的价值都出现飞跃，由此开辟一个全新的、非竞争性的市场空间（见表 3 – 13）。

表 3 – 13　　　　　　"红海"战略和"蓝海"战略的比较

"红海"战略的特征	"蓝海"战略的特征
在现有的市场空间内竞争	开创无人争抢的市场空间
参与竞争	规避竞争
争夺现有需求	创造并获取新的需求
遵循价值与成本互替定律	打破价值与成本互替定律
根据差异化或低成本的战略选择，把企业行为整合为一个体系	同时追求差异化和低成本，把企业行为整合为一个体系

（二）"蓝海"战略制定的原则

"蓝海"战略是一种崭新的战略思维，其制定和实施的方法也完全不同于典型的战略规划。"蓝海"战略开拓了一套条理清晰的绘制和讨论战略布局的过程，以将企业战略推向"蓝海"（见表 3 - 14）。

表 3 - 14　　　　　　　　　"蓝海"战略的六项原则

战略制订原则	各原则降低的风险因素
重建市场边界	↓ 搜寻的风险
注重全局而非数字	↓ 规划的风险
超越现有需求	↓ 规模风险
遵循合理的战略顺序	↓ 商业模式风险
战略执行原则	各原则降低的风险因素
克服关键组织障碍	↓ 组织的风险
将战略执行建成战略的一部分	↓ 管理的风险

（三）重建市场边界的基本法则

"蓝海"战略的第一条原则，就是重新构筑市场的边界，从而打破现有竞争局面，开创蓝海。

"蓝海"战略总结了 6 种重建市场边界的基本法则，被称为 6 条路径框架。表 3 - 15 对 6 种重建市场边界的路径框架作了一个小结。

表 3 - 15　　　　　　　　　从肉搏式竞争到"蓝海"战略

	肉搏式竞争	开创"蓝海"战略
产业	专注于产业内的竞争者	审视他择产业
战略群体	专注于战略群体内部的竞争地位	跨越产业内不同的战略群体看市场
买方群体	专注于更好地为买方群体服务	重新界定产业的买方群体
产品或服务范围	专注于在产业边界内将产品或服务的价值最大化	放眼互补性产品或服务
功能——情感导向	专注于产业既定功能——情感导向下性价比的改善	重设客户的功能性或情感性诉求
时间	专注于适应外部发生的潮流	跨越时间参与塑造外部潮流

综上所述，"蓝海"战略代表着战略管理领域的范式性的转变，即从给出固定结构下的定位选择向改变市场结构本身的转变。由于"蓝海"战略的开创是基于价值的创新而不是技术的突破，是基于对现有市场现实的重新排序和构建而不是对未来的猜想和预测，企业就能够以系统的、可复制的方式去寻求它；"蓝海"既可以出现在现有产业疆域之外，也可以萌生在产业现有的"红海"之中。

事实上，"蓝海"战略绝非局限于业务战略（或竞争战略）的范畴，它着重于企业产业和市场边界的重建，因而更多地涉及公司战略的范畴。

【例题 3 - 21 · 单选题】下列关于"蓝海"战略的表述中，正确的是（　　　）。（2015 年）

A."蓝海"的开创是基于价值的创新

B."蓝海"的开创是基于技术的突破

C. "蓝海"不会萌生在产业现有的"红海"之中

D. 企业不能以系统的、可复制的方式去寻求蓝海

【答案】A

【解析】由于蓝海的开创是基于价值的创新而不是技术的突破，是基于对现有市场现实的重新排序和构建，而不是对未来市场的猜想和预测，所以企业就能够以系统的、可复制的方式去寻求它；"蓝海"既可以出现在现有产业领域之外，也可以萌生在产业现有的"红海"之中。

【例题3-22·单选题】下列各项中，属于"蓝海"战略内涵的是（　　）。（2015年）

A. 遵循价值与成本互替定律

B. 专注于适应外部发生的潮流

C. 根据差异化或低成本的战略选择，把企业行为整合为一个体系

D. 拓展非竞争性空间

【答案】D

【解析】选项B是肉搏式竞争的战略路径；选项AC是"红海"战略的特征。

第 6 天

第三节　职能战略

职能战略，又称职能层战略，主要涉及企业内各职能部门如何更好地配置企业内部资源，为各级战略服务，提高组织效率（见图 3 – 12）。

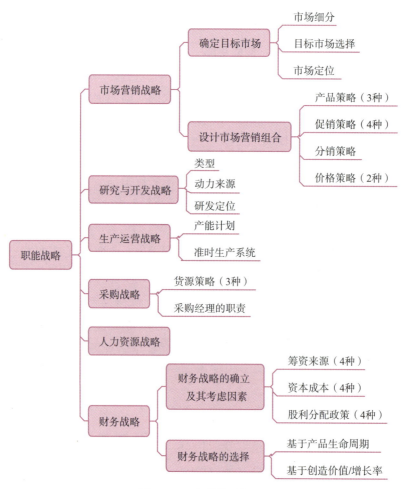

图 3 – 12　职能战略框架

一、市场营销战略

市场营销战略分为两步：确定目标市场——选择相应的市场营销策略。

（一）确定目标市场

确定目标市场的主要工作是：进行市场细分、目标市场选择和市场定位。

1. 市场细分

（1）消费者市场细分的依据。市场细分要依据一定的细分变量来进行。消费者市场的细分变量主要有地理、人口、心理和行为四类（容易混淆，不易区分，本章难点之一），具体见表 3-16。

表 3-16　　　　　　　　　　　　　消费者市场细分类型

地理细分	地理细分就是企业按照消费者所在的地理位置以及其他地理变量（包括城市农村、地形气候、交通运输等）来细分消费者市场
人口细分	人口细分是企业按照人口变量（包括年龄、性别、收入、职业、教育水平、家庭规模、家庭生命周期阶段、宗教、种族、国籍等）来细分消费者市场
心理细分	心理细分是按照消费者的生活方式、个性等心理变量来细分消费者市场
行为细分	行为细分是企业按照消费者购买或使用某种产品的时机、消费者所追求的利益、使用者情况、消费者对某种产品的使用率、消费者对品牌的忠诚程度、消费者待购阶段和消费者对产品的态度等行为变量来细分消费者市场

（2）产业市场细分的依据。

①最终用户。在产业市场上，不同的最终用户对同一产业用品的市场营销组合往往有不同的要求。

②顾客规模。在现代市场营销实践中，许多公司建立适当的制度来分别与大顾客和小顾客打交道。

③其他变量。

【例题 3-23·单选题】某旅行社在对旅游市场做出深入分析之后，决定把提供短途、收费较低的旅游服务作为主要业务。旅行社做出这一决定是基于对旅游市场的（　　）。（2012 年）

A. 行为细分　　　　　　　　　　B. 地理细分

C. 心理细分　　　　　　　　　　D. 人口细分

【答案】A

【解析】行为细分是企业按照消费者购买或使用某种产品的时机、消费者所追求的利益、使用者情况、消费者对某种产品的使用率、消费者对品牌（或商店）的忠诚程度、消费者待购阶段和消费者对产品的态度等行为变量来细分消费者市场。决定把提供短途、收费较低的旅游服务作为主要业务，这属于根据使用者情况来划分市场，即属于行为细分。

【例题 3-24·单选题】某轮胎制造商为汽车制造商和农用拖拉机制造商分别生产两种安全标准不同的轮胎，其中为汽车制造商生产的轮胎安全标准高于为农用拖拉机制造商生产的轮胎安全标准。该轮胎制造商进行市场细分的依据是（　　）。（2015 年）

A. 最终用户　　　　　　　　　　B. 顾客规模

C. 消费者的欲望和需要　　　　　D. 消费者对某种商品的使用率

【答案】A

【解析】某轮胎制造商为汽车制造商和农用拖拉机制造商分别生产两种安全标准不同的轮胎，属于产业市场的细分。产业市场的细分变量，有些与消费者市场细分变量相同，如追求利益、使用者情况、使用程度、对品牌的信赖程度、购买准备阶段、使用者对产品的态度等。此外，细分产业市场的常用变量还有最终用户、顾客规模及其他变量等。该轮胎制造商进行市场细分的依据是最终用户。

2. 目标市场选择

市场细分的**目的**在于有效地选择并进入目标市场。所谓目标市场，就是企业拟投其所好、为之服务的那个顾客群（这个顾客群有颇为相似的需要）。企业在决定为多少个子市场服务即确定其目标市场涵盖战略时，有三种选择，具体见表 3 - 17。

表 3 - 17　　　　　　　　　　　　目标市场选择类型

无差异市场营销	无差异市场营销是指企业在市场细分之后，不考虑各子市场的特性，而只注重子市场的共性，决定只推出单一产品，运用单一的市场营销组合，力求在一定程度上适合尽可能多的顾客的需求
差异市场营销	差异市场营销是指企业决定同时为几个子市场服务，设计不同的产品，并在渠道、促销和定价方面都加以相应的改变，以适应各个子市场的需要
集中市场营销	集中市场营销是指企业集中所有力量，以一个或少数几个性质相似的子市场作为目标市场，试图在较少的子市场上占领较大的市场份额

3. 市场定位

选择目标市场之后，下一步就是找出这些客户有哪些需要，也就是如何确定企业产品的市场定位。

市场定位的主要方法有：

（1）根据属性和利益定位；

（2）根据价格和质量定位；

（3）根据用途定位；

（4）根据使用者定位；

（5）根据产品档次定位；

（6）根据竞争局势定位以及各种方法组合定位等。

企业在重新定位前，尚需考虑两个主要因素：

①企业将自己的品牌定位从一个子市场转移到另一个子市场时的全部费用；

②企业将自己的品牌重新定位后的收入有多少，而收入多少又取决于该子市场上的购买者和竞争者情况取决于在该子市场上销售价格能定多高等。

【例题 3 - 25 · 单选题】甲银行在某地新建分行的战略是先主攻小额商贷业务在当地立足，再通过为小商户理财，扩大存款业务。王某是该行小额商贷部的一名主管，为实施新建分行的战略，首先抓住战略实施中的一个重要变量——市场细分，组织信贷员对市场进行细分和选择研究。因为他知道，只有在市场细分基础上选择确定了目标市场之后，才是下一步的（　　）。（2012 年）

A. 市场定位　　　　　　　　　　　　B. 市场开发

C. 产品开发　　　　　　　　　　　　D. 产品推广

（二）设计市场营销组合

市场营销组合是企业市场营销战略的一个重要组成部分。市场营销组合是现代市场营销理论中的一个重要概念。市场营销组合中所包含的可控制的变量很多，可以概括为四个基本变量，即产品、促销、分销、价格。

1. 产品策略

产品策略包括产品组合策略、品牌与商标策略和产品开发策略，具体见表3-18。

表3-18 产品策略类型

产品组合策略	指某一企业所生产或销售的全部产品大类、产品项目的组合。 产品组合策略类型： （1）扩大产品组合； （2）缩减产品组合； （3）产品延伸
品牌和商标策略	企业可采用的品牌和商标策略如下： （1）单一品牌策略。优点：可以将一种产品具备的特征传递给另一种产品，简化了新产品上市的过程，因为无须为新产品建立新的品牌知名度。 （2）多品牌策略。如果企业生产的产品在市场中的定位不同，或者市场被高度细分，则企业通常对每个产品都采取不同的品牌名称。 （3）自有品牌策略。许多零售商销售自有品牌的杂货、服饰和五金器具，以使客户建立对该零售商而不是产品生产商的忠诚度。
产品开发策略	（1）产品开发的原因包括： ①企业具有较大的市场份额和较强的品牌实力，并在市场中具有独特的竞争优势； ②市场有潜在增长力； ③客户需求的不断变化需要新产品，持续的产品更新是防止产品被淘汰的唯一途径； ④需要进行技术开发或采用技术开发； ⑤企业需要对市场的竞争创新作出反应。 （2）产品开发战略具有极大的投资风险。如下原因使产品开发越来越困难： ①在某些产业中，缺乏新产品构思； ②不断变小的细分市场使得市场容量降低； ③产品开发涉及复杂的研发过程，失败的概率很高； ④企业通常需要进行许多产品构思来开发好产品，因而费用高昂； ⑤即便产品开发获得成功，但是由于被竞争者"模仿"并加以创新和改良，因而新产品的生命周期可能较短

2. 促销策略

促销是营销组合中营销部门最具控制权的一个环节。

促销的目的是：赢得潜在客户的注意；产生利益；激发客户的购买欲望；刺激客户的

购买行为。

促销组合由四个要素构成：广告促销、营业推广、公关宣传、人员推销，具体见表 3 – 19。

表 3 – 19　　　　　　　　　　　　　　　　促销组合四要素

广告促销	在媒体中投放广告，以此来使潜在客户对企业产品和服务产生良好印象。应仔细考虑广告的地点、时间、频率和形式
营业推广	采用非媒体促销手段，比如为"鼓励"客户购买产品或服务而设计的刺激性手段。例如，试用品、折扣、礼品等方式都已为许多企业所采用
公关宣传	通常是指宣传企业形象，以便为企业及其产品建立良好的公众形象
人员推销	企业的销售代表直接与预期客户进行接触

【例题 3 – 26 · 多选题】下列各项中，属于企业市场营销组合中产品策略的有（　　）。（2014 年）

A. 产品组合策略　　　　　　　　　　B. 广告促销策略

C. 营业推广策略　　　　　　　　　　D. 品牌与商标策略

【答案】AD

【解析】市场营销组合包括产品策略、促销策略、分销策略和价格策略。产品策略包括产品组合策略、品牌和商标策略、产品开发策略。选项 B 和选项 C 属于促销策略。

3. 分销策略

（1）分销策略是确定产品到达客户手上的最佳方式。

（2）传统分销渠道分为两种类型：直接分销和间接分销。直接分销是指产品无须具体的中间商而直接从生产商到消费者；间接分销是指利用了中间商（批发商、零售商或可能两者）的分销系统。

（3）在互联网开放的网络环境下，分销渠道又分为线上和线下两种类型。线上渠道通常是指网络上的渠道，通过网络商城或其他网络方法传播产品、服务等；线下渠道是通过面对面或其他非网络方法交易或传播产品和服务。

4. 价格策略

定价策略主要包括：产品差别定价法和新产品上市定价法，具体见表 3 – 20。

表 3 – 20　　　　　　　　　　　　　　　　定价策略类型

产品差别定价法		指对市场不同部分中的类似产品确定不同的价格。 差别定价方法包括：（1）基于细分市场定价；（2）基于地点定价；（3）基于产品的版本定价；（4）基于时间定价；（5）动态定价（产品的价格随着需求程度的变化而变化）
产品上市 定价法	撇脂定价法	新产品上市之初，将新产品价格定得较高，并随着生产能力的提高逐渐降低价格。在短期内获取厚利，尽快收回投资
	渗透定价法	这是与撇脂定价法相反的一种定价策略，即在新产品上市之初将价格定得较低，吸引大量的购买者，扩大市场占有率，从而使竞争者较难进入市场。 企业可以缩短产品生命周期的最初阶段，以便尽快进入成长期和成熟期

【例题 3 – 27 · 单选题】 某城市为了解决上下班高峰时段地铁拥挤问题，制定了非高峰时间段低于高峰时间段票价的方案。根据定价策略，该方法属于（　　）。(2012 年)

A. 动态定价法
B. 差别定价法
C. 渗透定价法
D. 质优价低定价法

【答案】 B

【解析】 产品差别定价法，是指企业对同种同质的产品或服务以两种或两种以上的价格来销售，价格的不同并不是基于成本的不同，而是企业为满足不同消费层次的要求而构建的价格结构。题干描述的定价方法属于差别定价法中的时间差别定价。

【例题 3 – 28 · 单选题】 甲公司是一家家用电器生产企业，其生产的蓝光播放机首次投放市场，为了扩大蓝光播放机的销量，甲公司对其首次上市定价采用了低于其他企业价格的策略。甲公司对蓝光播放机首次上市采用的产品上市定价法是（　　）。(2011 年)

A. 渗透定价法
B. 转移定价法
C. 细分定价法
D. 撇脂定价法

【答案】 A

【解析】 由"其生产的蓝光播放机首次投放市场"，可知本题考核的是新产品上市定价的方法。渗透定价法是指在新产品投放市场时确定一个非常低的价格，以便抢占销售渠道和消费者群体，从而使竞争者较难进入市场，选项 A 正确。

小结（见图 3 – 13）：

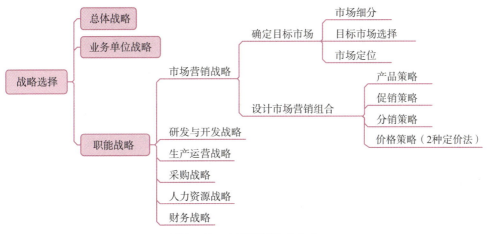

图 3 – 13　市场营销战略内容

二、研究与开发战略

1. 研发的类型

研发有两种类型：产品研究和流程研究。

（1）产品研究——新产品开发。

新产品开发是竞争优势的主要来源，是实施差异化战略的企业战略保障体系中的关键环节。

（2）流程研究。

流程研究关注于生产产品或提供服务的流程，旨在建立有效的流程来节约资金和时间，从而提高生产率。

2. 研发的动力来源

（1）需求拉动，即市场的新需求拉动创新以满足需求；

（2）技术推动，即创新来自发明的应用。

3. 研发定位

企业研发战略至少存在三种定位：

（1）成为向市场推出新技术产品的企业；

（2）成为成功产品的创新模仿者；

（3）成为成功产品的低成本生产者。

三、生产运营战略

生产运营战略是企业根据目标市场和产品特点构造其生产运营系统时所遵循的指导思想，以及在这种指导思想下的一系列决策规划、内容和程序。

（一）生产运营战略所涉及的主要因素（见表3-21）

表3-21　　　　　　　　　生产运营战略所涉及的主要因素

批量	生产运营流程在所处理的投入和产出的批量上有所不同。较高的投入或产出批量能使生产运营流程成为资本密集型流程
种类	企业向顾客提供的产品或服务的范围（如标准化产品、个性化产品）
需求变动	即运营系统的柔性化。"柔性"管理强调当预计客户需求增加时，能迅速扩大产能，实现规模经济，促使单位产品成本降低；当预计客户需求下降时，能及时缩减规模、减产或裁员
可见性	即生产运营流程为客户所见的程度。可见性决定了企业需要何种类型的服务流程来提供服务

【例题3-29·单选题】智达公司是一家计算机制造企业。为了减少库存，公司对生产过程实施订单管理。生产部门依据销售部门提供的客户订购的产品数量安排当期生产。智达公司的生产运营战略所涉及的主要因素是（　　）。(2019年)

A. 种类　　　　　B. 批量　　　　　C. 需求变动　　　　　D. 可见性

【答案】C

【解析】"生产部门依据销售部门提供的客户订购的产品数量安排当期生产"属于需求变动，选项C正确。

（二）产能计划

产能计划是指确定企业所需的生产能力以满足其产品不断变化的需求的过程，产能计划的类型包括领先策略、滞后策略和匹配策略，具体见表3-22。

表 3 – 22   产能计划类型

领先策略	是指根据对需求增长的预期增加产能。领先策略是一种进攻性策略，其目标是将客户从企业的竞争者手中吸引过来。这种策略的潜在劣势在于其通常会产生过量存货；过量的存货导致成本高昂和浪费
滞后策略	是指仅当企业因需求增长而满负荷生产或超额生产后才增加产能。该策略是一种相对保守的策略，它能降低浪费的风险但也可能导致潜在客户流失
匹配策略	是指少量地增加产能来应对市场需求的变化。这是一种比较稳健的策略

　　相应地，共有三种平衡产能与需求的方法：资源订单式生产、订单生产式生产、库存生产式生产，具体见表 3 – 23。

表 3 – 23   平衡产能与需求的方法

资源订单式生产	当需求不确定时，企业仅在需要时才购买所需材料并开始生产所需的产品或提供所需的服务。例如，建筑企业可能会收到承建新的道路桥梁的大订单。该建筑企业仅在签订合同之后才开始采购必需的资源
订单生产式生产	在采用某些生产运营流程的情况下，企业可能对未来需求的上涨非常有信心，从而持有为满足未来订单所需的一种或多种资源的存货，如配备适当的劳动力和设备，但企业会在实际收到订单之后才开始生产产品或提供劳务。例如，一家餐馆需要的员工数量是可变的，因此它会有一批兼职员工，在餐馆举办大型活动或宴会的时候随叫随到
库存生产式生产	许多企业在收到订单之前或在知道需求量之前就开始生产产品或提供服务

　　【例题 3 – 30 · 单选题】 某国政府出台"十二五"规划，规划高铁投资 3 万亿元。甲公司作为国内仅有的三家高铁列车轴承提供商之一，从国外采购了新的生产线，以提高企业竞争力。根据以上信息可以判断，该企业采取的这种类型属于（　　）。

　　A. 领先策略　　　　　　　　　　　B. 匹配策略

　　C. 滞后策略　　　　　　　　　　　D. 人员推销

　　【答案】 A

　　【解析】 领先策略根据对需求增长的预期增加产能。潜在劣势在于其会产生过量的产能。

　　【例题 3 – 31 · 单选题】 甲公司是一家国际船舶制造企业。甲公司在与其客户签订船舶制造合同后，才向各主要部件供应商发出采购订单。甲公司采用的平衡产能与需求的方法是（　　）。（2011 年）

　　A. 订单生产式生产　　　　　　　　B. 资源订单式生产

　　C. 库存生产式生产　　　　　　　　D. 滞后策略式生产

　　【答案】 B

　　【解析】 本题考核的是平衡产能与需求的方法。资源订单式生产适用于由于每个客户的需求各不相同，因此无法准确提前预测需求的情形。企业在取得订单的基础上，仅购买完成订单所需的材料并在需要时才开始生产所需的产品或提供所需的服务，其特征是"订单→资源→生产"。

（三）准时生产系统（JIT）

准时生产系统的基本思想是"只在需要的时候，按需要的量，生产所需要的产品"（见表3-24）。

表3-24　　　　　　　　　准时生产系统（JIT）的优缺点

优点	缺点
（1）库存量低； （2）由于仅在需要时才取得存货，因此降低了花费在存货上的运营成本； （3）降低了存货变质、陈旧或过时的可能性； （4）避免因需求突然变动而导致大量产成品无法出售的情况； （5）由于JIT着重于第一次就执行正确的工作这一理念，因而降低了检查和返工产品的时间	（1）由于仅为不合格产品的返工预留了最少量的库存，因而一旦生产环节出错则弥补空间较小； （2）生产对供应商的依赖性较强，并且如果供应商没有按时配货，则整个生产计划都会被延误； （3）由于企业按照实际订单生产所有产品，因此并无备用的产成品来满足预期之外的订单

【例题3-32·单选题】 下列各项中，对准时生产系统（JIT）的作用说法错误的是（　　）。（2017年）

A. 该系统降低了存货变质、陈旧或过时的可能性

B. 该系统可能导致生产环节一旦出错则弥补空间小

C. 该系统能够减少对供应商的依赖

D. 该系统避免了因需求突然变动而导致大量产品无法出售的情况

【答案】 C

【解析】 选项C错误，JIT的缺点之一是生产对供应商的依赖性较强。

小结（见图3-14）：

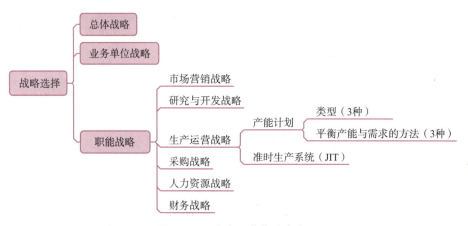

图3-14　生产运营战略内容

四、采购战略

（一）货源策略

货源策略的优点和缺点如表3-25所示。

表 3 −25　　　　　　　　　　货源策略的类型及各自的优缺点

采购策略	优点	缺点
单一货源策略	（1）采购方能与供应商建立较为稳固的关系； （2）便于信息的保密； （3）能产生规模经济； （4）随着与供应商关系的加深，采购方更可能获得高质量的货源	（1）若无其他供应商，则该供应商的议价能力就会增强； （2）采购方容易受到供应中断的影响； （3）供应商容易受到订单量变动的影响
多货源策略	（1）能够取得更多的知识和专门技术； （2）一个供应商的供货中断产生的影响较小； （3）供应商之间的竞争有利于对供应商压价	（1）难以设计出有效的质量保证计划； （2）供应商的承诺较低； （3）疏忽了规模经济
由供应商负责交付一个完整的子部件	（1）允许采用外部专家和外部技术； （2）可为内部员工安排其他任务； （3）采购方能够就规模经济进行谈判	（1）第一阶供应商处于显要地位； （2）竞争者能够使用相同的外部企业，因此企业在货源上不太可能取得竞争优势

（二）采购经理的职责

当采购具有战略重要性时，最高级别的采购经理应当是董事会成员或者至少应向执行总监报告。采购经理的职责是：

（1）成本控制。确保企业能够长期获得与质量相匹配的衡工量值。

（2）管理投入。从供应商处采购企业所有领域的设备，例如，文件柜、文具、企业车辆等。

（3）生产投入。为生产部门取得材料、零部件、组件、消耗品以及固定设备。

（4）供应商管理。定位供应商，并与供应商进行交易。

（5）获取有关以下事项的信息，用于评价各种采购方案：可用性、质量、价格、分销以及供应商。

（6）维持库存水平。

【例题 3 −33 · 多选题】在采购战略中，相对单一货源策略，采用多货源策略的优点有（　　　）。（2014 年）

A. 能获取更多的知识与专门技术　　　　B. 能与供应商建立较为稳固的关系

C. 能获得高质量的货源　　　　　　　　D. 有利于降低采购成本

【答案】AD

【解析】采购方选择采用多货源策略的优点：（1）能够取得更多的知识和专门技术；（2）一个供应商的供货中断产生的影响较小；（3）供应商之间的竞争有利于对供应商压价。选项 B 和选项 C 是单一货源策略的优点。

五、人力资源战略

（一）人力资源战略的作用

人力资源管理是取得、开发、管理和激发企业关键资源的一种战略性和一贯性的方法，企业借此实现可持续竞争优势的目标。

（二）人力资源规划

企业人力资源规划包括人力资源总体规划和人力资源业务计划两个层次。人力资源总体规划是指在计划期内人力资源管理的总目标、总政策、实施步骤和总预算的安排。人力资源业务计划则包括人员补充计划、分配计划、提升计划、教育培训计划、工资计划、保险福利计划、劳动关系计划、退休计划，等等。

此外，人力资源战略还包括制订人力资源计划、招聘与选拔、继任计划、激励和奖励机制、绩效评估、员工的培训和发展等。

（三）人力资源战略的主要内容

有效的人力资源战略应包括如下事项：

（1）精确识别出企业为实现短期、中期和长期的战略目标所需要的人才类型；

（2）通过培训、发展和教育来激发员工潜力；

（3）尽可能地提高任职早期表现出色的员工在员工总数中所占的比重；

（4）招聘足够的、有潜力成为出色工作者的年轻新就业者；

（5）招聘足够的、具备一定经验和成就的人才，并使其迅速适应新的企业文化；

（6）确保采取一切可能的措施来防止竞争对手挖走企业的人才；

（7）激励有才能的人员达到更高的绩效水平，并激发其对企业的忠诚度；

（8）创造企业文化，使人才能在这种文化中得到培育并能够施展才华。这种文化应当能够将不同特点的人才整合在共享价值观的框架内，从而组建出一个金牌团队。

（四）招聘

企业招聘时，除了要确定某项工作是否需要补充人手和对该项工作作出描述和人员说明之外，还应确定是进行企业内部招聘还是企业外部招聘。企业内部招聘的优缺点如表3-26所示。

表3-26　　　　　　　　　　　　企业内部招聘的优缺点

内部招聘优点	内部招聘缺点
（1）晋升现有员工的方式能调动员工积极性，培养员工的忠诚度，激发员工的工作热情，并且有助于鼓舞员工的整体士气； （2）通过使用管理现有员工掌握的信息和数据进行选拔，对招聘对象是否适合该工作判断更加准确； （3）能节约大量的招聘和选拔时间及费用； （4）如果招聘后还需要培训，内部招聘的员工能够更快地适应培训的要求	（1）未被选拔的员工容易产生负面情绪；或者员工晋升后成为以前同事的主管，管理会比较困难； （2）最适合该工作的员工未必在企业内部，内部招聘可能导致人才选拔的局限性； （3）外部招聘人员可能带来有利于企业发展的新理念和新思维，而内部招聘人员难以实现； （4）内部招聘机制可能诱发拉关系或骄傲自满等不良习气

六、财务战略

(一) 财务战略的概念

财务战略是主要涉及财务性质的战略，属于财务管理的范畴。财务战略主要考虑资金的使用和管理的战略问题，并以此与其他性质的战略相区别。财务战略主要考虑财务领域全局的、长期的发展方向问题，并以此与传统的财务管理相区别。

财务管理可以分为资金筹集和资金管理两大部分，相应地，财务战略也可以分为筹资战略和资金管理战略。狭义的财务战略仅指筹资战略，包括资本结构决策、筹资来源决策和股利分配决策等。本教材主要讲狭义的财务战略。

(二) 财务战略的确立

在追求实现企业财务目标的过程中，财务经理必须做出以下方面的决定：**筹资来源**、**资本结构和股利分配政策**等。

1. 筹资来源（见表 3-27）

表 3-27　　　　　　　　　　　　　　　　筹资来源方式

融资方式		定义	优点	缺点
内部融资		企业选择使用内部留存利润进行再投资，留存利润是指企业分配给股东红利后剩余的利润，是企业最普遍采用的方式	管理层在做此融资决策时不需要听取任何企业外部组织或个人的意见，可以节省融资成本	(1) 内部融资资金较少，不足以应对企业大事件的资金需求；(2) 对于陷入财务危机的企业，内部融资资金有限
股权融资		企业为了新的项目而向现在的股东和新股东发行股票来筹集资金，也可称为权益融资	当企业需要的资金量比较大时（如并购），股权融资仅仅需要在企业盈利的时候支付给股东股利	股份容易被恶意收购，从而引起控制权的变更，并且股权融资方式的成本也比较高
资产销售融资		企业可以选择销售其部分有价值的资产进行融资	简单易行，并且不用稀释股东权益	比较激进，一旦操作了就无回旋余地，而且如果销售的时机选择得不准，销售的价值就会低于资产本身的价值
债权融资	贷款	年限少于一年的贷款为短期贷款；年限高于一年的贷款为长期贷款	成本较低、融资的速度也较快，并且方式也较为隐蔽	当企业陷入财务危机或者企业的战略不具有竞争优势时，还款的压力增加了企业的经营风险
	租赁	指企业在一段时期内租用资产的债务形式，可能拥有期末的购买期权	(1) 企业可以不需要为购买运输工具进行融资，因为融资的成本是比较高的；(2) 租赁很有可能使企业享有更多的税收优惠；(3) 租赁可以增加企业的资本回报率，因为它减少了总资本	企业使用租赁资产的权利是有限的，因为资产的所有权不属于企业

【例题3-34·单选题】 在以下四种融资方式中，不属于债权融资方式的是（　　）。（2013年）

A. 长期贷款　　　　　　　　　B. 租赁

C. 内部融资　　　　　　　　　D. 短期贷款

【答案】 C

【解析】 债权融资包括贷款和租赁两种形式，所以选项C不属于债权融资。

2. 资本成本与最优资本结构（见表3-28）

【提示】 资本成本和最优资本结构都是财务成本管理的内容，当然公司战略不需要计算，只需要理解基本原理。所谓资本成本就是使用每一笔资金所需的成本，比如股权资金的资本成本是12%；最优资本结构就是看股权资金和债权资金的最佳搭配比例。

表3-28　　　　　　　　　　　估算和计算融资成本的方法

资本成本	特征
资本资产定价模型估计权益资本成本（CAPM）	权益资本是企业股东自己的资金，在企业没有给股东分配利润时就会产生机会成本。企业权益资本成本等于无风险资本成本加上企业的风险溢价，因而企业的权益资本成本可以计算为无风险资本成本与企业风险溢价之和
无风险利率估计权益资本成本	企业先得到无风险债券的利率值，这在大多数国家都是容易获取的指标，然后再综合考虑自身企业的风险，在此利率值的基础上加上几个百分点，最后就是按照这个利率值计算企业的权益资本成本。这种估计方法简单灵活，但同时估计的客观性和精准性也受到很大的质疑
长期债务资本成本	等于各种债务利息费用的加权平均数再扣除税收的效应
加权平均资本成本（WACC）	权益资本成本与长期债务资本成本的加权平均

【例题3-35·多选题】 企业在考虑融资成本时，可用来估计权益资本成本的包括（　　）。（2012年）

A. 资本资产定价模型　　　　　B. 债务资本成本

C. 加权平均资本成本　　　　　D. 无风险利率

【答案】 AD

【解析】 在估计企业的融资成本时，可以用资本资产定价模型估计权益资本成本，也可以用无风险利率估计权益资本成本。所以选项AD正确。

3. 股利分配策略

一般而言，实务中的股利政策有四大类：固定股利政策、固定股利支付率政策、零股利政策和剩余股利政策，具体见表3-29。

表 3 – 29 股利政策类型及各自特点

股利政策	定义	特点
固定股利政策	每年支付固定的或者稳定增长的股利	为投资者提供可预测的现金流量，减少管理层将资金转移到盈利能力差的活动的机会，并为成熟的企业提供稳定的现金流，盈余下降时也可能导致股利发放遇到一些困难
固定股利支付率政策	企业发放的每股现金股利除以企业的每股盈余保持不变	保持盈余、再投资率和股利现金流之间的稳定关系，但投资者无法预测现金流，无法表明管理层的意图或者期望，并且如果盈余下降或者出现亏损的时候，这种方法就会出现问题
零股利政策	所有剩余盈余都留存企业	成长阶段通常会使用这种股利政策，并将其反映在股价的增长中，当成长阶段已经结束，并且项目不再有正的现金净流量时，就需要积累现金并需要新的股利分配政策
剩余股利政策	只有在没有现金净流量为正的项目的时候才会支付股利	成长阶段，不能轻易获得其他融资来源的企业比较常见

【例题 3 – 36·多选题】 以下各项中属于常见的股利政策的有（　　）。（2012 年）

A. 固定股利支付率政策

B. 零股利政策

C. 剩余股利政策

D. 股票股利政策

【答案】 ABC

【解析】 常见的股利政策有四种：固定股利政策、固定股利支付率政策、零股利政策和剩余股利政策。所以，选项 ABC 正确。

【例题 3 – 37·单选题】 下列股利政策中，适合成熟企业且能为投资者提供可预测的现金流量的是（　　）。（2015 年）

A. 零股利政策

B. 固定股利政策

C. 剩余股利政策

D. 固定股利支付率政策

【答案】 B

【解析】 固定股利政策为投资者提供可预测的现金流量，减少管理层将资金转移到盈利能力差的活动的机会，并为成熟的企业提供稳定的现金流，盈余下降时也可能导致股利发放遇到一些困难。

【例题 3 – 38·单选题】 甲公司规定，只有在满足了公司所有现金净流量为正的项目的资金需求后，才会支付股利，甲公司采用的股利政策是（　　）。（2015 年）

A. 固定股利政策

B. 剩余股利政策

C. 固定股利支付率政策

D. 零股利政策

【答案】 B

【解析】 剩余股利政策，是指只有在没有现金净流量为正的项目的时候才会支付股利。所以选项 B 正确。

（三）财务战略的选择

1. 基于产品生命周期的财务战略选择

企业在产品生命周期不同发展阶段的特征如表3－30所示。

表3－30　　　　　　　　企业在产品生命周期不同发展阶段的经营特征

类别	企业发展阶段			
	导入期	成长期	成熟期	衰退期
经营风险	非常高	高	中等	低
财务风险	非常低	低	中等	高
资本结构	权益融资	主要是权益融资	权益＋债务融资	权益＋债务融资
资金来源	风险资本	权益投资增加	保留盈余＋债务	债务
股利	不分配	分配率很低	分配率高	全部分配
价格/盈余倍数	非常高	高	中等	低
股价	迅速增长	增长并波动	稳定	下降并波动

（1）产品生命周期不同发展阶段的财务战略（见表3－31）。

表3－31　　　　　　产品生命周期不同发展阶段的资本来源及股利政策

发展阶段	资本结构	资本来源	股利分配政策
导入阶段的财务战略	由于导入期的经营风险很高，因此应选择低财务风险战略，应尽量使用权益筹资，避免使用负债	引进风险投资者	股利支付率大多为零
成长阶段的财务战略	由于此时的经营风险虽然有所降低，但仍然维持较高水平，不宜大量增加负债比例	私募或公募	采用低股利政策
成熟阶段的财务战略	由于经营风险降低，应当扩大负债筹资的比例	负债和权益	采用高股利政策或作为替代进行股票回购
衰退阶段的财务战略	应设法进一步提高负债筹资的比例，以获得利息节税的好处	选择负债筹资	采用高股利政策

（2）经营风险与财务风险的四种搭配。

经营风险的大小是由特定的经营战略决定的，财务风险的大小是由资本结构决定的，它们共同决定了企业的总风险（见表3－32）。

表3－32　　　　　　　　　　经营风险与财务风险搭配

搭配方式	特点	举例
高经营风险与高财务风险的搭配	具有很高的总体风险。该种搭配不符合债权人的要求，符合风险投资者的要求	一个初创期的高科技公司，假设能够通过借款取得大部分资金，其破产的概率很大，而成功的可能很小
高经营风险与低财务风险的搭配	具有中等程度的总体风险。该种搭配是一种可以同时符合股东和债权人期望的现实搭配	一个初创期的高科技公司，主要使用权益筹资，较少使用或不使用负债筹资

搭配方式	特点	举例
低经营风险与高财务风险的搭配	具有中等程度的总风险。该种匹配是一种可以同时符合股东和债权人期望的现实搭配	一个成熟的公用企业，大量使用借款筹资
低经营风险与低财务风险的搭配	具有很低的总体风险。该种匹配不符合权益投资人的期望，是一种不现实的搭配	一个成熟的公用企业，只借入很少的债务资本

【例题 3-39·单选题】某家电企业的发展进入成熟期。下列对该企业目前经营特征的相关表述中，错误的是（   ）。（2012 年）

    A. 财务风险中等　　　　　　　　　　B. 资本来源主要是权益融资

    C. 股利分配率高　　　　　　　　　　D. 股价稳定

【答案】B

【解析】成熟期的融资来源主要是权益融资和债务融资相结合，所以选项 B 错误。

【例题 3-40·单选题】某创业三年的净水器生产企业，大股东以其拥有的国内先进的渗透膜技术以及部分现金投入企业进行生产经营，近两年销售额年均增幅在 25% 以上。为了获得拓展污水处理工程业务所需的资金，并将长期借款置换为权益资本，企业刚完成向机构投资者募集资金。根据财务风险与经营风险搭配理论，该企业属于（   ）。（2012 年）

    A. 高经营风险与高财务风险　　　　　B. 低经营风险与高财务风险

    C. 高经营风险与低财务风险　　　　　D. 低经营风险与低财务风险

【答案】C

【解析】"近两年销售额年均增幅在 25% 以上"表明净水器生产企业处于生命周期的成长期，经营风险较高，因此应选择较低财务风险的融资战略，尽量使用权益筹资，避免大量使用负债。所以，选项 C 正确。

【提示】财务战略的内容比较多，所以我们先回想一下现在处于本书框架的什么位置？

2. 基于创造价值/增长率的财务战略选择

（1）影响价值创造的主要因素（见表 3-33）。

【提示】

（1）此处涉及几个财务管理公式，由于在考试中并不会考查公式计算，遂将公式做如下简化，目的是得出市场增加值的三个影响因素，即投资资本回报率、资本成本和增长率。

（2）所谓投资资本回报率，就是投入的各项资本的收益率，而资本成本就是各项资本的成本，如果回报率低于成本，则代表价值的减损，只有当回报率高于成本时，才能代表价值的增值。

表 3-33　　　　　　　　　企业市场增加值的含义及影响因素

要点	阐释	
企业的市场增加值	企业市场增加值 = 企业资本市场价值 − 企业占用资本 　　　　　　　 = 权益增加值 + 债务增加值	
影响企业市场增加值的因素	经济增加值 = (投资资本回报率 − 资本成本) × 投资资本 市场增加值 = 经济增加值/(资本成本 − 增长率) 市场增加值 = (投资资本回报率 − 资本成本) × 投资资本/(资本成本 − 增长率)	
	影响企业市场增加值的因素	(1) 投资资本回报率；(2) 资本成本；(3) 增长率
	影响价值创造的因素	(1) 投资资本回报率：与市场增加值同向变化； (2) 资本成本：与市场增加值反向变化； (3) 增长率：当"投资资本回报率 − 资本成本"为正值时，增长率与市场增加值同向变化；当"投资资本回报率 − 资本成本"为负值时，增长率与市场增加值反向变化； (4) 可持续增长率

（2）销售增长率、筹资需求与创造价值（见表 3-34）。

表 3-34　　　　　　　　　销售增长率、筹资需求与价值创造的关系

现金余缺	现金短缺	销售增长率超过可持续增长率
	现金剩余	销售增长率低于可持续增长率
	现金平衡	销售增长率等于可持续增长率
现金短缺	创造价值的现金短缺	应当设法筹资以支持高增长，创造更多的市场增加值
	减损价值的现金短缺	应当提高可持续增长率以减少价值减损
现金剩余	创造价值的现金剩余	应当用这些现金提高股东价值增长率，创造更多的价值
	减损价值的现金剩余	应当把钱还给股东，避免更多的价值减损

（3）价值创造/增长率矩阵（财务战略矩阵）（见图 3-15）。

判断是否创造价值：

①创造价值：投资资本回报率 − 资本成本 > 0。

②减损价值：投资资本回报率 − 资本成本 < 0。

判断现金余缺：

①现金短缺：销售增长率 − 可持续增长率 > 0。

②现金剩余：销售增长率 − 可持续增长率 < 0。

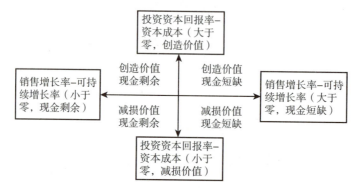

图 3-15　财务战略矩阵

第一象限：增值型现金短缺

处于第一象限的业务（或企业）可以为股东创造价值，但自身经营产生的现金不足以支持销售增长，会遇到现金短缺的问题（见表3-35、图3-16）。

表3-35　　　　　　　　　　　增值型现金短缺的含义及解决方案

含义	解决方案
（1）销售增长率与可持续增长率的差额为正数，企业现金短缺； （2）投资资本回报率与其资本成本的差额为正数，为股东创造价值	首先应判明这种高速增长是暂时性的还是长期性的 （1）暂时性高速增长的资金问题可以通过短期借款来解决。 （2）长期性高速增长的资金问题有两种解决途径： ①提高可持续增长率，使之向销售增长率靠拢。包括提高经营效率和改变财务政策； ②增加权益资本，提供增长所需的资金。包括增发股份和兼并成熟企业

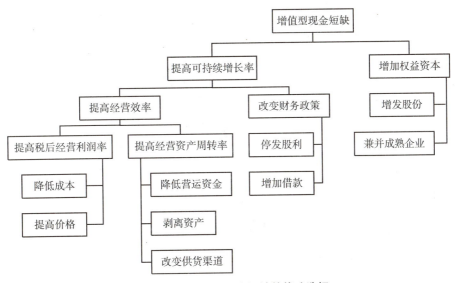

图3-16　增值型现金短缺的战略选择

第二象限：增值型现金剩余

处于第二象限的业务可以为股东创造价值，但是增长缓慢、自身经营产生的现金超过销售增长的需要时会出现现金剩余（见表3-36、图3-17）。

表3-36　　　　　　　　　　　增值型现金剩余的含义及解决方案

含义	解决方案
（1）销售增长率与可持续增长率的差额为负数，企业现金剩余； （2）投资资本回报率与其资本成本的差额为正数，为股东创造价值	（1）利用剩余的现金加速增长。加速增长的途径包括：内部投资和收购相关业务； （2）如果加速增长后仍有剩余现金，找不到进一步投资的机会，则应把多余的钱还给股东

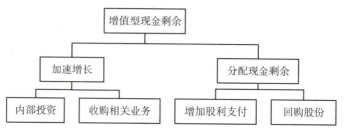

图 3-17　增值型现金剩余的战略选择

第三象限：减损型现金剩余

处于第三象限的是减损型现金剩余，减损型现金剩余表明资源未得到充分利用，存在被收购的风险（见表 3-37、图 3-18）。

表 3-37　　　　　　　减损型现金剩余的含义及解决方案

含义	解决方案
（1）销售增长率与可持续增长率的差额为负数，企业现金剩余； （2）投资资本回报率与其资本成本的差额为负数，减损股东价值	（1）首选的战略是提高投资资本回报率。包括提高税后经营利润率和提高经营资产周转率； （2）在提高投资资本回报率的同时，可以降低平均资本成本； （3）如果前面两者都不能达到，那就出售企业

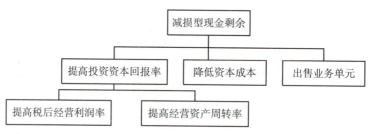

图 3-18　减损型现金剩余的战略选择

第四象限：减损型现金短缺

处于第四象限的是减损型现金短缺，减损型现金短缺会减损股东财富，并且由于增长缓慢遇到现金短缺问题（见表 3-38、图 3-19）。

表 3-38　　　　　　　减损型现金短缺的含义及解决方案

含义	对策
（1）销售增长率与可持续增长率的差额为正数，企业现金短缺； （2）投资资本回报率与其资本成本的差额为负数，减损股东价值	（1）彻底重组； （2）出售

图 3-19　减损型现金短缺的战略选择

【例题 3 - 41 · 多选题】 下列关于企业财务战略矩阵分析的表述中, 正确的有 ( )。(2010 年)

A. 对增值型现金短缺业务单位, 应首先选择提高可持续增长率

B. 对增值型现金剩余业务单位, 应首先选择提高投资资本回报率

C. 对减损型现金剩余业务单位, 应首先选择提高投资资本回报率

D. 对减损型现金短缺业务单位, 应首先选择提高可持续增长率

【答案】 AC

【例题 3 - 42 · 单选题】 下列财务政策中, 可以用来改善增值型现金短缺企业资金状况的是 ( )。(2009 年)

A. 增加债务比例　　B. 支付现金股利　　C. 降低资本成本　　D. 重组

【答案】 A

【解析】 对于增值型现金短缺的企业, 暂时性高速增长的资金可以通过借款来解决, 而长期性高速增长的资金有两种解决途径:(1) 提高可持续增长率;(2) 增加权益资本。

【例题 3 - 43 · 单选题】 甲公司某年的投资资本回报率为 7%, 销售增长率为 10%, 经测算甲公司的加权平均资本成本为 7.5%, 可持续增长率为 7%。该年甲公司的业务属于财务战略矩阵中的 ( )。(2014 年)

A. 增值型现金剩余　　　　　　　　B. 减损型现金短缺

C. 减损型现金剩余　　　　　　　　D. 增值型现金短缺

【答案】 B

【解析】 投资资本回报率 7% 小于加权平均资本成本 7.5%, 属于价值减损;销售增长率 10% 大于可持续增长率 7%, 属于现金短缺。因此该年甲公司的业务属于财务战略矩阵中的减损型现金短缺。选项 B 正确。

小结 (见图 3 - 20):

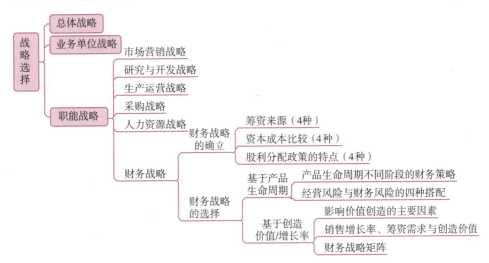

图 3 - 20　财务战略选择的内容

第 7 天

○ **复习旧内容：**

第三章 战略选择 第三节 职能战略

○ **学习新内容：**

第三章 战略选择 第四节 国际化经营战略

○ **简单解释今天学习内容：**

本节是前三节的战略在国际化经营背景下的应用

○ **可能会遇到的难点：**

本节知识虽是前述章节的运用，但涉及内容较多，如果一头扎进去，可能看着看着就不知道今夕何夕。同学们不妨先借助本节框架把内容梳理一遍，然后再详细地研读，一点点将本节的框架充实起来，随时跳出来看看自己学到了哪里，课后也可以借助书后框架检验自己的学习成果，加油！

○ **建议学习时间：**

3 小时新学 +1 小时复习

第四节　国际化经营战略

前面阐述了公司的三个层次战略的具体内容，国际化经营战略是企业在国际市场上对上述三个层次战略的具体应用。同时国际化经营战略也颇有独特性，所以本节专门阐述国际化经营战略。

一、企业国际化经营动因（无须记忆）

（一）国际生产要素的最优组合

1. 跨国公司的垄断优势与东道国区位因素的提出

跨国公司对外直接投资首先必须具备两大基础：一是作为投资跨国公司自身的优势；二是作为受资方东道国的条件（见表3-39）。

表3-39　　　　　　　　　　垄断优势理论和区位理论的表述

垄断优势理论	海默和金德尔伯格认为，是市场不完全导致了对外直接投资。 一般来讲，市场不完全可以表现为4种类型： （1）产品和生产要素市场不完全； （2）由规模经济导致的市场不完全； （3）由政府干预引起的市场不完全； （4）由税负与关税引起的市场不完全。 跨国企业在不完全竞争下取得了各种垄断优势。
区位理论	区位理论认为，市场不完全性不仅存在于一国市场上，同样存在于国际市场上。国际市场的不完全性会导致各国之间的市场差异，即在生产要素价格、市场规模、市场资源供给等方面存在着不同的差异。如果国外市场这些差异为准备投资的一国企业带来了有利的条件，企业就会发生对外直接投资。影响区位优势的主要因素有生产要素、市场定位、贸易壁垒、经营环境等

2. 产品生命周期理论

1966年，美国哈佛大学教授弗农从技术创新入手，分析国际贸易、对外直接投资与产品生命周期的关系。

该理论将产品生命周期划分为创新、成熟和标准化三个阶段，说明在产品生命周期的不同阶段，并且随着产品生命周期阶段的变化，企业产品生产的地域也会从一个国家转移到另一个国家，以寻求最佳的区位优势，获得自己的竞争优势。

3. 内部化理论

内部化理论是从市场不完全与垄断优势理论发展起来的，在巴克利等新创的内部化理论中，市场不完全并非指规模经济、寡头垄断或关税壁垒等，而是指由于某些市场失效，以及由于某些产品的特殊性质或垄断势力的存在，导致企业市场交易成本增加。

内部化理论是建立在 3 个基本假设的基础上：

①企业在市场不完全的情况下从事经营的目的是追求利润最大化；

②当生产要素特别是中间产品市场不完全时，企业有可能统一管理经营活动，以内部市场代替外部市场；

③内部化越过国界就会产生国际企业。

4. 国际生产折中理论（又称国际生产综合理论）

该理论的核心观点是企业跨国经营是该企业具有的所有权优势、内部化优势和区位优势这三种优势综合作用的结果。

邓宁的国际生产综合理论可以概括为一个简单的公式：

所有权优势 + 内部化优势 + 区位优势 = 对外直接投资

所有权优势 + 内部化优势 = 出口

所有权优势 = 技术转移

如果企业具有上述三种优势，却只采取技术转移的方法，则会丧失内部化优势与区位优势所能带来的收益。

【例题 3 − 44 · 单选题】根据国际生产折中理论，如果企业只有所有权优势与内部化优势，企业最适合采用的国际化经营方式是（　　）。（2015 年）

A. 出口贸易　　　　　　　　　　B. 证券投资

C. 对外直接投资　　　　　　　　D. 技术转移

【答案】A

【解析】企业同时具有所有权优势、内部化优势与区位优势，应选择对外直接投资；如果企业只拥有所有权优势与内部化优势，只能进行出口贸易；如果企业只有所有权优势，则只能考虑采用技术转移的方式，将技术出让给其他企业。所以选项 A 正确。

（二）寡占市场（即寡头垄断市场）的反应

对企业跨国经营的行为，一些学者更侧重从企业所面临的市场角度，特别是从跨国公司投资产业大多属于寡占市场特征的角度进行研究。

1. 海默论跨国企业的寡头垄断反应行为

海默所说的寡占反应行为是指各国寡占企业通过在竞争对手的领土上建立地盘来互相牵制和加强自身能力行为的综合表现。

对于发达国家之间的对向或交叉直接投资来说，海默认为，必须利用寡占反应行为来加以解释。

2. 尼克博克的"寡占反应理论"

尼克博克将对外直接投资区分为"进攻性投资"与"防御性投资"。在国外市场建立第一家子公司的寡头公司的投资是进攻性投资，同一行业其他寡头成员追随率先公司也建立子公司，是防御性投资。尼克博克认为，决定这两类投资的因素是不相同的，进攻性投资的动因可由弗农的产品生命周期理论解释，而防御性投资则是由寡占反应行为所决定的。

（三）发展中国家企业国际化经营动因

1. 发展中国家跨国公司对外投资的主要动机（见表 3 – 40）

表 3 – 40　　　　　　　　发展中国家跨国公司对外投资的主要动机

主要动机	说明
寻求市场	巩固、扩大和开辟市场
寻求效率	即降低成本导向型动机，利用国外廉价的生产要素，降低生产成本
寻求资源	出于获取一些战略性资产，主要是自然资源方面的考虑
寻求现成资产	即技术与管理导向型动机，是为了获取发达国家企业的品牌、先进技术与管理经验等现成资产

2. 发展中国家跨国公司对外投资的主要竞争优势

与发达国家跨国公司对外投资相比，发展中国家跨国公司对外直接投资有三个方面的优势，这些优势主要体现在对发展中国家投资的层面上。

（1）发展中国家跨国公司的对外直接投资对发展中东道国的一大优势是具有更大的创造就业机会的潜力。主要原因在于，发展中国家跨国公司可能比较倾向于劳动力密集型产业，可能更倾向于使用较简单、较为劳动密集型的技术，特别是制造业；

（2）发展中国家跨国公司的技术和经营模式一般比较接近发展中东道国公司所用的技术和模式，这意味着有益联系和技术吸收的可能性较大；

（3）发展中国家跨国公司在进入模式上也往往是更多地采取新建投资的方式而不是并购。在发展中东道国的投资尤其如此。就此而言，他们的投资更有可能直接推动提高发展中国家的生产能力。

【例题 3 – 45 · 多选题】乙公司是一家同时在境内外三地资本市场上市的煤业集团，其所有的产品均在国内销售。乙公司成功收购了澳大利亚 H 公司，获得 H 公司的控股权。H 公司在澳大利亚拥有的煤炭资源为 15 亿吨，并拥有澳大利亚最大的煤炭出口港，主要客户为欧洲、美洲及澳大利亚本土的钢铁制造商和发电企业。根据上述信息，乙公司进行国际化经营的原因有（　　）。（2012 年）

A. 寻求煤炭资源　　　　　　　　　　B. 寻求横向一体化，减少竞争压力

C. 寻求现成资产　　　　　　　　　　D. 寻求多元化成长机会

【答案】AC

【解析】发展中国家跨国公司对外直接投资的主要动机包括：（1）寻求市场；（2）寻求效率；（3）寻求资源；（4）寻求现成资产。根据题干信息，乙公司进行国际化经营的原因是寻求 H 公司在澳大利亚拥有的丰富的煤炭资源和澳大利亚最大的煤炭出口港，即寻求资源；同时也为获得对方丰富的国际市场营销经验，即寻求现成资产。

【例题 3-46·单选题】国内家电企业宏浩集团在 2016 年 5 月宣布，将斥资 45 亿美元收购发达国家 G 工业机器人制造商 K，K 是该国市场上专注于工业制造流程的数字化企业，其研发的机器人已经被用来装配轿车和飞机，宏浩集团收购 K 的动机是（　　）。(2017 年)

    A. 寻求市场   B. 寻求效率

    C. 寻求资源   D. 寻求现成资产

【答案】D

【解析】寻求现成资产是为了获取和利用国外先进的技术、生产工艺、新产品设计和先进的管理经验等，K 是该国市场上专注于工业制造流程的数字化企业，其研发的机器人已经被用来装配轿车和飞机，所以是为了寻求现成资产。

小结（见图 3-21）：

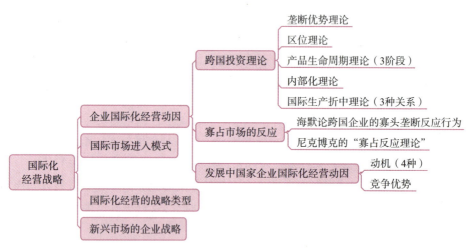

图 3-21　企业国际化经营动因内容

二、国际市场进入模式

企业进入国外市场的模式主要有**出口、股权投资、非股权安排**等几种。每一种进入模式都有各自的利弊。

（一）出口模式

商品与服务出口贸易是企业国际化经营相对比较简单，也是比较普遍的进入外国市场的方式。企业国际化经营选择出口方式主要研究以下问题（见表 3-41）：

表 3-41　　　　　　　　　　　　企业国际化经营选择出口方式的内容

目标市场选择 （区域路径）	传统方式 （连续方式）	（1）高新技术产品在发达国家出口的路径：先到经济技术发展水平相类似的发达国家，然后再到发展中国家； （2）高新技术产品在发展中国家出口的路径：先到环境类似的发展中国家，最后到发达国家； （3）发展中国家的农产品、矿产品等初级产品和劳动密集型的低端产品主要流向是发达国家

目标市场选择 （区域路径）	新型方式 （不连续方式）	不论是发达国家还是发展中国家，该产业中的高新技术产品出口的国别路径是先到发达国家（特别是美国），以占领世界最大市场，然后再走向发展中国家
选择进入战略	全球推广	在全球推广标准化的产品
	差异化推广	针对不同国家的不同需求修改产品和营销组合
出口市场的定价		（1）定价偏高，以期获得大于国内市场的收益。这种定价策略考虑到海外市场比国内市场的风险要大一些，而且通常会产生一些隐含成本，而这些成本不会被标准的会计制度确认； （2）制定使海外市场与国内市场收益水平接近的价格； （3）在短期内定价较低，即使收益偏低甚至亏损也在所不惜； （4）只要在抵销变动成本之后还能增加利润，就按能把超过国内市场需求量的产品销售出去的价格定价

（二）股权投资模式

股权投资模式是指企业通过在目标国获得该国企业的部分或全部所有权，达到部分控制或完全控制在目标国的产品生产和销售的目的。也就是通过资本的输出来进入国外市场。

对外直接投资包括合资进入和独资进入两种形式。股权投资模式与出口模式和契约模式的最大区别是前者涉及股权参与，因此，控制程度大，收益也高于后两种模式。

与出口模式相比，进行股权投资在国外建立生产设施可以缩短生产和产品的信息反馈时间，从而可以根据市场需求来调整生产。股权投资不仅大大减少了出口模式中的运输成本，也使企业能跨越东道国设置的贸易和非贸易壁垒。有时股权投资还能得到东道国政府的优惠。

（1）独资企业。独资企业指企业直接到目标国家投资建厂或并购目标国家的企业。企业可以完全控制整个管理和销售，独立支配所得利润，技术秘密和商业秘密也不易丢失。但是独资要求的资金投入很大，而且企业规模的扩大容易受到限制，还可能面临比较大的政治和经济风险，如货币贬值、外汇管制、政府没收等。

（2）合资企业。合资指的是与目标国家的企业联合投资，共同经营、共同分享股权及管理权，共担风险。合资企业可以利用合作伙伴的成熟营销网络，而且由于当地企业的参与，企业容易被东道国所接受。但是也应看到由于股权和管理权的分散，公司经营的协调有时比较困难，而且公司的技术秘密和商业秘密有可能流失到对方手里，将其培养成将来的竞争对手。

创建合资经营企业的动因，创建国际合资企业可以达到以下四个目标之一，具体见图 3-22：

合资经营的优点：一方面可以减少国际化经营的资本投入；另一方面有利于弥补跨国经营经验不足的缺陷，有利于吸引和利用东道国合资方的资源，如东道国合资方在当地市场的信誉、融资与销售渠道、同当地银行和政府官员的公私关系以及他们具有的生产、技术、管理和营销技能等。

合资经营企业最主要的缺点：由于合资企业由多方参与投资，因而协调成本可能过大。协调问题又主要表现在以下几个方面：

①合资各方的目标差异；
②合资各方的文化差异。

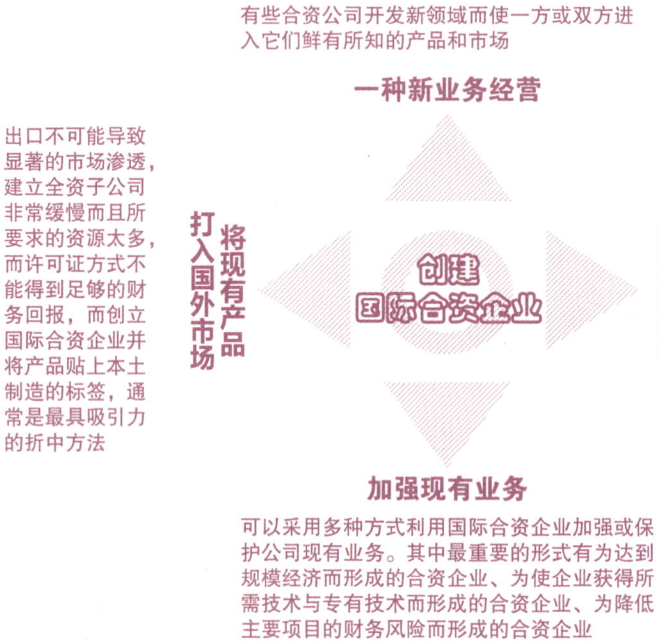

有些合资公司开发新领域而使一方或双方进入它们鲜有所知的产品和市场

一种新业务经营

出口不可能导致显著的市场渗透，建立全资子公司非常缓慢而且所要求的资源太多，而许可证方式不能得到足够的财务回报，而创立国际合资企业并将产品贴上本土制造的标签，通常是最具吸引力的折中方法

将现有产品打入国外市场

创建国际合资企业

引入国内市场将国外产品

东道国当地公司将其视为当地产品打入投资国市场的一个很具吸引力的方式。也正是这种利益的互补使合资企业的建立成为可能。在全球分工日益深入的当今世界，这种利益互补更加显著

加强现有业务

可以采用多种方式利用国际合资企业加强或保护公司现有业务。其中最重要的形式有为达到规模经济而形成的合资企业、为使企业获得所需技术与专有技术而形成的合资企业、为降低主要项目的财务风险而形成的合资企业

图 3 - 22　创建国际合资企业目标

（三）契约模式（非股权模式）

契约方式是一种通过知识和技术的输出从而进入国外市场的方式。契约模式主要包括：合约制造、服务外包、订单农业、特许经营、管理合约及其他类型的合约关系等（或者，可以说许可证模式、特许经营模式和工程承包模式等）。

【例题 3 - 47·多选题】在以下进入国外市场的模式中，属于非股权安排形式的有（　　）。（2013 年）

A. 合约制造　　　B. 特许经营　　　C. 服务外包　　　D. 对外证券投资

【答案】ABC

【解析】企业进入国外市场的模式主要有出口、对外股权投资、非股权形式等几种。非股权形式是指企业与目标国的企业签订非权益性合同，使前者的专利、技术、经验、管理、人力等无形资产为后者所使用，并从后者获得经济利益的分享。非股权安排模式是一种通过知识和技术的输出从而进入国外市场的方式。非股权形式主要包括：合约制造、服务外包、订单农业、特许经营、许可经营、管理合约及其他类型的合约关系。选项 D 属于对外股权投资。

小结（见图 3 - 23）：

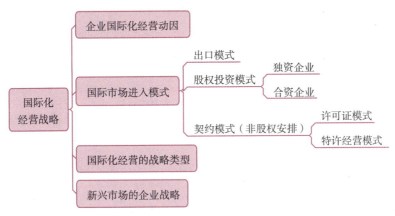

图 3 – 23　国际市场进入模式内容

三、国际化经营的战略类型

　　企业国际化经营的战略基本上有四种类型，即国际战略、多国本土化战略、全球化战略与跨国战略。这四种战略可以通过"全球协作"的程度和"本土独立性和适应能力"的程度所构成的两维坐标体现出来（见图 3 – 24、表 3 – 42）。

图 3 – 24　国际化经营的战略类型

表 3 – 42　　　　　　　　　　　　　　　国际化经营的战略类型

战略类型	含义	特点
国际战略	企业将其在母国所开发出的具有竞争优势的产品与技能转移到国外的市场，以创造价值的举措	（1）转移其在母国所开发出的具有竞争优势的产品到海外市场，从而创造价值； （2）多把产品开发的职能留在母国，而在东道国建立制造和营销职能； （3）总部一般严格地控制产品与市场战略的决策权
多国本土化战略	根据不同国家的不同市场，提供更能满足当地市场需要的产品和服务	（1）成本结构较高，无法获得经验曲线效益和区位效益； （2）由于生产设施重复建设并且成本极高，在成本压力大的产业中不适应； （3）过于本土化，使得每一个国际子公司过于独立，企业最终会指挥不动自己的子公司，不能将自己的产品和服务向这个子公司转移

续表

战略类型	含义	特点
全球化战略	向全世界的市场推销标准化的产品和服务，并在较有利的国家集中地进行生产经营活动，由此形成经验曲线和规模经济效益以获得高额利润	（1）为了实施成本领先战略。通过提供标准化的产品来促使不同国家的习俗和偏好趋同； （2）适合成本压力大，而当地特殊要求小的企业
跨国战略	形成以经验为基础的成本效益和区位效益，转移企业的核心竞争力，同时注意当地市场的需求	（1）母公司与子公司、子公司与子公司的关系是双向的，不仅母公司向子公司提供产品与技术，子公司也可以向母公司提供产品与技术； （2）是跨国公司的最佳战略选择。充分考虑到东道国的需求，同时也要保证跨国公司的核心目标和技能的实现

【例题3-48·单选题】甲公司是一家生产护肤美容品的公司，总部和研发中心位于美国。该公司以主要国家和地区来划分战略业务单位，并授权各国的管理者根据消费需求、消费习惯等特征生产本土化产品。根据以上内容，甲公司所采用的国际化经营战略是（   ）。（2012年）

A. 全球化战略   B. 多国本土化战略

C. 国际战略   D. 跨国战略

【答案】B

【解析】多国本土化战略根据不同国家的不同市场，提供更能满足当地市场需要的产品和服务，所以选项B正确。

【例题3-49·单选题】甲公司是牛肉生产、加工及零售企业。近期甲公司开始考虑将其业务扩展到国际市场，在劳工成本较低的越南设立统一的牛肉加工厂，并在多个国家从事牛肉加工食品零售业务。甲公司管理层采用集权式管理方式，为确保牛肉加工食品的质量，甲公司计划将所有原料牛在日本农场饲养。根据以上内容，适合甲公司选择的国际化发展战略是（   ）。（2010年）

A. 国际战略   B. 全球化战略

C. 多国本土化战略   D. 跨国战略

【答案】B

【解析】全球化战略是指在全世界范围内生产和销售同一类型和质量的产品或服务。企业根据最大限度地获取低成本竞争优势的目标来规划其全部的经营活动，它们将研究与开发、生产、营销等活动按照成本最低原则分散在少数几个最有利的地点来完成，但产品和其他功能则采取标准化和统一化以节约成本。全球化战略强调集权，强调由母国总部控制，不同国家的战略业务单元相互依存，而总部试图将这些业务单元整合。所以，根据题意最佳选项是B。

四、新兴市场的企业战略

新兴市场是指一些市场发展潜力巨大的发展中国家。以下着重阐述全球化竞争中，新兴市场中本土企业的战略选择。

将产业所面临的全球化压力和新兴市场本土企业可以转移的资源作为两个变量，作出图 3－25，可以用来指导公司战略性的思考。

图 3－25　新兴市场本土企业优势资源

因此，根据图 3－25 我们可以得出，新兴市场有四种应对战略：

（1）躲闪者：全球化程度"高" ＋适合本土市场；

（2）抗衡者：全球化程度"高" ＋可以向海外移植；

（3）防御者：全球化程度"低" ＋适合本土市场；

（4）扩张者：全球化程度"低" ＋可以向海外移植。

1. "防御者"战略：利用本土优势进行防御

如果企业面临的全球化压力较小，又没有什么可转移的优势资源，那就需要集中力量保护已有的市场份额不被跨国竞争对手侵占。我们称采取这种战略的企业为"防御者"，其战略定位是利用国内市场的优势防卫。

"防御者"要做的就是利用本土优势进行防御。具体做法可以考虑：

（1）把目光集中于喜欢本国产品的客户，而不考虑那些崇尚国际品牌的客户；

（2）频繁地调整产品和服务，以适应客户特别的甚至是独一无二的需求；

（3）加强分销网络的建设和管理，缓解国外竞争对手的竞争压力。

在面临跨国竞争对手的挑战时应当注意：

（1）不要试图赢得所有顾客；

（2）不要一味模仿跨国竞争对手的战略。

2. "扩张者"战略：向海外延伸本土优势

如果企业面临的全球化压力不大，而自身的优势资源又可以被移植到海外，那么企业就可以将本土市场的成功经验推广到若干国外的市场，我们称采取这种战略的企业为"扩张者"，其战略定位是将企业的经验转移到周边市场。

采取"扩张者"战略的企业在向海外延伸本土优势时应当注意寻找在消费者偏好、地缘关系、分销渠道或政府管理方面与本国市场相类似的市场，来最有效地利用自己的资源。例如，移居国外的人就更容易接受产于自己国家的产品。

3. "躲闪者"战略：避开跨国公司的冲击

如果全球化压力大，企业就会面临更大的挑战。如果企业优势资源只能在本土发挥作用，企业就必须围绕仍有价值的本土资源，对其价值链的某些环节进行重组，以躲避外来竞争对手的冲击，从而保持企业的独立性。这类企业，我们称为"躲闪者"。其战略定位是通过转向新业务或缝隙市场避开竞争。

在全球化压力很大的产业中，"躲闪者"不能仅仅指望公司的本土资源，还必须重新考虑自身的商业模式。在这种情况下，如果这些企业的资源仅仅在本土才有价值，企业最好的选择可能是以下几个：

（1）与跨国公司建立合资、合作企业；

（2）将企业出售给跨国公司；

（3）重新定义自己的核心业务，避开与跨国公司的直接竞争；

（4）根据自身的本土优势专注于细分市场，将业务中心转向价值链中的某些环节；

（5）生产与跨国公司产品互补的产品，或者将其改造为适合本国人口味的产品。

4. "抗衡者"战略：在全球范围内对抗

如果全球化压力大，而企业优势资源可以转移到其他市场，企业有可能与发达国家跨国公司在全球范围内展开正面竞争。我们称这种情况下的本土企业为"抗衡者"，其战略定位是通过全球竞争发动进攻。

作为"抗衡者"，要注意以下四点：

（1）不要拘泥于成本上的竞争，而应该比照行业中的领先公司来衡量自己的实力；

（2）找到一个定位明确又易于防守的市场；

（3）在一个全球化的产业中找到一个合适的突破口；

（4）学习从发达国家获取资源，以克服自身技能不足和资本的匮乏。

【例题 3-51·单选题】当产业面临的全球压力很大，而企业优势资源可以转移到其他市场时，新兴市场本土企业可以选择的战略方向是（　　）。（2015 年）

A. 作为"抗衡者"，通过全球竞争发动进攻

B. 作为"防御者"，利用国内市场的优势防卫

C. 作为"扩张者"，将企业的经验转移到周边市场

D. 作为"躲闪者"，通过转向新业务或缝隙市场避开竞争

【答案】A

【解析】如果全球化压力大，而企业优势资源可以转移到其他市场，企业有可能与发达国家跨国公司在全球范围内展开正面竞争。我们称这种情况下的本土企业为"抗衡者"，其战略定位是通过全球竞争发动进攻。

第三章　战略选择

彬哥跟你说：

　　战略在逐步推进，但是目前的你还是有点"眩晕"，怎么可以写这么多文字，而且还不带重复的！是的，这就是战略！不过好消息是，如果你能够跨过本章，那么战略就差不多学了一遍了！但是需要提醒你们的是，"听懂"或者"看懂"并不是真的懂，因为接下来是漫长的消化之路，消化就是不断地看讲义和做题夯实基础，千万别以为看完了就可以过关了，这可是还有十万八千里的距离呢！

今日复习步骤：

　　第一遍：回忆 & 重新复习一遍框架（15 分钟）
　　学习要求：这一遍的目的是自己重新复习一遍框架，不需要掌握所有细节，但求框架了然于心。
　　战略选择包括：总体战略、业务单位战略、职能战略、国际化经营战略。
　　（1）总体战略：主要类型（发展、稳定、收缩）、发展战略主要途径（外部、内部、联盟）；
　　（2）业务单位战略：基本竞争战略（成本领先、差异化、集中化、"战略钟"）、中小企业竞争战略（零散产业、新兴产业）、蓝海战略（特征）；
　　（3）职能战略：市场营销（市场营销组合）、研究开发、生产运营（产能计划、JIT）、采购（货源策略）、人力资源、财务战略（确立、选择：基于发展阶段、创造价值/增长率）；
　　（4）国际化经营：动因、模式（出口、股权、契约）、类型（4 个）、新兴市场（4 个）。
　　第二遍：对细节进一步掌握（100 分钟）
　　第三遍：重新复习一遍框架（10 分钟）

我问你答：

　　（1）发展战略包括哪三种？其中，纵向一体化战略包括前向、后向一体化，如何区分？分别适用什么情况？主要风险是什么？密集型战略包括哪几种？如何区分？
　　（2）多元化战略包括哪两种？采用多元化战略的优点是什么？
　　（3）收缩战略包括哪几种？每种类型的方法是什么？实施收缩战略的退出障碍是什么？
　　（4）发展战略的途径包括什么？并购的分类标准有哪些？并购的动机、失败原因是什么？
　　（5）战略联盟形成的动因是什么？类型有哪一些？股权式和契约式联盟各有什么优缺点？
　　（6）业务单位战略的基本竞争战略包括什么？每种战略的适用情形和风险是什么？"战略钟"包括哪几种战略？各有什么特征？

（7）零散产业的战略选择有什么？零散的原因是什么？新兴产业的共同特征是什么？

（8）蓝海战略的特征是什么？蓝海战略重建市场边界的基本法则是什么？

（9）市场营销组合包括哪四种策略？价格策略包括什么？产业市场细分的依据有什么？

（10）生产运营战略中平衡产能与需求的方法有哪些？JIT的优缺点是什么？

（11）采购战略中，货源策略包括什么？多货源策略的优缺点是什么？

（12）股利政策有哪些，有什么特点？经营风险与财务风险应如何搭配才符合期望？不同发展阶段的财务战略是什么？财务战略矩阵包括哪四个象限？各有什么应对措施？

（13）邓宁的国际生产综合理论是什么？发展中国家对外投资的动机是什么？国际化经营战略包括哪些，含义是什么？新兴市场的战略包括哪些，如何选择？

本章作业：

（1）请把讲义例题做三遍（做错的题目，请分析错误原因并记录到改错本）；

（2）请复习完口述一遍框架，发到小组群，组长组织评判；

（3）睡前请再回忆一遍框架；

（4）第二天早上，请再回忆一遍框架，对于回忆不起来的内容，请翻书看一遍

第 8 天

○ **复习旧内容:**

结合框架梳理第三章的内容

○ **今天想要对你说:**

第三章的内容堪称全书最多，故特意安排了今天的复习日，希望大家不要急功近利，按照安排稳步前进。也许第三章你学了 4 天仍然迷迷糊糊，那么今天就好好地理理头绪吧！记住，想要把战略装进脑袋，总共分三步，第一步是梳理框架，第二步还是梳理框架，第三步还是梳理框架！一遍一遍地梳理下去，你会发现这些知识虽没有特意去背，却已经清晰地印在你的脑海了！

○ **建议学习时间:**

3 小时复习

复习旧内容：

第三章　战略选择　第四节　国际化经营战略

学习新内容：

第四章　战略实施

今天想要对你说：

学过了内容最庞杂的第三章，心里一定轻松了很多吧！也许你还是对第三章的内容不太熟悉，不要担心，在之后学习的十几天里，我们将会安排几轮复习，帮助你不断强化记忆。那么今天请继续以饱满的精神学习第四章的内容，还是要认真贯彻落实框架法的主要方针，加油。

简单解释今天学习内容：

本章共包含五节内容，分别讲述战略实施四个方面的内容：组织结构、企业文化、控制管理、利益相关方权衡和信息技术在战略管理中的作用。

可能会遇到的难点：

在组织结构中要重点掌握几种横向分工结构的特点，理解什么类型的企业适合哪种组织结构。另外，对四种组织的战略类型要学会辨析。在企业文化中要重点关注四种导向型的企业文化各自适用哪种类型的企业。战略控制和权力与利益相关者这两节里需要掌握的细小知识点较多，其中，平衡计分卡的四个维度和在战略决策与实施过程中权力的运用是两个常考点，信息技术在战略管理中的作用为新增加内容，大家看看就好。

习题注意事项：

对于难以理解的知识点，可以参照习题和案例，总结其中规律。

建议学习时间：

3 小时新学 +1 小时复习

第四章　战略实施

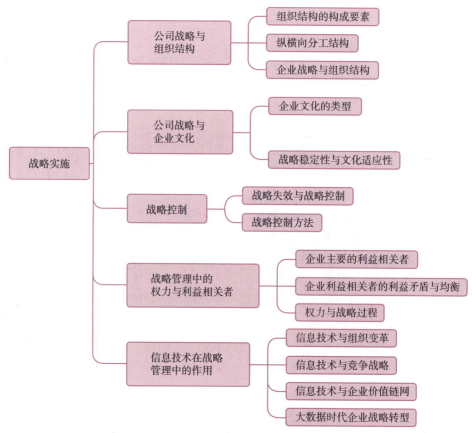

图 4 − 1　本章学习框架

第一节　公司战略与组织结构

一、组织结构的构成要素

组织结构的基本构成要素是分工与整合。其中，分工又可以分为纵向分工和横向分工。

BT学院
btclass.cn 陪伴奋斗年华

二、纵横向分工结构

（一）纵向分工结构

（1）纵向分工结构的基本类型：一是高长型组织结构；二是扁平型组织结构。

①高长型组织结构。

高长型组织结构是指具有一定规模的企业的内部有很多管理层次。在每个层次上，管理人员的控制幅度较窄。这种结构有利于企业内部的控制，但对市场变化的反应较慢。

②扁平型组织结构。

扁平型组织结构是指具有一定规模的企业的内部管理层次较少。在每个层次上，管理人员的控制幅度较宽。这种结构可以及时地反映市场的变化，并做出相应的反应，但容易造成管理的失控。

（2）集权与分权。

集权是指企业的高层管理人员拥有最重要的决策权力。其优缺点如表4-1所示。

表4-1　　　　　　　　　　　集权型决策的优缺点

优点	缺点
（1）易于协调各职能间的决策； （2）对上下沟通的形式进行了规范； （3）能与企业的目标达成一致； （4）危急情况下能够做出快速决策； （5）有助于实现规模经济； （6）这种结构比较适用于由外部机构（比如专业的非营利性企业）实施密切监控的企业，因为所有的决策都能得以协调	（1）高级管理层可能不会重视个别部门的不同要求； （2）由于决策时需要通过集权职能的所有层级向上汇报，因此决策时间过长； （3）对级别较低的管理者而言，其职业发展有限

而分权型决策的优点是减少了信息沟通的障碍，提高了企业对市场的反应能力，能够为决策提供更多的信息并对员工产生激励效应。

【例题4-1·多选题】大众火锅店规定：10万元以下的开支，每个分店的店长就可以做主。普通的一线员工，拥有免单权，而且可以根据客人的需求，赠送水果盘。根据组织纵向分工结构的集权与分权理论，大众火锅店这种组织方式的优点有（　　）。（2015年）

A. 有助于实现规模经济
B. 提高企业对市场的反应能力
C. 易于协调各职能间的决策
D. 能够对普通员工产生激励效应

【答案】BD

【解析】火锅店给予了店长和普通一线员工的权利体现了分权的特点，而分权型决策的优点是减少了信息沟通的障碍，提高了企业对市场的反应能力，能够为决策提供更多的信息并对员工产生激励效应，所以选项B、D正确。选项A、C均是集权型决策的优点。

（二）横向分工结构

1. 横向分工结构的基本类型

基本类型有 8 种：创业型组织结构、**职能制组织结构、事业部制组织结构、M 型组织结构（多部门结构）、战略业务单位组织结构（SBU）、矩阵制组织结构**、H 型结构（控股企业/控股集团组织结构）和国际化经营企业的组织结构。

（1）创业型组织结构。

含义：创业型组织结构是多数小型企业的标准组织结构模式。创业型组织结构是一种最早的、最简单的组织结构。

（2）职能制组织结构（见表 4–2）。

表 4–2　　　　　　　　　　职能制组织结构的优缺点及适用范围

优点	（1）能够通过集中单一部门内所有某一类型的活动来实现规模经济。比如，所有的销售和营销工作都通过销售和营销部门来执行； （2）有利于培养职能专家； （3）由于任务为常规和重复性任务，因而工作效率得到提高； （4）董事会便于监控各个部门
缺点	（1）由于对战略重要性的流程进行了过度细分，在协调不同职能时可能出现问题； （2）难以确定各项产品产生的盈亏； （3）导致职能间发生冲突、各自为政，而不是出于企业整体利益进行相互合作； （4）等级层次以及集权化的决策制定机制会放慢反应速度
适用范围	单一业务企业

（3）事业部制组织结构，根据业务按产品、服务、市场或地区为依据进行细分（见表 4–3）。

表 4–3　　　　　　　　　　事业部制组织结构的类型及各自优缺点

种类		说明
区域事业部制结构	含义	按照特定的地理位置来对企业的活动和人员进行分类
	优点	（1）在企业与其客户的联系上，区域事业部制能实现更好更快的地区决策； （2）与一切皆由总部来运作相比，建立地区工厂或办事处会削减成本费用； （3）有利于海外经营企业应对各种环境变化
	缺点	（1）管理成本的重复； （2）难以处理跨区域的大客户的事务
产品/品牌事业部制结构	含义	以企业产品的种类为基础设立若干产品部，而不是以职能或区域为基础进行划分
	优点	（1）生产与销售不同产品的不同职能活动和工作可以通过事业部/产品经理来予以协调和配合； （2）各个事业部可以集中精力在其自身的区域； （3）易于出售或关闭经营不善的事业部

种类		说明
产品/品牌事业部制结构	缺点	（1）各个事业部会为了争夺有限资源而产生摩擦； （2）各个事业部之间会存在管理成本的重叠和浪费； （3）若产品事业部数量较大，则难以协调； （4）若产品事业部数量较大，事业部的高级管理层会缺乏整体观念
客户细分或市场细分事业部制结构		通常与销售部门和销售工作相关，由管理者负责联系主要客户

（4）M型组织结构（多部门结构）（见表4-4）。

将该企业划分成若干事业部，每一个事业部负责一个或多个产品线。

表4-4　　　　　　　　　　　　　M型组织结构的优缺点及适用范围

优点	（1）便于企业的持续成长； （2）首席执行官所在总部员工的工作量会有所减轻； （3）职权被分派到总部下面的每个事业部； （4）能够对事业部的绩效进行财务评估和比较
缺点	（1）为事业部分配企业的管理成本比较困难并略带主观性； （2）经常会在事业部之间滋生功能失调性的竞争和摩擦； （3）当一个事业部生产另一个事业部所需要的部件或产品时，确定转移价格也会产生冲突
适用范围	多个产品线的企业

【例题4-2·单选题】甲公司是一家内河航运公司，原主要经营水路客货运输业务。为抓住沿岸经济规模扩张和市场领域开放竞争的机遇，公司决定将水路客货运输业务上市筹集的资本金，主要投向已经涉及的物流、仓储、码头、旅游、宾馆、餐厅、航道工程、船舶修造、水难救生等多个业务领域。通过采取兼并收购、战略联盟和内部开发的方式，实现一体化和多元化发展战略，形成规模，建立品牌。为使公司发展战略得以协调实施，公司原有组织结构应当调整为（　　）。（2012年）

　　A. 区域事业部结构

　　B. 产品/品牌事业部结构

　　C. 客户细分/市场细分事业部结构

　　D. M型企业组织结构（多部门结构）

【答案】D

【解析】M型组织结构（多部门结构）将该企业划分成若干事业部，每一个事业部负责一个或多个产品线。题目"公司决定将水路客货运输业务上市筹集的资本金，主要投向已经涉及的物流、仓储、码头、旅游、宾馆、餐厅、航道工程、船舶修造、水难救生等多个业务领域。"表明公司发展将涉及多个领域，因此其组织结构应当调整为M型企业组织结构（多部门结构），选项D正确。

（5）战略业务单位组织结构（SBU）（见表4-5）。

企业的成长最终需要将相关产品线归类为事业部，然后将这些事业部归类为战略业务单位。

表4-5　　　　　　　　　　战略业务单位组织结构的优缺点及适用范围

优点	（1）降低了企业总部的控制跨度； （2）控制幅度的降低减轻了总部的信息过度情况； （3）使得具有类似使命的产品、市场或技术的事业部之间能够更好地协调； （4）易于监控每个战略业务单位的绩效
缺点	（1）总部与事业部和产品层的关系变得疏远； （2）战略业务单位经理为了取得更多的企业资源会引发竞争和摩擦，而这些竞争会变成功能性失调并会对企业的总体绩效产生不利影响
适用范围	规模较大的多元化经营的企业

【例题4-3·多选题】企业以其目标或使命为出发点计划组织结构。与其他组织结构比较，战略业务单元组织结构的优点有（　　　）。（2009年）

A. 降低企业总部的控制跨度

B. 使企业总部与事业部和产品层关系更密切

C. 使具有类似使命的产品、市场或技术的事业部能够更好地协调

D. 更易于监控每个战略业务单元的绩效

【答案】ACD

【解析】战略业务单元组织结构的优点有：降低了企业总部的控制跨度，选项A正确；控制幅度的降低，减轻了总部的信息过度情况；使得具有类似使命的产品、市场或技术的事业部之间能够更好地协调，选项C正确；易于监控每个战略业务单位的绩效，选项D正确。

（6）矩阵制组织结构（主客观题）（见表4-6）。

横纵两条通道，混合制结构保持着职能制和M型结构的优点。

表4-6　　　　　　　　　　矩阵制组织结构的优缺点

优点	（1）由于项目经理与项目的关系更紧密，因而他们能更直接地参与到与其产品相关的战略中来，从而激发其成功的动力； （2）能更加有效地优先考虑关键项目，加强对产品和市场的关注，从而避免职能型结构对产品和市场的关注不足； （3）与产品主管和区域主管之间的联系更加直接，从而能够做出更有质量的决策； （4）实现了各个部门之间的协作以及各项技能和专门技术的相互交融； （5）双重权力使得企业具有多重定位，这样职能专家就不会只关注自身业务范围
缺点	（1）可能导致权力划分不清晰（如谁来负责预算），并在职能工作和项目工作之间产生冲突； （2）双重权力容易使管理者之间产生冲突。如果采用混合型结构，非常重要的一点就是确保上级的权力不相互重叠，并清晰地划分权力范围。下属必须知道其工作的各个方面应对哪个上级负责； （3）管理层可能难以接受混合型结构，并且管理者可能会觉得另一名管理者将争夺其权力，从而产生危机感； （4）协调所有的产品和地区会增加时间成本和财务成本，从而导致制定决策的时间过长

【例题 4-4·单选题】 甲公司为软件开发公司，总部设在北京。其主要客户为乙移动通信公司（以下简称"乙公司"），甲公司主要为乙公司实现预期通信功能和业务管理功能提供应用软件开发服务。乙公司以各省或大型城市为业务管理单位，各业务管理单位需求差异较大，软件功能经常升级。甲公司与乙公司保持了多年的良好合作关系。甲公司所处的软件开发行业的突出特点是知识更新快，同时也导致经验丰富、素质高的软件工程师流动性较大，为此甲公司按乙公司的业务管理单位，对各项目进行管理和考核。根据上述情况，适合甲公司选择的最佳组织结构类型是（   ）。（2010 年）

A. 职能制组织结构　　　　　　　　B. 事业部制组织结构

C. 战略业务单位组织结构　　　　　D. 矩阵制组织结构

【答案】 D

【解析】 矩阵制结构是为了处理非常复杂项目中的控制问题而设计的，这种结构在职能和产品或项目之间起到了联系的作用，选项 D 正确。

（7）H 型结构（控股企业/控股集团组织结构）。

控股企业可以是对某家企业进行永久投资的企业，主要负责购买和出售业务，在极端情形下，控股企业实际上就是一家投资企业。其特点有：

①其业务单元的自主性强；

②企业无须负担高额的中央管理费，因为母公司的职员数量很可能非常少，业务单元能够自负盈亏，并从母企业也取得较便宜的投资成本；

③在某些国家，如果将这些企业看成一个整体，业务单元还能够获得一定的节税收益；

④控股企业可以将风险分散到多个企业中，但是有时也很容易撤销对个别企业的投资。

【例题 4-5·单选题】 某控股公司拥有多家各自独立经营的子公司，这些子公司可以自主做出战略决策。该公司的横向分工结构应为（   ）。（2013 年）

A. M 型企业组织结构　　　　　　　B. H 型结构

C. 矩阵制组织结构　　　　　　　　D. 战略业务单位组织结构

【答案】 B

【解析】 控股企业/控股集团结构较多地出现在由多元化合并而形成的企业之中，这种结构使合并后的各子公司保持了较大的独立性。

（8）国际化经营企业的组织结构（见图 4-2）。

国际化经营企业的组织结构即前面几种范围扩展到国际市场甚至全球市场。采用该类组织结构，取决于协调本土的独立性（或反应能力）与全球协作程度。

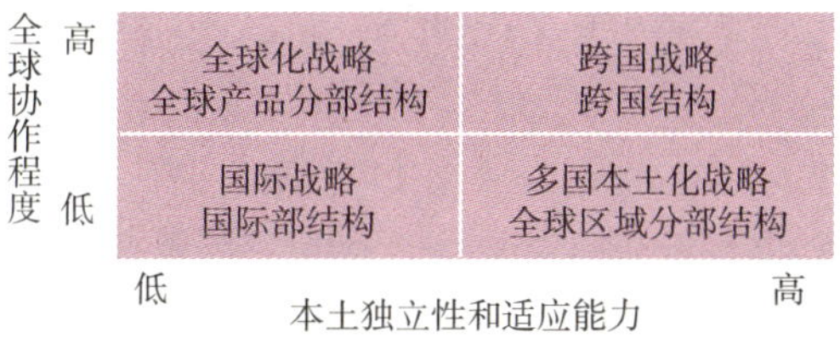

全球协作程度	高	全球化战略 全球产品分部结构	跨国战略 跨国结构
	低	国际战略 国际部结构	多国本土化战略 全球区域分部结构
		低　　　　本土独立性和适应能力　　　　高	

图 4-2　国际化经营战略类型及其相对应的组织结构

2. 横向分工结构的基本协调机制

协调机制就是建立在企业的分工与协调之上的制度。企业组织的协调机制基本上有以下 6 种类型（见表 4 - 7）：

表 4 - 7 企业组织的协调机制种类

协调机制种类	说明
（1）相互适应，自行调整	这是一种自我控制方式。组织成员直接通过非正式的、平等的沟通达到协调，相互之间不存在指挥和被指挥的关系，也没有来自外部的干预。这种机制适合于最简单的组织结构
（2）直接指挥、直接控制	这是指组织的所有活动都按照一个人的决策和指令行事，即由负责人发布指示，监督工作
（3）工作过程标准化	这是指组织通过预先制定的工作标准，来协调生产经营活动。在生产之前，企业向职工明确工作的内容，或对工作制定出操作规程及其规章制度，然后要求工作过程中所有活动都要按这些标准进行，以实现协调
（4）工作成果标准化	这是指组织通过预先制定的工作成果标准，实现组织中各种活动的协调。这种协调只规定最终目标，不限定达到目标的途径、方法、手段和过程
（5）技艺（知识）标准化	这是指组织对其成员所应有的技艺、知识加以标准化。这种协调机制主要依靠组织成员在任职以前就接受必要的、标准化的训练，成为具有标准化知识和技能的人才
（6）共同价值观	这是指组织内全体成员要对组织的战略、目标、宗旨、方针有共同的认识和共同的价值观念，充分地了解组织的处境和自己的工作在全局中的地位和作用，互相信任、彼此团结，具有使命感，组织内的协调和控制达到高度完美的状态

企业组织简单时，只需要相互适应、自行调整的协调机制。企业组织扩大后需要某人单独执行控制工作时，便产生了直接指挥、直接控制机制。当工作变得更加复杂时，协调机制便趋向标准化。在工作任务相当复杂时，企业便需要采用成果标准化或技艺标准化。在工作极其复杂、难以标准化时，企业往往自行又转回到互相适应调整这种最简单而又最灵活的协调机制上。不过，这不是一种简单的循环，而是螺旋式上升。

> **【例题 4 - 6 · 单选题】** 育英公司是一家英语培训机构，定位高端培训，该公司实行纯英文教学，全部课程由外籍教师授课，另外配合中文教师担任助教，所有教师有 5 年以上教学经验，育英公司的组织协调机制是（　　）。（2017 年）
> A. 相互适应，自行调整
> B. 技艺（知识）标准化
> C. 工作过程标准化
> D. 工作成果标准化
> **【答案】** B
> **【解析】** 技艺（知识）标准化，是指组织对其成员所应有的技艺、知识加以标准化。这种协调机制主要是依靠组织成员在任职以前就接受了必要的、标准化的训练，成为具有标准化知识和技能的人才。

三、企业战略与组织结构

（一）组织结构与战略的关系

组织结构的功能在于分工和协调，是保证战略实施的必要手段。通过组织结构，企业的目标和战略转化成一定的体系或制度，融进企业的日常生产经营活动中，发挥指挥和协调的作用，以保证企业战略的完成。

钱德勒提出的组织结构服从战略的理论，可以从以下两个方面展开：

1. 战略的前导性与结构的滞后性

战略前导性：指企业战略的变化快于组织结构的变化。

结构滞后性：指企业组织结构的变化常常慢于战略的变化速度。

2. 企业发展阶段与结构（见表 4 – 8）

表 4 – 8　　　　　　　　　　　　　企业发展阶段与结构

发展阶段	企业特征	结构类型
（1）	简单的小型企业。只生产一种产品，或生产一个产品系列，面对一个独特的小型市场	从简单结构到职能结构
（2）	在较大的或多样化的市场上提供单一的或密切相关的产品与服务系列	从职能结构到事业部结构
（3）	在多样化的市场上扩展相关的产品系列	从事业部结构到矩阵结构
（4）	在大型的多元化产品市场进行多种经营，提供不相关的产品与服务	从事业部结构到战略业务单位结构

（二）组织的战略类型（4 个）（见表 4 – 9）

表 4 – 9　　　　　　　　　　　　　组织战略类型

防御型战略组织	防御型战略组织主要是要追求一种稳定的环境，试图通过解决开创性问题来达到自己的稳定性。一般来说，该组织要创造出一种具有较高成本效率的核心技术。因此，技术效率是组织成功的关键；在行政管理上，防御型组织常常采取"机械式"结构机制。 防御型组织适合于较为稳定的行业
开拓型战略组织	开拓型组织追求一种更为动态的环境，将其能力表现在探索和发现新产品和市场的机会上；在行政管理上，其基本原则是灵活性，这类组织的结构应采取"有机的"机制
分析型战略组织	分析型组织处于中间，可以说是开拓型组织与防御型组织的结合体 这种组织总是对各种战略进行理智的选择，试图以最小的风险、最大的机会获得利润；分析型组织在寻求新的产品和市场机会的同时，会保持传统的产品和市场；分析型组织的市场转变是通过模仿开拓型组织已开发成功的产品或市场完成的
反应型战略组织	反应型组织是指企业根据外部环境变化做出反应时，采取一种动荡不定的调整模式的组织形态。反应型组织永远处于不稳定的状态

【例题4-7·单选题】甲公司是研发音乐耳塞的企业，其近期面向舞台表演者和音乐发烧友推出的3款"入耳型"音乐耳塞产品，虽然外形并不时尚，但凭借着先进的音频技术和舒适的屏蔽感觉，得到了客户的认可，甲公司决定不断完善3款产品的制造工艺技术，降低产品成本并提高产品质量，从而能够继续保持这一部分耳塞市场份额，甲公司宜采取的组织战略类型为（　　）。（2014年）

A. 开拓型战略组织

B. 防御型战略组织

C. 反应型战略组织

D. 分析型战略组织

【答案】B

【解析】完善制造工艺技术，降低产品成本并提高产品质量，保持市场份额，体现了防御型战略组织的特点。一般来说，防御型组织是要创造出一种具有高度成本效率的核心技术，所以选项B正确。

小结（见图4-3）：

图4-3　公司战略与组织结构内容

第二节　公司战略与企业文化

一、企业文化的类型（4个）（见表4-10）

表4-10　　　　　　　　　　　　　　企业文化类型

权力导向型	权力导向型文化通常存在于家族式企业和初创企业。这类企业中的掌权人对下属保持绝对控制
角色导向型	角色导向型企业尽可能追求理性和秩序（即规章制度），这类文化一般围绕着限定的工作规章和程序建立起来，分歧由规章和制度来解决，这类机构十分强调等级和地位，最常见于国有企业和公务员机构
任务导向型	在任务导向型文化中管理者关心的是不断地和成功地解决问题。这类企业采用的组织结构往往是矩阵式的，常见于高科技企业
人员导向型	这类企业存在的主要目的是为其成员的需要服务，员工通过示范和助人精神来相互影响，而不是职权，常见于俱乐部、协会、专业团体和小型咨询公司

【例题4-8·单选题】甲公司是一家关注于高科技移动领域的互联网公司，公司没有森严的等级制度，强调员工平等，崇尚创新，在处理多样化的问题时，鼓励员工、部门合作，在工作中发挥自己的专长和创意，努力打造客户需要的产品，甲公司的企业文化类型属于（　　）。（2014年）

A. 角色导向型　　　　　　　　　　B. 权力导向型

C. 任务导向型　　　　　　　　　　D. 人员导向型

【答案】C

【解析】在任务导向型企业文化中管理者关心的是不断地和成功地解决问题，实现目标是其主导思想，强调速度与灵活性，有很强的适应性。

【例题4-9·单选题】俱乐部、协会、专业团体等组织的企业文化，基本上属于（　　）。（2013年）

A. 能力导向型　　　　　　　　　　B. 人员导向型

C. 角色导向型　　　　　　　　　　D. 专长导向型

【答案】B

【解析】人员导向型企业主要目的是为其成员的需要服务，常见于俱乐部、协会、专业团体和小型咨询公司。

二、战略稳定性与文化适应性

战略的稳定性反映企业在实施一个新的战略时，企业的结构、技能、共同价值、生产作业程序等各种组织要素所发生的变化程度；

文化适应性反映企业所发生的变化与企业目前的文化相一致的程度。

处理二者的关系可以用下面的矩阵表示（见图4－4）。

图4－4　战略稳定性与文化适应性

1. 以企业使命为基础

企业实施一个新的战略时，重要的组织要素会发生很大变化。这些变化大多与企业目前的文化有潜在的一致性。这种企业由于有企业固有文化的大力支持，实行新战略没有大的困难。

2. 加强协同作用

企业实施一个新的战略时，组织要素发生的变化不大，又多与企业目前的文化相一致。这类情况往往发生在企业采用稳定战略（或维持不变战略）时。

3. 根据文化进行管理

企业实施一个新战略，主要的组织要素变化不大，但多与企业组织目前的文化不大一致。企业可以根据经营的需要，在不影响企业总体文化一致的前提下，对某种经营业务实行不同的文化管理。

4. 重新制定战略

企业在实施一个新战略时，组织的要素会发生重大的变化，又多与企业现有的文化很不一致，或受到现有文化的抵制。

第三节　战略控制

一、战略失效与战略控制

（一）战略失效

战略失效是指企业战略实施的结果偏离了预定的战略目标或战略管理的理想状态（见表4－11）。

表 4 - 11		战略失效的原因及类型
导致战略失效的原因		(1) 企业内部缺乏沟通； (2) 战略实施过程中各种信息的传递和反馈受阻； (3) 战略实施所需的资源条件与现实存在的资源条件之间出现较大缺口； (4) 用人不当，主管人员、作业人员不称职或玩忽职守； (5) 公司管理者决策错误，使战略目标本身存在严重缺陷或错误； (6) 企业外部环境出现了较大变化，而现有战略一时难以适应等
战略失效的类型	早期失效	在战略实施初期，由于新战略还没有被全体员工理解和接受，或者战略实施者对新的环境、工作还不适应，就有可能导致较高的早期失效率
	偶然失效	在战略实施过程中，偶然会因为一些意想不到的因素导致战略失效，这就是偶然失效
	晚期失效	晚期失效是指当战略推进一段时间之后，原先对战略环境条件的预测与现实变化发展的情况之间的差距会随着时间的推移变得越来越大，战略所依赖的基础就显得越来越糟，从而使失效率大为提高

（二）战略控制

战略控制是指监督战略实施进程，及时纠正偏差，确保战略有效实施，使战略实施结果符合预期战略目标的必要手段（见表 4 - 12）。

表 4 - 12	战略控制和预算控制之间的差异
战略控制	预算控制
期间比较长，从几年到十几年以上	期间通常为一年以下
定性方法和定量方法	定量方法
重点是内部和外部	重点是内部
不断纠正行为	通常在预算期结束之后采用纠正行为

【例题 4 - 10 · 单选题】在以下关于战略控制与预算控制的表述中，正确的是（　　）。（2013 年）

A. 战略控制的期限通常在一年以内

B. 预算控制通常在预算期结束后采取纠正行为

C. 预算控制采用定性与定量结合的办法

D. 战略控制的重点是企业内部

【答案】B

（三）战略性业绩计量（见表 4 - 13）

1. 衡量企业业绩的不同观点

表 4 - 13	衡量企业业绩的不同观点
股东观	股东观认为企业应基于股东的利益而存在，应该把股东回报率作为衡量企业业绩的指标
利益相关者观	每个利益相关者在一定程度上都对该企业具有依赖性，他们会对企业做出相应的要求，这些要求很可能与其他利益相关者的利益相冲突

2. 关键性业绩指标，包括财务和非财务的关键业绩指标（见表4－14）。

表4－14　　　　　　　　　　　　财务性和非财务性的关键业绩指标

活动	关键业绩指标
市场营销	销售数量、毛利率、市场份额
生产	利用能力、质量标准
物流	利用能力、服务水平
新的生产发展	投诉率、回购率
广告计划	了解水平、属性等级、成本水平
管理信息	报告时限、信息准确度

二、战略控制方法（4个方法）

（一）预算控制（见表4－15）

表4－15　　　　　　　　　　增量预算与零基预算的含义及优缺点

项目	增量预算	零基预算
含义	新的预算使用以前期间的预算或者实际业绩作为基础来编制，在此基础上增加相应的内容	零基预算方法是指在每一个新的期间必须重新判断所有的费用。零基预算开始于"零基础"，需要分析企业中每个部门的需求和成本
优点	（1）预算是稳定的，并且变化是循序渐进的； （2）经理能够在一个稳定的基础上经营他们的部门； （3）系统相对容易操作和理解； （4）遇到类似威胁的部门能够避免冲突； （5）容易实现协调预算	（1）能够识别和去除不充分或者过时的行动； （2）能够促进更为有效的资源分配； （3）需要广泛的参与； （4）能够应对环境的变化； （5）鼓励管理层寻找替代方法
缺点	（1）它假设经营活动以及工作方式都以相同的方式继续下去； （2）不能拥有启发新观点的动力； （3）没有降低成本的动力； （4）它鼓励将预算全部用光以便明年可以保持相同的预算； （5）它可能过期，并且不再和经营活动的层次或者执行工作的类型有关	（1）它是一个复杂的、耗费时间的过程； （2）它可能强调短期利益而忽视长期目标； （3）管理团队可能缺乏必要的技能

【例题4－11·单选题】下列关于企业增量预算的说法中，正确的是（　　）。（2014年）

A. 增量预算能够促使企业降低成本

B. 增量预算是稳定的，并且变化是循序渐进的

C. 增量预算假设经营活动以及工作方式以不同的方式继续下去

D. 增量预算拥有启发新观点的动力

【答案】B

【解析】选项 A、D 是零基预算的特点；增量预算假设经营活动以及工作方式以相同的方式继续下去，所以，选项 C 错误。

【例题 4 – 12 · 多选题】富友公司实行全面预算管理，每年年底都在深入分析每个部门的需求和成本的基础上，根据未来的需求编制预算，富友公司编制预算采用的方法的优点有（   ）。（2017 年）

A. 系统相对容易操作和理解　　　　B. 能够促进更为有效的资源配置

C. 鼓励管理层寻找替代方法　　　　D. 容易实现协调预算

【答案】BC

【解析】零基预算的优点包括：

（1）能够识别和去除不充分或者过时的行动；

（2）能够促进更为有效的资源分配；

（3）需要广泛的参与；

（4）能够应对环境的变化；

（5）鼓励管理层寻找替代方法。

（二）企业业绩衡量指标

企业业绩衡量指标包括财务衡量指标和非财务指标。

1. 财务衡量指标

（1）使用比率来进行绩效评价的主要原因。

①通过比较各个时期的相应比率可以很容易发现这些比率的变动。

②相对于实物数量或货币价值的绝对数，比率更易于理解。

③比率可以进行项目比较并有助于计量绩效。

④比率可以用作目标。

⑤比率提供了总结企业结果的途径，并在类似的企业之间进行比较。

（2）使用比率评价的局限性。

①可比信息的可获得性。

②历史信息的使用。

③比率不是一成不变的。

④需要仔细解读。

⑤被扭曲的结果。

⑥鼓励短期行为。

⑦忽略战略目标。

⑧无法控制无预算责任的员工。

2. 非财务指标

非财务业绩计量是基于非财务信息的业绩计量方法，可能产生于经营部门或者在经营部门使用，以监控非财务方面的活动。和传统的财务报告不同，非财务信息计量能够很快地提供给管理层，而且很容易计算和被非财务管理层理解并有效使用。

【例题4-13·多选题】龙都钢铁公司每年都用投资报酬率、销售利润率、资产周转率等比率对经营绩效进行评价。下列各项中，属于该公司采用上述绩效评价指标的主要原因有（　　）。(2018年)

A. 相对于实物数量或货币价值的绝对值，比率更易于理解
B. 比率可以用作目标
C. 能够控制无预算责任的员工
D. 可以避免短期行为

【答案】AB

【解析】使用比率来进行绩效评价的主要原因有：
(1) 通过比较各个时期的相应比率可以很容易发现这些比率的变动；
(2) 相对于实物数量或货币价值的绝对数，比率更易于理解；
(3) 比率可以进行项目比较并有助于计量绩效；
(4) 比率可以用作目标；
(5) 比率提供了总结企业结果的途径，并在类似的企业之间进行比较。
所以，选项AB正确。

（三）平衡计分卡的业绩衡量方法

平衡计分卡平衡了短期与长期业绩、外部与内部业绩、财务与非财务业绩以及不同利益相关者的角度，平衡计分卡最大的优点就是它能够把创新与学习列为四个角度中的一个，具体内容见图4-5。

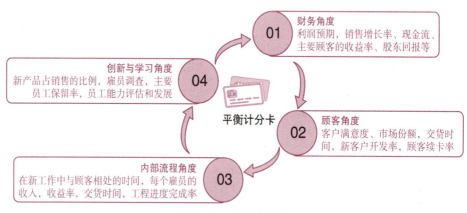

图4-5 平衡计分卡

【例题4-14·多选题】甲公司是沿海地区的一家大型物流配送企业，业务量居全国同行业三甲之列。该公司的业务明确定位于只做文件与小件业务，承诺在国内一、二级城市快件24小时送达，其他城市不超过36小时。为此，公司在全国建立了2个快递分拨中心、50多个中转场及100多个直营网点。甲公司采用平衡计分卡对企业绩效进行

衡量。从顾客的角度看，甲公司的平衡计分卡内容可以包括（　　）。（2013年）

A. 处理单个订单时间　　　　　　B. 建立服务标准

C. 品牌形象建设　　　　　　　　D. 提供服务承诺

【答案】BCD

【解析】处理单个订单时间属于内部流程角度，选项A不正确。

【例题4-15·多选题】顺通公司是一家快递公司，2016年，顺通公司使用平衡计分卡衡量公司业绩，并选取了业务量增长率、交货时间、主要员工保留率、预期利润等指标作为业绩衡量指标。上述指标涵盖的角度有（　　）。（2017年）

A. 学习角度　　　　B. 顾客角度　　　　C. 内部流程角度　　　　D. 财务角度

【答案】ABCD

【解析】业务量增长率、预期利润体现了财务角度；交货时间体现了顾客角度和内部流程角度；主要员工保留率体现了创新与学习角度。

（四）统计分析与专题报告

1. 统计分析报告

统计分析报告，文章式是最完善的一种。特点包括：（1）统计分析报告主要以统计数据为主体；（2）以科学的指标体系和统计方法来进行分析研究说明；（3）统计分析报告具有独特的表达方式和结构特点。

2. 专题报告

小结（见图4-6）：

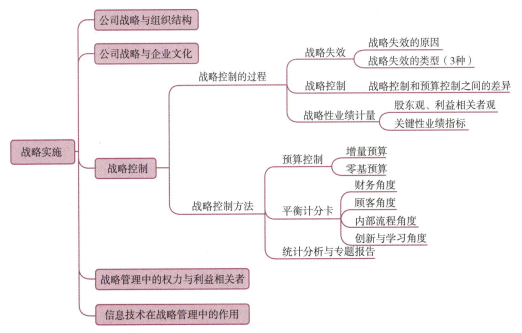

图4-6　战略控制的内容

第四节　战略管理中的权力与利益相关者

一、企业主要的利益相关者

企业主要利益相关者可分为内部利益相关者和外部利益相关者（见图4－7）。

内部利益相关者
①投资者
②经理阶层
③企业员工

外部利益相关者
①政府
②购买者和供应者
③债权人
④社会公众

图4－7　企业主要的利益相关者

二、企业利益相关者的利益矛盾与均衡

1. 投资者与经理人员的矛盾与均衡

鲍莫尔："销售最大化"模型

马里斯："增长最大化"假说

威廉森："经理效用"模型

这三个模型的共同点是以经理（管理者）主导企业为前提。在此前提下各自的主要特征在于有关经理行为目标及股东约束条件的不同假设。

2. 企业员工与企业（股东或经理）之间的利益矛盾与均衡：列昂惕夫模型

3. 企业利益与社会效益的矛盾与均衡

【例题4－16·单选题】鲍莫尔的"销售最大化"模型，描述了企业在追求利润最大化和销售额最大化之间的博弈过程，这一模型反映了（　　）。（2015年）

A. 企业利益与社会效益的矛盾与均衡

B. 企业与外部利益相关者的矛盾与均衡

C. 企业员工与企业之间的利益矛盾与均衡

D. 股东与经理人员的利益矛盾与均衡

【答案】D

【解析】鲍莫尔的"销售最大化"模型表达了鲍莫尔对经理人员强调销售额的重要性的理解，作为企业的实际代表，经理总是期望企业获得最大化销售收益，而股东追求的目标是利润包括红利的最大化。

三、权力与战略过程

权力是指个人或利益相关者能够采取（或者说服其他有关方面采取）某些行动的能力。权力不同于职权，它们主要有以下四点区别（见图4-8）：

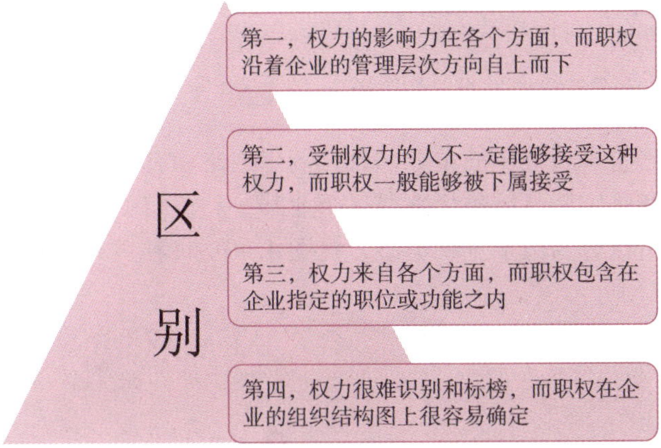

图4-8 权力与职权的区别

图中内容：
区别
- 第一，权力的影响力在各个方面，而职权沿着企业的管理层次方向自上而下
- 第二，受制权力的人不一定能够接受这种权力，而职权一般能够被下属接受
- 第三，权力来自各个方面，而职权包含在企业指定的职位或功能之内
- 第四，权力很难识别和标榜，而职权在企业的组织结构图上很容易确定

（一）企业利益相关者的权力来源

（1）对资源的控制与交换的权力；
（2）在管理层次中的地位。即法定权（职权）、奖励权、强制权；
（3）个人的素质和影响。榜样权和专家权；
（4）参与或影响企业的战略决策与实施过程；
（5）利益相关者集中或联合的程度。

【例题4-17·多选题】 下列各项对权力与职权的概念理解中，正确的有（　　）。（2014年）

A. 利益相关者内部的联合程度会影响其职权大小
B. 职权也是权力的一种类型
C. 权力只沿着企业的管理层次自上而下
D. 榜样权和专家权是个人素质和影响的重要方面

【答案】 BD

【解析】 利益相关者内部的联合程度会影响其权力大小，选项A错误；权力的影响在各个方面，而职权沿着企业的管理层次方向自上而下，选项C错误。

【例题4-18·单选题】 成功的管理者需要建立起榜样权和专家权。关于榜样权和专家权，下列表述中正确的是（　　）。（2014年）

A. 主要存在于正式组织中
B. 是管理者的权力来源之一
C. 是管理者在管理层次中的体现
D. 是管理者对资源控制的体现

【答案】B

【解析】企业的非正式组织中也大量存在榜样权和专家权，选项 A 错误；个人的素质和影响是一种非正式职权的权力的重要来源，所以榜样权和专家权并不是在管理层次中体现的，选项 B 正确，选项 C 错误；专家权来源于对其他人或作为整体组织而言有价值的特殊知识的占有，榜样权为那些受人尊重的人所拥有，选项 D 错误。

（二）在战略决策与实施过程中的权力运用

权力本身是战略管理过程中的重要基础，制定战略和有效地实施战略需要权力和影响力。如果用合作性和坚定性二维坐标来描述企业某一利益相关者在企业战略决策与实施过程中的行为模式，可以分为以下五种类型，见图 4-9 和表 4-16。

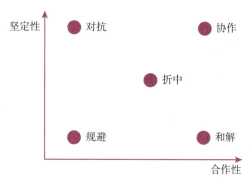

图 4-9　对待矛盾与冲突的行为模式

表 4-16　　　　　　　　对待矛盾与冲突的行为模式特征

策略	特征	描述
对抗	坚定行为和不合作行为的组合	企业利益相关者运用这种模式处理矛盾与冲突，目的在于使对方彻底就范，根本不考虑对方的要求，并坚信自己有能力实现所追求的目标
和解	不坚定行为与合作行为的组合	一方利益相关者面对利益矛盾与冲突时，设法满足对方的要求，目的在于保持或改进现存的关系。和解模式通常表现为**默认和让步**。（**更为对方考虑**）
协作	坚定行为与合作行为的组合	在对待利益矛盾与冲突时，既考虑自己利益的满足，也考虑对方的利益，力图寻求相互利益的最佳结合点，并借助于这种合作，使双方的利益都得到满足
折中	中等程度的坚定行为和中等程度的合作行为的组合	通过各方利益相关者之间的**讨价还价**，相互做出让步，达成双方都能接受的协议。折中模式既可以采取积极的方式，也可以采取消极的方式。前者是指对冲突的另一方做出承诺，给予一定的**补偿**，以求得对方的让步；后者则以威胁、惩罚等方式要挟对方做出让步。多数场合，则是双管齐下
规避	不坚定行为与不合作行为的组合	以时机选择的早晚来区分，这种模式可分为两种情况：一是当预期将要发生矛盾与冲突时，通过调整来躲避冲突；二是当矛盾与冲突实际发生时，主动或被动撤出

【例题 4 - 19 · 单选题】某企业管理层拟将该公司旗下的两家子公司合并以实现业务重组，致使这两家子公司的大部分员工面临工作环境改变甚至下岗的风险。这些员工联合起来进行了坚决的抗争，致使公司管理层放弃了上述决定，公司管理层对待和处理这场冲突的策略是（ ）。（2015 年）

A. 协作   B. 折中   C. 和解   D. 规避

【答案】C

【解析】和解是不坚定行为与合作行为的组合。和解模式通常表现为默认和让步。在本题中公司管理层做出了放弃业务重组的决定，所以，选项 C 正确。

小结（见图 4 - 10）：

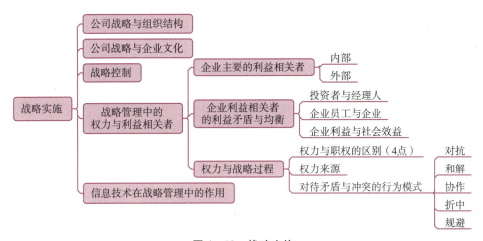

图 4 - 10　战略实施

第五节　信息技术在战略管理中的作用

一、信息技术与组织变革

1. 信息技术与组织变革的关系（见表 4 - 17）

信息技术与组织变革是相互影响的关系。一方面，信息技术是推动组织变革的诱因；另一方面，组织变革又进一步促进信息技术应用，两者相互影响，同时也受许多中介因素影响，如组织决策、组织政治、组织文化和组织环境等。

表 4 - 17　　　　　　　　　　　信息技术与组织变革的关系

组织概念	信息技术对组织的影响/组织的受益
阶层化	减少层次，扩大控制幅度
专业化	减少专业人员，增加多面手
规范化	增加规范
集中化	减少权力集中

续表

组织文化	组织文化影响信息技术的行为
组织权力	信息技术会影响组织权力
组织的生长周期	信息技术应配合组织的生长阶段
目标的转移	要防止组织目标转移
组织学习	信息技术可提供偏差报告，供组织学习用

2. 信息技术与组织结构变革

信息技术对组织结构变革的影响具体表现为以下几个方面：

（1）支持组织扁平化调整；

（2）支持新型组织结构，如团队结构和虚拟组织。

3. 信息技术与业务流程重组

传统的企业管理模式下的业务流程，非增值的环节比较多，信息传递较为缓慢，流程中各环节的关系混乱。因此，企业只有对其流程进行改造与创新，才能在新的环境中得以生存与发展。业务流程重组是企业过程创新活动。企业过程创新不是简单的自动化，而是利用技术的最新潜能达到崭新的目标。信息技术在重组业务流程中起到重要的作用。

二、信息技术与竞争战略

1. 信息技术与成本领先战略

信息技术在企业中的应用可以帮助企业在生产、工程、设计服务等环节有效降低成本，甚至达到行业中最低的运营成本。

2. 信息技术与差异化战略

企业可以借助信息技术推出区别于竞争对手的新产品、新服务，从而获取竞争优势。借助这类信息技术，企业可以不再响应竞争对手基于价格上的竞争，而是通过提供难以复制的产品和服务，拉开与竞争对手的差距，阻断竞争对手。

3. 信息技术与集中化战略

借助信息技术，可以帮助企业聚焦于目标市场，并在目标市场的竞争中胜出。借助类似数据挖掘这样的信息技术，企业可以利用产品销售和客户数据分析消费者的购买模式和偏好，从而更好地发现目标客户、服务于目标市场，并针对性地开展营销和市场竞争活动。

三、信息技术与企业价值链网

1. 信息技术与企业价值链

信息技术能够帮助企业全面渗透到企业价值链的各主要环节，有效降低成本，提升客户价值，赢得竞争优势。

2. 信息技术与企业价值网

价值网模型是美国管理学家亚当·布兰德伯格和巴里·纳尔波夫在网络经济背景下提出的概念，价值网是由利益相关者之间相互影响而形成的价值生成、分配、转移和使用的关系及其结构。

企业生态系统的概念建立在价值网理念基础上，是有别于传统企业竞争模型的一种新的商业模型。企业生态系统的主要特点包括以下方面：

（1）由一个或少数几个企业统领着整个生态系统，并建造了平台以供其他专业定位企业应用。可以突破传统的组织边界限制，实现跨企业、跨区域、跨行业，甚至全球化的发展和合作。

（2）信息技术在企业生态系统建立与运作中扮演着强有力的角色。价值网络中的企业通过网络技术等构建的信息技术平台凝聚在一起，形成整体运作的企业生态系统。

四、大数据时代企业战略转型

（一）大数据时代的数据分析

1. 大数据

大数据是指所涉及的资料规模巨大，无法通过目前常规软件工具，在合理时间内达到撷取、管理、处理、整理成为有用信息的数据集合。

主要特征：大量性（Volume）、多样性（不仅包括结构化数据还包括非结构化数据）（Variety）、高速性（Velocity）、价值性（Value）。

2. 大数据时代

大数据时代是指在大量数据信息基础上所形成的新型信息时代，是建立在通过互联网、物联网等现代网络渠道广泛大量数据资源收集基础上的数据存储、价值提炼、智能处理和展示，促进数据发挥价值的信息时代。

3. 大数据时代的数据分析

数据分析是指用合适的统计方法及与分析对象有关的知识，定量与定性相结合，对收集到的大量数据进行分析的过程，是为了提取有用信息和形成结论而对大量数据进行详细研究和概括总结的过程（见表4-18）。

表4-18　　　　　　　　　传统数据分析和大数据分析的步骤

传统数据分析——向后分析	大数据——向前分析（预测性）
（1）利用数据库存储结构化数据； （2）构建数据仓库； （3）构建数据立方体进行分析	（1）通过数据挖掘技术找到数据之间的关系并建立模型； （2）寻找导致现实情况的根源； （3）形成理论和新的认知

（二）大数据对企业战略决策模式的影响

（1）决策依据。企业管理者可以利用大数据技术充分分析企业当前的经营能力、市场环境的要求，进而做出更加符合企业需求的管理决策。

（2）决策主体。大数据的应用使得企业的管理决策活动从原本的管理层独立决策模式转化成全员决策模式。

（3）决策技术与方法。①云计算为数据收集、整理、分析等提供技术上的支持；②知

第四章

识发现技术可以有效提升决策质量与决策速度；③决策支持系统建立适应全员参与的决策方法。

（三）大数据时代企业战略转型的主要方面

1. 市场调研与预测

（1）市场需求调研与预测；

（2）资金需要量预测；

（3）现金流量预测。

2. 营销管理

（1）用户行为与特征分析；

（2）企业重点客户的筛选；

（3）客户分级管理；

（4）改善用户体验；

（5）竞争对手监测与品牌传播；

（6）品牌危机监测与管理。

3. 生产管理

（1）产品创新过程调研；

（2）生产流程优化；

（3）提高质量管理水平；

（4）科学制订生产计划；

（5）产品科学合理定价；

（6）优化库存管理；

（7）完善供应商管理；

（8）实现产品生命周期管理；

（9）提高固定资产利用率。

4. 应收账款管理

企业利用大数据技术可以进行客户信用评级查阅、信用变化跟踪、以往失信记录查找等，制定合理的应收账款政策，科学管理应收账款。

（四）大数据时代企业战略转型面临的困难

（1）数据容量问题。数据飞速剧增，传统的普通计算机已经无法容纳海量的数据。与此同时，对后台运行、终端处理技术也提出了更高的要求。

（2）数据安全问题。不法分子会利用其高超的网络技术直接侵入企业的数据体系，窃取相应的数据信息。一旦这些数据遭遇不良泄露，不仅使企业内部的机密被窃取，还会使企业失去现有的客户资源，给企业带来不可估量的损失。

（3）数据分析与处理问题。企业在观念、人才、技术和设备等方面的限制也会使企业无法完全掌握大数据提供的有效价值。

（五）大数据时代企业战略转型的主要任务

（1）树立大数据思维，转变经营管理模式；
（2）优化专业人才队伍，提升对数据收集、挖掘与分析的能力；
（3）加强基础设施建设，积极推进共享模式；
（4）提高风险管理水平，确保企业与客户信息安全。
①客户个人数据管理；
②企业数据管理；
③建立应急管理系统（备份）。

第四章　战略实施

战略实施的内容倒不复杂，所以本章你可以轻松一点学习，注意保持不间断地复习前面的内容，不断地梳理框架！

比如前面的内容现在就是"战略分析—战略选择—战略实施"，内容已经完整了，那就需要整体梳理一遍，这样你才会越来越清晰！

今日复习步骤：

第一遍：回忆 & 重新复习一遍框架（12 分钟）

学习要求：这一遍的目的是自己重新复习一遍框架，不需要掌握所有细节，但求框架了然于心。

包括：公司战略与组织结构、企业文化、战略控制、权力与利益相关者、信息技术的作用。

（1）组织结构：纵向（高长/扁平）、横向（创业型/职能制/事业部/M 型/战略业务单位/矩阵/H 型/国际化经营）、与战略的关系、组织的战略类型（防御/开拓/分析/反应）；

（2）企业文化：类型（权力/角色/任务/人员导向）、战略稳定性与文化适应性；

（3）战略控制：过程（战略失效、与预算控制的对比、战略性业绩计量）、方法（增量/零基预算、企业业绩衡量指标、平衡计分卡、统计分析语专题报告）；

（4）权力与利益相关者：利益相关者的利益矛盾与均衡、权力与战略过程（权力来源/运用）；

（5）信息技术的作用。

第二遍：对细节进一步掌握（50 分钟）

第三遍：重新复习一遍框架（8 分钟）

我问你答：

（1）集权型决策的优点是什么？分权型呢？

（2）职能制组织结构的优缺点是什么？M 型组织结构适用范围是什么？

（3）H 型结构适用什么样的企业？矩阵组织结构的特点是什么？

（4）横向分工的协调机制包括哪几种？最简单的组织结构适合哪种？

（5）组织的战略类型有哪四种？分别有什么特点？

（6）企业文化的类型有哪些？分别适用哪种类型的企业？

（7）战略稳定性与文化适应性矩阵是如何划分为四个象限的？

（8）战略失效的类型有哪些？战略控制与预算控制的区别是什么？

（9）增量预算与零基预算各有什么优缺点？

（10）平衡计分卡有哪些角度，大概有哪些指标？

（11）"销售最大化"假说，反映哪些人之间的利益矛盾与均衡？列昂惕夫模型，反映的是哪些人之间的利益矛盾与均衡？

（12）权力与职权的区别是什么？企业利益相关者的权力来源有哪些？

（13）对待冲突的策略有哪些，各有什么特征？

本章作业：

（1）请把讲义例题做三遍（做错的题目，请分析错误原因并记录到改错本）；

（2）请复习完口述一遍框架，发到小组群，组长组织评判；

（3）睡前请再回忆一遍框架；

（4）第二天早上，请再回忆一遍框架，对于回忆不起来的内容，请翻书看一遍

第 10 天

○ **复习旧内容：**

无

○ **学习新内容：**

第五章 公司治理

○ **今天想要对你说：**

公司战略管理的内容已经全部学完了，从今天开始，我们将学习风险管理的内容。我们将放慢新知识的学习，增加复习时间，相信在 21 天结束后，能够对本书知识熟练掌握。

○ **简单解释今天学习内容：**

今天要学习的内容是第五章公司治理。随着公司制企业不断发展，现代公司呈现出股权结构分散化、所有权与经营权分离等特征，由此便产生了治理问题，公司治理归根结底就是为了解决利益相关方权、责、利配置的问题。

○ **建议学习时间：**

2 小时

第五章　公司治理

第一节　公司治理概述

一、企业的起源与演进

随着生产经营规模的扩大和资本筹措与供应途径的变化，企业的形式经历了"业主制—合伙制—公司制"的发展。

业主制（the single proprietorship）是最早存在的企业制度，其发源于工业革命时期由传统家庭作坊演变而来的手工工厂组织，是生产技术水平提高和市场规模扩大对专业化分工合作生产提出要求的必然产物，业主制企业不具有法人资格，对企业的负债承担无限责任，即当企业资不抵债的时候，业主需要拿出个人财产偿还企业债务（见表 5 - 1）。

表 5 - 1　　业主制优点及缺点

优点	缺点
（1）企业内部组织形式简单，经营管理的制约因素少，经营管理灵活，法律登记手续简单，容易创立和解散； （2）企业的资产所有权、控制权、经营权、收益权均归业主所有，业主享有完全自主权，便于发挥其个人能动性、生产力及创造力； （3）业主自负盈亏，对企业负债承担无限责任，个人资产与企业资产不存在绝对的界限，当企业出现资不抵债时，业主要用其全部资产来抵偿。因此业主会更加关注于预算和成本控制以降低经营风险	（1）所有者只有一人，企业资产规模小，资金筹集困难，企业容易因资金受限而难以扩大生产和规模； （2）企业所有权、收益权、控制权、经营权高度统归业主所有，使企业存续受制于业主的经营意愿、生命期、继承者能力等； （3）企业经营者也只是所有者一人，当企业发展到一定规模后，限制在个人内的人力资本就很可能会影响到组织决策的质量； （4）因业主承担无限责任所带来的风险较大，企业为规避风险而缺乏动力进行创新，不利于新产业发展

合伙制企业（the partnership）是由两个或多个出资人联合组成的企业。同业主制企业一样，合伙企业也不具有法人地位，合伙人才是民事主体，并对企业债务承担无限责任。与业主制企业相比，合伙制企业具有以下优点和缺点，具体见表 5 - 2：

公司制企业（the corporation）是企业制度与经济、社会和技术发展相互适应变迁的结果，是现代经济生活中主要的企业存在形式。与传统的企业或古典企业相比，公司制企业具有以下三个重要特点：

（1）有限责任制。

公司应当以其全部财产承担清偿债务的责任。

（2）股东财产所有权与企业控制权分离。

有限责任将股东的风险上限确定后，股东不仅降低了相互监督的必要性，也降低了直接参与经营管理活动的积极性。在公司制企业中，股东保留决策控制权，职业经理人获得决策管理权。

（3）规模增长和永续生命。

公司制企业主要包括有限责任公司和股份有限公司，除此之外，还有两种特殊的形式，即一人有限责任公司、国有独资公司。

有限责任公司的特征：

（1）有限责任公司的股东数量有最高数额的限制，50 人以内。

（2）有限责任公司的资本不划分为等额股份，也不能公开筹集股份，不能发行股票，对股东出资的转让限制严格，一般要经过其他股东的同意，而且其他股东有优先购买权。

（3）有限责任公司只有发起设立而无募集设立，程序较为简单，可以由一个或几个人发起，有限责任公司注册资本的最低限额为人民币 3 万元。

（4）有限公司的经营管理机构比较简单。股东会是最高权力机构，有权决定公司的一切活动事项，由股东按照出资比例行使表决权。有限公司董事会可设可不设，不设董事会的，股东会会议由执行董事召集和主持。有限责任公司设监事会，其成员不得少于 3 人。股东人数较少或者规模较小的有限责任公司，可以设 1~2 名监事，不设监事会。

股份有限公司的特征：

（1）股份有限公司的设立，可以采取发起设立或者募集设立的方式。

（2）对发起人有明确规定。设立股份有限公司，应当有 2 人以上 200 人以下为发起人，其中须有半数以上的发起人在中国境内有住所。股份有限公司发起人承担公司筹办事务。股份有限公司注册资本的最低限额为人民币 500 万元。

（3）股份有限公司可以向社会公开发行股票，股票可以依法转让或交易。股份有限公司必须向全体股东以及有关部门、潜在的投资者、债权人及其他社会公众公开披露财务状况，包括董事会的年度报告、公司损益表和资产负债表等，以便股东了解公司的财务状况。

表 5 - 2　　　　　　　　　　　　　合伙制企业的优缺点

优点	缺点
（1）扩大了资金来源，有助于企业扩大规模、生产发展，部分缓解了业主制资金不足的问题； （2）合伙企业虽然拥有多个产权主体，但其产权结构完整统一，更有利于整合发挥合伙人的资源优势，促进技术、土地、资金等资源共享，部分缓解了业主制人力资本不足的问题； （3）合伙人共同经营企业、共担风险，在企业经营管理上可以实现优势互补、集思广益，一定程度上分散了经营压力	（1）合伙人对企业债务承担无限责任，风险较大； （2）合伙人间缺乏有效制约机制，监督履责困难，可能产生"搭便车"行为，单个合伙人没有全部承担他的行动引起的成本或收益，在无限责任下这种外部性导致了很大的连带风险； （3）在经营管理决策中合伙人之间产生的分歧带来很多的组织协调成本，降低了决策效率； （4）合伙人的退伙会影响企业的生存和寿命

二、公司治理问题的产生

随着公司制企业的不断发展，现代公司呈现出股权结构分散化、所有权与经营权分离等典型特征，由此产生了治理问题，使公司治理成为现代企业所应关注的核心问题。

三、公司治理的概念

（一）公司治理的定义

狭义的公司治理是指所有者（主要是股东）对经营者的一种监督与制衡机制，即通过一种制度安排，合理地配置所有者和经营者之间的权利和责任关系。它是借助股东大会、董事会、监事会、经理层所构成的公司治理结构来实现的内部治理。其目标是保证股东利益的最大化，防止经营者对所有者利益的背离。

广义的公司治理不仅局限于股东对经营者的制衡，还涉及广泛的利益相关者，包括股东、雇员、债权人、供应商和政府等与公司有利害关系的集体或个人。此时，公司已不仅是股东的公司，而是一个利益共同体，公司的治理机制也不仅限于以治理结构为基础的内部治理，而是利益相关者通过一系列的内部、外部机制来实施共同治理，治理的目标不仅是股东利益的最大化，还是保证所有利益相关者的利益最大化。

（二）公司治理概念的理解

我们可以从以下三个方面来理解公司治理问题。

1. 公司治理结构与治理机制

治理结构主要侧重于公司的内部治理，包括股东大会、董事会、监事会、高级管理团队及公司员工间权、责、利相互监督制衡的制度体系。

治理机制主要指除企业内部的各种监督机制外的各项市场机制对公司多维度的监督与约束。包括限制经理人的道德风险、公司并购和接管市场及公司产品市场的竞争程度等。此外，信用中介机构、政府、媒体舆论等依据公司法、证券法、会计准则等政策法规对公司进行监督也发挥了重要的作用。

2. 从权力制衡到科学决策

公司治理的目标不是相互制衡，它只是保证公司科学决策的方式与途径。权力制衡只是方法，科学决策才是公司治理的核心。

3. 公司治理能力

治理结构和治理机制是公司治理能力的载体和构成要素。这种能力与领导者的个人能力、治理工具、治理环境等要素密切相关。一个公司的治理结构与治理机制是可以模仿的，但其背后的治理能力是难以学习和替代的。

公司治理结构、治理机制、治理能力以及治理环境等因素共同组成了完整的公司治理体系，并综合地形成了公司的治理能力系统。

四、公司治理理论

（一）委托代理理论

委托代理关系是随着生产力大发展和规模化大生产的出现而产生的。其原因一方面是生产力发展使得分工进一步细化，权利的所有者由于知识、能力和精力的原因不能行使所有的权利了；另一方面是专业化分工产生了一大批具有专业知识的代理人，他们有精力、有能力代理行使好被委托的权利。

股份制企业中，所有权与控制权分离导致的直接后果是委托—代理问题的产生。这就是作为委托人的股东怎样才能以最小的代价，使得作为代理人的经营者愿意为委托人的目的和利益而努力工作。该理论认为，在所有权分散的现代公司中，同所有权与控制权分离相关的所有问题，最终都与代理问题有关。

（二）资源依赖理论

资源依赖理论认为，组织需要通过获取环境中的资源来维持生存，没有组织可以完全实现资源自给，企业经营所需的资源大多需要在环境中进行交换获得。它强调组织权力，把组织视为一个政治行动者，认为组织的策略无不与组织试图获取资源、控制其他组织的权力行为相关。资源依赖理论也考虑了组织内部的因素，认为组织对某些资源的需要程度、该资源的稀缺程度、该资源能在多大程度上被利用并产生绩效以及组织获取该项资源的能力，都会影响组织内部的权力分配格局。因此，那些能帮助组织获得稀缺性资源的利益相关者往往能在组织中获得更多的话语权，即资源的依赖状况决定组织内部的权力分配状况，具体见图5-1。

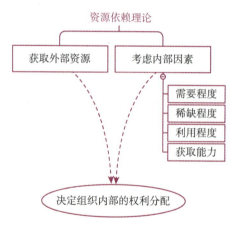

图5-1 资源依赖理论

相较于委托—代理理论，资源依赖理论可以更好地解释企业董事会的功能。董事会可以管理环境依赖并且应该反映环境的需要。具体而言，董事会有能力获得并降低企业的依赖性，董事会的规模和构成影响了董事会为公司提供核心资源的能力。而董事会的规模并不是随意的、独立的，是对外部环境条件的理性反映，随着环境的改变董事会的构成也应随之改变。同时，公司当前的战略和早期财务绩效也是影响董事会规模的因素。除规模外，董事会成员给公司带来资源的能力也是公司治理关注的重要问题。

董事会为获取资源发挥的作用主要包括：（1）为企业带来忠告、建议形式的信息；（2）获得公司和外部环境之间的信息通道；（3）取得资源的优先条件；（4）提升企业的合法性。

处于不同生命周期的企业对董事的资源依赖也不同，小公司由于缺乏关键资源，资源提供功能较监督功能对其绩效的影响就更为显著。而处于组织衰退和破产期的公司经历着资源基础的锐减，作为资源提供者的董事发挥的作用更为明显。例如，有更多外部董事的公司，更可能从破产中重组，再次验证了资源依赖理论的论断，具体见图5-2。

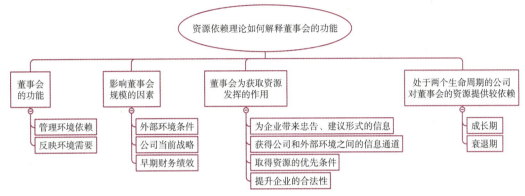

图 5 - 2 利用资源依赖理论解释董事会功能

（三）利益相关者理论

利益相关者理论认为，任何一个公司的发展都离不开各利益相关者的投入或参与，企业追求的是利益相关者的整体利益，而不仅仅是某些主体的利益。

企业的利益相关者是指那些与企业决策行为相关的现实及潜在的、有直接和间接影响的人和群体，包括企业的管理者、投资人、雇员、消费者、供应商、债权人、社区、政府等，这既包括股东，又涵盖了股东之外与企业发展相关的群体。

企业的生存和发展取决于其能否有效处理同各个利益相关者之间的关系，而股东只是利益相关者之一。

第二节 三大公司治理问题

公司治理的问题可分为两类，一类称作代理型公司治理问题，另一类称作剥夺型公司治理问题。就本质而言，这两类公司治理问题都属于委托代理问题，如表5-3所示。除此之外，企业与其他利益相关者之间的关系问题成为公司治理的第三类问题。

表 5 - 3 　　　　　　　　两大公司治理问题的对比

项目	代理型公司治理问题	剥夺型公司治理问题
形象称谓	经理人对股东的"内部人控制"问题	终极股东对中小股东的"隧道挖掘"问题
对象	公司所有者与经营者，即股东与经理之间	大股东与中小股东之间
成因	由于所有者和经营者之间存在目标利益不一致与信息的不对称，企业的外部成员（如股东、债权人、主管部门等）无法实施有效的监督，从而使企业的内部成员直接参与企业战略决策并掌握企业实际控制权，在企业战略决策中追求自身利益，并以此侵蚀作为外部人（股东）的合法权益	许多公司都存在一个或几个有绝对影响力的大股东，他们既有股权优势，又取得了公司控制权，因而便于利用自身地位，以牺牲众多的中小股东利益为代价，通过追求自利目标而不是公司价值目标来实现自身福利最大化

续表

项目	代理型公司治理问题	剥夺型公司治理问题
主要表现	（1）违背忠诚义务的主要表现：过高的在职消费，盲目过度投资，经营行为的短期化；侵占资产，资产转移；工资、奖金等收入增长过快，侵占利润；会计信息作假、财务作假；大量负债，甚至严重亏损；建设个人帝国。 （2）违背勤勉义务的主要表现：信息披露不完整、不及时；敷衍偷懒不作为；财务杠杆过度保守；经营过于稳健、缺乏创新等	（1）滥用公司资源：并非以占有公司资源为目的，但也未按照公司整体目标为行动导向。 （2）占用公司资源：将公司利益输送给自身 ①直接占用资源：直接借款、利用控制的企业借款、代垫费用、代偿债务、代发工资、利用公司为终极股东违规担保、虚假出资； 以及终极股东占有公司商标、品牌、专利以及抢占商业机会； ②通过关联交易进行利益输送：商品服务交易活动；资产租用和交易活动；费用分摊活动。 ③掠夺性财务活动：掠夺性融资；内幕交易；掠夺性资本运作；超额股利
基本对策	（1）完善公司治理体系，加大监督力度； （2）强化监事会的监督职能，形成企业内部权力制衡体系； （3）完善和加强公司的外部监督体系	如何保护中小股东权益： （1）累积投票制 （2）建立有效的股东民事赔偿制度 （3）建立表决权排除制度 （4）完善小股东的代理投票权 （5）建立股东退出机制：转股；退股

　　企业与其他利益相关者之间的关系问题：传统股东价值理论过度关注投资者利益而忽略了债权人、员工、供应商、社区、顾客等与其密切相关的利益群体。当各利益相关者的利益得到合理的配置与满足时，才能建立更有利于企业长远可持续发展的外部环境。

【例题5-1·多选题】当前，在国内上市公司中，终极股东对中小股东的"隧道挖掘"问题有多种表现形式，其中包括（　　）。（2017年）

A. 过高的在职消费　　　　　　　　B. 产品购销的关联交易

C. 以对大股东有利的形式转移定价　D. 扩股发行稀释其他股东权益

【答案】BCD

【解析】选项A是经理人对于股东的"内部人控制"问题的表现形式，其余三个是终极股东对于中小股东的"隧道挖掘"问题的表现形式。

第三节　公司内部治理结构和外部治理机制

一、公司内部治理结构

　　公司内部治理结构是指主要涵盖股东大会、董事会（监事会）、高级管理团队以及公司员工之间责任权利相互制衡的制度体系。

（一）股东大会

1. 股东及股东权利

　　一般来说，股东主要是通过参与股东大会来行使其权利。在股东大会上，股东不但可以对公司的经营方针作出决策，还可以通过改选董事会来对经理层施加压力。

股东可以分为普通股股东和优先股股东，具体见表5-4。

表5-4　　　　　　　普通股和优先股股东享有的权利及区别

	普通股股东	优先股股东
享有的权利	（1）剩余利益请求权和剩余财产清偿权； （2）监督决策权； （3）优先认股权； （4）股票转让权	（1）利润分配权； （2）剩余财产清偿权； （3）管理权
两者区别	以其持有的股份行使表决权	（1）不享有股东大会投票权； （2）在收益分配和财产清算方面比普通股股东享有优先权

2. 股东大会

（1）股东大会具有两个基本特征：

一是公司内部的最高权力机构和决策机构；

二是公司的非常设机构。除了每年的例行年会和特别会议外，股东大会并不会在公司出现。

（2）股东大会分类：一年一度定期召开的年度股东大会和非定期的、因特殊事项召开的临时性股东大会。

（3）股东大会行使的职权：

①决定公司的经营方针和投资计划；②选举和更换由非职工代表担任的董事、监事，决定有关董事、监事的报酬事项；③审议批准董事会的报告；④审议批准监事会或者监事的报告；⑤审议批准公司的年度财务预算方案、决算方案；⑥审议批准公司的利润分配方案和弥补亏损方案；⑦对公司增加或者减少注册资本作出决议；⑧对发行公司债券作出决议；⑨对公司合并、分立、解散、清算或者变更公司形式作出决议；⑩修改公司章程；⑪公司章程规定的其他职权。

3. 机构投资者

机构投资者通过主动参加**股东大会**表决来参与公司治理，这就形成了机构投资者的行动主义。

我国的主要机构投资者有证券投资基金、证券公司、信托投资公司、财务公司、社保基金、保险公司、合理的外国机构投资者（QFII）、三类企业（国有企业、国有控股企业、上市公司）。

机构投资者的特征：

（1）相对个人投资者而言，机构投资者具有显著的人才优势；

（2）机构投资者往往奉行稳健的价值投资理念，投资具有中长期投资价值的股票；

（3）相对个人投资者而言，机构投资者可以利用股东身份，从而更可能参与上市公司的治理。

机构投资者主要通过两种途径参与公司治理、改善上市公司治理结构：

（1）用脚投票：就是机构投资者作为投资人通过买入或卖出公司股票而参与被投资公司的管理的行为。如果机构投资者认为一家公司的股价被低估，就会大量购买该公司的股票，从而给市场传递一个积极的信号，股价显著增长，使包括机构投资者在内的全体股东获取了投资回报。反之，如果机构投资者发现一家公司董事会或经理层存在各类委托代理问题时，就会大量抛售该公司股票，迫使董事会或经理层能够及时对股东等利益相关者的要求做出反应，从而使其行为受到市场的约束。

（2）用手投票：就是机构投资者通过董事会选举获取董事会席位，入驻董事会和出席股东大会，对公司投资、融资、人事、分配等重大问题议案进行表决或否决，参与公司的重要决策，直接对公司董事会和经理层的行为施加影响。

（二）董事会

1. 董事会的职能

（1）负责召集股东大会，并向股东大会报告工作；（2）执行股东大会的决议；（3）决定公司的经营计划和投资方案；（4）制订公司的年度财务预算方案、决算方案；（5）制订公司的利润分配方案和弥补亏损方案；（6）制订公司增加或者减少注册资本的方案以及发行公司债券的方案；（7）拟订公司合并、分立、解散的方案；（8）决定公司内部管理机构的设置；（9）聘任或者解聘公司经理，根据经理的提名，聘任或者解聘公司副经理、财务负责人，决定其报酬事项；（10）制定公司的基本管理制度。

2. 董事及其分类（见图 5 - 3）

图 5 - 3　董事类型

董事按照其与公司的关系，分为内部董事与外部董事。内部董事也称执行董事，主要指担任董事的本公司管理人员，如总经理、常务副总经理等；外部董事是指不在公司担任除董事以外的其他职务的董事，如其他上市公司总裁、公司咨询顾问和大学教授等。此外，公司的外部董事还可以进一步分为关联董事和独立董事，关联董事仍与公司保持着利益关系，而独立董事才是真正具有独立性的董事，如大学的教授、退休的政府官员等。

3. 董事的权利及义务

董事的权利：（1）出席董事会会议；（2）表决权；（3）董事会临时会议召集的提议权；（4）通过董事会行使职权而行使权利。

董事的义务：

（1）善管义务：①董事必须忠实于公司；②董事必须维护公司的资产；③董事在董事会上有审慎行使决议权的义务。

（2）竞业禁止业务：不得自营或者为他人经营与其所任职公司同类的营业。

4. 几个专门委员会

为了更有效解决公司内部治理问题，董事会一般可以下设几个专门委员会，最常见的是审计委员会、薪酬委员会、提名委员会与战略委员会，其主要职责如表5-5所示。

表5-5 董事会下设委员会及其主要职责

专门委员会	主要职责
审计委员会	（1）检查公司会计政策、财务状况和财务报告程序； （2）与公司外部审计机构进行交流； （3）对内部审计人员及其工作进行考核； （4）对公司的内部控制进行考核； （5）检查、监督公司存在或潜在的各种风险； （6）检查公司遵守法律、法规的情况
薪酬与考核委员会	（1）负责制定董事、监事与高级管理人员考核的标准，并进行考核； （2）负责制定、检查董事、监事、高级管理人员的薪酬政策与方案
提名委员会	（1）分析董事会构成情况，明确对董事的要求； （2）制定董事选择的标准与程序； （3）广泛搜寻合格的董事候选人； （4）对股东、监事会提名的董事候选人进行形式审核； （5）确定董事候选人，提交股东大会表决
战略决策委员会	（1）制定公司长期发展战略； （2）监督、核实公司重大投资决策等

（三）监事会

监事会的设置有三种类型：

（1）公司内部不设监事会，相应的监督职能由独立董事发挥（美国）。

（2）设立监事会，且监事会的权力在董事会之上（德国）。

（3）设立监事会，但监事会与董事会是平行结构（亚洲）。

人数要求（见图5-4）：

图5-4 监事会人数要求

（四）经理层

1. 经理人的职权

经理层由公司董事会聘任，但其职权的主体部分却不为董事会所授权，而是由《公司法》明文规定。公司经理人员的职权包括：

（1）主持公司的生产经营管理工作，组织实施董事会决议；

（2）组织实施公司年度经营计划和投资方案；

（3）拟定公司内部管理机构设置方案；

（4）拟定公司的基本管理制度；

（5）制定公司的具体规章；

（6）提请聘任或解聘公司副经理、财务负责人；

（7）决定聘任或解聘除应由董事会决定聘任或解聘以外的负责管理人员；

（8）董事会授予的其他职权。

2. 经理人的薪酬激励

经理人的薪酬激励包括年薪制和股权激励。年薪制的根本缺陷在于易导致经营者的短期行为。为了弥补年薪制的缺陷，公司一般都会对经理人实行股权激励。

一般来说，股权激励兼具"报酬激励"和"所有权激励"的双重作用，通过报酬机制把经营者的行为与公司所有者的利益体系相互联系在一起；通过所有权机制保证经营者行为与所有者的利益保持一致。

股权激励的具体形式有多种，这其中包括股票期权与股票增值权、虚拟股票、业绩股票及限制性股票、延期支付、经理人持股等。

二、公司外部治理机制

从科学决策的角度看，公司内部治理结构不能解决公司治理的所有问题，更需要若干具体的、超越结构的外部治理机制，如产品市场、资本市场、经理人市场对公司的监控和约束。

第四节　公司治理的基础设施

一、公司治理的基础设施

公司治理的基础设施主要包括公司信息披露制度、评价公司财务信息和治理水平的信用中介机构、保护投资者利益的法律法规、政府监管以及媒体和专业人士的舆论监督等。

在考虑公司治理基础设施后，我们可以整理出公司治理效率影响因素的分析框架，如图5-5所示。

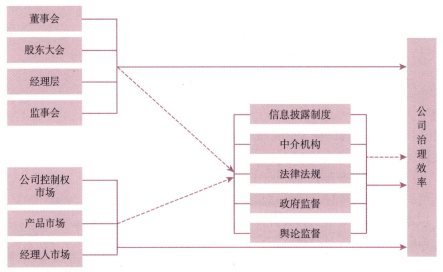

图5-5　公司治理效率影响因素的分析框架

从这个分析框架中可以看出，公司治理基础设施的建设情形不仅影响其自身对公司治理效率的作用程度，还对公司治理结构、公司外部治理机制以及两者的互补关系产生影响。

中国上市公司信息披露类别：上市披露、定期披露、临时披露。

从四个方面评估信息披露的质量：财务信息、审计信息、披露的公司治理信息是否符合相关规定、信息披露的及时性。

二、公司治理原则

公司治理原则，主要包括以下内容：

1. 确保有效的公司治理框架

2. 股东权利和关键所有权功能

（1）股东的基本权利。①可靠的所有权登记办法；②委托他人管理股份或向他人转让股份；③及时、定期地获得公司的实质性信息；④参加股东大会和参与投票表决；⑤选举和罢免董事会成员；⑥分享公司利润。

（2）股东有权参与涉及公司重大变化的决策并为此获得充分信息。这些重大变化包括：①修改公司规章、公司章程或其他类似的公司治理文件；②授权增发股份；③重大交易，包括转让全部或大部分资产而造成公司被出售的结果。

3. 平等对待全体股东

4. 利益相关者在公司治理中的作用

5. 信息披露和透明度

应当披露的重大信息至少包括：

（1）公司财务和业绩状况；（2）公司经营目标；（3）公司主要的股票所有权及相关的投票权；（4）董事会成员和主要行政人员的薪酬政策；董事会成员的其他信息；（5）关联方交易；（6）可预期的重大风险因素；（7）与雇员和其他利益相关者有关的重要问题；（8）公司的治理结构和政策。

6. 董事会的义务

第五章　公司治理

彬哥跟你说：

本章无难点，是以前的章节的一部分独立出来设立的一章，轻松快速跨过！

今日复习步骤：

第一遍：回忆 & 重新复习一遍框架（10 分钟）

学习要求：这一遍的目的是自己重新复习一遍框架，不需要掌握所有细节，但求框架了然于心。

包括：公司治理的概述、三大治理问题、内部治理结构和外部治理机制、公司治理的基础设施。

（1）公司治理的理论：委托代理理论（产生原因）、资源依赖理论（外部资源、内部因素）、利益相关者理论；

（2）公司治理问题：代理型公司治理问题、剥夺型公司治理问题、与其他利益相关者问题；

（3）治理结构：公司内部治理结构（股东大会/董事会/监事会/经理层）、外部治理机制（产品/资本/经理人市场）；

（4）基础设施：基础设施（主要包括什么）、治理原则（6个）。

第二遍：对细节进一步掌握（30 分钟）

第三遍：重新复习一遍框架（7 分钟）

我问你答：

（1）委托代理理论产生的原因是什么？

（2）相较于委托代理理论，资源依赖理论可以更好地解释什么的功能？董事会为获取资源发挥的作用主要包括什么？

（3）终极股东对中小股东的"隧道挖掘"问题属于什么治理问题？表现形式有哪些？如何解决这个问题？

（4）经理人对股东的"内部人控制"问题属于什么治理问题？有哪些表现？如何解决这个问题？

（5）公司内部治理结构：公司内部的最高权力机构和决策机构是什么？股东大会是不是公司的常设机构？

（6）董事会的职能包括什么？

（7）经理层由公司董事会聘任，其职权的主体部分是否为董事会所授权？经理层的职权包括什么？

（8）公司治理基础设施包括哪五个方面？

本章作业：

（1）请把讲义例题做三遍（做错的题目，请分析错误原因并记录到改错本）；

（2）请复习完口述一遍框架，发到小组群，组长组织评判；

（3）睡前请再回忆一遍框架；

（4）第二天早上，请再回忆一遍框架，对于回忆不起来的内容，请翻书看一遍

第 11 天

复习旧内容：

结合框架复习第五章全部内容

学习新内容：

第六章　风险与风险管理　第一节　风险与风险管理概述

简单解释今天学习内容：

今天要学习的内容是第六章的第一节：风险与风险管理概述，主要有风险的概念、风险管理的概念以及风险的种类（外部、内部）。

可能会遇到的难点：

本章需要重点关注的是，全面风险管理基本理论，七种风险应对策略，风险理财措施，内部控制系统，金融衍生产品套期保值原理，各主要类型风险（尤其是政治风险、市场风险、运营风险和财务风险）。

建议学习时间：

2.5 小时新学 + 1.5 小时复习

第六章　风险与风险管理

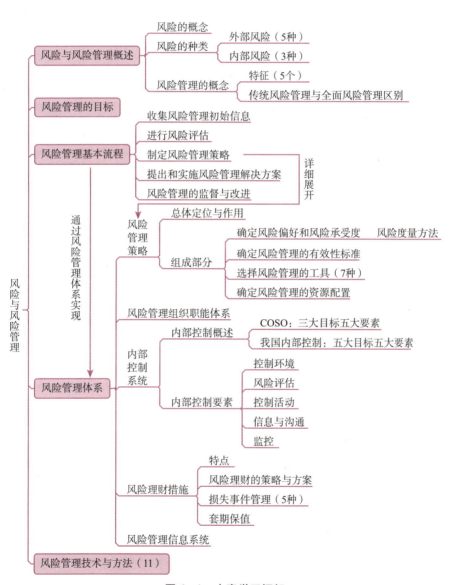

图6-1　本章学习框架

第一节　风险与风险管理概述

一、风险的概念

风险定义为未来的不确定性对企业实现其经营目标的影响。

从以下几个方面把握：

（1）企业风险与企业战略相关；

（2）风险是一系列可能发生的结果，不能简单理解为最有可能的结果；

（3）风险既具有客观性，又具有主观性。风险是事件本身的不确定性，但却是在一定具体情况下的风险，可以由人的主观判断来决定选择不同的风险；

（4）风险总是与机遇并存。如果要区别风险中的正面和负面，我们可以把负面的风险称为威胁，而把正面的风险称为机会。

二、企业面对的风险种类

企业面对的主要风险可以分为两大类，内部风险和外部风险，具体见图6-2。

图6-2　企业内部和外部风险

（一）外部风险

1. 政治风险

（1）政治风险是指完全或部分由政府官员行使权力和政府组织的行为而产生的不确定性。

（2）政治风险常常分为：

①限制投资领域；

②设置贸易壁垒：知识产权保护政策、反倾销、反补贴、反垄断；

③外汇管制规定；

④进口配额和关税；

⑤组织结构及要求最低持股比例，例如，必须采取和东道国的公司联营的方式；最低持股比例是指外资公司的部分股权必须由当地投资人持有；

⑥限制向东道国的银行借款；

⑦没收资产。

2. 法律风险与合规风险

法律风险，是指企业在经营过程中因自身经营行为的不规范，或者外部法律环境发生重大变化而造成的不利法律后果的可能性。

合规风险是指因违反法律或监管要求而受到制裁、遭受金融损失以及因未能遵守所有适用法律、法规、行为准则或相关标准而给企业信誉带来损失的可能性。

法律风险通常包括以下三方面：

（1）法律环境因素，包括立法不完备、执法不公正等；

（2）市场主体自身法律意识淡薄，在经营活动中不考虑法律因素等；

（3）交易对方的失信、违约或欺诈等。

合规风险侧重于行政责任和道德责任的承担，而法律风险则侧重于民事责任的承担。

3. 社会文化风险

从社会文化风险成因来看，社会文化风险存在并作用于企业经营的更深领域，主要有以下方面：

（1）跨国经营活动引发的文化风险。跨国经营企业面临东道国文化和母国文化的差异。

（2）企业并购活动引发的文化风险。对于跨国并购而言，面临组织文化与民族文化的双重风险。

（3）组织文化的变革、组织员工队伍的多元化背景导致的个人层面的文化风险。

4. 技术风险

从企业角度讲，技术风险就是技术在创新过程中，由于技术本身的复杂性和其他相关因素变化产生的不确定性而导致技术创新遭遇失败的可能性，包括纯技术风险及其他过程中由于技术方面的因素所造成的风险。

技术风险可以划分为：设计风险、研发风险和应用风险。

（1）技术设计风险：在设计阶段，由于技术构思或设想的不全面性致使技术及技术系统存在先天缺陷或创新不足而引发的风险；

（2）技术研发风险：在技术研究或开发阶段，由于外界环境变化的不确定性、技术研发项目本身的难度和复杂性、技术研发人员自身知识能力的有限性都可能导致技术的研发面临失败的风险；

（3）技术应用风险是指由于技术成果在产品化、产业化过程中所带来的一系列不确定的负面影响或效应。

5. 市场风险

市场风险指企业所面对的外部市场的复杂性和变动性所带来的与经营相关的风险。

市场风险可以考虑以下几个方面：

（1）产品或服务的价格及供需变化带来的风险。

（2）能源、原材料、配件等物资供应的充足性、稳定性和价格的变化带来的风险。

（3）主要客户、主要供应商的信用风险。

（4）税收政策和利率、汇率、股票价格指数的变化带来的风险。

（5）潜在进入者、竞争者、与替代品的竞争带来的风险。

【例题 6-1·多选题】 甲公司是在上海证券交易所上市的钢铁生产企业。甲公司 60% 以上的铁矿石从巴西淡水河谷公司进口。甲公司的长期债务中，长期银行借款占 80%。下列各项中，属于甲公司在日常经营中面临的市场风险有（　　　）。（2011 年）

A. 利率风险 　　　　　　　　　　B. 汇率风险

C. 商品价格风险 　　　　　　　　D. 股票价格风险

【答案】 ABCD

【解析】 利率风险、汇率风险、商品价格风险和股票价格风险都是主要的市场风险。

（二）内部风险

1. 战略风险

战略风险指企业在战略管理过程中，由于内外部环境的复杂性和变动性以及主体对环境的认知能力和适应能力的有限性，而导致企业整体性损失和战略目标无法实现的可能性及损失。

企业战略风险具体体现在以下三个方面：

（1）缺乏明确的发展战略或发展战略实施不到位，可能导致企业盲目发展，难以形成竞争优势，丧失发展机遇和动力。

（2）发展战略过于激进，脱离企业实际能力或偏离主业，可能导致企业过度扩张，甚至经营失败。

（3）发展战略因主观原因频繁变动，可能导致资源浪费，甚至危及企业的生存和持续发展。

2. 运营风险

运营风险是指企业在运营过程中，由于内外部环境的复杂性和变动性以及主体对环境的认知能力和适应能力的有限性，而导致的运营失败或使运营活动达不到预期目标的可能性及其损失。

（1）运营风险至少要考虑以下几个方面：

①企业产品结构、新产品研发方面可能引发的风险；

②企业新市场开发，市场营销策略（包括产品或服务定价与销售渠道，市场营销环境状况等）方面可能引发的风险；

③企业组织效能、管理现状、企业文化、高中层管理人员和重要业务流程中专业人员的知识结构、专业经验等方面可能引发的风险；

④期货等衍生产品业务中发生失误带来的风险；

⑤质量、安全、环保、信息安全等管理中发生失误导致的风险；

⑥因企业内、外部人员的道德风险或业务控制系统失灵导致的风险；

⑦给企业造成损失的自然灾害等风险；

⑧企业现有业务流程和信息系统操作运行情况的监管、运行评价及持续改进能力方面引发的风险。

（2）从内部控制角度开展几个主要运营风险：

①组织架构。依据《企业内部控制应用指引第 1 号——组织架构》，组织架构设计与运行中需要关注的主要风险包括：

A. 治理结构形同虚设，缺乏科学决策、良性运行机制和执行力，可能导致企业经营失败，难以实现发展战略；

B. 内部机构设计不科学，权责分配不合理，可能导致机构重叠、职能交叉或缺失、推诿扯皮，运行效率低下。

②人力资源。依据《企业内部控制应用指引第 3 号——人力资源》，人力资源管理需关注的主要风险包括：

A. 人力资源缺乏或过剩、结构不合理、开发机制不健全，可能导致企业发展战略难以实现；

B. 人力资源激励约束制度不合理、关键岗位人员管理不完善，可能导致人才流失、经营效率低下或关键技术、商业秘密和国家机密泄露；

C. 人力资源退出机制不当，可能导致法律诉讼或企业声誉受损。

③社会责任。依据《企业内部控制应用指引第 4 号——社会责任》，履行社会责任方面需关注的主要风险包括：

A. 安全生产措施不到位，责任不落实，可能导致企业发生安全事故；

B. 产品质量低劣，侵害消费者利益，可能导致企业巨额赔偿、形象受损，甚至破产；

C. 环境保护投入不足，资源耗费大，造成环境污染或资源枯竭，可能导致企业巨额赔偿、缺乏发展后劲，甚至停业；

D. 促进就业和员工权益保护不够，可能导致员工积极性受挫，影响企业发展和社会稳定。

④企业文化。依据《企业内部控制应用指引第 5 号——企业文化》，企业文化建设需要关注的主要风险包括：

A. 缺乏积极向上的企业文化，可能导致员工丧失对企业的信心和认同感，企业缺乏凝聚力和竞争力；

B. 缺乏开拓创新、团队协作和风险意识，可能导致企业发展目标难以实现，影响可持续发展；

C. 缺乏诚实守信的经营理念，可能导致舞弊事件的发生，造成企业损失，影响企业信誉；

D. 忽视企业间的文化差异和理念冲突，可能导致并购重组失败。

⑤采购业务。依据《企业内部控制应用指引第 7 号——采购业务》，采购业务需关注的主要风险包括：

A. 采购计划安排不合理，市场变化趋势预测不准确，造成库存短缺或积压，导致企业生产停滞或资源浪费；

B. 供应商选择不当，采购方式不合理，招投标或定价机制不科学，授权审批不规范，致使采购物资质次价高，出现舞弊或遭受欺诈；

C. 采购验收不规范，付款审核不严，造成采购物资、资金损失或信用受损。

⑥资产管理。依据《企业内部控制应用指引第 8 号——资产管理》，资产管理需关注的主要风险包括：

A. 存货积压或短缺，造成流动资金占用过量、存货价值贬损或生产中断；

B. 固定资产更新改造不够、使用效能低下、维护不当、产能过剩，致使企业缺乏竞争力、资产价值贬损、安全事故频发或资源浪费；

C. 无形资产缺乏核心技术、权属不清、技术落后、存在重大技术安全隐患，导致法律纠纷、缺乏可持续发展能力。

⑦销售业务。依据《企业内部控制应用指引第 9 号——销售业务》，销售业务需关注的主要风险包括：

A. 销售政策和策略不当，市场预测不准确，销售渠道管理不当等，可能导致销售不畅、库存积压、经营难以为继；

B. 客户信用管理不到位，结算方式选择不当，账款回收不力等，可能导致销售款项不能收回或遭受欺诈；

C. 销售过程存在舞弊行为，可能导致企业利益受损。

⑧研究与开发。依据《企业内部控制应用指引第 10 号——研究与开发》，研究与开发需关注的主要风险包括：

A. 研究项目未经科学论证或论证不充分，可能导致创新不足或资源浪费；

B. 研发人员配备不合理或研发过程管理不善，可能导致研发成本过高、舞弊或研发失败；

C. 研究成果转化应用不足、保护措施不力，可能导致企业利益受损。

⑨工程项目。依据《企业内部控制应用指引第 11 号——工程项目》，工程项目需关注的主要风险包括：

A. 工程立项缺乏可行性研究或者可行性研究流于形式，决策不当，盲目上马，很可能导致难以实现预期效益或项目失败；

B. 如果项目招标"暗箱操作"，存在商业贿赂，则可能导致中标人实质上难以承担工程项目、中标价格失实及相关人员涉案；

C. 如果工程造价信息不对称，技术方案不落实，预算脱离实际，又可能导致项目投资失控；

D. 倘若工程物资质次价高，工程监理不到位，项目资金不落实，还可能导致工程质量低劣，进度延迟或中断；

E. 如果竣工验收不规范，最终把关不严，还会导致工程交付使用后存在重大隐患。

⑩担保业务。依据《企业内部控制应用指引第 12 号——担保业务》，担保业务需关注的主要风险包括：

A. 对担保申请人的资信状况调查不深，审批不严或越权审批，可能导致企业担保决策失误或遭受欺诈；

B. 对被担保人在担保期内出现财务困难或经营陷入困境等状况监控不力，应对措施不当，有可能会导致企业承担法律责任；

C. 担保过程中存在舞弊行为，则会导致经办审批等相关人员涉案或企业利益受损。

⑪业务外包。依据《企业内部控制应用指引第 13 号——业务外包》，业务外包需关注的主要风险包括：

A. 外包范围和价格确定不合理，承包方选择不当，可能导致企业遭受损失；

B. 业务外包监控不严、服务质量低劣，可能导致企业难以发挥业务外包的优势；

C. 业务外包存在商业贿赂等舞弊行为，可能导致企业相关人员涉案。

⑫合同管理。依据《企业内部控制应用指引第 16 号——合同管理》，合同管理需关注的主要风险包括：

A. 如果企业未订立合同、未经授权对外订立合同、合同对方主体资格未达要求、合同内容存在重大疏漏和欺诈，会导致企业合法权益受到侵害；

B. 如果合同未全面履行或监控不当，有可能导致企业诉讼失败，经济利益受损；

C. 如果合同纠纷处理不当，则会损害企业利益、信誉和形象。

⑬内部信息传递。依据《企业内部控制应用指引第 17 号——内部信息传递》，内部信息传递需关注的主要风险包括：

A. 内部报告系统缺失、功能不健全、内容不完整，可能影响生产经营有序运行；

B. 内部信息传递不通畅、不及时，可能导致决策失误、相关政策措施难以落实；

C. 内部信息传递中泄露商业秘密，可能削弱企业核心竞争力。

⑭信息系统。依据《企业内部控制应用指引第 18 号——信息系统》，信息系统需关注的主要风险包括：

A. 信息系统缺乏或规划不合理，可能造成信息孤岛或重复建设，导致企业经营管理效率低下；

B. 系统开发不符合内部控制要求，授权管理不当，可能导致无法利用信息技术实施有效控制；

C. 系统运行维护和安全措施不到位，可能导致信息泄露或毁损，系统无法正常运行。

3. 财务风险

财务风险，是指企业在生产经营过程中，由于内外部环境的各种难以预料或无法控制的不确定性因素的作用，使企业在一定时期内所获取的财务收益与预期收益发生偏差的可能性。财务风险是客观存在的，企业管理者对财务风险只有采取有效措施来降低风险，而不可能完全消除风险。

从企业内部控制角度考察，财务风险可以从以下几个方面展开：

（1）全面预算。依据《企业内部控制应用指引第 15 号——全面预算》，实行全面预算管理需关注的主要风险包括：

①不编制预算或预算不健全，可能导致企业经营缺乏约束或盲目经营；

②预算目标不合理、编制不科学，可能导致企业资源浪费或发展战略难以实现；

③预算缺乏刚性、执行不力、考核不严，可能导致预算管理流于形式。

（2）资金活动。依据《企业内部控制应用指引第 6 号——资金活动》，资金活动需关注的主要风险包括：

①筹资决策不当，引发资本结构不合理或无效融资，导致企业筹资成本过高或债务危机；

②投资决策失误，引发盲目扩张或丧失发展机遇，导致资金链断裂或资金使用效益低下；

③资金调度不合理、营运不畅，可能导致企业陷入财务困境或资金冗余；

④资金流动管控不严，可能导致资金被挪用、侵占、抽逃或遭受欺诈。

（3）财务报告。依据《企业内部控制应用指引第14号——财务报告》，编制、对外提供和分析利用财务报告需关注的主要风险包括：

①企业财务报告的编制违反会计法律法规和国家统一的会计准则制度，导致企业承担法律责任、遭受损失和声誉受损；

②企业提供虚假财务报告，误导财务报告使用者，造成报告使用者的决策失误，干扰市场秩序；

③企业不能有效利用财务报告，难以及时发现企业经营管理中的问题，可能导致企业财务和经营风险失控。

【例题6-2·多选题】 甲公司是我国一家长期向 X 国出口摩托车的企业。2013 年，X 国对我国出口的摩托车大幅度提高了关税。面对这种情况，甲公司在 X 国与当地企业组建了一家合资公司，生产销售摩托车。甲公司在 X 国组建合资公司规避的风险有（　　　）。（2015 年）

　A. 运营风险　　　　　B. 市场风险　　　　　C. 政治风险　　　　　D. 技术风险

【答案】 BC

【解析】 避免关税的影响，规避了市场风险；与当地企业组建合资公司，规避了政治风险。

三、风险管理的概念

（一）风险偏好与风险承受度

风险偏好和风险承受度是风险管理概念的重要组成部分。

风险偏好是企业希望承受的风险范围，分析风险偏好要回答的问题是公司希望承担什么风险和承担多少风险。

风险承受度是指企业风险偏好的边界，分析风险承受度可以将其作为企业采取行动的预警指标，企业可以设置若干承受度指标，以显示不同的警示级别。

风险偏好和风险承受度概念的提出是基于企业风险管理理念的变化。传统风险管理理念认为风险只是灾难，被动地将风险管理作为成本中心；而全面风险管理的理念认为风险具有二重性，风险总是与机遇并存。企业风险管理要在机遇和风险中寻求平衡点，以实现企业价值最大化的目标。

（二）企业风险管理的特征

《中央企业全面风险管理指引》对风险管理给出如下定义："全面风险管理，指企业围绕总体经营目标，通过在企业管理的各个环节和经营过程中执行风险管理的基本流程，培育良好的风险管理文化，建立健全全面风险管理体系，包括风险管理策略、风险理财措施、风险管理的组织职能体系、风险管理信息系统和内部控制系统，从而为实现风险管理的总体目标提供合理保证的过程和方法。"

这一定义体现了企业风险管理以下几个主要特征（见表6-1）。

表6-1　　　　　　　　　　　　　风险管理的五个特征

战略性	尽管风险管理渗透现代企业各项活动中，存在于现代企业管理者对企业的日常管理当中，但它主要运用于企业战略管理层面，站在战略层面整合和管理企业层面风险是全面风险管理的价值所在
全员化	企业全面风险管理是一个由企业治理层、管理层和所有员工参与的，对企业所有风险进行管理，旨在把风险控制在风险容量以内，增进企业价值的过程
专业性	要求风险管理的专业人才实施专业化管理
二重性	企业全面风险管理的商业使命在于：（1）损失最小化管理；（2）不确定性管理；（3）绩效最优化管理。即当风险损失不能避免时，尽量减少损失至最小化；风险损失可能发生也可能不发生时，设法降低风险发生的可能；风险预示着机会时，化风险为增进企业价值的机会。全面风险管理既要管理纯粹的风险，也要管理机会风险
系统性	全面风险管理必须拥有一套系统的、规范的方法，建立健全全面风险管理体系，包括风险管理策略、风险理财措施、风险管理的组织职能体系、风险管理信息系统和内部控制系统，从而为实现风险管理的总体目标提供合理的保证

风险管理理念从传统风险管理到全面风险管理的变化，风险管理的概念、目标、内容以及公司风险管理文化都发生了根本性的变化。表6-2对比了风险管理新旧理念之间的差异。

表6-2　　　　　　　　　　　　　风险管理的新旧理念对比

	传统风险管理	全面风险管理
涉及面	主要是财务会计主管和内部审计等部门负责；就单个风险个体实施风险管理，主要是可保风险和财务风险	在高层的参与下，每个成员都承担与自己行为相关的风险管理责任；从总体上集中考虑和管理风险（包括纯企业风险和机会风险）
连续性	只有管理层认为必要时才进行	是企业系统的、有重点的、持续的行为
态度	被动地将风险管理作为成本中心	主动积极地将风险管理作为价值中心
目标	与企业战略联系不紧，目的是转移或避免风险	紧密联系企业战略，目的是寻求风险优化措施
方法	事后反应式的风险管理方法，即先检查和预防经营风险，然后采取应对措施	事前风险防范，事中风险预警和及时处理，事后风险报告、评估、备案及其他相应措施
注意焦点	专注于纯粹和灾害性风险	焦点在所有利益相关者的共同利益最大化上

【例题 6 – 3 · 单选题】下列各项关于企业全面风险管理的说法，错误的是（   ）。（2015 年）

A. 全面风险管理紧密联系企业战略，目的是寻求风险优化措施

B. 全面风险管理主要由财务会计和内部审计等部门负责

C. 全面风险管理的焦点在所有利益相关者的共同利益最大化上

D. 全面风险管理主动将风险管理作为价值中心

【答案】B

【解析】传统风险管理主要由财务会计和内部审计等部门负责。而全面风险管理强调全员、全过程和全方位管理。因此，选项 B 错误。

第 12 天

○ **复习旧内容：**

第六章　风险与风险管理　第一节　风险与风险管理概述

○ **学习新内容：**

第六章　风险与风险管理　第二节～第三节

○ **今天想要对你说：**

任务越来越轻松，但是切不可大意，温故知新也是极其重要的！

○ **可能会遇到的难点：**

本章需要重点关注的是，全面风险管理基本理论，七种风险应对策略，风险理财措施，内部控制系统，金融衍生产品套期保值原理，各主要类型风险（尤其是政治风险、市场风险、运营风险和财务风险）

○ **建议学习时间：**

0.5 小时新学 ＋1 小时复习

第二节 风险管理的目标

我国《中央企业全面风险管理指引》设定了风险管理如下的总体目标：

（1）确保将风险控制在与公司总体目标相适应并可承受的范围内；

（2）确保内外部，尤其是企业与股东之间实现真实、可靠的信息沟通，包括编制和提供真实、可靠的财务报告；

（3）确保遵守有关法律法规；

（4）确保企业有关规章制度和为实现经营目标而采取重大措施的贯彻执行，保障经营管理的有效性，提高经营活动的效率和效果，降低实现经营目标的不确定性；

（5）确保企业建立针对各项重大风险发生后的危机处理计划，保护企业不因灾害性风险或人为失误而遭受重大损失。

第三节 风险管理基本流程

风险管理基本流程包括以下主要工作：（1）收集风险管理初始信息；（2）进行风险评估；（3）制定风险管理策略；（4）提出和实施风险管理解决方案；（5）风险管理的监督与改进（见图6-3）。

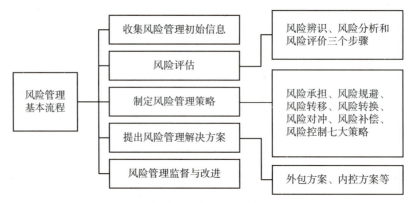

图6-3 风险管理基本流程

一、收集风险管理初始信息

风险管理基本流程的第一步，要广泛地、持续不断地收集与本企业和风险管理相关的内部、外部初始信息，包括历史数据和未来预测。收集初始信息，要根据所分析的风险类型具体展开。例如：

（1）分析战略风险，企业应广泛收集国内外企业战略风险失控导致企业蒙受损失的案例，并至少收集与本企业相关的以下重要信息：

①国内外宏观经济政策以及经济运行情况、企业所在产业的状况、国家产业政策；

②科技进步、技术创新的有关内容；

③市场对该企业产品或服务的需求；

④与企业战略合作伙伴的关系，未来寻求战略合作伙伴的可能性；

⑤该企业主要客户、供应商及竞争对手的有关情况；

⑥与主要竞争对手相比，该企业实力与差距；

⑦本企业发展战略和规划、投融资计划、年度经营目标、经营战略，以及编制这些战略、规划、计划、目标的有关依据；

⑧该企业对外投融资流程中曾发生或易发生错误的业务流程或环节。

（2）分析财务风险，企业应广泛收集国内外企业财务风险失控导致危机的案例，并至少收集本企业的以下重要信息：

①负债、或有负债、负债率、偿债能力；

②现金流、应收账款及其占销售收入的比重、资金周转率；

③产品存货及其占销售成本的比重、应付账款及其占购货款的比重；

④制造成本和管理费用、财务费用、营业费用；

⑤盈利能力；

⑥成本核算、资金核算和现金管理业务中曾发生或易发生错误的业务流程和环节；

⑦与本企业相关的产业会计政策、会计估算、与国际会计制度的差异与调节等信息。

（3）分析市场风险，企业应广泛收集国内外企业忽视市场风险、缺乏应对措施导致企业蒙受损失的案例，并至少收集与本企业相关的以下重要信息：

①产品或服务的价格及供需变化；

②能源、原材料、配件等物资供应的充足性、稳定性和价格变化；

③主要客户、主要供应商的信用情况；

④税收政策和利率、汇率、股票价格指数的变化；

⑤潜在竞争者、竞争者及其主要产品、替代品情况。

（4）分析运营风险，企业应至少收集与本企业、本行业相关的以下信息：

①产品结构、新产品研发；

②新市场开发，市场营销策略，包括产品或服务定价与销售渠道，市场营销环境状况等；

③企业组织效能、管理现状、企业文化，高、中层管理人员和重要业务流程中专业人员的知识结构、专业经验；

④期货等衍生产品业务中曾发生或易发生失误的流程和环节；

⑤质量、安全、环保、信息安全等管理中曾发生或易发生失误的业务流程或环节；

⑥因企业内、外部人员的道德风险致使企业遭受损失或业务控制系统失灵；

⑦给企业造成损失的自然灾害以及除上述有关情形之外的其他纯粹风险；

⑧对现有业务流程和信息系统操作运行情况的监管、运行评价及持续改进能力；

⑨企业风险管理的现状和能力。

（5）分析法律风险，企业应至少收集国内外企业忽视法律法规风险、缺乏应对措施导致企业蒙受损失的案例，并至少收集与本企业相关的以下信息：

①国内外与该企业相关的政治、法律环境；

②影响企业的新法律法规和政策；

③员工道德操守的遵从性；

④该企业签订的重大协议和有关贸易合同；

⑤该企业发生重大法律纠纷案件的情况；

⑥企业和竞争对手的知识产权情况。

二、进行风险评估

完成了风险管理初始信息收集之后，企业要对收集的风险管理初始信息和企业各项业务管理及其重要业务流程进行风险评估。

1. 风险评估的步骤

风险评估包括风险辨识、风险分析、风险评价三个步骤。

2. 风险评估的方法

进行风险辨识、分析和评价，应将**定性与定量方法相结合**。

定性方法可采用问卷调查、集体讨论、专家咨询、情景分析、政策分析、行业标杆比较、管理层访谈、由专人主持的工作访谈和调查研究等。

定量方法可采用统计推论（如集中趋势法）、计算机模拟（如蒙特卡洛分析法）、失效模式与影响分析、事件树分析等。

三、制定风险管理策略

风险管理策略，是指企业根据自身条件和外部环境，围绕企业发展战略确定风险偏好、风险承受度、风险管理有效性标准，选择风险承担、风险规避、风险转移、风险转换、风险对冲、风险补偿、风险控制等适合的风险管理工具的总体策略，并确定风险管理所需人力和财力资源的配置原则。这些风险管理策略的具体内容在本章下一节展开。

四、提出和实施风险管理解决方案

在这一阶段，企业应执行前一阶段制定的风险管理解决策略，进一步落实风险管理工作。其中，风险管理工具（如关键风险指标管理、损失事件管理等）是方案的重要组成部分。

风险管理解决方案可以分为外部和内部解决方案，具体见表6-3。

表6-3　　　　　　　　　　　风险管理解决方案的两种类型

外部解决方案	外部解决方案一般指外包。如果企业制订风险管理解决的外包方案，应注重成本与收益的平衡、外包工作的质量、自身商业秘密的保护以及防止自身对风险解决外包产生依赖性风险等，并制定相应的预防和控制措施
内部解决方案	内部解决方案是风险管理体系的运转。在具体实施中，一般是以下几种手段的综合应用：风险管理策略；组织职能；内部控制（包括政策、制度、程序）；信息系统（包括报告体系）；风险理财措施

五、风险管理的监督与改进

风险管理基本流程的最后一个步骤是风险管理的监督与改进。企业应以重大风险、重大事件和重大决策、重要管理及业务流程为重点，对风险管理初始信息、风险评估、风险管理策略、关键控制活动及风险管理解决方案的实施情况进行监督，采用压力测试、返回测试、穿行测试以及风险控制自我评估等方法对风险管理的有效性进行检验，根据变化情况和存在的缺陷及时加以改进。

企业应建立贯穿于整个风险管理基本流程，连接各上下级、各部门和业务单位的风险管理信息沟通渠道，确保信息沟通的及时、准确、完整，为风险管理监督与改进奠定基础。

(1) 企业各有关部门和业务单位应定期对风险管理工作进行自查和检验，及时发现缺陷并改进，其检查、检验报告应及时报送企业风险管理职能部门。

(2) 企业风险管理职能部门应定期对各部门和业务单位风险管理工作实施情况和有效性进行检查和检验，要根据在制定风险策略时提出的有效性标准的要求对风险管理策略进行评估，对跨部门和业务单位的风险管理解决方案进行评价，提出调整或改进建议，出具评价和建议报告，及时报送企业总经理或其委托分管风险管理工作的高级管理人员。

(3) 企业内部审计部门应至少每年一次对包括风险管理职能部门在内的各有关部门和业务单位能否按照有关规定开展风险管理工作及其工作效果进行监督评价，监督评价报告应直接报送董事会或董事会下设的风险管理委员会和审计委员会。此项工作也可结合年度审计、任期审计或专项审计工作一并开展。

(4) 企业可聘请有资质、信誉好、风险管理专业能力强的中介机构对企业全面风险管理工作进行评价，出具风险管理评估和建议专项报告。

【例题 6-4·多选题】某公司设置了内部审计部、风险管理部和审计委员会，制定了本企业的风险管理监督与改进措施。下列选项中，符合《中央企业全面风险管理指引》要求的有（　　）。(2013 年)

A. 各有关部门定期对风险管理工作进行自查和检验，及时发现缺陷并改进，将风险管理报告报送企业总经理

B. 外聘风险管理中介机构进行风险管理评价并出具报告

C. 风险管理部对跨部门和业务单位的风险管理解决方案进行评价，提出建议和出具报告，报送公司决策层

D. 内部审计部门每年至少一次对风险管理部和各业务部门的风险管理工作及效果进行监督评价，评价报告直接报送审计委员会

【答案】BCD

【解析】企业各有关部门和业务单位应定期对风险管理工作进行自查和检验，及时发现缺陷并改进，其检查、检验报告应及时报送企业风险管理职能部门，而不是总经理，选项 A 错误。

第六章

复习旧内容：

第六章　风险与风险管理　第二节～第三节

学习新内容：

第六章　风险与风险管理　第四节　风险管理体系

今天想要对你说：

本节内容略多，需要自己梳理框架。

可能会遇到的难点：

本章需要重点关注的是，全面风险管理基本理论，七种风险应对策略，风险理财措施，内部控制系统，金融衍生产品套期保值原理，各主要类型风险（尤其是政治风险、市场风险、运营风险和财务风险）

建议学习时间：

2 小时新学 +0.5 小时复习

第四节 风险管理体系

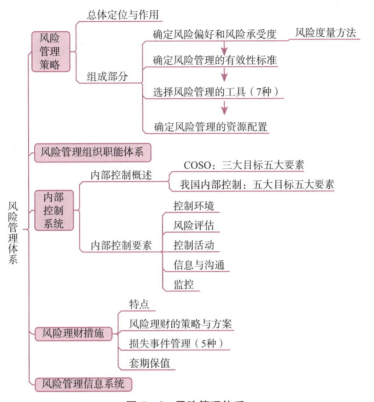

图 6-4 风险管理体系

《中央企业全面风险管理指引》指出，企业风险管理体系包括五大体系：（1）风险管理策略；（2）风险理财措施；（3）风险管理的组织职能体系；（4）风险管理信息系统；（5）内部控制系统（见图6-5）。

图 6-5 企业风险管理体系

一、风险管理策略

（一）风险管理策略总体定位与作用

风险管理策略指企业根据自身条件和外部环境，围绕企业发展战略，确定风险偏好、风险承受度、风险管理有效性标准，选择风险承担、风险规避、风险转移、风险转换、风险对冲、风险补偿、风险控制等适合的风险管理工具的总体策略，并确定风险管理所需人力和财力资源的配置原则。

风险管理策略的组成部分：（1）风险偏好和风险承受度；（2）全面风险管理的有效性标准；（3）风险管理的工具选择；（4）全面风险管理的资源配置。分别在以下内容进行阐述。

（二）风险管理策略工具

风险管理策略工具共有七种：风险承担、风险规避、风险转移、风险转换、风险对冲、风险补偿和风险控制。

1. 风险承担

风险承担亦称风险保留、风险自留。风险承担是指企业对所面临的风险采取接受的态度，从而承担风险带来的后果。

对未能辨识出的风险，企业只能采用风险承担。

对于辨识出的风险，企业也可能由于以下几种原因采用风险承担：

（1）缺乏能力进行主动管理，对这部分风险只能承担；

（2）没有其他备选方案；

（3）从成本效益考虑，这一方案是最适宜的方案。

对于企业的重大风险，即影响到企业目标实现的风险，企业一般不应采用风险承担。

【例题6-5·单选题】企业对所面临的风险采取接受的态度，从而承担风险带来的后果，其原因不包括（　　）。（2014年）

A. 企业未能辨识出风险

B. 企业能够采取措施以补偿风险造成的损失

C. 企业没有其他备选方案

D. 企业缺乏能力进行主动的风险管理

【答案】B

【解析】企业采用风险承担的原因有：（1）对未能辨识出的风险，企业只能采用风险承担；（2）缺乏能力进行主动管理，对这部分风险只能承担；（3）没有其他备选方案；（4）从成本效益考虑，这一方案是最适宜的方案。

2. 风险规避

风险规避是指企业回避、停止或退出蕴含某一风险的商业活动或商业环境，避免成为风险的所有人。例如：

（1）退出某一市场以避免激烈竞争；

（2）拒绝与信用不好的交易对手进行交易；

（3）外包某项对工人健康安全风险较高的工作；

（4）停止生产可能有潜在客户安全隐患的产品；

（5）禁止各业务单位在金融市场进行投机；

（6）不准员工访问某些网站或下载某些内容。

3. 风险转移

风险转移是指企业通过合同将风险转移到第三方，企业对转移后的风险不再拥有所有权。转移风险不会降低其可能的严重程度，只是从一方移除后转移到另一方。例如：

（1）保险；

（2）非保险型的风险转移：将风险可能导致的财务风险损失负担转移给非保险机构；例如，服务保证书等；

（3）风险证券化。

【例题 6-6·单选题】甲公司董事会对待风险的态度属于风险厌恶。为有效管理公司的信用风险，甲公司管理层决定将其全部的应收款项以应收总金额的80%出售给乙公司，由乙公司向有关债务人收取款项，甲公司不再承担有关债务人未能如期付款的风险。甲公司应对此项信用风险的策略属于（　　）。（2009年）

A. 风险控制　　　　　　　　B. 风险转移

C. 风险保留　　　　　　　　D. 风险规避

【答案】B

【解析】风险转移是指企业通过合同将风险转移到第三方，企业对转移后的风险不再拥有所有权。甲公司将应收款项出售给乙公司，应对此项信用风险的策略属于风险转移。

4. 风险转换

风险转换是指企业通过战略调整等手段将企业面临的风险转换成另一个风险。风险转换的手段包括战略调整和衍生产品等。风险转换一般不会直接降低企业总的风险，其简单形式就是在减少某一风险的同时，增加另一风险。例如，通过放松交易客户信用标准，增加了应收账款，但扩大了销售。

5. 风险对冲

风险对冲是指采取各种手段，引入多个风险因素或承担多个风险，使得这些风险能够互相对冲，也就是使这些风险的影响互相抵销。

常见的例子有资产组合使用、多种外币结算的使用和战略上的多种经营等。

在金融资产管理中，对冲也包括使用衍生产品，如利用期货进行套期保值。

在企业的风险中，有些风险具有自然对冲的性质，应当加以利用。例如，不同行业的经济周期风险对冲。

风险对冲必须涉及风险组合，而不是对单一风险；对于单一风险，只能进行风险规避、风险控制。

【例题 6-7·单选题】2015 年 4 月 10 日，国内某铜贸易商，以 7 155 美元/吨的价格与智利供货商签订了 5 000 吨购货合同。由于从订货到装船运输再到国内港口的时间预计还要 45 天左右，于是，该贸易商于 4 月 10 日在英国伦敦期货市场卖出 6 月期铜合约 200 手，25 吨/手，成交均价为 7 145 美元/吨。到 2015 年 5 月 25 日，进口铜到港卸货完毕，该贸易商卖出 5 000 吨铜现货，价格为 7 172 美元/吨；同时在期货市场上买入 200 手 6 月铜合约进行平仓，成交均价为 7 168 美元/吨。该贸易商的这种做法属于（   ）。(2015 年)

    A. 风险对冲   B. 风险规避

    C. 风险转移   D. 风险转换

【答案】A

【解析】利用期货进行套期保值，使得风险能够相互对冲的做法，属于风险对冲。

6. 风险补偿

风险补偿是指企业对风险可能造成的损失采取适当的措施进行补偿。风险补偿表现在企业主动承担风险，并采取措施以补偿可能的损失。

风险补偿的形式有财务补偿、人力补偿、物资补偿等。

财务补偿是损失融资，包括企业自身的风险准备金或应急资本等。例如，某公司历史上一直购买灾害保险，但经过数据分析，认为保险公司历年的赔付不足以平衡相应的保险费用支出，而不再续保；同时，为了应付可能发生的灾害性事件，公司与银行签订应急资本协议，规定在灾害发生时，由银行提供资本以保证公司的持续经营。

7. 风险控制

风险控制是指控制风险事件发生的动因、环境、条件等，来达到减轻风险事件发生时的损失或降低风险事件发生的概率的目的。

通常影响某一风险的因素有很多。风险控制可以通过控制这些因素中的一个或多个来达到目的，但主要的是风险事件发生的概率和发生后的损失。

控制风险事件发生的概率的例子如室内使用不易燃地毯、山上禁止吸烟等，而控制风险事件发生后的损失的例子如修建水坝防洪、设立质量检查防止次品出厂等。

风险控制对象一般是可控风险，包括多数运营风险，如质量、安全和环境风险，以及法律风险中的合规性风险。

一般情况下，对战略、财务、运营和法律风险，可采取风险承担、风险规避、风险转换和风险控制等方法。对能够通过保险、期货、对冲等金融手段进行理财的风险，可以采用风险转移、风险对冲和风险补偿等方法。

【例题 6-8·单选题】甲公司是一家生产遮阳用品的企业，2013 年，公司在保留原有业务的同时，进入雨具生产业务，从风险管理策略的角度看，甲公司采取的策略是（   ）。(2015 年)

    A. 风险规避   B. 风险转换

    C. 风险对冲   D. 风险承担

【答案】C

【解析】从生产遮阳用品发展为同时生产遮阳用品和雨具，采用的是相关多元化战略，甲公司采取的策略是风险对冲，所以选项C正确。

【例题6-9·多选题】某集团管理层做出了风险应对措施决策。下列各项中，正确的包括（　　）。（2012年）

A. 通过与某国内公司联合进行境外投资项目转移投资风险

B. 在本国及其他国家和地区进行投资，以便缓解和分散集中投资的风险以转移风险

C. 为了获得更加灵活、质量更高的信息技术资源，将集团全部信息技术业务外包

D. 基于成本效益考虑，管理层认为不利事件发生的可能性低而且即使发生对企业影响也很小，决定接受风险

【答案】ABD

【解析】选项A属于风险应对策略中的风险控制；选项B属于风险应对策略中的风险对冲；选项C本身的说法就是不正确的，企业不应该将其全部信息技术外包，对于核心技术外包风险较大，从长远来看信息技术外包的成本节约是短暂的，一旦外包服务不受控制时，企业会失去灵活性，选项C错误；选项D属于风险应对策略中的风险承担。

（三）确定风险偏好和风险承受度

风险偏好和风险承受度是风险管理策略的重要组成部分，《中央企业全面风险管理指引》指出，"确定风险偏好和风险承受度，要正确认识和把握风险与收益的平衡，防止和纠正忽视风险，片面追求收益而不讲条件、范围，认为风险越大、收益越高的观念和做法；同时，也要防止单纯为规避风险而放弃发展机遇"。

企业的风险偏好依赖于企业的风险评估的结果，由于企业的风险不断变化，企业需要持续进行风险评估，并调整自己的风险偏好。

重大风险的风险偏好是企业的重大决策，应由**董事会**决定。

（四）风险度量

1. 关键在于量化

风险承受度的表述需要对所针对的风险进行量化描述，风险偏好可以定性，但风险承受度一定要定量。所有的风险度量应当在企业层面的风险管理策略中得到评价，如对企业战略目标影响的评价。

2. 风险度量方法（见表6-4）

表6-4　　　　　　　　　　　　　　风险度量方法

风险度量方法	说明
（1）最大可能损失	是指风险事件发生后可能造成的最大损失。用最大可能损失来定义风险承受度是最差情形的思考逻辑。企业一般在**无法判断发生概率或无须判断概率**的时候，使用最大可能损失作为风险的衡量

续表

风险度量方法	说明
（2）概率值	是指风险事件发生的概率或造成损失的概率。在可能的结果只有好坏、对错、是否、输赢、生死等简单情况下，**常常使用概率值**
（3）期望值	通常指的是数学期望，即概率加权平均值：所有事件中，每一事件发生的概率乘以该事件的影响的乘积，然后将这些乘积相加得到和。常用的期望值有统计期望值和效用期望值，期望值的办法**综合了概率和最大损失两种方法**
（4）在险值	又称 VaR，是指在正常的市场条件下，在给定的时间段中，给定的置信区间内，预期可能发生的最大损失。在险值具有通用、直观、灵活的特点。在险值的局限性是适用的风险范围小，对数据要求严格，计算困难，对肥尾效应无能为力

3. 概率方法与直观方法

以上方法都是建立在概率统计基础上的度量，另外，不依赖于概率统计结果的度量是人们直观的判断，如专家意见。

当统计数据不足或需要度量结果包括人们的偏好时，可以使用直观的度量方法，如层次分析法（AHP）等。

【例题 6 - 10 · 单选题】企业在无法判断发生概率或无须判断概率的时候，度量风险一般使用（   ）。（2013 年）

A. 在险值
B. 效用期望值
C. 最大可能损失
D. 统计期望值

【答案】C

【解析】最大可能损失是指风险事件发生后可能造成的最大损失。企业一般在无法判断发生概率或无须判断概率的时候，使用最大可能损失作为风险的衡量。所以，选项 C 正确。选项 AB 和选项 D 均需要在已知概率的前提下度量风险。

【例题 6 - 11 · 多选题】下列风险度量方法中，建立在概率基础上的方法有（   ）。（2015 年）

A. 在险值法
B. 层次分析法
C. 期望值法
D. 最大可能损失法

【答案】AC

【解析】常用的风险度量方法包括：最大可能损失；概率值；期望值；在险值。在险值法和期望值法是在已知概率的条件下计算出来的，而最大可能损失是企业在无法判断发生概率或无须判断概率的时候，使用最大可能损失作为风险的度量。所以，选项 AC 正确，选项 D 错误。选项 B 属于不依赖于概率统计结果的直观的风险度量方法。

（五）风险管理的有效性标准（了解）

风险管理有效性标准的原则如下：

（1）风险管理的有效性标准要针对企业的重大风险，能够反映企业重大风险管理的现状；

（2）风险管理有效性标准应当对照全面风险管理的总体目标，在所有五个方面保证企业的运营效果；

（3）风险管理有效性标准应当在企业的风险评估中应用，并根据风险的变化随时调整；

（4）风险管理有效性标准应当用于衡量全面风险管理体系的运行效果。

二、风险管理组织职能体系

企业风险管理组织体系，主要包括规范的公司法人治理结构，风险管理职能部门、内部审计部门和法律事务部门以及其他有关职能部门、业务单位的组织领导机构及其职责。

（一）规范的公司法人治理结构

企业应建立健全规范的公司法人治理结构。

董事会就全面风险管理工作的有效性对股东（大）会负责。董事会在全面风险管理方面主要履行以下职责：

（1）审议并向股东（大）会提交企业全面风险管理年度工作报告；

（2）确定企业风险管理总体目标、风险偏好、风险承受度，批准风险管理策略和重大风险管理解决方案；

（3）了解和掌握企业面临的各项重大风险及其风险管理现状，做出有效控制风险的决策；

（4）批准重大决策、重大风险、重大事件和重要业务流程的判断标准或判断机制；

（5）批准重大决策的风险评估报告；

（6）批准内部审计部门提交的风险管理监督评价审计报告；

（7）批准风险管理组织机构设置及其职责方案；

（8）批准风险管理措施，纠正和处理任何组织或个人超越风险管理制度做出的风险性决定的行为；

（9）督导企业风险管理文化的培育；

（10）全面风险管理的其他重大事项。

（二）风险管理委员会

具备条件的企业，董事会可下设风险管理委员会。该委员会的召集人应由不兼任总经理的董事长担任；董事长兼任总经理的，召集人应由外部董事或独立董事担任。该委员会成员中需有熟悉企业重要管理及业务流程的董事，以及具备风险管理监管知识或经验、具有一定法律知识的董事。

风险管理委员会对董事会负责，主要履行以下职责：

（1）提交全面风险管理年度报告；

（2）审议风险管理策略和重大风险管理解决方案；

（3）审议重大决策、重大风险、重大事件和重要业务流程的判断标准或判断机制，以及重大决策的风险评估报告；

（4）审议内部审计部门提交的风险管理监督评价审计综合报告；

（5）审议风险管理组织机构设置及其职责方案；

（6）办理董事会授权的有关全面风险管理的其他事项。

（三）风险管理职能部门

企业应设立专职部门或确定相关职能部门履行全面风险管理的职责。该部门对总经理或其委托的高级管理人员负责。主要履行以下职责：

（1）研究提出全面风险管理工作报告；

（2）研究提出跨职能部门的重大决策、重大风险、重大事件和重要业务流程的判断标准或判断机制；

（3）研究提出跨职能部门的重大决策风险评估报告；

（4）研究提出风险管理策略和跨职能部门的重大风险管理解决方案，并负责该方案的组织实施和对该风险的日常监控；

（5）负责对全面风险管理有效性的评估，研究提出全面风险管理的改进方案；

（6）负责组织建立风险管理信息系统；

（7）负责组织协调全面风险管理日常工作；

（8）负责指导、监督有关职能部门、各业务单位以及全资、控股子企业开展全面风险管理工作；

（9）办理风险管理的其他有关工作。

（四）审计委员会

企业应在董事会下设立审计委员会，企业内部审计部门对审计委员会负责。内部审计部门在风险管理方面，主要负责研究提出全面风险管理监督评价体系，制定监督评价相关制度，开展监督与评价，出具监督评价审计报告。

1. 审计委员会的履责方式

建议审计委员会**每年至少举行三次会议**，并于审计周期的主要日期举行。**审计委员会应每年至少与外聘及内部审计师会面一次，讨论与审计相关的事宜，但无须管理层出席。**

2. 审计委员会与合规

审计委员会的主要活动之一是核查对外报告规定的遵守情况。审计委员会一般有责任确保企业履行对外报告的义务。

3. 审计委员会与内部审计

确保充分且有效的内部控制是审计委员会的义务，其中包括负责监督内部审计部门的工作。审计委员会应监察和评估内部审计职能在企业整体风险管理系统中的角色和有效性。它应该核查内部审计的有效性，并批准对内部审计主管的任命和解聘，它还应确保内部审计部门能直接与董事会主席接触，并负有向审计委员会说明的责任。审计委员会及内部审计师需要确保内部审计部门正在有效运行。它将在四个主要方面对内部审计进行复核，即组织中的地位、职能范围、技术才能和专业应尽义务。

（五）企业其他职能部门及各业务单位

企业其他职能部门及各业务单位在全面风险管理工作中，应接受风险管理职能部门和内部审计部门的组织、协调、指导和监督。

（六）下属公司

企业应通过法定程序，指导和监督其全资、控股子企业建立与企业相适应或符合全资、控股子企业自身特点、能有效发挥作用的风险管理组织体系。

> **【例题 6－12·单选题】** 下列各项中，属于风险管理委员会职责的是（   ）。
> （2014 年）
> A. 督导企业风险管理文化的培育
> B. 组织协调全面风险管理日常工作
> C. 批准重大决策的风险评估报告
> D. 审议风险管理策略和重大风险管理解决方案
> **【答案】** D
> **【解析】** 风险管理委员会对董事会负责，主要履行以下职责：（1）提交全面风险管理年度报告；（2）审议风险管理策略和重大风险管理解决方案，选项 D 正确；（3）审议重大决策、重大风险、重大事件和重要业务流程的判断标准或判断机制，以及重大决策的风险评估报告；（4）审议内部审计部门提交的风险管理监督评价审计综合报告；（5）审议风险管理组织机构设置及其职责方案；（6）办理董事会授权的有关全面风险管理的其他事项。选项 AC 属于董事会的职责；选项 B 属于风险管理职能部门的职责。

三、内部控制系统

（一）COSO 委员会关于内部控制的定义与框架

COSO 委员会对内部控制的定义是"公司的董事会、管理层及其他人士为实现以下目标提供合理保证而实施的程序：运营的效益和效率，财务报告的可靠性和遵守适用的法律法规。"

COSO 委员会的上述定义对内部控制的基本概念提供了一些深入的见解，并特别指出：

（1）内部控制是一个实现目标的程序及方法，而其本身并非目标；

（2）内部控制只提供合理保证，而非绝对保证；

（3）内部控制要由企业中各级人员实施与配合。

1992 年 9 月，COSO 委员会提出了《内部控制——整合框架》，1994 年、2003 年和 2013 年又进行了增补和修订，简称《内部控制框架》，即 COSO 内部控制框架。

《内部控制——整合框架》提出了内部控制的三大目标和五大要素（见图 6－6）。

（二）我国内部控制规范体系

基本规范、应用指引、评价和审计指引三个类别构成一个相辅相成的整体，标志着适应我国企业实际情况，融合国际先进经验的中国企业内部控制规范体系基本建成。

1.《企业内部控制基本规范》

《企业内部控制基本规范》（以下简称《基本规范》）规定内部控制的目标、要素、原则和总体要求，是内部控制的总体框架，在内部控制标准体系中起统领作用。

《基本规范》要求企业建立内部控制体系时应符合以下目标：

合理保证企业经营管理合法合规、资产安全、财务报告及相关信息真实完整；

提高经营效率和效果；促进企业实现发展战略。

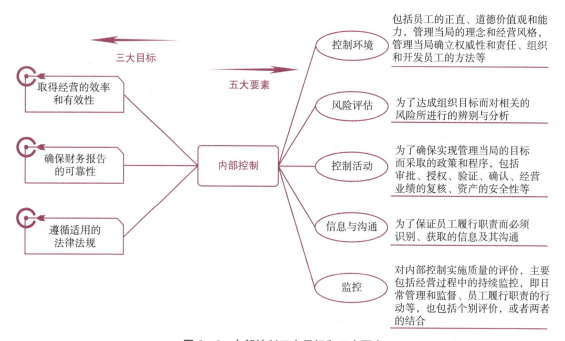

图6-6 内部控制三大目标和五大要素

《基本规范》借鉴了以美国COSO委员会内部控制整合报告为代表的国际内部控制框架，并结合中国国情，要求企业所建立与实施的内部控制，应当包括下列五个要素：

（1）内部环境；（2）风险评估；（3）控制活动；（4）信息与沟通；（5）内部监督。

2.《企业内部控制应用指引》

《企业内部控制应用指引》（以下简称《应用指引》）是对企业按照内部控制原则和内部控制"五要素"建立健全本企业内部控制所提供的指引，在配套指引乃至整个内部控制规范体系中占主体地位。《应用指引》针对组织架构、发展战略、人力资源、社会责任、企业文化、资金活动、采购业务、资产管理、销售业务、研究与开发、工程项目、担保业务、业务外包、财务报告、全面预算、合同管理、内部信息传递、信息系统共18项企业主要业务的内控领域或内控手段，提出了建议性的应用指引，为企业以及外部审核人建立与评价内控体系提供了参照性标准。《应用指引》的18项指引，可以划分为三类，即内部环境类指引、控制活动类指引和控制手段类指引，基本涵盖了企业资金流、实物流等各项业务和事项。

3.《企业内部控制评价指引》和《企业内部控制审计指引》

《企业内部控制评价指引》和《企业内部控制审计指引》是对企业按照内部控制原则和内部控制"五要素"建立健全本企业"事后控制"的指引，是对企业贯彻《基本规范》和《应用指引》效果的评价与检验。

（三）内部控制的要素

1. 控制环境

（1）COSO《内部控制框架》关于控制环境要素的要求与原则。

COSO《内部控制框架》关于控制环境要素的要求为：控制环境决定了企业的基调，直接影响企业员工的控制意识。控制环境提供了内部控制的基本规则和构架，是其他四要素的基础。控制环境包括员工的诚信度、职业道德和才能；管理哲学和经营风格；权责分配方法、人事政策；董事会的经营重点和目标等。

（2）我国《企业内部控制基本规范》关于内部环境要素的要求。

①企业应当根据国家有关法律法规和企业章程，建立规范的公司治理结构和议事规则，明确决策、执行、监督等方面的职责权限，形成科学有效的职责分工和制衡机制；

②董事会负责内部控制的建立健全和有效实施。监事会对董事会建立与实施内部控制进行监督。经理层负责组织领导企业内部控制的日常运行。企业应当成立专门机构或者指定适当的机构具体负责组织协调内部控制的建立实施及日常工作；

③企业应当在董事会下设立审计委员会。审计委员会负责审查企业内部控制，监督内部控制的有效实施和内部控制自我评价情况，协调内部控制审计及其他相关事宜等。审计委员会负责人应当具备相应的独立性、良好的职业操守和专业胜任能力；

④企业应当结合业务特点和内部控制要求设置内部机构，明确职责权限，将权利与责任落实到各责任单位。企业应当通过编制内部管理手册，使全体员工掌握内部机构设置、岗位职责、业务流程等情况，明确权责分配，正确行使职权；

⑤企业应当加强内部审计工作，保证内部审计机构设置、人员配备和工作的独立性。内部审计机构应当结合内部审计监督，对内部控制的有效性进行监督检查。内部审计机构对监督检查中发现的内部控制缺陷，应当按照企业内部审计工作程序进行报告；对监督检查中发现的内部控制重大缺陷，有权直接向董事会及其审计委员会、监事会报告；

⑥企业应当制定和实施有利于企业可持续发展的人力资源政策。人力资源政策应当包括下列内容：

员工的聘用、培训、辞退与辞职；员工的薪酬、考核、晋升与奖惩；关键岗位员工的强制休假制度和定期岗位轮换制度；掌握国家秘密或重要商业秘密的员工离岗的限制性规定；有关人力资源管理的其他政策；

⑦企业应当将职业道德修养和专业胜任能力作为选拔和聘用员工的重要标准，切实加强员工培训和继续教育，不断提升员工素质；

⑧企业应当加强文化建设，培育积极向上的价值观和社会责任感，倡导诚实守信、爱岗敬业、开拓创新和团队协作精神，树立现代管理理念，强化风险意识。董事、监事、经

理及其他高级管理人员应当在企业文化建设中发挥主导作用。企业员工应当遵守员工行为守则，认真履行岗位职责；

⑨企业应当加强**法制教育**，增强董事、监事、经理及其他高级管理人员和员工的法制观念，严格依法决策、依法办事、依法监督，建立健全法律顾问制度和重大法律纠纷案件备案制度。

2. 风险评估

（1）COSO《内部控制框架》关于风险评估要素的要求与原则。

COSO《内部控制框架》关于风险评估要素的要求为：每个企业都面临诸多来自内部和外部的有待评估的风险。风险评估的前提是使经营目标在不同层次上相互衔接，保持一致。风险评估指识别、分析相关风险以实现既定目标，从而形成风险管理的基础。由于经济、产业、法规和经营环境的不断变化，需要确立一套机制来识别和应对由这些变化带来的风险。

（2）我国《企业内部控制基本规范》关于风险评估要素的要求。

①企业应当根据设定的控制目标，全面系统持续地收集相关信息，结合实际情况，及时进行风险评估；

②企业开展风险评估，应当准确识别与实现控制目标相关的内部风险和外部风险，确定相应的风险承受度。风险承受度是企业能够承担的风险限度，包括整体风险承受能力和业务层面的可接受风险水平；

③企业识别内部风险，应当关注下列因素：

董事、监事、经理及其他高级管理人员的职业操守、员工专业胜任能力等人力资源因素；组织机构、经营方式、资产管理、业务流程等管理因素；研究开发、技术投入、信息技术运用等自主创新因素；财务状况、经营成果、现金流等财务因素；营运安全、员工健康、环境保护等安全环保因素；其他有关内部风险因素；

④企业识别外部风险，应当关注下列因素：

经济形势、产业政策、融资环境、市场竞争、资源供给等经济因素；法律法规、监管要求等法律因素；安全稳定、文化传统、社会信用、教育水平、消费者行为等社会因素；技术进步、工艺改进等科学技术因素；自然灾害、环境状况等自然环境因素；其他有关外部风险因素；

⑤企业应当采用定性与定量相结合的方法，按照风险发生的可能性及其影响程度等，对识别的风险进行分析和排序，确定关注重点和优先控制的风险。企业进行风险分析，应当充分吸收专业人员，组成风险分析团队，按照严格规范的程序开展工作，确保风险分析结果的准确性；

⑥企业应当根据风险分析的结果，结合风险承受度，权衡风险与收益，确定风险应对策略。企业应当合理分析、准确掌握董事、经理及其他高级管理人员、关键岗位员工的风险偏好，采取适当的控制措施，避免因个人风险偏好给企业经营带来重大损失；

⑦企业应当综合运用风险规避、风险降低、风险分担和风险承受等风险应对策略，实现对风险的有效控制；

⑧企业应当结合不同发展阶段和业务拓展情况，持续收集与风险变化相关的信息，进

行风险识别和风险分析，及时调整风险应对策略。

3. 控制活动

（1）COSO《内部控制框架》关于控制活动要素的要求与原则。

COSO《内部控制框架》关于控制活动要素的要求为：控制活动指那些有助于管理层决策顺利实施的政策和程序。控制行为有助于确保实施必要的措施以管理风险，实现经营目标。控制行为体现在整个企业的不同层次和不同部门中。

（2）我国《企业内部控制基本规范》关于控制活动要素的要求。

①企业应当结合风险评估结果，通过手工控制与自动控制、预防性控制与发现性控制相结合的方法，运用相应的控制措施，将风险控制在可承受度之内。控制措施一般包括：**不相容职务分离控制、授权审批控制、会计系统控制、财产保护控制、预算控制、运营分析控制和绩效考评控制**等（见表 6-5）。

表 6-5　　　　　　　　　　关于控制活动要素控制措施和具体要求

控制措施	具体要求
不相容职务分离控制	要求企业全面系统地分析、梳理业务流程中所涉及的不相容职务，实施相应的分离措施，形成各司其职、各负其责、相互制约的工作机制
授权审批控制	要求企业根据常规授权和特别授权的规定，明确各岗位办理业务和事项的权限范围、审批程序和相应责任。 常规授权是指企业在日常经营管理活动中按照既定的职责和程序进行的授权。特别授权是指企业在特殊情况、特定条件下进行的授权。企业各级管理人员应当在授权范围内行使职权和承担责任。 企业对于重大的业务和事项，应当实行集体决策审批或者联签制度，任何个人不得单独进行决策或者擅自改变集体决策
会计系统控制	要求企业严格执行国家统一的会计准则制度，加强会计基础工作，明确会计凭证、会计账簿和财务会计报告的处理程序，保证会计资料真实完整。 （1）企业应当依法设置会计机构，配备会计从业人员。 （2）从事会计工作的人员，必须取得会计从业资格证书。 （3）会计机构负责人应当具备会计师以上专业技术职务资格。 （4）大中型企业应当设置总会计师。设置总会计师的企业，不得设置与其职权重叠的副职
财产保护控制	要求企业建立财产日常管理制度和定期清查制度，采取财产记录、实物保管、定期盘点、账实核对等措施，确保财产安全。企业应当严格限制未经授权的人员接触和处置财产
预算控制	要求企业实施全面预算管理制度，明确各责任单位在预算管理中的职责权限，规范预算的编制、审定、下达和执行程序，强化预算约束
运营分析控制	要求企业建立运营情况分析制度，经理层应当综合运用生产、购销、投资、筹资、财务等方面的信息，通过因素分析、对比分析、趋势分析等方法，定期开展运营情况分析，发现存在的问题，及时查明原因并加以改进
绩效考评控制	要求企业建立和实施绩效考评制度，科学设置考核指标体系，对企业内部各责任单位和全体员工的业绩进行定期考核和客观评价，将考评结果作为确定员工薪酬以及职务晋升、评优、降级、调岗、辞退等的依据

②企业应当根据内部控制目标，结合风险应对策略，综合运用控制措施，对各种业务和事项实施有效控制；

③企业应当建立**重大风险预警机制和突发事件应急处理机制**，明确风险预警标准，对可能发生的重大风险或突发事件，制定应急预案、明确责任人员、规范处置程序，确保突

发事件得到及时妥善处理。

【例题6-13·单选题】 随着全面风险管理意识的加强，甲公司的股东要求管理层建立重大风险预警机制，明确风险预警标准，对可能发生的重大风险条件，制定应急方案，明确相关责任人和处理流程、程序和政策，确保重大风险事件得到及时、稳妥的处理。甲公司股东的要求所针对的内部控制要素是（   ）。（2015年）

A. 控制活动　　　　B. 内部监督　　　　C. 信息与沟通　　　　D. 风险评估

【答案】 A

【解析】 企业应当建立重大风险预警机制和突发事件应急处理机制，这属于控制活动的内容。

【例题6-14·单选题】 下列各项中，不属于常见的内部控制活动的是（   ）。（2012年）

A. 预算控制　　　　B. 会计系统控制　　　　C. 营运分析控制　　　　D. 财务决算控制

【答案】 D

【解析】 常见的内部控制活动有：不相容职务分离控制、授权审批控制、会计系统控制、调节和复核、财产保护控制、预算控制、运营分析控制、绩效考评控制。选项D不属于常见的内部控制活动。

4. 信息与沟通

所谓的信息与沟通，就是企业内部以及外部对信息的反应及传递要求。

（1）COSO《内部控制框架》关于信息与沟通要素的要求与原则。

COSO《内部控制框架》关于信息与沟通要素的要求为：

公允的信息必须被确认、捕获并以一定形式及时传递，以便员工履行职责。信息系统产出涵盖经营、财务和遵循性信息的报告，有助于经营和控制企业。信息系统不仅处理内部产生的信息，还包括与企业经营决策和对外报告相关的外部事件、行为和条件等。

（2）我国《企业内部控制基本规范》关于信息与沟通要素的要求（见表6-6）。

表6-6　　　　我国《企业内部控制基本规范》关于信息与沟通要素的要求

信息与沟通要素的要求	详细要求
建立信息与沟通制度	企业应当建立信息与沟通制度，明确内部控制相关信息的收集、处理和传递程序，确保信息及时沟通，促进内部控制有效运行
收集信息并整理	企业应当对收集的各种内部信息和外部信息进行合理筛选、核对、整合，提高信息的有用性
加强内控信息在各方之间的沟通与反馈	企业应当将内部控制相关信息在企业内部各管理级次、责任单位、业务环节之间，以及企业与外部投资者、债权人、客户、供应商、中介机构和监管部门等有关方面之间进行沟通和反馈。信息沟通过程中发现的问题，应当及时报告并加以解决。重要信息应当及时传递给董事会、监事会和经理层
促进信息的集成与共享	企业应当利用信息技术促进信息的集成与共享，充分发挥信息技术在信息与沟通中的作用。企业应当加强对信息系统开发与维护、访问与变更、数据输入与输出、文件储存与保管、网络安全等方面的控制，保证信息系统安全稳定运行

信息与沟通要素的要求	详细要求
建立反舞弊机制	企业应当建立反舞弊机制，坚持惩防并举、重在预防的原则，明确反舞弊工作的重点领域、关键环节和有关机构在反舞弊工作中的职责权限，规范舞弊案件的举报、调查、处理、报告和补救程序。 企业至少应当将下列情形作为反舞弊工作的重点： （1）未经授权或者采取其他不法方式侵占、挪用企业资产，牟取不当利益； （2）在财务会计报告和信息披露等方面存在的虚假记载、误导性陈述或者重大遗漏等； （3）董事、监事、经理及其他高级管理人员滥用职权； （4）相关机构或人员串通舞弊
建立举报投诉制度和举报人保护制度	设置举报专线，明确举报投诉处理程序、办理时限和办结要求，确保举报、投诉成为企业有效掌握信息的重要途径。举报投诉制度和举报人保护制度应当及时传达至全体员工

5. 监控

（1）COSO《内部控制框架》关于监控要素的要求与原则。

COSO《内部控制框架》关于监控要素的要求为：内部控制系统需要被监控，即对该系统有效性进行评估的全过程。

可以通过持续性的监控行为、独立评估或两者的结合来实现对内控系统的监控。持续性的监控行为发生在企业的日常经营过程中，包括企业的日常管理和监督行为、员工履行各自职责的行为。

独立评估活动的广度和频度有赖于风险预估和日常监控程序的有效性。内部控制的缺陷应该自下而上进行汇报，性质严重的应上报最高管理层和董事会。

（2）我国《企业内部控制基本规范》关于内部监督要素的要求（见表6-7）。

表6-7　　　我国《企业内部控制基本规范》关于内部监督要素的要求

内部监控要素的要求	详细要求
制定内部控制监督制度	企业应当根据本规范及其配套办法，制定内部控制监督制度，明确内部审计机构（或经授权的其他监督机构）和其他内部机构在内部监督中的职责权限，规范内部监督的程序、方法和要求
对发现的缺陷及时整改并报告	企业应当制定内部控制缺陷认定标准，对监督过程中发现的内部控制缺陷，应当分析缺陷的性质和产生的原因，提出整改方案，采取适当的形式及时向董事会、监事会或者经理层报告。 内部控制缺陷包括设计缺陷和运行缺陷。企业应当跟踪内部控制缺陷整改情况，并就内部监督中发现的重大缺陷，追究相关责任单位或者责任人的责任
定期自我评价	企业应当结合内部监督情况，定期对内部控制的有效性进行自我评价，出具内部控制自我评价报告。内部控制自我评价的方式、范围、程序和频率，由企业根据经营业务调整、经营环境变化、业务发展状况、实际风险水平等自行确定
保留内控记录或资料	企业应当以书面或其他适当的形式，妥善保存内部控制建立与实施过程中的相关记录或者资料，确保内部控制建立与实施过程的可验证性

【例题 6 – 15·多选题】 下列各项中，属于内部控制要素中的控制活动，在风险管理框架下的公司治理中的体现有（ ）。（2014 年）

A. 董事长对经理的决策授权与监督

B. 独立董事的独立性

C. 董事会聘请独立第三方对经理履行职责情况的检查

D. 董事、监事、经理的考核激励控制

【答案】 AD

【解析】 选项 B 属于控制环境，选项 C 属于内部控制要素中的监控。

四、风险理财措施

（一）风险理财的一般概念

（1）风险理财是用金融手段管理风险；

（2）风险理财是全面风险管理的重要组成部分；

（3）风险理财不仅针对可控风险，也针对不可控风险。

（二）风险理财的特点

（1） 风险理财的手段既不改变风险事件发生的可能性，也不改变风险事件可能引起的直接损失程度。

（2） 风险理财需要判断风险的定价，因此量化的标准较高，不仅需要风险事件的可能性和损失的分布，更需要量化风险本身的价值。

（3） 风险理财的应用范围一般不包括声誉等难以衡量其价值的风险，也难以消除战略失误造成的损失。

（4） 风险理财手段技术强，许多风险理财工具本身有着比较复杂的风险特性，使用不当容易造成重大损失。

（三）风险理财的策略与方案

1. 选择风险理财策略的原则和要求

（1）与公司整体风险管理策略一致。

（2）与公司所面对风险的性质相匹配。

（3）选择风险理财工具的要求。要考虑如下几点：合规的要求；可操作性；法律法规环境；企业的熟悉程度；风险理财工具的风险特征。不同的风险理财手段可能适用同一风险。

（4）成本与收益的平衡。

2. 对金融衍生产品的选择

在企业选择风险理财的策略与方案时，涉及对金融衍生产品的选择。

衍生产品是其价值决定于一种或多种基础资产或指数的金融合约。常用衍生产品包括：远期合约、互换交易、期货、期权等。

（1）远期合约（Forward Contract）。

远期合约指合约双方同意在未来日期按照固定价格交换金融资产的合约，承诺以当前约定的条件在未来进行交易的合约。远期合约是必须履行的协议，不像可选择不行使权利（即放弃交割）的期权。

远期合约亦与期货不同，其合约条件是为买卖双方量身定制的，通过场外交易（OTC）达成，而后者则是在交易所买卖的标准化合约。远期合约规定了将来交换的资产、交换的日期、交换的价格和数量，合约条款因合约双方的需要不同而不同。远期合约主要有远期利率协议、远期外汇合约、远期股票合约。

（2）互换交易（Swap Transaction，Swaps）。

互换交易，主要指对相同货币的债务和不同货币的债务通过金融中介进行互换的一种行为。互换的种类有：利率互换、货币互换、商品互换和其他互换等。

（3）期货（Futures）。

期货是指在约定的将来某个日期按约定的条件（包括价格、交割地点、交割方式）买入或卖出一定标准数量的某种资产。期货合约是期货交易的买卖对象或标的物，是由期货交易所统一制定的，规定了某一特定的时间和地点交割一定数量和质量商品的标准化合约。期货价格则是通过公开竞价而达成的。

通常期货集中在期货交易所进行买卖，但亦有部分期货合约可通过柜台交易进行买卖。期货是一种衍生性金融商品，按现货标的物的种类，期货可分为商品期货与金融期货两大类。

（4）期权（Option）。

期权是在规定的一段时间内，可以以规定的价格购买或者出卖某种规定的资产的权利。期权是在期货的基础上产生的一种金融工具。这种金融衍生工具的最大魅力在于，可以使期权的买方将风险锁定在一定的范围之内。

从其本质上讲，期权实质上是在金融领域中将权利和义务分开进行定价，使得权利的受让人在规定时间内对于是否进行交易行使其权利，而义务方必须履行。在期权交易时，购买期权的合约方称作买方，而出售合约的一方则叫作卖方；买方即是权利的受让人，而卖方则是必须履行买方行使权利的义务人（见表6-8、表6-9）。

表6-8　　　　　　　　　　　　期权的种类及期权合约的内容

期权种类 （按交易主体划分）	买方期权	是指赋予期权持有人在期权有效期内按履约价格买进（但不负有必须买进的义务）规定的资产的权利
	卖方期权	是指期权持有人在期权有效期内按履约价格卖出（但不负有必须卖出的责任）规定的资产的权利
期权合约的内容	标的资产	指期权能够买入或者卖出的规定资产
	执行价格	指行权时，可以以此价格买入或卖出规定资产的价格
	到期日	期权有效期截止的时间
	行权方式	如果在到期日之前的任何时间以及到期日都能执行，称这种期权为美式期权。如果只能在到期日执行，称为欧式期权
	期权价格	指为获得该期权，期权的持有人付出的代价

表6-9 衍生品的特点及进行风险管理的思路和条件

项目		说明
运用衍生产品进行风险管理的主要思路		（1）增加自己愿意承担的风险； （2）消除或减少自己不愿意承担的风险； （3）转换不同的风险
运用衍生产品进行风险管理需满足的条件		（1）满足合规要求； （2）与公司的业务和发展战略保持一致； （3）建立完善的内部控制措施，包括授权、计划、报告、监督、决策等流程和规范； （4）采用能够准确反映风险状况的风险计量方法，明确头寸、损失、风险限额； （5）完善的信息沟通机制，保证头寸、损失、风险敞口的报告及时可靠； （6）合规的操作人员
衍生产品的特点	优点	准确性；时效；使用方便；成本优势；灵活性；对于管理金融市场等市场风险有不可替代的作用
	缺点	衍生产品的杠杆作用很大，因而风险很大，如用来投机可能会造成巨大损失

【例题6-16·多选题】 乙公司近年来实施全面风险管理，运用衍生产品等风险理财工具防范风险。下列对乙公司风险理财的表述中，正确的有（　　）。（2015年）

A. 乙公司运用风险理财工具不需要判断风险定价

B. 乙公司运用风险理财工具注重风险因素对现金流的影响

C. 乙公司运用风险理财工具的主要目的是降低风险

D. 乙公司运用风险理财工具既可以针对不可控风险也可以针对可控风险

【答案】 BD

【解析】 风险理财需要判断风险的定价，因此量化的标准较高，即不仅需要风险事件的可能性和损失的分布，更需要量化风险本身的价值。所以选项A错误；风险理财注重风险因素对现金流的影响，所以选项B正确；运用风险理财工具的主要目的是为了创造价值，而不是降低风险，所以选项C错误；风险理财既可以针对不可控风险也可以针对可控风险，所以选项D正确。

（四）损失事件管理

损失事件管理是指对可能给企业造成重大损失的风险事件的事前、事后管理的方法。损失的内容包括企业的资金、声誉、技术、品牌、人才等。

1. 损失融资

损失融资是为风险事件造成的财物损失融资，是从风险理财的角度进行损失事件的事后管理，是损失事件管理中最有共性，也是最重要的部分。

损失事件融资分为预期损失融资和非预期损失融资。预期损失融资一般作为运营资本的一部分，而非预期损失融资则属于风险资本的范畴。

2. 风险资本

风险资本即除经营所需的资本之外，公司还需要额外的资本用于补偿风险造成的财务损失。传统的风险资本表现形式是风险准备金。风险资本是使一家公司破产的概率低于某一给定水平所需的资金，因此取决于公司的风险偏好。

例如，一家公司每年最低运营资本是5亿元，但是有5%的可能性需要7.5亿元维持运营，有1%的可能性需要10亿元才能维持运营。换句话说，如果风险资本为2.5亿元，那么这家公司的生存概率就是95%，而5亿元的风险资本对应的则是99%的生存概率。

3. 应急资本

应急资本是风险资本的表现形式之一。应急资本是一个金融合约，规定在某一个时间段内、某个特定事件发生的情况下公司有权从应急资本提供方处募集股本或贷款，并为此按时间向资本提供方缴纳权力费，这里特定事件称为触发事件。

应急资本费用、利息和额度在合同签订时约定。

应急资本最简单的形式是公司为满足特定条件下的经营需要而从银行获得的信贷额度，一般通过与银行签订协议加以明确，比如信用证、循环信用工具等。

应急资本具有如下特点：

（1）应急资本的提供方并不承担特定事件发生的风险，而只是在事件发生并造成损失后提供用于弥补损失、持续经营的资金。事后公司要向资本提供者归还这部分资金，并支付相应的利息。

（2）应急资本是一个综合运用保险和资本市场技术设计和定价的产品。与保险不同，应急资本不涉及风险的转移，是企业风险补偿策略的一种方式。

（3）应急资本是一个在一定条件下的融资选择权，公司可以不使用这个权利。

（4）应急资本可以提供经营持续性的保证。

4. 保险

保险合同降低了购买保险一方的风险，因为把损失的风险转移给了保险公司。

保险是风险转移的传统手段，即投保人通过保险把风险可能导致的财务损失负担转移给保险公司。

可保风险是纯粹风险，机会风险不可保。运用保险这种工具实施风险转移策略只适合一定的条件。

5. 专业自保

专业自保公司又称专属保险公司，是非保险公司的附属机构，为母公司提供保险，并由其母公司筹集保险费，建立损失储备金。几乎所有的大跨国公司都有专业自保公司。

优点：降低运营成本；改善公司现金流；保障项目更多；公平的费率等级；保障的稳定性；直接进行再保险；提高服务水平；减少规章的限制；国外课税扣除和流通转移。

缺点：内部管理成本；资本与投入；管理人员的新核心；损失储备金不足和潜在损失；税收检查；成本增加或减少其他保险的可得性。

【例题6-17·单选题】 甲公司是一家上市公司，主营业务为生产销售冰箱。2013年收购利多矿业100%的股权。由于甲公司未从事过矿产资源的开采、生产和销售，在矿山经营管理和技术方面缺少经验。为防范可能发生的风险，甲公司决定提取风险准备金。根据以上信息可以判断，甲公司的这一做法属于（　　　）。

A. 损失融资　　　　B. 风险资本　　　　C. 应急资本　　　　D. 套期保值

【答案】 B

【解析】 传统的风险资本表现形式是风险准备金，选项B正确。

·【例题 6 – 18·单选题】甲公司每年最低运营资本是 1 000 万元，但是有 5% 的可能性需要 1 500 万元才能维持运营。如果该公司风险资本为 510 万元，该公司生存的概率是（　　）。（2014 年）

　　A. 95%　　　　　　B. 5%　　　　　　C. 大于 95%　　　　D. 小于 5%

【答案】C

【解析】如果风险准备金是 500 万元，那么这家公司的生存概率就是 95%，现在该公司风险准备金为 510 万元，所以其生存概率大于 95%，选项 C 正确。

【例题 6 – 19·单选题】宏远海运公司为加强对风险损失事件的管理，与甲银行签订协议，规定在一定期间内，如果宏远海运公司由于台风等自然灾害遭受重大损失，可从甲银行取得贷款，并为此按约定的期间向甲银行缴纳权力费。宏远海运公司管理损失事件的方法称为（　　）。（2015 年）

　　A. 专业自保　　　　　　　　　　　B. 应急资本
　　C. 风险补偿合约　　　　　　　　　D. 损失融资

【答案】B

【解析】应急资本是一个金融合约，规定在某一时间段内、某个特定事件发生的情况下公司有权从应急资本提供方处募集股本或贷款（或资产负债表上的其他实收资本项目），并为此按时间向资本提供方缴纳权力费，这里特定事件称为触发事件。所以，选项 B 正确。

（五）套期保值

1. 套期保值与投机

期货（或期权）市场主要有两类业务：套期保值和投机。套期保值是指为了配合现货市场的买入（或卖出）行为，冲抵现货市场价格波动的风险，而通过期货（或期权）市场从事反向交易活动，即卖出（或买入）相应的期货（或期权）合约的行为，其目的是为了对冲价格波动的风险；投机是指单纯的买卖期货（或期权）合约，其目的是为了获得期货（或期权）合约价格波动的投机差价。套期保值的结果是降低了风险；而投机的结果是增加了风险。

2. 期货套期保值

（1）期货价格与现货价格基于现货市场和期货市场两个不同类型的市场，在某个时点标的物的现货价格与期货价格往往会有差异，"基差"的概念用来表示标的物的现货价格与其期货价格之差。基差在期货合约到期日为零，在此之前可正可负。一般而言，离到期日越近，现货价格与期货价格的走势越一致，基差就越小。

①空头套期保值：如果要在未来时间出售资产，则可以通过持有该资产期货合约的空头来对冲风险。如果到期日资产价格下降，现货出售资产亏了，但期货的空头获利。如果到期日资产价格上升，现货出售获利，但期货的空头亏了。

②多头（买入）套期保值：如果要在未来某时间买入某种资产，则可采用持有该资产期货合约的多头来对冲风险。

利用期货套期保值一般涉及两个时间的四个交易。空头套期保值和多头套期保值的举例，见表 6－10、表 6－11，以商品期货为例。

表 6－10　　　　　　　　　商品期货空头套期保值实例

	现货市场	期货市场
7 月	签订合同承诺在 12 个月提供 200 吨铜给客户，因此购买现货铜 200 吨，每吨价格 7 000 美元	在期货交易所卖出 12 个月到期的期铜 200 吨，每吨期铜价格为 7 150 美元
12 月	现货市场每吨铜的价格是 6 800 美元。按现货价格提交客户 200 吨铜	当月期铜价格接近现货价格，为每吨 6 800 美元。按此价格买入期铜 200 吨
结果	每吨亏损 200 美元	每吨盈利 350 美元

表 6－11　　　　　　　　　商品期货多头套期保值实例

	现货市场	期货市场
7 月	签订合同承诺在 12 月购买 1 000 吨原油，此时，现货每吨价格 380 美元	在期货交易所买入 12 个月到期的原油期货 1 000 吨，每吨价格 393 美元
12 月	现货市场每吨原油价格是 400 美元。按现货价格购买 1 000 吨原油	当月原油期货价格接近现货价格，为每吨 399 美元。按此价格卖出原油期货 1 000 吨
结果	每吨亏损 20 美元	每吨盈利 6 美元

（2）期货投机的风险。

期货投机，是指基于对市场价格走势的预期，为了盈利在期货市场上进行的买卖行为。由于远期市场价格的波动性，与套期保值相反，期货的投机会增加风险。

3. 期权套期保值

（1）利用期权套期保值。

（2）期权投机的风险。期权也可以作为投机的工具，但风险更大。

期货交易与期权交易的主要区别见表 6－12。

表 6－12　　　　　　　　　期货与期权交易的区别

比较项目	期货交易	期权交易
权利和义务	期货合约的双方都被赋予相应的权利和义务，除非用相反的合约抵销，这种权利和义务在到期日必须行使，期货的空方甚至还拥有在交割月选择在哪一天交割的权利	期权合约只赋予买方权利，卖方则无任何权利，只有在对方履约时进行对应买卖标的物的义务。特别是美式期权的买方可在约定期限内的任何时间执行权利，也可以不行使这种权利；期权的卖方则须准备随时履行相应的义务
合约是否标准化	期货合约都是标准化的，因为它在交易所交易，所以由交易所统一制定	期权合约不一定是标准化的合同。在美国，场外交易的期权合约是非标准化的，但在交易所交易的期权合约则是标准化的

比较项目	期货交易	期权交易
盈亏风险	期货交易双方所承担的盈亏风险都是很大的	期权交易卖方的亏损风险可能是无限的（看涨期权），也可能是有限的（看跌期权），盈利风险是有限的（以期权价格为限）；期权交易买方的亏损风险是有限的（以期权价格为限），盈利风险可能是无限的（看涨期权），也可能是有限的（看跌期权）
保证金	期货交易的买卖双方都必须缴纳保证金	期权的买方无须缴纳保证金，因为他的亏损不会超过已支付的期权价格，而在交易所交易的期权卖方要缴纳保证金，这跟期货交易一样。场外交易的期权卖方是否需要缴纳保证金则取决于当事人的意愿
买卖匹配	如果不进行平仓的话，期货合约的买方到期必须买入标的资产，期货合约的卖方到期必须卖出标的资产	如果不进行平仓的话，期权合约的买方在到期日或到期日前则有买入（看涨期权）或卖出（看跌期权）标的资产的权利；期权合约的卖方在到期日或到期日前则需根据买方意愿相应卖出（看涨期权）或买入（看跌期权）标的物

【例题6－20·单选题】2015年4月6日，大豆现货价格为2 020元/吨，某加工商对该价格比较满意，希望能以此价格在一个月后买进200吨大豆。为了避免将来现货价格可能上涨，从而提高原材料成本，决定在大连商品交易所进行套期保值。4月6日买进20手9月到期大豆期货合约，10吨/手，成交价格为2 025元/吨。5月6日该加工商在现货市场按照2 050元/吨的价格买进200吨大豆的同时，卖出20手9月到期大豆期货合约平仓，成交价格为2 052元/吨。请问在不考虑佣金和手续费等费用的情况下，5月6日对冲平仓时该套期保值的净损益为（　　　）元。（2015年）

A. －600　　　　　B. －400　　　　　C. 600　　　　　D. 300

【答案】A

【解析】套期保值的净损益 $= 200 \times (2\,020 - 2\,050) + 20 \times 10 \times (2\,052 - 2\,025) = -600$ （元）。

【例题6－21·单选题】甲公司是一家食品加工企业，需要在3个月后采购一批大豆。目前大豆的市场价格是4 000元/吨。甲公司管理层预计3个月后大豆的市场价格将超过4 600元/吨，但因目前甲公司的仓储能力有限，现在购入大豆将不能正常存储。甲公司计划通过衍生工具交易抵销大豆市场价格上涨的风险，下列方案中，甲公司可以采取的是（　　　）。（2011年）

A. 卖出3个月后到期的执行价格为4 500元/吨的看涨期权

B. 卖出3个月后到期的执行价格为4 500元/吨的看跌期权

C. 买入3个月后到期的执行价格为4 500元/吨的看涨期权

D. 买入3个月后到期的执行价格为4 500元/吨的看跌期权

综上所述，运用风险理财措施要明确以下几点：

（1）风险理财是全面风险管理的重要组成部分，在对许多风险的管理上，有着不可替代的地位和作用；

（2）风险理财形式多样，应用灵活，时效性强，具有许多其他手段不可比拟的优点；

（3）风险理财技术性强，需要专门的人才、知识、组织结构、程序和法律环境；

（4）风险理财手段的不当使用，包括策略错误和内控失灵，可能带来巨大的损失。因此风险理财本身的风险管理尤为重要。

第六章

第 14 天

○ **复习旧内容：**

结合框架梳理第六章第四节内容

○ **学习新内容：**

第六章 风险与风险管理 第五节 风险管理技术与方法

○ **今天想要对你说：**

再次重申，想要把战略装进脑袋，总共分三步，第一步是梳理框架，第二步还是梳理框架！第三步还是梳理框架！

○ **可能会遇到的难点：**

学会概括每种技术方法的主要特征，区分哪些是定性的，哪些是定量的。

○ **建议学习时间：**

2 小时新学 +1.5 小时复习

第五节　风险管理技术与方法

风险管理的技术与方法很多，既有定性分析，也有定量分析，这取决于不同风险识别技术和方法的特点。风险管理的技术与方法同样也可以在企业战略分析中使用（见图6-7）。

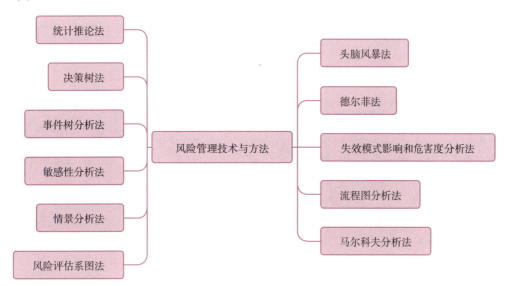

图6-7　风险管理技术与方法

一、头脑风暴法

头脑风暴法又可分为直接头脑风暴法（通常简称"头脑风暴法"）和质疑头脑风暴法（也称"反头脑风暴法"）。前者是专家群体决策，尽可能激发创造性，产生尽可能多的设想的方法，后者则是对前者提出的设想、方案逐一质疑，分析其现实可行性的方法。

适用范围：适用于充分发挥专家意见，在风险识别阶段进行**定性分析**（见表6-13）。

表6-13　　　　　　　　　　　　　　**头脑风暴的优缺点**

优点	局限性
（1）激发了想象力，有助于发现新的风险和全新的解决方案； （2）让主要的利益相关者参与其中，有助于进行全面沟通； （3）速度较快并易于开展	（1）参与者可能缺乏必要的技术及知识，无法提出有效的建议； （2）由于头脑风暴法相对松散，因此较难保证该过程的全面性； （3）可能会出现特殊的小组情况，导致某些有重要观点的人保持沉默而其他人成为讨论的主角； （4）实施成本较高，要求参与者有较好的素质，这些因素是否满足会影响头脑风暴法实施的效果

二、德尔菲法

德尔菲法，又称专家意见法，是采用背对背的通信方式征询专家小组成员的意见，经过几次反复征询和反馈，专家小组成员的意见逐步趋于集中，最后获得具有很高准确率的集体判断结果。德尔菲法采用匿名发表意见的方式，即专家之间不得互相讨论，不发生横向联系，只能与调查人员发生联系（见表6-14）。

适用范围：适用于在专家一致性意见的基础上，在风险识别阶段进行**定性分析**。

表6-14　　　　　　　　　　　　　　　德尔菲法的优缺点

优点	局限性
(1) 由于观点是匿名的，因此更有可能表达出那些不受欢迎的看法； (2) 所有观点有相同的权重，避免重要人物占主导地位的问题； (3) 专家不必一起聚集在某个地方，比较方便实施； (4) 这种方法具有广泛的代表性	(1) 权威人士的意见影响他人的意见； (2) 有些专家碍于情面，不愿意发表与其他人不同的意见； (3) 出于自尊心而不愿意修改自己原来不全面的意见

【例题6-22·单选题】乙公司是一家国内知名的互联网企业，乙公司去年以来推出了多款新的互联网金融产品，为了消除部分客户对其产品风险的质疑，乙公司组织了来自学术界、企业界以及政府相关职能部门的专家，通过电子信箱发送问卷的调查方式征询专家对公司产品风险的意见，下列各项对乙公司采用的风险管理技术与方法优点的表述中，正确的是（　　）。（2014年）

A. 这种方法通过专家群体决策，产生尽可能多的设想

B. 这种方法速度较快，容易开展

C. 这种方法能够激发专家们的想象力

D. 这种方法更有可能表达出那些不受欢迎的看法

【答案】D

【解析】根据题干描述，乙公司采用的风险管理技术与方法是德尔菲法。选项ABC是头脑风暴法的优点。

三、失效模式影响和危害度分析法

适用于对失效模式、影响及危害进行**定性或定量分析**，还可以对其他风险识别方法提供数据支持（见表6-15）。

表6-15　　　　　　　　　　　失效模式影响和危害度分析法的优缺点

主要优点	(1) 广泛适用于人力、设备和系统失效模式，以及硬件、软件和程序； (2) 识别组件失效模式及其原因和对系统的影响，同时用可读性较强的形式表现出来； (3) 通过在设计初期发现问题，从而避免了开支较大的设备改造； (4) 识别单点失效模式以及对冗余或安全系统的需要
局限性	(1) 只能识别单个失效模式，无法同时识别多个失效模式； (2) 除非得到充分控制并集中充分精力，否则研究工作既耗时且开支较大

四、流程图分析法

流程图分析法是对流程的每一阶段、每一环节逐一进行调查分析，从中发现潜在风

险，找出导致风险发生的因素，分析风险产生后可能造成的损失以及对整个组织可能造成的不利影响。

在企业风险识别过程中，运用流程图绘制企业的经营管理业务流程，可以将与企业各种活动有影响的关键点清晰地表现出来，结合企业中这些关键点的实际情况和相关历史资料，就能够明确企业的风险状况（见表6-16）。

表6-16　　　　　　　　　　　　流程图分析法的适用范围及优缺点

适用范围	通过业务流程图方法，对企业生产或经营中的风险及其成因进行定性分析
主要优点	（1）清晰明了，易于操作，且组织规模越大，流程越复杂，流程图分析法就越能体现出优越性； （2）通过业务流程分析，可以更好地发现风险点，从而为防范风险提供支持
局限性	该方法的使用效果依赖于专业人员的水平

五、马尔科夫分析法（见表6-17）

马尔科夫分析法主要围绕"状态"这个概念展开。这种分析通常对于那些存在多种状态的可维修复杂系统进行分析。

表6-17　　　　　　　　　　　　马尔科夫分析法适用范围及优缺点

适用范围	适用于对复杂系统中不确定性事件及其状态改变的定量分析
主要优点	能够计算出具有维修能力和多重降级状态的系统的概率
局限性	（1）无论是故障还是维修，都假设状态变化的概率是固定的； （2）所有事项在统计上具有独立性，因此未来的状态独立于一切过去的状态，除非两个状态紧密相接； （3）需要了解状态变化的各种概率； （4）有关矩阵运算的知识比较复杂，非专业人士很难看懂

六、风险评估系图法（较常考）

用以评估风险影响的常见的定性方法是制作风险评估系图。风险评估系图识别某一风险是否会对企业产生重大影响，并将此结论与风险发生的可能性联系起来，为确定企业风险的优先次序提供框架。横坐标反映风险发生的可能性，纵坐标反映风险发生后产生的影响程度（见表6-18、图6-8）。

表6-18　　　　　　　　　　　　风险评估系图法适用范围及优缺点

适用范围	适用于对风险初步的定性分析
实施步骤	根据企业实际绘制风险评估系图。与影响较小且发生的可能性较低的风险相比，具有重大影响且发生的可能性较高的风险更加需要关注，然后分析每种风险的重大程度及影响
主要优点	风险评估系图法作为一种简单的定性方法，直观明了
局限性	如需要进一步探求风险原因，则显得过于简单，缺乏有效的经验证明和数据支持

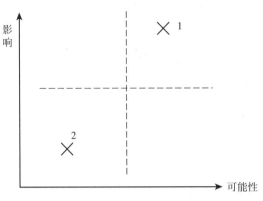

图6－8　风险评估系图

【例题6－23·单选题】乙公司为一家专营空中物流货运的航空公司，现正为可能开发的中东航线进行风险评估。以下是所制定的风险评估系图。在风险管理的基本原则下，乙公司应将注意力集中应对所面临的风险有（　　）。（2012年）

A. 风险①和风险②

B. 风险①、风险②和风险③

C. 风险①、风险②和风险④

D. 风险①、风险②、风险③和风险④

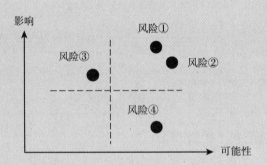

【答案】A

【解析】风险①和风险②属于风险发生的可能性和影响都比较大的风险，因此，乙公司应将注意力集中在应对该类风险。

【例题6－24·单选题】在风险评估系图中，风险对企业所产生的影响是影响风险评级的重要参数，另一个影响风险评级的重要参数是（　　）。（2009年）

A. 应对风险措施的成本

B. 风险发生的可能性

C. 企业对风险的偏好

D. 企业对风险的承受能力

【答案】B

【解析】在风险评估系图中，横轴表示的是风险发生的可能性，纵轴表示的是风险产生的影响。

七、情景分析法

情景分析法又称前景描述法，是假定某种现象或某种趋势将持续到未来的前提下，对预测对象可能出现的情况或引起的后果作出预测的方法。通常用来对预测对象的未来发展作出种种设想或预计，是一种直观的预测方法（见表6-19）。

表6-19　　　　　　　　　　情景分析法适用范围及优缺点

适用范围	通过模拟不确定性情景，对企业面临的风险进行定性和定量分析
主要优点	对于未来变化不大的情况能够给出比较精确的模拟结果
局限性	（1）在存在较大不确定性的情况下，有些情景可能不够现实； （2）在运用情景分析时，主要的难点涉及数据的有效性以及分析师和决策者开发现实情境的能力，这些难点对结果的分析具有修正作用； （3）如果将情景分析作为一种决策工具，其危险在于所用情景可能缺乏充分的基础，数据可能具有随机性，同时可能无法发现那些不切实际的结果

【例题6-25·单选题】 今年以来，受国内外各种不确定性因素的影响，房地产行业的发展进入了一个新阶段，甲房地产公司从定性和定量的角度，按照很好、较好、一般、较差4种不同的假设条件，预测了本公司本年度将面临的各种不确定因素以及由此给公司带来的各种不同后果，甲房地产公司采用的风险管理技术与方法是（　　）。（2014年）

A. 条件预测法　　　B. 敏感性分析法　　　C. 统计推论法　　　D. 情景分析法

【答案】 D

【解析】 情景分析法假定某种现象或某种趋势将持续到未来的前提下，对预测对象可能出现的情况或引起的后果作出预测的方法。通过模拟不确定性情景，对企业面临的风险进行定性和定量分析，选项D正确。

八、敏感性分析法

敏感性分析是针对潜在的风险性，研究项目的各种不确定因素变化至一定幅度时，计算其主要经济指标变化率及敏感程度的一种方法。敏感性因素一般可选择主要参数（如销售收入、经营成本、生产能力、初始投资、寿命期、建设期、达产期等）进行分析。若某参数的小幅度变化能导致效果指标的较大变化，则称此参数为敏感性因素，反之则称其为非敏感性因素（见表6-20）。

表6-20　　　　　　　　　　敏感性分析法适用范围及优缺点

适用范围	适用于对项目不确定性对结果产生的影响进行的定量分析
主要优点	（1）为决策提供有价值的参考信息； （2）可以清晰地为风险分析指明方向； （3）可以帮助企业制定紧急预案

续表

局限性	(1) 分析所需要的数据经常缺乏，无法提供可靠的参数变化； (2) 分析时借助公式计算，没有考虑各种不确定因素在未来发生变动的概率，无法给出各参数的变化情况，因此其分析结果可能与实际相反。

【例题6－26·单选题】 甲公司拟新建一个化工项目。经过可行性研究，该项目预计净现值为420万元，内部收益率为13%。甲公司进一步分析初始投资，建设期及寿命期的变动对该项目预计净现值的影响及影响程度。甲公司采取的风险管理技术与方法是（　）。（2015年）

A. 事件树分析法　　　　　　　　　　B. 敏感性分析法

C. 决策树分析法　　　　　　　　　　D. 情景分析法

【答案】 B

【解析】 本题甲公司进一步分析初始投资，建设期及寿命期的变动对该项目预计净现值的影响及影响程度，属于敏感性分析法，选项B正确。

九、事件树分析法

事件树分析（Event Tree Analysis，ETA）是一种表示初始事件发生之后互斥性后果的图解技术，其根据是为了减轻其后果而设计的各种系统是否起作用，它可以定性地和定量地应用（见表6－21）。

表6－21　　　　　　　　　　事件树分析法适用范围及优缺点

适用范围	适用于故障发生以后，在各种减轻事件严重性的影响下，对多种可能后果的定性和定量分析
主要优点	(1) ETA以清晰的图形显示了经过分析的初始事项之后的潜在情景，以及缓解系统或功能成败产生的影响； (2) 它能说明时机、依赖性，以及故障树模型中很烦琐的多米诺效应； (3) 它生动地体现事件的顺序，而使用故障树是不可能表现的
局限性	(1) 为了将ETA作为综合评估的组成部分，一切潜在的初始事项都要进行识别，这可能需要使用其他分析方法，但总是有可能错过一些重要的初始事项； (2) 事件树只分析了某个系统的成功及故障状况，很难将延迟成功或恢复事项纳入其中； (3) 任何路径都取决于路径上以前分支点处发生的事项。因此，要分析各可能路径上的众多从属因素。然而，人们可能会忽视某些从属因素，如常见组件、应用系统以及操作员等。如果不认真处理这些从属因素，就会导致风险评估过于乐观

【例题6－27·单选题】 下列风险管理技术与方法中，能够对风险进行定量分析的是（　）。（2014年）

A. 事件树分析法　　　　　　　　　　B. 专家意见法

C. 风险评估系统图法　　　　　　　　D. 流程图分析法

【答案】 A

【解析】 选项BCD是定性分析；事件树分析法可以用于定性和定量分析。所以，选项A正确。

十、决策树法

决策树（Decision Tree，DT）是考虑到在不确定性的情况下，以序列方式表示决策选择和结果。决策树开始于初因事项或是最初决策，同时由于可能发生的事项及可能做出的决策，需要对不同路径和结果进行建模（见表6－22）。

表6－22　　　　　　　　　　　决策树法适用范围及优缺点

适用范围	适用于对不确定性投资方案期望收益的**定量分析**
主要优点	（1）对于决策问题的细节提供了一种清楚的图解说明； （2）能够计算到达一种情形的最优路径
局限性	（1）大的决策树可能过于复杂，不容易与其他人交流； （2）为了能够用树形图表示，可能有过于简化环境的倾向

【例题6－28·多选题】 甲公司为澳大利亚的一家电子公司，正在考虑应否把生产总部迁往我国的大连市，然后上市筹资。甲公司管理层希望在投资前了解此项计划获得我国政府批准的可能性及其对公司未来现金流量的影响。甲公司管理层同时也考虑了将生产总部迁往其他国家如韩国的可能性，以及与大连方案相比的风险和回报。在整个分析中，甲公司管理层可用的分析工具有（　　）。（2009年）

A．波士顿矩阵　　　　B．决策树法　　　　C．情景分析法　　　　D．平衡计分卡

【答案】 BC

【解析】 可用来确定风险对企业影响的工具包括情景分析法、敏感性分析法、决策树法等。所以，选项BC正确。波士顿矩阵是一种著名的用于评估公司投资组合的有效模式。平衡计分卡是用于战略控制的方法。

十一、统计推论法

统计推论是进行项目风险评估和分析的一种十分有效的方法，它可分为前推、后推和旁推三种类型。前推就是根据历史的经验和数据推断出未来事件发生的概率及其后果；后推是在手头没有历史数据可供使用时所采用的一种方法，由于很多项目风险的一次性和不可重复性，所以在这些项目风险评估和分析时常用后推法；旁推就是利用类似项目的数据进行外推，用某一项目的历史记录对新的类似建设项目可能遇到的风险进行评估和分析（见表6－23）。

表6－23　　　　　　　　　　　统计推论法适用范围及优缺点

适用范围	适合于各种风险分析预测
主要优点	（1）在数据充足可靠的情况下简单易行； （2）结果准确率高

续表

局限性	（1）由于历史事件的前提和环境已发生了变化，不一定适用于今天或未来； （2）没有考虑事件的因果关系，使外推结果可能产生较大偏差。为了修正这些偏差，有时必须在历史数据的处理中加入专家或集体的经验修正

【例题6−29·单选题】甲为大型商场，开业以来，公司积累了丰富的销售数据，公司战略部门每年都会对这些数据整理，据此推算出未来年度企业的销售风险，甲的风险管理方法是（　　）。(2017年)

A. 正推　　　　　　　　　　　　B. 后推

C. 前推　　　　　　　　　　　　D. 逆推

【答案】C

【解析】前推就是根据历史的经验和数据推断出未来事件发生的概率及其后果，甲商场用积累的销售数据推算未来年度销售风险属于前推。

第六章 风险与风险管理

彬哥跟你说：

最后一章了，战略相对于其他科目来说，内容确实少了很多！在最后一章，我还是不得不提醒各位，战略真不是各位所认为的"看看书就过了"，很多人都卡在了战略这一科里面，原因在前面也说过！

既然学完了本章，那么接下来的大量时间还请各位做到"回归讲义"和"思考真题"，只有这两者都做到，方可有自信百分百通过战略！

今日复习步骤：

第一遍：回忆＆重新复习一遍框架（15分钟）

学习要求：这一遍的目的是自己重新复习一遍框架，不需要掌握所有细节，但求框架了然于心。

包括：概述（风险概念、种类；风险管理的概念）、风险管理目标、风险管理基本流程、风险管理体系、风险管理技术与方法（11种）

（1）风险的种类：外部风险（5种）、内部风险（3种）；

（2）风险管理的概念：特征（5个）、传统风险管理与全面风险管理的区别；

（3）基本流程：收集初始信息、进行风险评估、制定风险管理策略（7种）、提出和实施解决方案、监督与改进；

（4）风险管理体系：风险管理策略（组成部分包括：确定风险偏好和承受度、确定有效性标准、选择工具、确定资源配置）、组织体系（6个）、内部控制系统、风险理财措施（特点、策略与方案、损失事件管理、套期保值）、风险信息管理系统。

第二遍：对细节进一步掌握（90分钟）

第三遍：重新复习一遍框架（10分钟）

我问你答：

（1）风险只是负面的因素，是否正确？

（2）外部风险包括哪几种？其中，市场风险要具体考虑哪几个方面？

（3）内部风险包括哪几种？运营风险要考虑哪些方面？财务风险有哪几个？

（4）风险管理的特征是什么？全面风险管理相比传统风险管理的特点是什么？

（5）风险管理策略的工具有哪7种？分别适用什么情况？

（6）风险度量方法有哪几种？哪种无须判断概率？

（7）风险管理委员会对谁负责？主要履行什么职责？

（8）风险理财的特点是什么？金融衍生品包括哪四种？

（9）损失事件管理包括哪些方法？风险资本与应急资本有什么联系与区别？为母公司提供保险，并由其母公司筹集保险费，建立损失储备金，说的是哪种方法？

（10）套期保值与投机的区别是什么？哪个是增加风险？哪个是降低风险？

（11）风险管理技术与方法：德尔菲法是采用什么方式，有什么优点和局限性？敏感性分析法、情景分析法、事件树分析法、决策树法的适用范围有什么区别？有哪些方法是属于定性分析？风险评估系图法的图是怎么画的，需要关注的风险是哪些？

（12）内部控制要素包括什么？

本章作业：

（1）请把讲义例题做三遍（做错的题目，请分析错误原因并记录到改错本）；

（2）请复习完口述一遍框架，发到小组群，组长组织评判；

（3）睡前请再回忆一遍框架；

（4）第二天早上，请再回忆一遍框架，对于回忆不起来的内容，请翻书看一遍

第 15 天

○ **复习旧内容：**

结合框架梳理第六章第一节～第三节内容

○ **学习新内容：**

无

○ **今天想要对你说：**

任务越来越轻松，但是切不可大意，温故知新也是极重要的！

○ **建议学习时间：**

1.5 小时复习

第 16 天

○ **复习旧内容：**

结合框架梳理第六章第四节～第五节内容

○ **学习新内容：**

无

○ **今天想要对你说：**

再次重申，想要把战略装进脑袋，总共分三步，第一步是梳理框架，第二步还是梳理框架！第三步还是梳理框架！

○ **建议学习时间：**

1.5 小时复习

项目	第三轮复习
第 17 天	结合框架梳理第一章～第二章的内容
第 18 天	结合框架梳理第三章的内容
第 19 天	结合框架梳理第四章的内容
第 20 天	结合框架梳理第五章的内容
第 21 天	结合框架梳理第六章的内容
这几天想要对你说	如果框架已经梳理清楚，可以尝试着对照框架默背出更详细的知识点，遇到记不清的再翻回去看看。记住，诀窍就是多重复几遍！
建议学习时间	每天复习 3 小时

附　录　简答题作答方法及可考点

> 彬哥战略简答题方法：
> （1）把主观题当客观题；
> （2）采取总分形式作答。

一、作答方法

（一）把主观题当客观题

实际上在考试中没有真正的主观题，我们要把主观题当作客观题来回答，实际上改卷也是**"踩点给分"**，这也是为什么有同学写几个字可以得分，也有同学写一大段不能得分。因为有人真的把简答题和综合题当作了主观题。

这种情况我们如何解决？战略虽然是框架之下增加内容，但是对于一些常考的简答题，我们还是要背诵，但是不是大段大段地背诵，而是把关键语句背下来，或者至少达到熟练的程度。那么如果时间不够，我们就选择重点来背诵，重点关注最近五年的简答题考点。

（二）采取总分形式作答

作答要学会**"总分结构"**，先把得分点摆出来，然后后面结合原文进行分析。如果不能这样写，就算写一大段话也不能得分，因为改卷老师不知道哪里给你分数。这一招是为了明确地告诉改卷老师，你应该在这里给我分数，其他地方你不用看了。

【例题·综合题】（2015 年） C 国亚威集团是一家国际化矿业公司，其前身是主营五金矿产进出口业务的贸易公司。

2004 年 7 月，亚威集团在"从贸易型企业向资源型企业转型"的战略目标指引下，对北美 N 矿业公司发起近 60 亿美元的收购。当时国际有色金属业正处于低潮，收购时机较好。2005 年 5 月，虽然并购双方进行了多个回合的沟通和交流，但 N 矿业公司所在国政府否决了该收购方案，否决的主要理由有两点：一是亚威集团资产负债率高达 69.82%，其收购资金中有 40 亿美元由 C 国国有银行贷款提供，质疑此项收购有 C 国政府支持；二是亚威集团在谈判过程中一直没有与工会接触，只与 N 矿业公司管理层谈判，这可能导致收购方案在管理与企业文化整合方面存在不足。

Z 公司原是澳洲一家矿产上市公司，其控制的铜、锌、银、铅、金等资源储量非常可观。2008 年，国际金融危机爆发，Z 公司面临巨大的银行债务压力，于当年 11 月停牌。之后 Z 公司努力寻求包括出售股权在内的债务解决方案。亚威有色公司是亚威集团下属子公司，主营业务为生产经营铜、铅、锌、锡等金属产品。2009 年 6 月，经过双方充分协商，亚威有色公司以 70% 的自有资金，成功完成对 Z 公司的收购，为获取 Z 公司低价格有色金属资源奠定了重要基础。

（1）根据并购的类型，从不同角度简要分析亚威集团和亚威有色公司跨国收购的类型。

（2）简要分析亚威集团收购 N 矿业公司失败的主要原因。

（3）简要分析亚威集团和亚威有色公司通过跨国收购实现国际化经营的主要动机。

【答案】

（1）按并购双方所处的产业分类，亚威集团收购 N 矿业公司属于纵向并购，"从贸易型企业向资源型企业转型"；亚威有色公司对 Z 公司的收购属于横向并购，"亚威有色公司是亚威集团下属子公司，主营业务为生产经营铜、铅、辞、锡等金属产品；Z 公司是澳洲一家矿产公司，其控制的铜、锌、银、铅、金资源储量非常可观"。

按被并购方的态度分类，亚威集团收购 N 矿业公司为友善并购，"并购双方进行了多个回合沟通和交流"；亚威有色公司对 Z 公司的收购也属于友善并购，"经过双方充分协商"。并购方的身份分类，亚威集团收购 N 矿业公司为产业资本并购；亚威有色公司对 Z 公司的收购也属于产业资本并购。

按收购资金来源分类，亚威集团收购 N 矿业公司属于杠杆收购，"亚威集团收购资金中有 40 亿美元由 C 国国有银行贷款提供（总共 60 亿美元的收购）"；亚威有色公司对 Z 公司的收购属于非杠杆收购，"亚威有色公司以 70% 的自有资金，成功完成对 Z 公司的收购"。

【得分点分析】 本题的得分点就在纵向并购、友善并购和杠杆收购，当然你也可以说是产业资本并购，这都是得分点，但是不管怎么主观，"纵向并购""友善并购""杠杆收购"或者"产业资本并购"等词语就是给分点，否则写再多文字也不能得分。

（2）亚威集团收购 N 矿业公司失败的主要原因包括：

①购后不能很好地进行企业整合。"亚威集团在谈判过程中一直没有与工会接触，只与 N 矿业公司管理层谈判，这可能导致收购方案在管理与企业文化整合方面存在不足"。

②跨国并购面临政治风险。"N 矿业公司所在国政府否决了该收购方案……其收购资金中有 40 亿美元由 C 国国有银行贷款提供，质疑此项收购有 C 国政府支持"。

【得分点分析】 并购失败的原因总共是四个：

①决策不当的并购。

②并购后不能很好地进行企业整合。

③支付过高的并购费用。

④跨国并购面临政治风险。

我们抓住这一点之后，那么就能够分析出亚威集团失败的原因。这里的回答我们可以看一下，将两条原因写在前面，一目了然地告诉老师得分点在哪里。

如果我们想聪明一点，可以首先将失败的原因这四条全部列在最前面，然后抓出其中的两条进行详细阐述。

（3）发展中国家企业对外投资的主要动机有：

①寻求市场；②寻求效率；③寻求资源；④寻求现成资产。

亚威集团公司和亚威有色公司跨国收购的主要动机都是寻求资源，"将亚威从贸易型企业向资源型企业转型"；"为获取Z公司低价格的有色金属资源奠定了重要的条件"。

【得分点分析】这里的原理跟前面一样。

二、简答题可考点

注意：由于本书的篇幅限制，所以此处只是简单列举，在考前我们将根据最新研究发布最新的详细版本，敬请关注。

1. 评估战略备选方案（3 标准）

2. 战略变革的类型（4 个）

3. 克服变革阻力的策略

4. 宏观环境分析（PEST 模型）

5. 产业五种竞争力

6. 战略群组分析的意义

7. 企业资源分析

8. SWOT 分析

9. 发展战略

发展战略主要包括三种基本类型：一体化战略、密集型战略和多元化战略。

10. 发展战略的主要途径

（1）发展战略可选择的途径。

一般可以采用三种途径，即外部发展（并购）、内部发展（新建）与战略联盟。

（2）并购的类型和动机。

11. 基本竞争战略

三种基本竞争战略的优势和危险。

12. 中小企业竞争战略

（1）零散产业中的竞争战略。

（2）新兴产业中的竞争战略。

13. 采购战略

单一货源策略、多货源策略和由供应商负责交付一个完整的子部件的优点和缺点。

14. 发展中国家企业国际化经营动因

寻求市场	巩固、扩大和开辟市场
寻求效率	即降低成本导向型动机，利用国外廉价的生产要素，降低生产成本
寻求资源	出于获取一些战略性资产，主要是自然资源方面的考虑
寻求现成资产	即技术与管理导向型动机，是为了获取和利用国外先进的技术、生产工艺、新产品设计和先进的管理经验等

15. 新兴市场的企业战略
16. 矩阵制组织结构的优点和缺点
17. 战略失效的类型
18. 企业面对的风险种类

企业面对的主要风险可以分为两大类：

（1）外部风险类：政治风险、法律风险、社会文化风险、技术风险、自然环境风险、市场风险。

（2）内部风险类：战略风险、运营风险、财务风险。

2020

21天突破

公司战略与风险管理

Corporate Strategy and Risk Management

考点通

李彬 编著　BT学院 组编

CPA

李彬教你考注会®

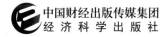

中国财经出版传媒集团
经济科学出版社

目 录

Contents

第一章　战略与战略管理

第一节　公司战略的基本概念

考点一：公司战略传统概念和现代概念的区别

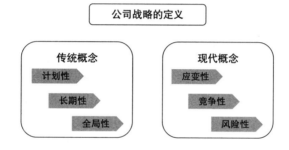

【例题 1-1·多选题】逸风公司是一家手机游戏软件开发。该公司为实现预定的战略目标，借助大数据分析工具，及时根据市场需求的变化调整产品开发和经营计划，成效显著。下列各项中，对逸风公司上述做法表述正确的有（　　）。（2018 年）

A. 逸风公司的战略是在其内外环境的变化中不断完善规划的结果

B. 逸风公司的战略是理性计划的产物

C. 逸风公司的战略是事先的计划和突发应变的组合

D. 逸风公司采取主动态势预测未来

【答案】ACD

【解析】选项 A 正确，一个实际的战略是管理者在公司内外各种情况不断暴露的过程中不断规划和再规划的结果；选项 B 错误，明茨伯格提出，以计划为基点将企业战略视为理性计划的产物是不正确的；选项 C 正确，公司大部分战略是事先的计划和突发应变的组合；选项 D 正确，在当今瞬息万变的环境里，公司战略意味着企业要采取主动态势预测未来。

考点二：公司使命和目标的分类

公司的使命包括：公司目的、公司宗旨和经营哲学。

（1）公司目的：公司目的是企业组织的根本性质和存在理由的直接体现。组织按其存在理由可分为两大类：营利组织和非营利组织。营利组织的首要目的是为其所有者带来经济价值。相反，非营利组织的首要目的是提高社会福利、促进政治和社会变革，而不是营利。

（2）公司宗旨：阐述公司长期的战略意向，其具体内容主要说明公司目前和未来所要从事的经营业务范围；反映出企业的定位。定位是指企业采取措施适应所处的环境。定位包括相对于其他企业的市场定位，如生产或销售什么类型的产品或服务给特定的部门，或以什么样的方式满足客户和市场的需求，如何分配内部资源以保持企业的竞争优势，等等。

（3）经营哲学：是公司为其经营活动方式所确立的价值观、基本信念和行为准则，是企业文化的高度概括。经营哲学主要通过公司对利益相关者的态度、公司提倡的共同价值观、政策和目标以及管理风格等方面体现出来。经营哲学同样影响着公司的经营范围和经营效果。

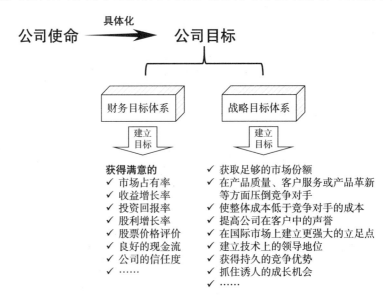

【例题1-2·单选题】 睿祥公司创业初期主营手机业务，后来成长为一家涵盖众多消费电子产品和软硬件的互联网企业。本案例体现了睿祥公司（　　）。（2019年）

A. 宗旨的变化　　　　　　　　　　B. 经营哲学的变化

C. 战略层次的变化　　　　　　　　D. 公司目的的变化

【答案】 A

【解析】 公司宗旨阐述公司长期的战略意向，其具体内容主要说明公司目前和未来所要从事的经营业务范围。"睿祥公司创业初期主营手机业务，后来成长为一家涵盖众多消费电子产品和软硬件的互联网企业"体现的是经营业务范围的调整，即公司宗旨的变化，选项A正确。

【例题1-3·单选题】 甲公司的创始人在创业时就要求公司所有员工遵守一个规定：在经营活动中永远不做违背道德和法律的事情。从公司使命角度来看，此规定属于（　　）。（2014年）

A. 公司目的　　　　　　　　　　　B. 公司宗旨

C. 经营哲学　　　　　　　　　　　D. 公司目标

【答案】 C

【解析】 经营哲学是公司为其经营活动方式所确立的价值观、基本信念和行为准则，是企业文化的高度概括。经营哲学主要通过公司对利益相关者的态度、公司提倡的共同价值观、政策和目标以及管理风格等方面体现出来。本题"在经营活动中永远不做违背道德和法律的事情"体现的是公司的经营哲学，选项C正确。

考点三：公司战略层次

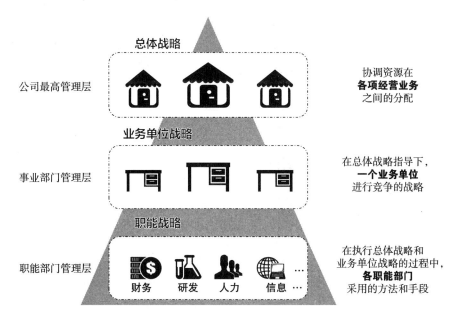

总体战略又称公司层战略。在大中型企业中，特别是多种经营的企业，总体战略是企业最高层次的战略。它需要根据企业的目标，选择企业可以竞争的经营领域，合理配置企业经营所必需的资源，使各项经营业务相互支持、相互协调。公司战略常常涉及整个企业的财务结构和组织结构方面的问题。

【例题1-4·单选题】 2016年以来，生产安保设施的天盾公司先后收购了两家同类企业，在扩大生产经营规模、降低成本的同时，开发出功能优于其他同类产品的新产品。天盾公司的上述收购行为属于该公司的（   ）。(2018年)

A. 总体战略   B. 业务单位战略   C. 职能战略   D. 混合战略

【答案】 A

【解析】 在决定公司是否进行并购等行为属于总体战略，总体战略是企业最高层次的战略。它需要根据企业的目标，选择企业可以竞争的经营领域（即业务单位战略），合理配置企业经营所必需的资源（即职能战略），使各项经营业务相互支持、相互协调。

【例题1-5·单选题】 下列各项中，属于业务单位战略核心要素的是（   ）。(2015年)

A. 选择企业可以竞争的经营领域

B. 协调每个职能中各种活动之间的关系

C. 协调不同职能与业务流程之间的关系

D. 明确企业的竞争战略

【答案】 D

【解析】 业务单位战略也称竞争战略。业务单位战略是各业务单位将公司战略所包含的企业目标、发展方向和措施具体化，形成本业务单位具体的竞争与经营战略。业务单位战略要针对不断变化的外部环境，在各自的经营领域中有效竞争。所以，选项D正确。选项A属于总体战略的核心要素；选项B、C属于职能战略的核心要素。

【例题1-6·单选题】 公司总体战略的构成要素是（   ）。(2014年)

A. 选择经营范围，发挥协同作用

B. 确立竞争优势，有效地控制资源的分配和使用

C. 配置企业内部资源，发挥协同作用

D. 选择经营范围，合理配置企业经营所需资源

【答案】 D

【解析】 总体战略（公司层战略），是企业最高层次的战略。它需要根据企业的目标，选择企业可以竞争的经营领域，合理配置企业经营所必需的资源，使各项经营业务相互支持、相互协调。选项D正确。

第二节 公司战略管理

考点一：制订战略选择方案的方法（3方法）

企业根据不同层次管理人员介入战略分析和战略选择工作的程度，选择自上而下的方法、自下而上的方法或上下结合的方法来制定战略方案。三者的区别在于战略制定中对集权和分权程度的把握。

考点二：评估战略备选方案的标准（3标准）

（1）适宜性标准，即考虑选择的战略是否发挥了企业的优势，克服了企业的劣势，是否利用了外部环境提供的机会，将外部威胁削弱到了最低程度，是否有助于企业实现目标；

（2）可接受性标准，即考虑选择的战略能否被企业利益相关者所接受；

（3）可行性标准，对战略评估最终要落实到财务指标上。

考点三：渐进性变革和革命性变革

渐进性变革的特点	革命性变革的特点
在企业生命周期中经常发生 稳定地推进变化 影响企业体系的某些部分	在企业生命周期中不经常发生 全面转化 影响整个企业体系

考点四：战略变革的发展阶段

（1）**连续阶段**：在这个阶段中，制定的战略基本上没有发生大的变化，仅有一些小的修正。

（2）**渐进阶段**：在这个阶段中，战略发生缓慢的变化。这种变化可能是零打碎敲性的，也可能是系统性的。

（3）**不断改变阶段**：在这个阶段中，战略变化呈现无方向或无重心的特点。

（4）**全面阶段**：在这个阶段中，企业战略是在一个较短的时间内、发生革命性或转化性的变化。

【例题1-7·单选题】 民先公司是一家销售生鲜食品的大型连锁超市。2017年，该公司新开设了网上销售业务，并初步建立了快速高效的物流体系，目前已实现在若干超市门店3公里范围

内，至多30分钟即可送货上门。从战略变革发展阶段角度看，民先公司的上述做法属于战略变革的（　　）。(2018年)

　　A. 连续阶段　　　　B. 渐进阶段　　　　C. 不断改变阶段　　　D. 全面阶段

【答案】 B

【解析】 在本题中，民先公司正在初步建立物流体系，进行着公司战略的缓慢变化，故属于战略变革的渐进阶段。

【例题1-8·单选题】 春雨公司是一家主营婴幼儿保健用品的电子商务企业。2016年，该公司敏锐地发现市场潮流的变化，并着手建立了几家实体店进行试营业，取得了较好的业绩。从战略变革发展阶段角度看，春雨公司的上述做法属于战略变革的（　　）。(2018年)

　　A. 连续阶段　　　　　　　　　　B. 不断改变阶段

　　C. 渐进阶段　　　　　　　　　　D. 全面阶段

【答案】 C

【解析】 战略变革的渐进阶段，战略发生缓慢的变化。这种变化可能是零打碎敲性的，也可能是系统性的。"该公司敏锐地发现市场潮流的变化，并着手建立了几家实体店进行试营业，取得较好的业绩"体现战略发生缓慢的变化，而且这种变化是零打碎敲性的。

考点五：战略变革的类型（4个）

技术变革：工作方法、设备和工作流程等生产产品和服务技术。

产品和服务变革：包括开发新产品或改进现有产品。

结构和体系变革：包括组织结构变化、企业政策变化和控制系统变化。

人员变革：指企业员工价值观、工作态度、技能和行为方式的转变。

【例题1-9·多选题】 慧群公司在完成第三轮融资后，着手进行战略变革，针对消费潮流的变化开发出若干新产品，从一家互联网金融公司转型为一家集金融、科技、商贸为一体的公司，对企业员工的技能和行为方式提出了新的要求。慧群公司所实施的战略变革的类型有（　　）。(2018年)

　　A. 技术变革　　　　　　　　　　B. 人员变革

　　C. 产品和服务变革　　　　　　　D. 结构和体系变革

【答案】 BCD

【解析】 "对企业员工的技能和行为方式提出了新的要求"属于人员变革。所以，选项B正确。"针对消费潮流的变化开发出若干新产品"属于产品和服务变革。所以，选项C正确。"从一家互联网金融公司转型为一家集金融、科技、商贸为一体的公司"属于结构和体系变革。所以，选项D正确。

考点六：克服变革阻力的策略

变革的节奏	循序渐进
变革的管理方式	（1）鼓励冲突领域的对话 （2）鼓励个人参与 （3）为员工提供针对新技能和系统应用的学习课程
变革的范围	采用变革范围比较小的方式

【例题 1-10·多选题】 传统型制造企业方达公司正在实施全方位战略变革。为克服变革阻力，公司高层循序渐进推进变革，时刻关注员工的心理变化，认真听取员工的意见和建议，并组织员工学习新技能，鼓励员工积极参与变革。方达公司克服变革阻力的主要策略有（　　）。（2019 年）

A. 采取适宜的变革节奏　　　　　　　B. 调整变革的范围

C. 调整变革的任务　　　　　　　　　D. 采取适宜的变革管理方式

【答案】 AD

【解析】 "公司高层循序渐进推进变革"属于采取适宜的变革节奏；"时刻关注员工的心理变化，认真听取员工的意见和建议，并组织员工学习新技能，鼓励员工积极参与变革"属于采取适宜的变革管理方式。选项 AD 正确。

【例题 1-11·多选题】 2017 年，方舟物流公司在应用互联网技术的基础上重新规划了网点布局和内部组织结构，启动了新一轮战略变革。为了减少变革的阻力，该公司对员工进行了所需新技术和业务能力的培训，并尽量用工作方式的改变代替工作团体的重组。方舟物流公司克服变革阻力所采用的策略涉及（　　）。（2018 年）

A. 变革的范围　　　　　　　　　　　B. 变革的管理方式

C. 变革的节奏　　　　　　　　　　　D. 变革的力度

【答案】 ABC

【解析】 "尽量用工作方式的改变代替工作团体的重组"属于变革的范围。所以，选项 A 正确。"公司对员工进行了所需新技术和业务能力的培训"属于变革的管理方式。所以，选项 B 正确。"在应用互联网技术的基础上重新规划了网点布局和内部组织结构"属于变革的节奏，选项 C 正确。

【例题 1-12·多选题】 2015 年以来，甲公司为了更好地应对企业变革中的阻力，决定邀请外部专家对员工开设一系列培训课程，内容涉及员工技能培训和业务能力提升等。根据以上信息，甲公司克服变革阻力运用的策略不包括（　　）。（2017 年）

A. 改变变革的范围　　　　　　　　　B. 改变变革的节奏

C. 改变变革的类型　　　　　　　　　D. 采用适宜的变革管理方式

【答案】 ABC

【解析】 在处理变革的阻力时，管理层应当考虑变革的三个方面：变革的节奏、变革的管理方式和变革的范围。题目提到的只有针对员工的培训，属于管理范畴，选项 D 正确。

【例题 1-13·简答题】 绿安集团创建于 20 世纪 90 年代，专门从事化工原料贸易，化工原料主要来源于国内生产企业。在绿安集团成立后的几年内，国内民用化工产品的市场不断扩大，对化工原料的需求日益增加，绿安集团的业务开展得红红火火，利润持续增长。2000 年开始，在董事长李先生的推动下，绿安集团实施第一次战略转型：走"工贸结合"的道路，凭借绿安集团的贸易优势，尤其是多年积累的信息优势和渠道优势，把产业链延伸到工业实体领域，做出自己的产品，树立自己的品牌，以适应未来市场趋势和行业环境的变化。2002 年，绿安集团成立了一家化纤企业，产品主要是地毯纱线，这种纱线是地毯纺织企业的主要原料。这家企业成立后不久就实现了盈利，以后几年内产销量不断增加，成为绿安集团新的利润增长点。

2008 年国际金融危机爆发，化工产品制造行业遭遇了严重的困难，由于需求增速放缓以及企业自主创新能力不足、同质化竞争严重，行业的发展陷于停滞。绿安集团化纤企业的销售量开始

下降，难以实现当年的计划目标。董事长李先生从中既看到了挑战，也看到了机会，他又提出并组织实施了绿安集团的又一次战略变革：将绿安集团的产业链进一步向下游延伸至终端产品——地毯行业。年底，绿安集团克服了变革阻力，投资新建了地毯生产企业。几年来，随着中国酒店业、房地产业的迅猛发展以及人们居住条件的改善，国内地毯市场的潜力被逐渐开发出来，绿安集团的地毯生产企业也持续呈现产销两旺的局面。

要求：

（1）简要分析绿安集团管理层应从哪些方面考虑克服第二次战略变革阻力的策略。

（2）简要分析绿安集团实施纵向一体化战略所属的类型及其主要优点。（该知识点参见一体化战略）（2014年）

【答案】

（1）绿安集团管理层在实施第二次战略变革时应考虑变革的3个方面：

①变革的节奏；

②变革的管理方式；

③变革的范围。

（2）绿安集团从化工原料贸易延伸至地毯纱线生产，是前向一体化战略，绿安集团从地毯纱线生产延伸至地毯生产，也是前向一体化战略。前向一体化战略有利于企业控制和掌握市场，增强对消费者需求变化的敏感性，提高企业产品的市场适应性和竞争力。"以适应未来市场趋势和行业环境的变化……以后几年内产销量不断增加，成为绿安集团新的利润增长点""既看到了挑战，也看到了机会……国内地毯市场的潜力被逐渐开发出来，绿安集团的地毯企业也持续呈现产销两旺的局面"。

【例题1-14·简答题】2005年之前金宝集团着重于公用事业，主要围绕城市燃气来推动企业发展。从2005年开始金宝集团专注于清洁能源的开发和利用，依托技术创新和商业模式创新，形成从能源开发、能源转化、能源物流到能源分销的上中下游纵向一体化的产业链条，为客户提供多种清洁能源组合的整体解决方案。金宝集团"清洁能源生产与应用"的宗旨日益清晰。

随着集团清洁能源战略目标的日益清晰，金宝集团于2006年初进行了重大调整。

一是调整组织结构，将金宝集团的原有三大产业集团调整为能源分销、能源装备、能源化工、生物化工等产业板块，总部下设的支持保障机构也做了相应的变更。

二是人力资源政策调整，实施以科技牵引集团发展清洁能源的战略升级。金宝集团启动科技人才梯队建设，努力实现拥有科研人员、工程设计人员、技术管理人员、项目管理人员、技术工人五类人才和领军人物、核心人才、骨干人才三级智力网络的优秀科技人才梯队。

三是在科技人才激励体系、运行机制方面，金宝集团依据价值共创与价值共享的人本思想建立科技人才激励机制。金宝集团的激励政策致力于激发员工创新能力，重实绩、重贡献、重成果，向优秀科技创新人才和关键技术岗位倾斜，实行"智慧参与分配"和"技术参与股利分配"政策。技术与资本、劳动、管理一起，作为集团价值分配要素，以引导技术人员创造性地工作，全力攻克技术难关。建立以项目为基本单元，以项目成果为导向的激励机制，使激励和项目运作有机地结合起来。

要求：

（1）简要分析金宝集团从2005年开始启动的战略变革的类型。

（2）简要分析钱德勒"组织结构服从战略"理论在金宝集团的战略变革中是如何应用的。

（参考组织结构）

（3）简要分析金宝集团还可采取哪些人力资源战略措施。（该考点参考职能战略）（2014年）

【答案】

（1）金宝集团战略变革的类型有：

①产品和服务变革。指企业的产出的变革，包括开发新产品或改进现有产品。"2005年之前金宝集团着重于公用事业，主要围绕城市燃气来推动企业发展，从2005年开始金宝集团专注于清洁能源的开发和利用"。

②结构和体系变革。指企业运作的管理方法的变革，包括结构变化、政策变化和控制系统变化。"集团的原有三大产业集团调整为能源分销、能源装备、能源化工、生物化工等产业板块，总部下设的支持保障机构也做了相应的变更"。

③人员变革。指企业员工价值观、工作态度、技能和行为方式的转变，目的是确保职工努力工作，完成企业目标。"金宝集团启动科技人才梯队建设，……建立科技人才激励机制。……以引导技术人员创造性地工作"。

（2）钱德勒的组织结构服从战略理论可以从以下两个方面展开：

①战略的前导性与结构的滞后性。这是指企业战略的变化快于组织结构的变化，企业组织结构的变化常常慢于战略的变化速度。企业应努力缩短结构反应滞后的时间，使结构配合战略的实施。

②企业发展阶段与结构。企业发展到一定阶段，其规模、产品和市场都发生了变化。这时，企业应采用合适的战略，并要求组织结构做出相应的反应。

本案例中"从2005年开始金宝集团专注于清洁能源的开发和利用"，体现战略前导性；"随着集团清洁能源战略目标的日益清晰，金宝集团组织结构也在不断调整"，体现结构的滞后性；也体现出当企业发展到一定阶段，企业会采用合适的战略，并要求组织结构做出相应的反应。

（3）金宝集团还可采取以下人力资源战略措施：

①精确识别出企业为实现短期、中期和长期的战略目标所需要的人才类型。

②通过培训、发展和教育来激发员工潜力。

③尽可能地提高任职早期表现出色的员工在员工总数中所占的比重。

④招聘足够的、有潜力成为出色工作者的年轻新就业者。

⑤确保采取一切可能的措施来防止竞争对手挖走企业的人才。

⑥招聘足够的、具备一定经验和成就的人才，并使其迅速适应新的企业文化。

第二章 战略分析

第一节 企业外部环境分析

考点一：PEST 分析

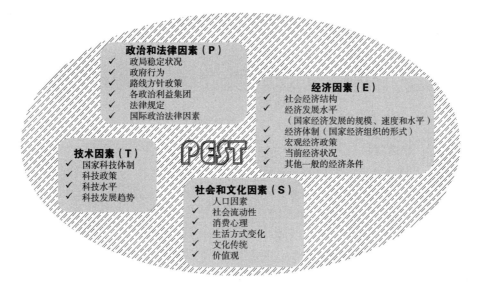

【例题 2 - 1 · 单选题】国家出台"每对夫妻可生育两个子女"的政策后，少儿智能学习机制造商龙华公司预测其产品的市场需求将明显增长，于是制定并实施了新的发展战略，扩大投资，提高生产能力，同时采用新智能技术实现产品升级。龙华公司外部环境分析所采用的主要方法是（ ）。（2019 年）

A. 五种竞争力分析

B. 成功关键因素分析

C. PEST 分析

D. 产品生命周期分析

【答案】C

【解析】本题考核"宏观环境分析"。国家出台"二孩"政策，该公司根据政策出台预测其产品需求会增长，属于宏观环境分析中的政治和法律环境对企业的影响。

考点二：产品生命周期及各期特点目标风险

	导入期	成长期	成熟期	衰退期
特点	产品用户很少，只有很少的竞争对手	产品销量攀升，销售群已经扩大。竞争者涌入，企业之间开始争夺人才和资源，会出现兼并等意外事件，引起市场动荡。由于需求大于供应，此时产品价格最高，单位产品净利润也最高	竞争者之间出现挑衅性的价格竞争。产品价格开始下降，毛利率和净利润率都下降，利润空间适中	客户大多很精明，对性价比要求高
战略目标	企业目的是扩大市场份额，争取成为"领头羊"	争取最大市场份额，并坚持到成熟期的到来	经营战略的重点转向巩固市场份额的同时提高投资报酬率	防御，获取最后的现金流
主要战略路径	投资于研究开发和技术改进，提高产品质量	市场营销，此时是改变价格形象和质量形象的好时机	提高效率，降低成本	控制成本，以求能维持正的现金流量
经营风险	非常高	因产品本身的不确定性的降低而有所下降，但维持在较高水平	进一步降低，达到中等水平	较低

【例题2-2·单选题】专为商业零售企业提供管理咨询服务的智信公司于2015年预测中国的实体百货零售业已进入衰退期。该公司作出上述预测的依据应是（　　　）。（2019年）

A. 实体百货零售业投资额增长率曲线的拐点

B. 实体百货零售业利润额增长率曲线的拐点

C. 实体百货零售业工资额增长率曲线的拐点

D. 实体百货零售业销售额增长率曲线的拐点

【答案】D

【解析】产业发展要经过4个阶段：导入期、成长期、成熟期和衰退期。这些阶段是以产业销售额增长率曲线的拐点划分。选项D正确。

【例题2-3·单选题】近年来，国产品牌智能手机企业强势崛起，出货量迅猛增长，与国际品牌智能手机在市场上平分秋色。中低端智能手机市场基本被国产智能手机占领，新进入者难以获得市场地位。同时，由于运营商渠道调整，电商等渠道比重加大，产品"同质化"现象加剧，"价格战"日趋激烈。根据上述情况，国内智能手机产业目前所处的生命周期阶段是（　　　）。（2018年）

A. 导入期　　　　B. 成长期　　　　C. 成熟期　　　　D. 衰退期

【答案】C

【解析】产品"同质化"现象加剧，"价格战"日趋激烈。体现的是产品生命周期成熟期的特点。

【例题2-4·单选题】根据产品生命周期理论，当企业的战略目标是争取最大市场份额时，

企业所在产业处于（　　）。（2014年）

A. 导入期　　　　B. 衰退期　　　　C. 成熟期　　　　D. 成长期

【答案】D

【解析】导入期：扩大市场份额，争取成为领头羊，选项A错误；

衰退期：防御，获取最后的现金流，选项B错误

成熟期：巩固市场份额同时提高投资报酬率，选项C错误

成长期：争取最大市场份额，坚持到成熟期的到来，选项D正确。

【例题2-5·单选题】根据产品生命周期理论，产生从导入期到进入衰退期，其经营风险（　　）。（2015年）

A. 不断下降　　　　　　　　　　B. 先提高后下降

C. 不断提高　　　　　　　　　　D. 先下降后提高

【答案】A

【解析】导入期的经营风险非常高；成长期的经营风险有所下降，但是经营风险仍然维持在较高水平；成熟期的经营风险进一步降低，达到中等水平；进入衰退期后，经营风险会进一步降低。

【例题2-6·单选题】关于产品生命周期，以下表述正确的是（　　）。（2013年）

A. 从产业环境与从国际生产要素组合不同角度分析，产品生命周期的内涵是一致的

B. 从产品研发和生产角度考察，产品生命周期可以划分为导入期、成长期、成熟期和衰退期4个阶段

C. 在衰退期后期，多数企业退出后，产品价格可能上扬

D. 产品生命周期可用于分析所有产业的发展规律，但各阶段的持续时间随着产业不同而不同

【答案】C

【解析】波特提出的产品生命周期理论以产业销售额增长率曲线的拐点为依据，将产品生命周期分为导入期、成长期、成熟期和衰退期4个阶段。1966年，美国哈佛大学教授弗农提出了产品生命周期理论，与波特的产品生命周期理论有所不同，弗农的产品生命周期理论从产品的研发和生产角度进行考察，将产品生命周期分为产品创新、成熟与标准化3个阶段。所以，选项A、B错误。

选项C正确，在衰退期，产能严重过剩，产品的价格、毛利都很低。有些竞争者先于产品退出市场，只有到后期，多数企业退出后，价格才有望上扬；

选项D错误，产品生命周期理论假设产业的增长与衰退由于新产品的创新和推广过程而呈"S"形，但不同产业的增长并不总是"S"形。有些产业跳过成熟阶段，直接从成长走向衰亡；有些产业在一段时间衰退之后又重新上升；还有的产业似乎完全跳过了导入期这个缓慢的起始阶段。同时各阶段的持续时间随着产业的不同而非常不同。

【例题2-7·单选题】近年来，国内空调产业的销售额达到前所未有的水平，不同企业生产的空调在技术和质量等方面的差异不明显，空调生产企业的主要战略途径是提高效率、降低成本。按照产品生命周期理论，目前国内空调产业所处的阶段是（　　）。（2017年）

A. 成长期　　　　　　　　　　　B. 成熟期

C. 衰退期　　　　　　　　　　　D. 导入期

【答案】B

【解析】成熟期的主要战略路径是提高效率，降低成本，选项 B 正确；成长期：市场营销；衰退期：控制成本，维持正的现金流；导入期：投资技术和开发，提高产品质量，所以选项 ACD 错误。

考点三：五种竞争力的分类

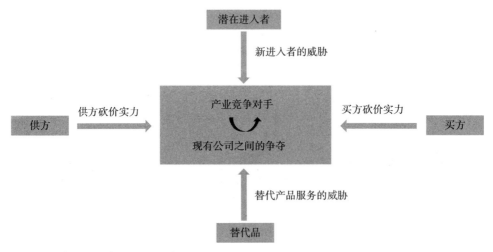

（一）潜在进入者的进入威胁

1. 结构性障碍

（1）规模经济。

（2）现有企业对于关键资源的控制。

现有企业对于关键资源的控制一般表现为对资金、专利或专有技术、原材料供应、分销渠道、学习曲线等资源及资源使用方法的积累与控制。如果现有企业控制了生产经营所必需的某种资源，那么它就会受到保护而不被进入者所侵犯；"学习曲线"（又称"经验曲线"），是指当某一产品累计生产量增加时，由于经验和专有技术的积累所带来的产品单位成本的下降。它与规模经济往往交叉地影响产品成本的下降水平。因而区分由于学习曲线所产生的学习经济和由于规模而产生的规模经济很重要。

（3）现有企业的市场优势。现有企业的市场优势主要表现在品牌优势上。

2. 行为性障碍

（1）限制进入定价。

（2）进入对方领域。

（二）替代品的替代威胁

（1）直接产品替代。即某一种产品直接取代另一种产品，如苹果计算机取代微软计算机。

（2）间接替代品。即能起到相同作用的产品非直接地取代另一种产品，如人工合成纤维取代天然布料。

（三）供应者、购买者讨价还价的能力

（1）买方（或卖方）的集中程度或业务量的大小。

（2）产品差异化程度与资产专用性程度：当供应者的产品存在着差异化，因而替代品不能与供应者所销售的产品相竞争时，供应者讨价还价的能力就会增强。反之，如果供应者的产品是标准的，或者没有差别，那就会增加购买者讨价还价的能力。

（3）纵向一体化程度。

（4）信息掌握的程度。

（四）产业内现有企业的竞争

产业内现有企业的竞争在下面几种情况下可能是很激烈的：

（1）产业内有众多的势均力敌的竞争对手。

（2）产业发展缓慢。

（3）顾客认为所有的商品都是同质的。

（4）产业中存在过剩的生产能力。

（5）产业进入障碍低而退出障碍高。

【例题2-8·多选题】惠丰公司是一家柴油机生产企业。最近，该公司拟把业务延伸到农机生产领域。下列各项中，属于惠丰公司进入新产业所面临的结构性障碍有（　　）。（2019年）

A. 现有农机企业的品牌优势　　　　B. 现有农机企业采取限制进入定价行为

C. 政府颁布的农机产业进入政策　　D. 现有农机企业对销售渠道的控制

【答案】ACD

【解析】结构性障碍按贝恩的分类，分为规模经济、现有企业对关键资源的控制以及现有企业的市场优势。本题中选项AC属于结构障碍中的现有企业的市场优势；选项B属于行为性障碍中的限制进入定价，与本题不符；选项D属于结构性障碍中的现有企业对关键资源的控制。因此，选项ACD正确。

【例题2-9·多选题】巨能公司是多家手机制造企业的电池供应商。根据波特的五种竞争力分析理论，下列各项关于巨能公司与其客户讨价还价能力的说法中，正确的有（　　）。（2019年）

A. 巨能公司能够进行前向一体化时，其讨价还价能力强

B. 巨能公司提供的电池差异化程度越高，其讨价还价能力越强

C. 巨能公司掌握的客户的转换成本信息越多，其讨价还价能力越强

D. 巨能公司的客户购买量越大，巨能公司讨价还价能力越强

【答案】ABC

【解析】当供应商能够前向一体化，即供应商能控制销售环节，则供应商拥有较强议价能力，选项A正确；供应商产品存在差异化，供应商议价能力强，选项B正确；供应商掌握越多购买者信息，了解购买者从一个供应商转换到另一个供应商的成本，就会增加供应商的议价能力，选项C正确；购买者集中度高，业务量大，购买者议价能力强，则供应商议价能力弱，选项D错误。

【例题2-10·单选题】龙苑公司是一家制作泥塑工艺品的家族企业。该公司成立100多年来，经过世代相传积累了丰富的泥塑工艺品制作经验和精湛技艺，产品远销国内外。目前一些企业试图进入泥塑工艺品制作领域。根据上述信息，龙苑公司给潜在进入者设置的进入障碍是（　　）。（2019年）

A. 资金需求　　　　　　　　　　　B. 学习曲线

C. 行为性障碍　　　　　　　　　　D. 分销渠道

【答案】B

【解析】"学习曲线"（又称"经验曲线"），是指当某一产品累计生产量增加时，由于经验和专有技术的积累所带来的产品单位成本的下降。"经过世代相传积累了丰富的泥塑工艺品制作经验和精湛技艺，产品远销国内外"体现的是学习曲线，选项B正确。

【例题2-11·多选题】近年来国内洗涤品生产企业面临日益沉重的竞争压力；国外著名洗涤品公司加快进入中国市场的步伐；原材料及用工成本不断上涨；国内洗涤品生产企业众多，产品差异较小，消费者选择余地大；新型洗涤品层出不穷，产品生命周期缩短，原有洗涤品不断遭到淘汰。从产业五种竞争力角度考察，国内洗涤品生产企业面临的竞争压力包括（　　）。（2018年）

A. 购买者讨价还价　　　　　　　　B. 产业内现有企业的竞争

C. 潜在进入者的进入威胁　　　　　D. 供应者讨价还价

【答案】ABCD

【解析】国内洗涤品生产企业众多，产品差异较小属于产业内现有企业的竞争；国外著名洗涤品公司属于潜在进入者的进入威胁；原材料及用工成本不断上涨属于供应者讨价还价；消费者选择余地大属于购买者讨价还价。

【例题2-12·单选题】甲专车公司是基于互联网的专车服务提供商。甲专车公司采用"专业车辆、专业司机"的运营模式，利用移动互联网及大数据技术为客户提供"随时随地、专人专车"的全新服务体验，在专车服务市场取得很大的成功。甲专车公司给潜在进入者设置的进入障碍是（　　）。（2016年）

A. 规模经济　　　　　　　　　　　B. 资金需求

C. 价格优势　　　　　　　　　　　D. 产品差异

【答案】D

【解析】甲公司提供的是差异化服务，可以形成产品差异障碍。所以选项D正确。

【例题2-13·单选题】下列各项中，对规模经济和学习经济之间的关系作出正确表述的是（　　）。（2014年）

A. 两者总是同方向变动

B. 在劳动密集型产业中，学习经济很小，规模经济却很大

C. 在资本密集型产业中，规模经济很小，学习经济却很大

D. 两者交叉地影响产品成本的下降水平

【答案】D

【解析】"学习曲线"（又称"经验曲线"），是指当某一产品累计生产量增加时，由于经验和专有技术的积累所带来的产品单位成本的下降。它与规模经济往往交叉地影响产品成本的下降水平（选项A错误，选项D正确）。

规模经济使得当经济活动处于一个比较大的规模时，能够以较低的单位成本进行生产；学习经济是由于积累经验而导致的单位成本的减少。

在诸如计算机软件开发等复杂的劳动密集型产业中，即使在规模经济很小时，学习经济也可以是很大的（选项B错误）。

在诸如铝罐制造这样的简单资本密集型的生产中，即使是学习经济规模很小的情况下，规模经济也可能是很大的（选项C错误）。

【例题2-14·单选题】根据波特的五种竞争力分析理论，下列各项关于供应商讨价还价能

力的说法中，错误的是（   ）。（2016年）

A. 供应商提供的产品专用性程度越高，其讨价还价能力越强

B. 供应商拥有足够的资源能够进行后向一体化时，其讨价还价能力强

C. 供应商借助互联网平台掌握的购买者转换成本信息越多，其讨价还价能力越强

D. 占市场份额80%以上的少数供应商将产品销售给较为零散的购买者时，其讨价还价能力强

【答案】B

【解析】供应商的讨价还价能力是相对于购买者来说，所以，供应商有资源进行后向一体化时，影响的是供应商的供应商，而不能影响其相对于购买者的讨价还价能力。供应商拥有足够的资源能够进行前向一体化时，其讨价还价能力强，所以，选项B错误。

【例题2-15·单选题】20世纪90年代，光美公司在国内推出微波炉产品。目前光美公司已建成覆盖全国的营销网络，包括电商销售平台、数以千计的超市专卖柜和实体店以及十几个仓储物流中心。近年来不少企业试图进入微波炉行业，均未能成功。光美公司给潜在进入者设置的进入障碍是（   ）。（2017年）

A. 现有企业对关键资源的控制　　　　B. 行为性障碍

C. 规模经济　　　　　　　　　　　　D. 现有企业的市场优势

【答案】A

【解析】现有企业对于关键资源的控制一般表现为对资金、专利或专有技术、原材料供应、分销渠道、学习曲线等资源及资源使用方法的积累与控制。如果现有企业控制了生产经营所必需的某种资源，那么它就会受到保护而不被进入者所侵犯。

【例题2-16·简答题】光澜公司是C国一家二级民营电信运营商，专注于宽带接入业务。

光澜公司的供应商主要分为带宽供应商和设备供应商。带宽供应商主要是3家一级电信运营商，他们控制了绝大部分互联网出口带宽资源。光澜公司与其他二级电信运营商一样，只能从这3家一级运营商手中购买带宽资源。设备供应商数量多、规模小，光澜公司每年都可以选择从不同供应商手中采购大量设备，在价格及付款方式等方面已达成很好的默契。光澜公司客户主要是中小企业，这些企业的资金实力有限，对光澜公司产品的价格比较敏感，加之光澜公司目前的产品比较单一，容易被竞争对手复制，因而使客户具有较强的议价能力。

2013年，C国政府制定政策，将宽带定位于重要的公共基础设施；放宽了民间资本进入电信运营业的限制，以适应经济快速增长和互联网普及率迅速提高的需求。面对十分广阔的市场前景，许多投资者跃跃欲试，准备跻身于宽带接入行业。尤其是3家一级运营商，手中积累了大量资金，打造"全产业链"正在成为其战略取向。一旦它们的业务延伸到宽带接入领域，将很可能成为该领域的主导者。有的一级供应商还有可能一举使用更为先进的4G技术来代替传统的宽带接入技术，从根本上改变行业竞争格局。这些一级运营商在直接介入宽带业务之前，已经利用其市场知名度和资金优势，调整市场开发策略，通过扶植众多的代理商参与市场竞争。这些代理商虽然目前实力较弱，覆盖区域较小，但价格灵活，服务的客户比较集中，它们往往以价格为利器与光澜公司展开竞争，其中个别代理商提供的产品价格已达到与光澜公司产品价格持平甚至略低的水平。

要求：

（1）从宏观环境角度简要分析光澜公司面临的机会与威胁。

（2）从五种竞争力角度简要分析光澜公司面临的机会与威胁。（2014年）

【答案】

（1）从 PEST 角度分析光澜公司面临的机会：

①政治法律因素。"政府制定政策，将宽带定位为重要的公共基础设施；放宽了民间资本进入电信运营业的限制"。

②经济因素。"C 国经济快速发展"。

③社会和文化因素。"互联网普及率迅速提高"。

从 PEST 角度分析光澜公司面临的威胁：

技术因素。"有的一级供应商还有可能一举用更为先进的 4G 技术来代替传统的宽带接入技术，从根本上改变行业竞争格局"。

（2）从五种竞争力角度分析光澜公司面临的威胁：

①潜在进入者的威胁。"面对十分广阔的市场前景，许多投资者跃跃欲试，准备跻身于宽带接入行业。尤其是 3 家一级运营商，手中积累了大量资金，打造'全产业链'正在成为其战略取向。一旦它们的业务延伸到宽带接入领域，将很可能成为该领域的主导者"。

②替代品威胁。"有的一级供应商还有可能一举使用更为先进的 4G 技术来代替传统的宽带接入技术"。

③购买者讨价还价。"光澜公司客户主要是中小企业，这些企业的资金实力有限，对光澜公司产品的价格较为敏感，加之光澜公司目前的产品较为单一，且容易被竞争对手复制，因而使客户具有较强的议价能力"。

④供应商讨价还价。"带宽供应商主要是 3 家一级电信运营商，他们控制了绝大部分互联网出口带宽资源。光澜公司与其他二级电信运营商一样，只能从这 3 家一级运营商手中购买带宽资源"。

⑤现有竞争者间的抗衡。"这些代理商虽然目前实力较弱，覆盖区域较小，但价格灵活，服务的客户比较集中，它们往往以价格为利器与光澜公司展开竞争，其中个别代理商提供的产品价格已达到与光澜公司产品价格持平甚至略低的水平"。

从五种竞争力角度分析光澜公司面临的机会：

供应商讨价还价。"设备供应商则数量多、规模小，光澜公司每年都可以选择从不同供应商手中采购大量设备，在价格及付款方式等方面已达成很好的默契"。

考点四：成功关键因素

成功关键因素（KSF）是指公司在特定市场获得盈利必须拥有的技能和资产。一个产业的成功关键因素是指那些影响产业内企业在市场上最大限度获利的关键因素，是企业取得产业成功的前提条件。

成功关键因素随着产业的不同而不同，甚至在相同的产业中，也会因产业驱动因素和竞争环境的变化而变化。即使是同一产业中的各个企业，也可能对该产业的成功关键因素有着不同的侧重。

【例题 2－17·单选题】近几年 VR（虚拟现实）产品的销售量节节攀升，顾客群逐渐扩大；不同企业的产品在技术和性能方面有较大差异；消费者对产品质量的要求不高。从市场角度看，现阶段 VR 行业的成功关键因素有（　　）。（2019 年）

A. 建立商标信誉　　　　　　　　　B. 保护现有市场

C. 开拓新销售渠道　　　　　　　　D. 改善企业形象

【答案】 AC

【解析】从题中"销售量节节攀升、顾客群逐渐扩大、不同企业的产品在技术和性能方面有较大差异、消费者对产品质量的要求不高"关键描述，可以判断行业处于成长期。结合成长期目标特点，从市场角度出发，建立商标信誉、开拓新销售渠道是成功关键因素。选项AC正确。

【例题 2－18·单选题】 近年来，国内智能家电产业的产品销售量节节攀升，竞争者不断涌入。各厂家的产品虽然在技术和性能方面有较大差异，但均可被消费者接受。产品由于供不应求，价格高企。在产品寿命周期的这个阶段，从市场角度看，国内智能家电产业的成功关键因素应当是（　　）。（2017 年）

A. 建立商标信誉，开拓新销售渠道　　　B. 保护现有市场，渗入别人的市场

C. 选择区域市场，改善企业形象　　　　D. 广告宣传，开辟销售渠道

【答案】 A

【解析】 "国内智能家电产业的产品销售量节节攀升，竞争者不断涌入。各厂家的产品虽然在技术和性能方面有较大差异，但均可被消费者接受。产品由于供不应求，价格高企"属于成长期的特点。成长期的战略目标是争取最大市场份额，并坚持到成熟期的到来。从市场角度看，成长期产业的成功关键因素是建立商标信誉，开拓新销售渠道。所以，选项 A 正确。选项 B 是成熟期市场中的成功关键因素，选项 C 是衰退期市场中的成功关键因素，选项 D 是导入期的成功关键因素。

【例题 2－19·单选题】 下列战略分析工具中，用来分析企业外部环境的是（　　）。（2014 年）

A. 波士顿矩阵　　　　　　　　　　　　B. 成功关键因素分析

C. SWOT 分析　　　　　　　　　　　　D. 通用矩阵

【答案】 B

【解析】 选项 A 和 D 错误，属于企业内部分析的业务组合分析；选项 C 错误，属于外部分析和内部分析的结合；选项 B 正确，属于外部分析的产业环境分析。

考点五：竞争对手的能力分类（五项）

（1）核心能力。

（2）成长能力。

（3）快速反应能力，即竞争对手对其他公司的行动迅速做出反应的能力如何，或立即发动进攻的能力如何？

这将由下述因素决定：自由现金储备、留存借贷能力、厂房设备的余力、定型的但尚未推出的新产品等。

（4）适应变化的能力。

（5）持久力。将由如下因素决定：现金储备、管理人员的协调统一、财务目标上的长远眼光、较少受股票市场的压力等。

【例题 2－20·单选题】 随着人民生活水平日益提高，我国消费者对家电产品的选择不仅关注价格，更注重产品的智能属性。家电生产企业甲公司预计其最大的竞争对手乙公司在积极运用职能控制、红外线感应、定位系统、自动识别、自动扫描等技术开发新一代智能家电产品，以提升该公司在高端家电领域的市场份额。甲公司对乙公司进行的上述分析属于（　　）。（2018 年）

A. 财务能力分析　　　　　　　　　　　B. 快速反应能力分析

C. 成长能力分析　　　　　　　　　　　D. 适应变化能力分析

【答案】D

【解析】适应变化能力关注的是竞争对手对"外部变化"的"反应",即当外部环境产生变化时,竞争对手能否对外部事件做出反应。"随着人民生活水平日益提高,我国消费者对家电产品的选择不仅关注价格,更注重产品的智能属性"属于外部环境变化;"预计其最大的竞争对手乙公司在积极运用职能控制、红外线感应、定位系统、自动识别、自动扫描等技术开发新一代智能家电产品,以提升该公司在高端家电领域的市场份额"是甲公司对其竞争对手乙公司面对外部环境的变化所做出反应的分析。所以,选项D正确。

【例题 2－21·单选题】自由现金储备、留存借贷能力、厂房设备的余力、定型的但尚未推出的新产品等因素,决定着企业竞争对手的(　　)。(2014 年)

　　A. 快速反应能力　　　　　　　　　B. 成长能力

　　C. 适应变化的能力　　　　　　　　D. 持久力

【答案】A

【解析】快速反应能力即竞争对手对其他公司的行动迅速作出反应的能力。这将由下述因素决定:自由现金储备、留存借贷能力、厂房设备的余力、定型的但尚未推出的新产品。选项A正确。

【本题思路】快速反应能力和适应变化的能力的区别,简单来讲,快速反应能力是对竞争对手的反应速度,而适应变化的能力是对整个大环境的变化的适应速度。

考点六:战略群组分析的意义

战略群组分析有助于企业了解相对于其他企业本企业的战略地位以及公司战略变化可能的竞争性影响。

(1) 有助于很好地了解战略群组间的竞争状况,主动地发现近处和远处的竞争者,也可以很好地了解某一群组与其他群组间的不同。

(2) 有助于了解各战略群组之间的"移动障碍"。

(3) 有助于了解战略群组内企业竞争的主要着眼点。

(4) 利用战略群组图还可以预测市场变化或发现战略机会。

【例题 2－22·单选题】七彩公司以"文化娱乐性"和"观光游览性"为两维坐标,将旅游业分为不同的战略群组,并将"文化娱乐性高、观光游览性低"的文艺演出与"文化娱乐性低、观光游览性高"的实景旅游两类功能结合起来,率先创建了"人物山水"旅游项目,它将震撼的文艺演出置于秀丽山水之中,让观众在观赏歌舞演出的同时将身心融于自然。七彩公司采用战略群组分析的主要思路是(　　)。(2019 年)

　　A. 了解战略群组间的竞争状况

　　B. 了解战略群组间的"移动障碍"

　　C. 了解战略群组内企业竞争的主要着眼点

　　D. 预测市场变化或发现战略机会

【答案】D

【解析】"它将震撼的文艺演出置于秀丽山水之中,让观众在观赏歌舞演出的同时将身心融于自然",这个主要思路是打开一个新的市场机会或战略机会。选项D正确。

【例题 2－23·单选题】下列关于产业内战略群组分析的表述中,正确的是(　　)。(2014 年)

A. 有助于预测市场变化或发现战略机会

B. 有助于寻找产业内的合作伙伴结成战略联盟

C. 有助于了解产业的进入障碍

D. 有助于了解产业内企业之间的纵向或横向的联系

【答案】A

【解析】战略群组分析的意义：（1）有助于很好地了解战略群组间的竞争状况，主动地发现近处和远处的竞争者，也可以很好地了解某一群体与其他群组间的不同；（2）有助于了解战略群组之间的"移动障碍"；（3）有助于了解战略群组内企业竞争的主要着眼点；（4）利用战略群组图还可以预测市场变化或发现战略机会。

【例题2-24·多选题】国内卫浴产品企业可分为两类：第一类是知名的国际品牌企业，其产品实现了功能性和外观时尚性的完美结合，但研发和投资成本都很大，产品价格高；第二类是国内老品牌企业，其产品的功能性和外观性都与国际品牌产品有较大差距，价格也显著低于国际品牌产品。有专家建议，在激烈的竞争中第二类企业应当增强售后服务功能以提升竞争力，因为国内各类企业都没有对该功能给予应有的重视。依据战略群组分析理论，下列各项中，对专家建议理解正确的有（   ）。（2017年）

A. 了解战略群组内企业竞争的主要着眼点

B. 了解各战略群组之间的移动障碍

C. 运用战略群组分析发现战略机会

D. 了解战略群组间的竞争状况

【答案】ABCD

【解析】题中对第一类和第二类品牌的战略群组分析，体现"了解竞争主要着眼点、移动障碍、竞争状况"这三点；专家的建议体现"发现战略机会"。四个选项皆为战略群组分析的意义。

【例题2-25·简答题】2004年，春城白药开始尝试进军日化行业。而此时日化行业的竞争已经异常激烈。B公司、L公司、D公司、H公司等国际巨头们凭借其规模经济、品牌、技术、渠道和服务等优势，基本上占领了C国日化行业的高端市场，占据了C国牙膏市场60%以上的份额；清雅公司、蓝天公司等本土日化企业由于普遍存在产品特色不突出、品牌记忆度弱等问题，加上自身实力不足，因而多是在区域市场的中低端市场生存。整个产业的销售额达到前所未有的规模，且市场基本饱和。谁想要扩大市场份额，都会遇到竞争对手的顽强抵抗。已有相当数量的本土日化企业淡出市场。价格竞争开始成为市场竞争的主要手段，定位在高端市场的国际巨头们也面临着发展的"瓶颈"，市场份额、增长速度、盈利能力都面临着新的考验，它们的产品价格开始向下移动。

春城白药进入日化行业先从牙膏市场开始。春城白药没有重蹈本土企业的中低端路线，而是反其道而行之。通过市场调研，春城白药了解到广大消费者对口腔健康日益重视，而当时市场上的牙膏产品大多专注于美白、防蛀等基础功能，具有更多口腔保健功能的药物牙膏还是市场"空白点"。于是，春城白药开创了一个独特的、有助于综合解决消费者口腔健康问题的药物牙膏——春城白药牙膏，并以此树立起高价值、高价格、高端的"三高"形象。

春城白药进入牙膏市场短短几年表现突出，不仅打破本土品牌低端化的现状，还提升了整个牙膏行业价格体系。从2010年开始，随着春城白药推出功能化的高端产品，国际巨头们也纷纷凭借自身竞争优势推出功能化的高端产品抢占市场。B公司推出抗过敏牙膏；L公司推出全优七效系列牙膏；D公司推出去渍牙膏；H公司推出专效抗敏牙膏。这些功能性很强的口腔保健牙膏定价都与春城白药牙膏不相上下。这些功能化的高端牙膏产品出现后，消费者的需求得到进一步满足，整个市场呈现出"销售额增长大于销售量增长"的新特点。

要求：

（1）简要分析春城白药进军日化行业时，日化行业所处的产品生命周期发展阶段。

（2）运用"解决口腔健康问题功能程度"和"价格水平"两个战略特征，各分为"高""低"两个档次，对2010年以前的B公司、L公司、D公司、H公司、清雅公司、蓝天公司、春城白药进行战略群组划分。

（3）根据战略群组分析的作用，分析：①定位在高端市场的国际巨头们的产品价格开始向下移动的依据；②春城白药在日化行业中战略群组定位的依据；③B公司、L公司、D公司、H公司相继推出功能化高端牙膏的依据。（2016年）

【答案】

（1）春城白药进军日化行业时，日化行业呈现出成熟期的典型特征：

①竞争者之间出现挑衅性的价格竞争。"价格竞争开始成为市场竞争的主要手段"；"国际巨头的产品价格开始向下移动"。

②成熟期虽然市场巨大，但是已经基本饱和。"整个产业的销售额达到前所未有的规模，且市场基本饱和，谁想要扩大市场份额，都会遇到竞争对手的顽强抵抗，已有相当数量的本土日化企业淡出市场"。

③产品差异不明显。"当时市场上的牙膏产品大多专注于美白、防蛀等基础功能"。

④局部生产能力过剩。"市场基本饱和""定位在高端市场的国际巨头们也面临着发展的'瓶颈'"。

综上所述，春城白药进军日化行业时，日化行业处于产品生命周期的成熟阶段。

（2）运用"解决口腔健康问题功能程度"和"价格水平"两个战略特征，各分为"高""低"两个档次，将案例中所提及的B公司、L公司、D公司、H公司、清雅公司、蓝天公司、春城白药进行战略群组划分，可分为三个群组：

第一群组：解决口腔健康问题功能程度低、价格水平高的群组：B公司、L公司、D公司、H公司；

第二群组：解决口腔健康问题功能程度低、价格水平低的群组：清雅公司、蓝天公司；

第三群组：解决口腔健康问题功能程度高、价格水平高的群组：春城白药。

【本题思路】这类问题其实题目已经帮我们分好组了："B公司、L公司、D公司、H公司等国际巨头们"；"清雅公司、蓝天公司等本土日化企业"；"春城白药进入牙膏市场短短几年表现突出"。我们只需要从题目中找出各组在"解决口腔健康问题功能程度"和"价格水平"两个战略特征的档次，填上去就好了。

（3）根据战略群组分析的作用，分析：

①定位在高端市场的国际巨头们产品价格开始向下移动，是因为第一群组与第二群组之间，以及各群组内部竞争激烈，"日化行业的竞争已经异常激烈"；"谁想要扩大市场份额，都会遇到竞争对手的顽强抵抗。已有相当数量的本土日化企业淡出市场"；"定位在高端市场的国际巨头们也面临着发展的'瓶颈'"。而对于第一群组的国际巨头们来说，进入第二群组移动障碍不高，"国际巨头们凭借其规模经济、品牌、技术、渠道和服务等优势……占据了C国牙膏市场60%以上的份额"。

②春城白药定位于日化行业第三群组，是因为那是一片蓝海，"具有更多口腔保健功能的药物牙膏还是市场'空白点'"。

③B公司、L公司、D公司、H公司相继推出功能化的高端牙膏，是尝试进入第三群组。对国际巨头而言，这一移动障碍也不高。"国际巨头们也纷纷凭借自身竞争优势推出功能化的高端产品抢占市场"。

【例题2-26·简答题】 在C国，卫浴产品属于兼具功能性和时尚性的产品，其功能性和外观时尚性的不同导致了不同企业之间的差异。

T公司、K公司都为知名的国际品牌企业，设计研发水平高，在品牌塑造上投入较大，具有很强的品牌影响力，其提供的产品和服务的特征是追求顾客的高端体验，满足了顾客对于功能性与外观时尚性完美结合的要求，在行业中处于标杆地位。

英鸟、达成、维亚、恩典、雄高是C国国内老品牌，通过模仿国际品牌高端产品，其外观和功能都达到一定水准。生产这些产品的企业注重节约设计和研发成本，通过价格优势和广告攻势，不断扩大市场份额，实现了规模经济效益。

还有一批以各大产区的杂牌为代表的企业，其产品的功能和外观较为低端、简陋。但由于产品简单，生产线投资成本小，产品价格低廉，适合不发达地区一部分用户的需求。

近年来，伴随人工成本、原料成本的不断攀升，以及恶性竞争带来的大量广告支出，英鸟、达成、维亚、恩典、雄高等产品生产企业的利润率逐年下降，企业亟待寻求新的出路。由于T公司、K公司等国际品牌的产品研发成本很高，固定资产投入大，退出壁垒高，追赶这些企业难度较大。有专家建议，国内这些老品牌企业可以从增强售后服务功能寻找出路，因为目前C国国内各类品牌卫浴产品的生产企业都未对安装、更换、维修等售后服务投入应有的精力，而消费者对这类服务的需求很高。

要求：

（1）根据战略群组分析的作用，分析专家建议国内这些老品牌企业可以从增强售后服务功能寻找出路的依据。

（2）简要分析案例中所提及的C国各类卫浴产品生产企业竞争战略的定位。

（3）运用"功能性""外观时尚性"两个战略特征，各分为"高""中""低"3个档次，将案例中所提及的C国卫浴产品生产企业进行战略群组划分。（2015年）

【答案】

（1）战略群组分析有助于企业了解相对于其他企业本企业的战略地位以及公司战略变化可能的竞争性影响。

①有助于很好地了解战略群组间的竞争状况，主动地发现近处和远处的竞争者；

②有助于了解各战略群组之间的"移动障碍"；

③有助于了解战略群组内企业竞争的主要着眼点；

④可以预测市场变化或发现战略机会。

"由于T公司、K公司等国际品牌的产品研发和成本很高，固定资产投入大，退出壁垒高，追赶这些企业难度较大"是基于对战略群组间的竞争状况、各战略群组之间的移动障碍、战略群组内企业竞争的主要着眼点的了解，专家建议"国内这些老品牌企业可以从增强售后服务功能寻找出路，因为目前C国国内各类卫浴产品品牌都未对安装、更换、维修等售后服务投入应有的精力，消费者对这类服务的需求很高"，则是预测市场变化或发现战略机会的体现，建议C国老品牌企业向功能高、外观时尚性中等的群组移动，这是一片蓝海。

（2）T公司、K公司竞争战略定位在差异化。"设计研发水平高，在品牌塑造上投入较大，具有很强的品牌影响力，其提供的产品和服务的特征是追求高端的顾客体验，满足了顾客对于功能性与外观时尚度完美结合的要求，在行业中处于标杆地位"。

英鸟、达成、维亚、恩典、雄高五大品牌企业竞争战略定位在成本领先。"其外观和功能都达到一定水准。这些产品的生产企业注重节约设计和研发成本，通过价格战和广告攻势，不断扩大市场份额，实现了规模经济效益"。

一批以各大产区的杂牌为代表的企业竞争战略定位在集中成本领先。"其功能和外观较为低端、简陋。但由于产品简单，生产线投资成本小，产品价格低廉，适合不发达地区的一部分用户的需求"。

【本题思路】成本领先战略的关键词：低成本、价格战、规模经济；

差异化战略的关键词：高端的顾客体验；

集中成本领先：首先要确定是否集中，集中是指满足"一部分用户的需求"；再看是用低成本还是高质量来满足。

（3）运用"功能性""外观时尚性"两个战略特征，各分为"高""中""低"3个档次，对案例中所提及的C国卫浴产品企业进行战略群组划分，可分为3个战略群组：

①功能性高、外观时尚性高的群组，包括T公司、K公司；

②功能性中等、外观时尚性中等的群组，包括英鸟、达成、维亚、恩典、雄高等企业；

③功能性低、外观时尚性低的群组，包括一批以各大产区的杂牌为代表的企业。

【本题思路】这类问题其实题目已经帮我们分好组了："T公司、K公司都为知名的国际品牌企业"；"英鸟、达成、维亚、恩典、雄高是C国国内老品牌"；"还有一批以各大产区的杂牌为代表的企业"。

我们只需要从题目中找出各组在"功能性""外观时尚性"两个战略特征的档次，填上去就好了。

【例题2-27·简答题】 福安公司为一家食品生产企业。2006年，福安公司拟扩大生产经营范围，投资于饮料行业。

福安公司管理层在对当时国内饮料行业进行深入调研后发现：已有一批大中型饮料企业从事各类知名品牌的饮用水的生产和销售。有关情况如下：（1）水清公司生产饮用水的历史最长，其生产的矿泉水的市场综合占有率多年名列行业前三；（2）蓝宝公司实施相关多元化战略，早已形成瓶装水、高档玻璃瓶装水、碳酸饮料、茶饮料、果汁饮料等几大系列十几种产品，全方位地进入饮料市场；（3）童乐公司从儿童营养液起步，已形成奶制品、水、茶、可乐、八宝粥五大战略业务单元；（4）万宝公司以长期经营的多种饮料产品为基础，近年来开发了新产品果蔬饮料，仅短短两三年时间，万宝公司在果蔬饮料的开发、生产、销售及市场占有率等方面，占据绝对优势；（5）K公司和B公司是两大国际知名外资企业，其产品集中于碳酸饮料。它们资金雄厚，研发能力强，依靠庞大的销售网络和低成本的产量扩张，在饮料市场占据了最大的份额，在碳酸饮料市场的占有率超过80%。

通过对饮料市场的深入调研，福安公司对市场竞争格局有了清晰的把握。公司管理层认为，开发上述公司已经占据优势地位的饮料产品市场，难度太大。公司管理层决定：着手开发当时国内市场上尚属空白的功能饮料，而且选择高端市场，注重品质和功能。这部分市场虽然目前市场需求量有限，但发展前景良好。2008年，福安公司生产的第一批功能性饮料下线试销，受到消费者的广泛认同。

要求：

（1）简述战略群组的内涵，运用"产品多样化程度""新产品程度"两个战略特征，各分为"高""低"两个档次，对福安公司所调研的国内饮料行业的企业进行战略群组划分。

（2）简述战略群组分析的主要作用，分析福安公司进入尚属空白的功能饮料的依据。（2014年）

【答案】

（1）一个战略群组是指某一个产业中在某一战略方面采用相同或相似战略，或具有相同战略特征的各公司组成的集团。运用"产品多样化程度""新产品程度"两个战略特征，各分为"高""低"两个档次，对福安公司所调研的国内饮料行业的企业进行战略群组划分，可将饮料生产企业划分为3个战略群组：

①产品多样化程度高、新产品程度低的群组，包括童乐公司、蓝宝公司。

②产品多样化程度低、新产品程度低的群组，包括水清公司、K公司、B公司。

③产品多样化程度高、新产品程度高的群组，包括万宝公司。

（2）战略群组分析有助于企业了解相对于其他企业本企业的战略地位以及公司战略变化可能的竞争性影响。

①有助于很好地了解战略群组间的竞争状况，主动地发现近处和远处的竞争者。

②有助于了解各战略群组之间的"移动障碍"。

③有助于了解战略群组内企业竞争的主要着眼点。

④可以预测市场变化或发现战略机会。

福安公司通过对饮料市场战略群组分析，了解了战略群组间的竞争状况和战略群组内企业竞争的主要着眼点（或"对市场竞争格局有了清晰的把握"）；了解了各战略群组之间的"移动障碍"（或"开发上述公司已经占据优势地位的饮料产品市场，难度太大"）；发现了战略机会（或"着手开发当时国内市场上尚属空白的功能饮料"）。

考点七：国家竞争（钻石模型）优势的分析

钻石模型四要素	说明
生产要素	波特把生产要素分为初级生产要素和高级生产要素，初级生产要素是指企业所处国家和地区的地理位置、天然资源、人口、气候以及非技术人工、资金等，通过被动继承或者简单的投资就可获得；高级生产要素包括高级人才、科研院所、高等教育体系、现代通信的基础设施等，先期需要在人力和资本上大量和持续地投资才能获得
需求条件	在钻石模型中，需求条件主要是指国内市场的需求。内需市场是产业发展的动力，主要包括需求的结构、需求的规模和需求的增长
相关与支持性产业	波特认为，单独的一个企业以至单独一个产业，都很难保持竞争优势，只有形成有效的"产业集群"，上下游产业之间形成良性互动，才能使产业竞争优势持久发展
企业战略、企业结构和同业竞争	波特指出，推进企业走向国际化竞争的动力很重要。这种动力可能来自国际需求的拉力，也可能来自本地竞争者的压力或市场的推力

【例题 2-28·多选题】 华泰医药公司拟在 J 国建立一个药品研发和生产基地，并对该国的相关情况进行了调查分析。下列各项中，符合钻石模型四要素分析要求的有（　　）。（2019 年）

A. J 国近年来经济增长较快，对高质量药品需求与日俱增

B. J 国政府近期颁布了多项支持医药产业发展的政策

C. J 国药品研发人才不足，尚无一项药品专利

D. J 国本土医药企业虽然数量较多，但规模小，竞争主要围绕价格进行

【答案】 ACD

【解析】 选项 A 体现的是钻石模型中的需求条件因素；选项 B 体现的是宏观环境分析中的政治因素；选项 C 体现的是钻石模型中的生产要素；选项 D 体现的是企业战略、企业结构和同业竞争。

【例题 2-29·单选题】 甲公司是 C 国著名的生产和经营电动汽车的厂商。2017 年，公司制定了国际化战略，拟到某发展中国家 N 国投资建厂。为此，甲公司委托专业机构对 N 国的现有条件进行了认真详细的分析。根据波特的钻石模型理论，下列分析中不属于钻石模型 4 要素的是（　　）。（2018 年）

A. N 国电动汽车市场刚刚兴起，市场需求增长较快

B. N 国电动汽车零部件市场比较落后，供应商管理水平较低

C. N 国劳动力价格相对 C 国较低，工人技术水平和文化素质不高

D. N 国政府为了保护本国汽车产业，对甲公司的进入设定了限制条件

【答案】 D

【解析】 钻石模型 4 要素是：生产要素；需求条件；相关与支持性产业；企业战略、企业结构和同业竞争对手的表现。选项 A 属于需求条件；选项 B 属于相关与支持性产业；选项 C 属于生产要素。

【例题 2-30·多选题】 甲公司是 C 国一家生产经营消费类电子产品的企业。准备到发展中国家 N 国投资彩电生产业务。对 N 国诸多条件进行了认真的调查分析。以下分析内容属于钻石模型要素的有（　　）。（2014 年）

A. N 国市场上质量高、价格低的大众化彩电较少

B. 国际名牌家电企业早已进入 N 国彩电市场，且竞争激烈

C. N 国劳动力价格比 C 国明显偏低，且劳动者的文化与技术水平较低

D. 由于 C 国产品在 N 国名声不好，N 国政府对于 C 国家电产品的进入制定了许多限制性政策

【答案】 ABC

【解析】 钻石模型四要素是：生产要素，需求条件，相关与支持性产业，企业战略、企业结构和竞争对手的表现。选项 AB 属于同业竞争的表现；选项 C 属于生产要素的表现。要注意，钻石模型并没有政策这个要素。

【例题 2-31·单选题】 2012 年政府颁布了《生活饮用水卫生标准》。然而，由于相关设施和技术等方面的原因，国内一些地区的自来水水质短期内还不能达到标准。同时，近年随着国内经济迅速发展，国民追求健康和高品质生活的愿望不断提高。通过对上述情况的分析，华道公司于 2013 年从国外引进自来水滤水壶项目，获得成功。本案例中，华道公司外部环境分析所采用的主要方法是（　　）。（2019 年）

A. 五种竞争力分析　　　　　　　　B. 产品生命周期分析

C. PEST 分析   D. 钻石模型分析

【答案】C

【解析】"2012 年政府颁布了《生活饮用水卫生标准》"属于政治和法律环境因素，"由于相关设施和技术等方面的原因，国内一些地区的自来水水质短期内还不能达到标准"属于技术环境因素，"近年随着国内经济迅速发展"属于经济环境因素，"国民追求健康和高品质生活的愿望不断提高"属于社会和文化环境因素。综上，华道公司外部环境分析所采用的方法是 PEST 分析。选项 C 正确。

第二节　企业内部环境分析

考点一：企业资源的主要类型

有形资源	是指可见的、能用货币直接计量的资源，主要包括物质资源和财务资源。资产负债表所记录的账面价值并不能完全代表有形资源的战略价值
无形资源	(1) 是指企业长期积累的、没有实物形态的、甚至无法用货币精确度量的资源，通常包括品牌、商誉、技术、专利、商标、企业文化及组织经验等； (2) 由于会计核算的原因，资产负债表中的无形资产并不能代表企业的全部无形资源，甚至可以说，有相当一部分无形资源是游离在企业资产负债表之外的； (3) 无形资源是一种十分重要的企业核心竞争力的来源； 例如：商誉就是一种重要的无形资源。商誉，是指企业由于管理卓越、顾客信任或其他特殊优势而具有的企业形象，它能给企业带来超额利润。对于产品质量差异较小的行业，例如软饮料行业，商誉可以说是最重要的企业资源
人力资源	是指企业的员工向企业提供的技能、知识以及推理和决策能力

考点二：决定企业竞争优势的企业资源判断标准

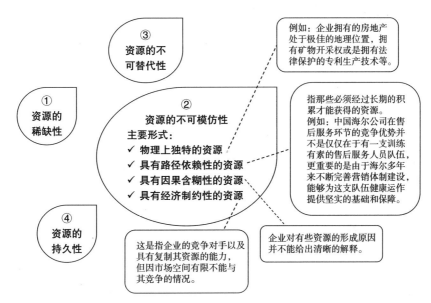

【例题 2－32·多选题】研发和生产家用滤水壶的汇康公司秉承"使员工幸福，让顾客满意"的理念，建立并持续实施了一套以顾客需求为导向、充分调动员工积极性的管理体制，使该公司

的技术发明专利数量、盈利率和顾客满意率长期稳居行业前列，显示出难以模仿的竞争优势。汇康公司的资源不可模仿性主要表现为（　　）。（2019年）

A. 物理上独特的资源　　　　　　　B. 具有路径依赖性的资源

C. 具有因果含糊性的资源　　　　　D. 具有经济制约性的资源

【答案】ABC

【解析】"使员工幸福，让顾客满意"的理念属于因果含糊性的资源；"建立并持续实施了一套以顾客需求为导向、充分调动员工积极性的管理体制"属于路径依赖性的资源；"该公司的技术发明专利数量、盈利率和顾客满意率长期稳居行业前列"属于物理上独特的资源。选项A、B、C正确。

【例题2－33·单选题】以生物药品研发为主营业务的康力公司多年来不断完善科研管理体制建设，为科研人才的创造性活动提供了坚实的基础和保障，使公司在激烈的市场竞争中获得了明显优势。康力公司的竞争优势来源于（　　）。（2018年）

A. 物理上独特的资源　　　　　　　B. 具有经济制约性的资源

C. 具有路径依赖性的资源　　　　　D. 具有因果含糊性的资源

【答案】C

【解析】具有路径依赖性的资源是指那些必须经过长期的积累才能获得的资源，在本题中，生物制药公司完善的科研管理体制需要长期的累积才可以形成，故属于具有路径依赖性的资源。

【本题思路】资源的不可模仿性包括ABCD四个选项的内容，注意如何区分：

物理上独特：极佳的地理位置、专利生产技术、矿物开采权（比如国家级的保密配方）。

路径依赖性：长期的积累获得的资源（比如长期训练有素的队伍，完善的管理体制）。

因果含糊性：不能给出清晰的解释（比如企业文化）。

经济制约性：市场空间有限，不能与其竞争（比如A市场有限，甲先进去了，乙也可以进去，但无利可图了）。

【例题2－34·单选题】对于产品质量差异较小的软饮料行业而言，最重要的企业资源是（　　）。（2014年）

A. 财务资源　　　　　　　　　　　B. 企业文化

C. 商誉　　　　　　　　　　　　　D. 技术

【答案】C

【解析】对于产品质量差异较小的行业，例如软饮料行业，商誉可以说是最重要的企业资源。

【例题2－35·单选题】甲公司是一家连锁经营川式火锅的公司，在行业景气度一般的情况下经营业绩高速增长，甲公司的竞争优势来自其优质的服务，包括每个分店都有一支长期训练有素的服务人员队伍，在客人就餐时熟练表演"街舞拉面"的技艺，顾客都对公司的服务交口称赞，甲公司的具有不可模仿性的资源是（　　）。（2014年）

A. 具有路径依赖性的资源　　　　　B. 物理上独特的资源

C. 具有经济制约性的资源　　　　　D. 具有因果含糊性的资源

【答案】A

【解析】四个选项都属于资源的不可模仿性。具有路径依赖性的资源是指那些必须经过长期的积累才能获得的资源。题干中"每个分店都有一支长期训练有素的服务人员队伍，属于长期的训练的积累才能获得的队伍"，选项A正确。

【例题2-36·单选题】 西江公司是一家拥有100多年历史的医药公司，其使用国家级保密配方配制的某种药品，从20世纪初推出以来，疗效显著，一直深受患者欢迎。西江公司拥有的具有不可模仿性的资源属于（　　）。(2016年)

A. 物理上独特的资源　　　　　B. 具有经济制约性的资源

C. 具有因果含糊性的资源　　　D. 具有路径依赖性的资源

【答案】 A

【解析】 物理上独特的资源是由物质本身的特性所决定的，是不可能被模仿的。例如，企业所拥有的房地产处于极佳的地理位置，拥有矿物开采权或是拥有法律保护的专利生产技术等。题目中"其使用国家级保密配方配制的某种药品"，国家级的保密配方属于物理上独特的资源，所以，选项A正确。

【例题2-37·简答题】 海浪水泥公司成立于1997年，主要从事水泥及其熟料的生产和销售，2002年2月成功上市。

海浪水泥总部坐落于A省。A省是全国水泥生产主要原材料石灰石储量第二大的省份，且石灰石质量较高。海浪水泥凭借先天条件坐拥原材料成本和质量优势。

水泥产品体积大、单位重量价值低，而且其资源点和消费点的空间不匹配，这些是造成水泥行业运输成本居高不下的主要原因。海浪水泥利用自身位居长江附近的地理位置优势，积极推行其他水泥企业难以复制的"T型"战略布局：在拥有丰富石灰石资源的区域建立大规模生产的熟料基地，利用长江的低成本水运物流，在长江沿岸拥有大容量水泥消费的城市群建立粉磨厂，形成"竖端"熟料基地+长江水运、"横端"粉磨厂深入江、浙、沪等地市场的"T型"生产和物流格局，改变了之前通过"中小规模水泥工厂+公路运输+工地"的生产物流模式，解决了长江沿岸城市石灰石短缺与当地水泥消耗量大之间的矛盾。

海浪水泥不断完善"T型"战略布局，率先在国内新型干法水泥生产线低投资、国产化的研发方面取得突破性进展，这标志着中国水泥制造业的技术水平跨入世界先进行列，确保公司为市场提供规模可观的低价高质产品；公司在沿江、沿海建造了多个万吨级装卸水泥和熟料的专用码头，着力建设或租赁中转库等水路上岸通道；集团设立了物流公司和物流调试中心；公司强化对终端销售市场的开拓，推行中心城市一体化销售模式，在各区域市场建立贸易平台；公司物流实现了工业化和信息化的深度融合，以GPS和GIS为核心的物流调度信息系统实现了一体化、可视化的管理。通过"T型"战略的实施，海浪水泥进一步巩固了其"资源—生产—物流—市场"的产业链优势。

2018年海浪水泥年报显示：公司营业收入同比大幅增长70.50%，净利润同步增长88.05%，净利润增长幅度超过营业收入增长幅度。

要求：

（1）从企业资源角度，简要分析海浪水泥的竞争优势；分析海浪水泥资源"不可模仿性"的主要形式。

（2）简要分析海浪水泥企业能力。(2019年)

【答案】

（1）

①海浪水泥有形资源所展示的竞争优势："海浪水泥凭借先天优势坐拥原材料成本和质量优势"；"海浪水泥利用自身位居长江附近的地理位置优势，积极推行其他水泥企业难以复制的T

型'战略布局";"公司在沿江、沿海建造了多个万吨级装卸水泥和熟料的专用码头，着力建设或租赁中转库等水路上岸通道；集团下设物流公司，在集团总部设立了物流调试中心"。

②海浪水泥无形资源所展示的竞争优势。"公司率先在国内新型干法水泥生产线低投资、国产化的研发方面取得突破性进展，标志着中国水泥制造业的技术水平已经跨入世界先进行列"；"公司强化终端销售市场，推行中心城市一体化销售模式，在各区域市场建立贸易平台；公司物流实现工业化和信息化的深度融合，以 GPS 和 GIS 为核心的物流调度信息系统实现了一体化、可视化的管理"。

③海浪水泥资源"不可模仿性"的主要形式包括：

A. 物理上独特的资源。"海浪水泥凭借着先天优势坐拥原材料成本和质量优势"；"海浪水泥利用自身位居长江附近的地理位置优势，积极推行其他水泥企业难以复制的'T型'战略布局"。

B. 具有路径依赖的资源。"通过'T型'战略的实施，海浪水泥进一步巩固了其'资源—生产—物流—市场'的产业链优势"。

（2）

①研发能力。"公司率先在国内新型干法水泥生产线低投资、国产化的研发方面取得突破性进展，标志着中国水泥制造业的技术水平已经跨入世界先进行列，确保公司为市场提供规模可观的低价高质的产品"。

②生产管理能力。"'T型'生产和物流格局，改变了之前通过'中小规模水泥工厂＋公路运输＋工地'的生产物流模式，解决了长江沿线城市石灰石短缺与当地水泥消耗量大之间的矛盾"；"通过'T型'战略的实施，海浪水泥进一步巩固了其'资源—生产—物流—市场'的产业链优势"。

③营销能力。

A. 产品竞争能力。"海浪水泥凭借着先天优势坐拥原材料成本和质量优势"；"确保公司为市场提供规模可观的低价高质的产品"。

B. 销售活动能力。"公司强化终端销售市场，推行中心城市一体化销售模式，在各区域市场建立贸易平台；公司物流实现工业化和信息化的深度融合，以 GPS 和 GIS 为核心的物流调度信息系统实现了一体化、可视化的管理"。

④市场决策能力。"积极推行其他水泥企业难以复制的'T型'战略布局""公司率先在国内新型干法水泥生产线的低投资、国产化的研发方面取得突破性进展""海浪水泥不断完善'T型'战略布局"。

⑤财务能力。"2018 年海浪水泥年报显示：公司营收同比大幅增长 70.50%，净利润同步增长 88.05%，净利润增长幅度超过营收增长幅度"。

⑥组织管理能力。"积极推行其他水泥企业难以复制的'T型'战略布局""海浪水泥不断完善'T型'战略布局"。

【例题 2-38·简答题】据专家预测，到 2020 年中国葡萄酒消费量将进入世界前三位；全球葡萄酒过剩时代结束，即将步入短缺时代。

葡萄酒界流传着"七分原料，三分工艺"的说法，意即决定葡萄酒品质最重要的因素是葡萄产地。G 省的葡萄种植基地、葡萄酒生产企业主要集中在西北黄金产业带上。适宜的纬度、最佳光热水土资源组合，加之大幅度的昼夜温差、适宜有效的气温和干燥少雨的气候，使 G 省成为国内生产葡萄酒原料的最佳区域之一。

G省葡萄酒产业发展具有深厚的文化底蕴。"葡萄美酒夜光杯，欲饮琵琶马上催"等一系列脍炙人口的赞美葡萄酒的诗歌经久不衰。从历史史料中不难看出自汉朝以来的两千多年，西北黄金产业带的葡萄酒，一直闻名遐迩，享誉盛赞。

　　然而，G省葡萄酒企业在国内市场的竞争地位却不尽如人意。2011年国内四大葡萄酒知名品牌占据国内市场份额60%左右，而G省最具竞争力的高华品牌只在华南和西北地区占有很低的市场份额，省内另外几家企业的葡萄酒基本未进入省外市场。2011年G省葡萄酒企业年销量仅占全国销量的1.1%。

　　以下三个方面因素在一定程度上影响了G省葡萄酒企业的竞争力。其一，相对于国内东部产区而言，G省产区交通条件欠发达，因此葡萄酒产品在外运过程中成本较高。其二，随着市场的发展，包装对于葡萄酒来说不仅是保护商品、方便流通的手段，更成为一种差异化、准确定位目标市场的营销方式。而G省与葡萄酒产业相关的包装印刷业发展缓慢，企业产品包装品的制作和商标的印刷主要依靠南方地区的企业提供。其三，G省绝大多数葡萄酒生产企业规模小且分散，产品销售网覆盖地区有限，彼此之间的竞争不够充分。

　　近年来，为了进一步完善本地葡萄酒企业发展环境，G省酒类商品管理局实施了"抱团走出去，择优引进来"的策略，通过开展品牌宣传、招商引资等多种手段，努力提升G省葡萄酒在国内市场的知名度。

　　要求：

　　(1) 依据钻石模型四要素，简要分析G省葡萄酒产业发展的优势与劣势。(考点参见钻石模型)

　　(2) 依据企业资源的判断标准，简要分析G省葡萄酒企业资源的"不可模仿性"有哪几种形式。(2017年)

【答案】

(1) ①优势：

生产要素。"G省的葡萄种植基地、葡萄酒生产企业主要集中在西北黄金产业带上。适宜的纬度、最佳光热水土资源组合，加之大幅度的昼夜温差、适宜有效的气温和干燥少雨的气候，使G省成为国内生产葡萄酒原料的最佳区域之一。"

需求条件。"据专家预测，到2020年国内葡萄酒消费量将进入世界前三位；全球葡萄酒过剩时代结束，即将步入短缺时代。"

②劣势：

相关与支持产业。"其一，相对于国内东部产区而言，G省产区交通条件欠发达，因此葡萄酒产品在外运过程中成本较高。其二，随着市场的发展，包装对于M酒来说不仅是保护商品、方便流通的手段，更成为一种差异化、准确定位目标市场的营销方式。而G省与葡萄酒产业相关的包装印刷业发展，企业产品包装品的制作和商标的印刷主要依靠南方地区的企业提供。"

企业战略、企业结构和竞争对手的表现。"G省绝大多数葡萄酒生产企业规模小且分散，产品销售网覆盖地区有限，彼此之间的竞争不够充分。"

(2) ①物理上独特的资源。"G省的葡萄种植基地、葡萄酒生产企业主要集中于西北黄金产业带上。适宜的纬度、最佳光热水土资源组合，加之大幅度的昼夜温差，适宜有效的气温和干燥少雨的气候，使G省成为国内生产葡萄酒原料的最佳区域之一。"

②具有路径信赖性的资源或具有因果含糊性的资源。"G省葡萄酒产业发展具有深厚的文

化底蕴。'葡萄美酒夜光杯，欲饮琵琶马上催'，等一系列脍炙人口的赞美葡萄酒的诗歌经久不衰。从历史史料中不难看出自汉朝以来的两千多年西北黄金产业带的葡萄酒，一直闻名退迩，享誉盛赞。"

考点三：核心能力的辨别

核心能力的辨别方法	含义
功能分析	考察企业功能是识别企业核心竞争力常用的方法，这种方法虽然比较有效但是它可能只能识别出具有特定功能的核心能力
资源分析	分析实物资源比较容易，例如，企业商厦所处的区域、生产设备以及机器的质量等，而分析像商标或者商誉这类无形资源则比较困难
过程系统分析	过程涉及企业多种活动从而形成系统。过程和系统有可能仅是企业单一的功能，但是通常都会涉及多种功能，因而过程和系统本身是比较复杂的，但是企业通常还是会使用这种方式来识别企业的核心能力，因为只有对整个系统进行分析才能很好地判断企业的经营状况

考点四：核心能力的评价

评价核心能力的方法有：

（1）企业的自我评价；

（2）行业内部比较；

（3）基准分析；

主要基准类型	含义	关键词
内部基准	即企业内部各个部门之间互为基准进行学习与比较。企业内部由于存在着处于不同地理区域的部门，它们之间有着不同的历史和文化、不同的业务类型以及管理层与职员之间不同程度的融洽关系，因此可互为基准进行比较	企业内部之间比较
竞争性基准	即直接以竞争对手为基准进行比较。企业需要收集关于竞争对手的产品、经营过程以及业绩方面的具体信息，与企业自身的情况进行比较。由于有些商业上比较敏感的信息不容易获取，因而有时还需要借助第三方的帮助	产业内竞争对手之间比较
过程或活动基准	即以具有类似核心经营的企业为基准进行比较，但是二者之间的产品和服务并不存在直接竞争的关系。这类基准分析的目的在于找出企业做得最突出的方面，例如，生产制造、市场营销、产品工艺、存货管理以及人力资源管理等方面	不同产业但是拥有类似活动流程的企业比较
一般基准	即以具有相同业务功能的企业为基准进行比较	同一产业不同市场中的企业比较
顾客基准	即以顾客的预期为基准进行比较	顾客说了算

（4）成本驱动力和作业成本法；

（5）收集竞争对手信息。

【例题 2 – 39·单选题】2016 年，多年成功经营的啤酒生产企业宝泉公司投资新建了一家果

蔬饮料生产企业，但因管理不善出现持续亏损。最近宝泉公司组织果蔬饮料生产企业的管理人员到本公司的啤酒生产企业调研、学习，收效良好。宝泉公司所实施的基准分析的类型属于（   ）。（2019年）

A. 一般基准　　　　　　　　　　　　B. 顾客基准

C. 内部基准　　　　　　　　　　　　D. 竞争性基准

【答案】C

【解析】新建的果蔬饮料生产企业和本公司的啤酒生产企业都属于宝泉公司，宝泉公司组织到本公司的生产企业调研/学习，属于企业内部之间的学习与比较，即内部基准。选项C正确。

【例题2－40·多选题】多年成功经营的丰盛纺织集团收购了某国一家濒临破产的纺织厂，并组织该厂管理人员到集团旗下国内某著名纺织厂调研、学习，收效良好。丰盛集团所收购的纺织厂基准分析的类型涉及（   ）。（2019年）

A. 一般基准　　　　　　　　　　　　B. 顾客基准

C. 竞争性基准　　　　　　　　　　　D. 内部基准

【答案】AD

【解析】"多年成功经营的丰盛纺织集团收购了某国一家濒临破产的纺织厂"说明二者虽是相同业务，但是不存在竞争关系，属于一般基准，选项A正确；"并组织该厂管理人员到集团旗下国内某著名纺织厂调研、学习，收效良好"属于内部基准，选项D正确。

【例题2－41·多选题】甲公司是一家电力设备制造企业。为了正确评价自身的核心能力，甲公司选取了国内一家知名的同类上市公司进行基准分析。下列各项中，属于甲公司选择基准对象时应当主要关注的领域有（   ）。（2018年）

A. 能够衡量企业业绩的活动

B. 占用企业较多资金的活动

C. 能够显著改善与客户关系的活动

D. 能够最终影响企业结果的活动

【答案】BCD

【解析】一般来说，能够衡量业绩的活动都可以成为基准对象。当然，把企业的每一项活动都作为基准对象是不切实际的。企业可以主要关注以下几个领域：占用较多资金的活动；能显著改善与顾客关系的活动；能最终影响企业结果的活动；等等。所以，选项B、C、D正确。

【例题2－42·单选题】M国的甲航空公司专营国内城际航线，以低成本战略取得很大成功。专营H国国内城际航线的H国乙航空公司，也采用低成本战略，学习甲公司的成本控制措施，在H国竞争激烈的航空市场取得了良好的业绩。乙公司基准分析的类型是（   ）。（2016年）

A. 内部基准　　　　B. 一般基准　　　　C. 竞争性基准　　　　D. 过程或活动基准

【答案】B

【解析】甲航空公司专营M国的国内城际航线，H国乙航空公司专营B国的国内城际航线，甲、乙两家航空公司虽处于同一行业，但在不同国家不构成直接竞争关系，但是二者是处于同一行业中的，所以属于一般基准。

【本题思路】这类题目，内部基准很好区别，主要关注其他几个基准：①属于不同产业，过程或活动基准；②同一个产业，看是否直接竞争对手；③直接竞争对手（在同个市场里竞争），竞争性基准；非直接竞争对手，一般基准。

考点五：价值链基本活动

内部后勤	又称进货物流，是指与产品投入有关的进货、仓储和分配等活动。如原材料搬运、仓储、库存控制、车辆调度和向供应商退货。这一活动的本质，是对生产的输入
生产经营	是指将各种投入品转化为最终产品的各种活动。如机械加工、包装、组装、设备维护、检测等。这一活动的本质，是输入向输出的转化
外部后勤	又称出货物流，是指与产品的库存、分送给购买者有关的活动。如产成品库存管理、产成品搬运、接受订单、送货车辆调度等。这一活动的本质，是产品输出
市场销售	是指与促进和引导购买者购买企业产品的活动。如广告、促销、销售队伍、渠道建设等。这一活动的本质，是产品价值的实现
服务	是指与保持和提高产品价值有关的活动。如安装、维修、培训、零部件供应和产品生命周期结束后的回收等。这一活动的本质，是产品的价值保证和增值

考点六：价值链支持活动

采购管理	是指采购企业所需投入产品的职能，而不是被采购的投入品本身。包括购买用于企业价值链各种投入的活动，采购既包括企业生产原料的采购，也包括支持活动相关的购买行为。因此，这里的采购是广义的。例如，企业聘请咨询公司为企业进行广告策划、市场预测、管理信息系统设计、法律咨询、研发设备的购买等属于采购管理
技术开发	是指可以改进企业产品和工序的一系列技术活动，这也是一个广义的概念，既包括生产性技术，也包括非生产性技术。因此，企业中每项生产经营活动都包含着技术，只不过其技术的性质、开发的程度和使用的范围不同而已。有的属于生产方面的工程技术，有的属于通信方面的技术，还有的属于领导的决策技术。这些技术开发活动不仅是与企业最终产品直接相关，而且支持着企业全部活动，成为判断企业竞争实力的一个重要因素。企业中的各种活动，都会涉及技术开发
人力资源管理	涉及所有类型人员的招聘、雇佣、培训、提拔和退休等各种活动。人力资源管理不仅对基本活动和支持活动起到辅助作用，而且支撑着整个价值链
基础设施（易考点）	是指企业组织结构、惯例、控制系统以及文化等活动。企业的基础设施与其他支持活动有所不同。一般是用来支撑整个价值链的运行，即所有其他的价值创造活动都在基础设施中进行。企业的基础设施包括企业的总体管理、计划、财务、法律支援、质量管理等，还包括企业与政府以及公众的公共关系

【例题 2－43·单选题】东湖公司为了提升公司的信息化管理水平，聘请某著名咨询公司为其开发一套管理信息系统。东湖公司的上述活动属于价值链支持活动中的（ ）。（2016 年）

A. 采购管理　　　　B. 技术开发　　　　C. 人力资源管理　　　D. 公司基础设施

【答案】A

【解析】这里的采购是广义的，既包括原材料的采购，也包括其他资源投入的购买和管理。例如，企业聘请咨询公司为企业进行广告策划、市场预测、管理信息系统设计、法律咨询等均属于采购。所以，选项 A 正确。

【例题 2－44·多选题】甲公司是一家复印机生产企业。关于甲公司的价值链，以下表述正确的有（ ）。（2013 年）

A. 进货材料搬运、部件装配、订单处理、广告、售后服务等活动属于基本活动

B. 公司的基础设施包括厂房、建筑物等

C. 原材料采购、信息系统开发、招聘等活动属于支持活动

D. 价值链的每项活动对甲公司竞争优势的影响是不同的

【答案】 ACD

【解析】 价值链将企业的生产经营活动分为基本活动和支持活动两大类。基本活动，是指生产经营的实质性活动，一般可以分为内部后勤、生产经营、外部后勤、市场销售和服务五种活动。所以，选项 A 正确；支持活动，又称辅助活动，是指用以支持基本活动而且内部之间又相互支持的活动，包括采购、技术开发、人力资源管理和企业基础设施。所以，选项 C 正确；虽然价值链的每项活动，包括基本活动和支持活动都是企业成功所必经的环节，但是，这些活动对企业竞争优势的影响是不同的。所以，选项 D 正确；基础设施指企业的组织结构、惯例、控制系统以及文化等活动，所以，选项 B 不正确。

【例题 2 - 45 · 简答题】 绿梦公司成立于 2004 年，公司主营业务是将工业二氧化碳共聚物材料经过提纯改性，应用于医用耗材类产品。绿梦公司的核心优势在于科研与技术支持。企业获得多项专利，在国内外都处于领先地位，成功地进入高附加值的医疗制品应用领域。

绿梦公司的发展战略分为三个阶段。公司根据不同阶段的发展状况，采用不同的模式构筑企业竞争优势。

第一阶段：一体化商业模式（2004～2010 年）

绿梦公司实施科研、中试、生产一体化，将资源和能力配置到价值链的各个环节，牢牢掌控价值链的各个经营活动，把握生产经营的全部所得。

第二阶段：外包转型（2010～2014 年）

随着企业业务的发展，绿梦公司发现自己在融资、采购、生产、销售等价值活动方面处于劣势导致企业开发出的产品无法尽快实现商业转化。于是以增加最终的企业利润为目标，公司将自身的经营业务聚焦于研发和营销服务两个价值创造环节上，而将生产制造环节外包出去。同时，绿梦公司还在价值链上增加了一个价值创造环节，将自己的核心专利业务通过许可的方式获取专利许可使用费，提高企业的价值。

第三阶段：平台战略（2014 年至今）

第二阶段的转型外包，不仅使绿梦公司优化了资源配置，而且使绿梦公司与生产企业达成了协作关系，这提供了平台战略实施的前提。而网络技术的发展，使绿梦公司实施平台战略成为可能。绿梦公司的平台战略就是以技术研发以及核心医疗产品为核心，以网络效应吸引生产企业、客户（医院、养老院、药店）等多方加入，搭建起跨企业、跨区域、跨行业的医疗设备资源合作、共享的专业化平台。

要求：

（1）运用价值链分析方法，简要分析绿梦公司在各个发展阶段是如何通过运用价值链分析自身的资源和能力而构筑其竞争优势的。

（2）简要分析信息技术在绿梦公司平台战略中的作用。（2016 年）

【答案】

（1）①确认那些支持企业竞争优势的关键性活动。"绿梦公司的核心优势在于科研与技术支持公司将自身的经营业务聚焦于研发和营销服务两个价值创造环节上"。

②明确价值链内各种活动之间的联系。选择或构筑最佳的联系方式对于提高价值创造和战略能力是十分重要的。

绿梦公司

第一阶段：一体化商业模式（2004～2010年）；

第二阶段：外包转型（2010～2014年）；

第三阶段：平台战略（2014年至今），都是根据企业不同时期的发展状况，选择或构筑价值链内各种活动之间最佳的联系方式。

③明确价值系统内各项价值活动之间的联系。价值活动的联系不仅存在于企业价值链内部，而且还存在于企业与企业的价值链之间。

绿梦公司第三阶段：平台战略（2014年至今），"以网络效应吸引生产企业、客户（医院、养老院、药店）等多方加入，搭建起跨企业、跨区域、跨行业的医疗设备资源合作、共享的专业化平台"，就是选择和构筑了企业与企业的价值链之间的最佳联系方式。

（2）信息技术在绿梦公司的平台战略中扮演着强有力的角色，平台中的各方通过网络技术凝聚在一起，形成整体运作的企业生态系统。

考点七：企业资源能力与价值链

（1）确认支持企业竞争优势的关键性活动。支持企业竞争优势的关键性活动是企业独特的能力之一。

（2）明确价值链内各种活动之间的关系。价值链中基本活动之间、基本活动与支持活动之间以及支持活动之间存在各种联系，选择或构筑最佳的联系方式对于提高价值创造和战略能力是十分重要的。

（3）明确价值系统内各项价值活动之间的联系。价值活动的联系既存在于企业价值链内部，也存在于企业与企业的价值链之间。

【例题2-46·简答题】2003年，"电池大王"环亚公司收购了一家汽车制造公司，成立了环亚汽车公司。环亚汽车公司将其电池生产技术优势与汽车制造技术相结合，迅速成为国内新能源汽车领域的龙头企业。新能源汽车生产的关键在于掌握三大核心零部件电机、电控与电池的生产制造技术以及具有完备的整车组装能力。环亚汽车公司下大力气增强企业这些关键性活动的竞争优势。环亚汽车公司在包括电机、电控与电池生产领域投入的研发费用占销售收入比重达4.13%，远高于国内同类汽车生产企业的研发投入占比，与国际知名汽车品牌企业相当。环亚汽车公司自主研发的磷酸铁锂电池（锂电池的一种）及管理系统安全性能好、使用寿命长；环亚汽车公司的锂电池专利数量名列国内第一。环亚汽车公司自主研发的永磁同步电机功率大、扭矩大，足够满足双模电动汽车（拥有燃油驱动与电能驱动两种动力系统，驱动力可以由电动机单独供给，也可以由发动机与电动机耦合供给，与混合动力汽车并无差别）与纯电动车的动力需求。环亚汽车公司自主研发的动力系统匹配技术能够保证动力电池、驱动电机及整车系统的匹配，保证整车运行效率。此外，2008年环亚汽车公司以近2亿元的价格收购了半导体制造企业中达公司，此次收购使环亚汽车公司拥有了电动汽车驱动电机的研发能力和生产能力。2011年环亚汽车公司与国际知名老牌汽车制造企业D公司成立合资企业，借助D公司掌握的汽车结构以及安全领域的专有技术，增强公司在汽车整车组装方面的研发能力和生产能力。为了进一步扩大新能源汽车生产制造规模，环亚汽车公司又将在新能源轿车制造的优势延展至新能源客车制造。2009年环亚汽车公司以6 000万元的价格收购国内美泽客车公司，获得客车生产许可证；2014年环亚汽车公司又与国内广贸汽车集团分别按51%和49%的持股比例合资设立新能源客车公司，注册资本3

亿元人民币。近年来，环亚汽车公司开启了向产业上下游延展的战略新举措。2015 年环亚汽车公司收购专门从事盐湖资源综合利用产品的开发、加工与销售的东州公司，这一收购整合了环亚汽车公司汽车零部件的生产。2016 年环亚汽车公司以 49% 的持股比例，与青山盐湖工业公司及深域投资公司共同建立合资企业，注册资本 5 亿元人民币。此次合作实现了环亚汽车公司的动力锂电池优势与盐湖锂资源优势相结合。2015 年环亚汽车公司与广安银行分别以 80% 和 20% 的持股比例合资成立环亚汽车金融公司，注册资本 5 亿元人民币。这是环亚汽车公司向汽车服务市场延伸的一个重大事件。到目前为止，环亚汽车公司是全球少有的同时掌握新能源电池、电机、电控及充电配套、整车制造等核心技术以及拥有成熟市场推广经验的企业之一。环亚新能源汽车的足迹已遍布全球六大洲 50 个国家和地区。

要求：

（1）简要分析环亚汽车公司在分析自身的资源和能力，从而构筑其竞争优势的过程中，是如何体现价值链分析方法的。

（2）简要分析环亚汽车公司实施发展战略所采用的主要途径。（2018 年）

【答案】

（1）①确认那些支持企业竞争优势的关键性活动。虽然价值链的每项活动，包括基本活动和支持活动，都是企业成功所必经的环节，但是，这些活动对企业竞争优势的影响是不同的。在关键活动的基础上建立和强化这种优势很可能使企业获得成功。"新能源汽车生产的关键在于掌握三大核心零部件电机、电控与电池的生产制造技术以及具有完备的整车组装能力。环亚汽车公司下大力气增强企业这些关键性活动的竞争优势，……"

②明确价值链内各种活动之间的联系。价值链中基本活动之间、基本活动与支持活动之间以及支持活动之间存在各种联系，选择或构筑最佳的联系方式对于提高价值创造和战略能力是十分重要的。"环亚汽车公司在包括电机、电控与电池生产领域投入的研发费用占销售收入比重达 4.13%，远高于国内同类汽车生产企业的研发投入占比，与国际知名汽车品牌企业相当"；"2008 年环亚汽车公司以近 2 亿元的价格收购了半导体制造企业中达公司，此次收购使环亚汽车公司拥有了电动汽车驱动电机的研发能力和生产能力。2011 年环亚汽车公司与国际知名老牌汽车制造企业 D 公司成立合资企业，借助 D 公司掌握的汽车结构以及安全领域的专有技术，增强公司在汽车整车组装方面的研发能力和生产能力"；"2009 年环亚汽车公司收购国内美泽客车公司，获得客车生产许可证；2014 年环亚汽车公司又与国内广贸汽车集团分别按 51% 和 49% 的持股比例合资设立新能源客车公司"，都是环亚汽车公司选择或构筑了公司价值链内各种活动最佳的联系方式，以提高公司价值创造和战略能力。

③明确价值系统内各项价值活动之间的联系。价值活动的联系不仅存在于企业价值链内部，而且存在于企业与企业的价值链之间。价值系统内包括供应商、分销商和客户在内的各项价值活动之间的许多联系。"近年来，环亚汽车公司开启了向产业上下游延展的战略新举措"；"2015 年环亚汽车公司收购专门从事盐湖资源综合利用产品的开发、加工与销售的东州公司，这一收购整合了环亚汽车公司汽车零部件的生产"；"2016 年环亚汽车公司以 49% 的持股比例，与青山盐湖工业公司及深域投资公司共同建立合资企业，……实现了环亚汽车公司的动力锂电池优势与盐湖锂资源优势相结合"；"2015 年环亚汽车公司与广安银行……合资成立环亚汽车金融公司……向汽车服务市场延伸"，都是环亚汽车公司选择和构筑了价值系统中企业与企业的价值链之间最佳的联系方式。

（2）发展战略一般可以采用三种途径，即外部发展（并购）、内部发展（新建）与战略联盟。环亚汽车公司实施发展战略所采用的三种途径具体表现为：

①内部发展（新建）。"环亚汽车公司在包括电机、电控与电池生产领域投入的研发费用占销售收入比重达4.13%"；"环亚汽车公司自主研发的磷酸铁锂电池（锂电池的一种）及管理系统安全性能好、使用寿命长"；"环亚汽车公司自主研发的永磁同步电机功率大、扭矩大，足够满足双模电动汽车与纯电动车的动力需求"；"环亚汽车公司自主研发的动力系统匹配技术能够保证动力电池、驱动电机及整车系统的匹配，保证整车运行效率"。

②外部发展（并购）。"2003年，环亚公司收购了一家汽车制造公司，成立了环亚汽车公司"；"2008年环亚汽车公司以近2亿元的价格收购了半导体制造企业中达公司"；"2009年环亚汽车公司收购国内美泽客车公司，获得客车生产许可证"；"2015年环亚汽车公司收购专门从事盐湖资源综合利用产品的开发、加工与销售的东州公司"。

③战略联盟。"2011年环亚汽车公司与国际知名老牌汽车制造企业D公司成立合资企业"；"2014年环亚汽车公司又与国内广贸汽车集团分别按51%和49%的持股比例合资设立新能源客车公司"；"2016年环亚汽车公司以49%的持股比例，与青山盐湖工业公司及深域投资公司共同建立合资企业"；"2015年环亚汽车公司与广安银行分别以80%和20%的持股比例合资成立环亚汽车金融公司"。

【例题2-47·简答题】保圣公司是一家汽车制造企业。保圣公司进行战略分析后，选择了成本领先战略作为其竞争战略，并通过重构价值链各项活动以求获取成本优势。保圣公司主要重构措施包括：

（1）与汽车发动机的供应厂家建立良好关系，保证生产进度不受影响。

（2）生产所需要的外购配件大部分由就近的朝辉公司生产，与保圣公司总装厂距离非常近，减少了物流费用。

（3）内部各个配件厂分布在保圣公司总装厂周围，建立大规模生产线实现规模经济；并根据销售量数据预测制订生产计划，最大限度地减少库存。

（4）总装厂根据装配工序，采用及时生产模式（JIT），让配件厂按照流程进度提供配件，减少存储费用。

（5）订单处理人员根据全国汽车经销商的分布就近调配车型，并选择最优路线配送以降低物流费用。

（6）利用售前热线开展市场调查活动，有的放矢地进行广告宣传，提高广告效率。

（7）终端车主可以通过售后热线反馈不同车型的质量问题，将信息与汽车经销商共享，以获得最佳配件库存，提高前来维修的客户的满意度。

（8）通过市场调查，开发畅销车型，提高资金周转率。

（9）定期对员工进行培训，使其及时掌握公司所采用的最新技术、工艺或流程，尽快实现学习经济。

（10）从产品研发阶段就开始实施成本企划来控制成本，事业部制和矩阵式相交融，在减少了管理层次的同时提高了效率。

要求：

（1）依据企业价值链分析理论，对保圣公司的价值活动进行分类。

（2）依据成本领先战略的实施条件中关于"实现成本领先战略的资源和能力"所包括的内容，简要分析保圣公司是如何获得这些资源与能力的。（2014年）

【答案】

（1）价值链将企业的生产经营活动分为基本活动和支持活动两大类。

①基本活动（或主体活动）。基本活动是指生产经营的实质性活动，一般可以分为内部后勤（进货物流）、生产经营、外部后勤（出货物流）、市场销售和服务五种活动。

②支持活动（或辅助活动）。支持活动是指用以支持基本活动而且内部之间又相互支持的活动，包括采购、技术开发、人力资源管理和企业基础设施。

按照价值链活动的分类，保圣公司的10类活动可按以下内容划分：

①内部后勤（进货物流）：活动（2）；

②生产经营：活动（3）、（4）；

③外部后勤（出货物流）：活动（5）；

④市场销售：活动（6）；

⑤服务：活动（7）；

⑥采购：活动（1）；

⑦技术开发：活动（8）；

⑧人力资源管理：活动（9）；

⑨企业基础设施：活动（10）。

（2）依据成本领先战略的实施条件中关于"实现成本领先战略的资源和能力"所包括的主要方面，保圣公司的具体做法是：

①在规模经济显著的产业中建立生产设备来实现规模经济。"建立大规模生产线实现规模经济"。

②降低各种要素成本。"生产所需的外购配件大部分由就近的朝辉公司生产，与保圣总装厂距离非常近，减少了存储费用""各个配件厂分布在保圣总装厂周围，……最大限度地减少库存""总装厂……减少物流费用""订单处理……选择最优路线以降低物流费用""从产品研发阶段就开始实施成本企划来控制成本"。

③提高生产率。"各个配件厂分布在总装厂周围，……最大限度地减少库存""总装厂……减少存储费用""订单处理……选择最优路线以降低物流费用""有的放矢地进行广告宣传""在减少了管理层次的同时提高了效率""定期对员工进行培训，……尽快实现学习经济""开发畅销车型，提高资金周转率""与发动机的供应厂家建立良好关系，保证生产进度不受影响"。

④改进产品工艺设计。"使其及时掌握公司所采用的最新技术、工艺或流程"。

⑤提高生产能力利用程度。"通过市场调查，开发畅销车型""提高广告效率""终端车主可以通过售后热线反馈不同车型的质量问题，保证来维修的客户的满意度"（保证销量，从而保证生产能力利用率）。

考点八：波士顿矩阵的象限

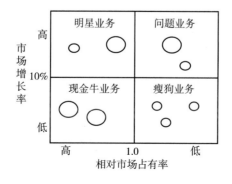

考点九：波士顿矩阵各象限的特点

业务类型	业务特点	战略及管理组织选择
明星业务 （高增长——强竞争地位）	这类业务处于快速增长的市场中并且占有支配地位的市场份额。在企业的全部业务中，"明星"业务的增长和获利有着极好的长期机会，但它们是企业资源的主要消费者，需要大量的投资。为了保护和扩展"明星"业务在增长的市场上占主导地位，企业应在短期内优先供给他们所需的资源，支持它们继续发展	积极扩大经济规模和市场机会，以长远利益为目标，提高市场占有率，加强竞争地位。"明星"业务的管理组织最好采用事业部形式，由对生产技术和销售两方面都很内行的经营者负责
问题业务 （高增长——弱竞争地位）	这类业务通常处于最差的现金流量状态。一方面，所在产业的市场增长率高，企业需要大量的投资支持其生产经营活动；另一方面，其相对市场占有率低，能够生成的资金很小。因此，企业对于"问题"业务的进一步投资需要进行分析，判断使其转移到"明星"业务所需的投资量，分析其未来盈利，研究是否值得投资等问题	对问题业务应采取选择性投资战略。即首先确定对该象限中那些经过改进可能会成为"明星"的业务进行重点投资，提高市场占有率，使之转变成"明星"业务；对其他将来有希望成为"明星"的业务则在一段时期内采取扶持的对策。因此，对"问题"业务的改进与扶持方案一般均列入企业长期计划中。对"问题"业务的管理组织，最好是采取智囊团或项目组织等形式，选拔有规划能力、敢于冒险、有才干的人负责
现金牛业务（低增长——强竞争地位）	这类业务处于成熟的低速增长的市场中，市场地位有利，盈利率高，本身不需要投资，反而能为企业提供大量资金，用于支持其他业务的发展	对这一象限内的大多数业务，市场增长率的下跌已呈不可阻挡之势，因此可采用收获战略，即所投入资源以达到短期收益最大化为限。（1）把设备投资和其他投资尽量压缩；（2）采用榨油式方法，争取在短时间内获取更多利润，为其他业务提供资金。对于这一象限内的市场增长率仍有所增长的业务，应进一步进行市场细分，维持现存市场增长率或延缓其下降速度。对于"现金牛"业务，适合于用事业部制进行管理，其经营者最好是市场营销型人物
瘦狗业务 （低增长——弱竞争地位）	这类业务处于饱和的市场当中，竞争激烈，可获利润很低，不能成为企业资金的来源。一般情况下，这类业务常常是微利甚至是亏损的，瘦狗业务存在的原因更多是由于感情上的因素，虽然一直微利经营，但像人养了多年的狗一样恋恋不舍而不忍放弃。其实，瘦狗业务通常要占用很多资源，如资金、管理部门的时间等，多数时候是得不偿失的	对这类业务应采用撤退战略：首先，应减少批量，逐渐撤退，对那些还能自我维持的业务，应缩小经营范围，加强内部管理；而对那些市场增长率和企业相对市场占有率极低的业务则应立即淘汰。其次，将剩余资源向其他业务转移。最后，整顿业务系列，最好将"瘦狗"业务与其他事业部合并，统一管理

波士顿矩阵的运用

通常有四种战略目标分别适用于不同的业务：

（1）发展。想尽快成为"明星产品"的问题业务，应以此为战略。

（2）保持。对于较大的"现金牛"可以此为目标，以使它们产生更多的收益。

（3）收割。对处境不佳的"现金牛"类业务及没有发展前途的"问题"业务和"瘦狗"类业务应视具体情况采取这种策略。

（4）放弃。对无利可图的"瘦狗"类和"问题"类业务可以适用。

【例题 2-48·单选题】 实行多元化经营的达梦公司在家装行业有很强的竞争力，市场占有率达 50% 以上，近年来家装市场进入低速增长阶段，根据波士顿矩阵原理，下列各项中，对达梦公司的家装业务表述正确的是（　）。（2019 年）

A. 该业务应采用撤退战略，将剩余资源向其他业务转移

B. 该业务的经营者最好是市场营销型人物

C. 该业务应由对生产技术和销售两方面都很内行的经营者负责

D. 该业务需要增加投资以加强竞争地位

【答案】 B

【解析】 市场占有率达 50% 以上，近年来家装市场进入低速增长阶段，属于低增长－强竞争地位的"现金牛"业务。该业务应采用收获战略，选项 A 不正确，选项 D 不正确。其竞争者最好是市场营销型人物，选项 B 正确。"明星"业务的管理组织最好采用事业部形式，由对生产技术和销售两方面都很内行的经营者负责，选项 C 不正确。

【例题 2-49·单选题】 天兆公司经营造船、港口建设、海运和相关智能设备制造四部分业务，这些业务的市场增长率分别为 7.5%、9%、10.5% 和 18%，相对市场占有率分别为 1.2%、0.3%、1.1% 和 0.6%。该公司四部分业务中，适合采用智囊团或项目组等管理组织的是（　）。（2018 年）

A. 造船业务

B. 港口建设业务

C. 海运业务

D. 相关智能设备制造业务

【答案】 D

【解析】 问题业务适合采用智囊团或项目组等管理组织，问题业务对应高市场增长率（大于 10%）低相对市场占有率（小于 1.0）。海运和相关智能设备制造的市场增长率为 18%，相对市场占有率为 0.6%，属于问题业务，即适合采取智囊团或项目组等管理组织。

【例题 2-50·单选题】 近年来中国公民出境游市场处于高速发展的阶段。实行多元化经营的鸿湖集团于 2006 年成立了甲旅行社，该旅行社专门提供出境游的服务项目，其市场份额位列第二。根据波士顿矩阵原理，鸿湖集团的甲旅行社业务属于（　）。（2016 年）

A. 明星业务

B. 问题业务

C. 瘦狗业务

D. 现金牛业务

【答案】 B

【解析】 波士顿矩阵中的相对市场占有率是以企业某项业务的市场份额与这个市场上最大的竞争对手的市场份额之比。甲旅行社的出境游服务项目，其市场份额位列第二，表明其与市场份额位列第一的比值低于 1，且中国公民出境游市场处于高速发展的阶段，表明其市场增长率高，因此根据波士顿矩阵可知鸿湖集团的甲旅行社业务属于问题业务。

【本题思路】 一定特别注意两个数字：10% 平均增长率（超过 10% 才叫高）；1.0 相对市场占有率（超过 1.0 才叫高，也就是本企业的某项业务与该业务市场上最大竞争对手市场份额相等，第二都不能叫高）。

第三节　SWOT分析

考点一：SWOT分析的四个方面

要素	含义	表现（综合题常考）	判断标准
优势	是指能给企业带来重要竞争优势的积极因素或独特能力	企业的资金、技术设备、员工素质、产品、市场、管理技能等方面	判断企业内部的优势和劣势一般有两项标准：一是单项的优势和劣势。例如，企业资金雄厚，则在资金上占优势；市场占有率低，则在市场上处于劣势。二是综合的优势和劣势。为了评估企业的综合优势和劣势，应选定一些重要因素，加以评价打分，然后根据其重要程度按加权平均法加以确定
劣势	是限制企业发展且有待改正的消极方面		
机会	是随着企业外部环境的改变而产生的有利于企业的时机	政府支持、高新技术的应用、良好的购买者和供应者关系等	
威胁	是随着企业外部环境的改变而产生的不利于企业的时机	如新竞争对手的出现、市场增长缓慢、购买者和供应者讨价还价能力增强、技术老化等	

考点二：SWOT分析矩阵

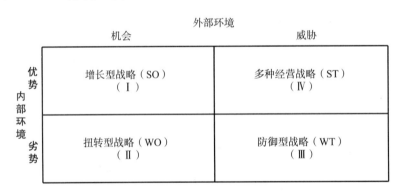

【例题2-51·单选题】近年来新能源汽车产业及市场迅猛增长。国内汽车制造商华新公司于2018年进入新能源汽车制造领域，但是受技术和管理水平制约，其产品性能欠佳，市场占有率较低。根据SWOT分析，该公司应采取的战略是（　　）。（2019年）

A. 增长型战略　　B. 多元化战略　　C. 防御型战略　　D. 扭转型战略

【答案】D

【解析】"近年来新能源汽车产业及市场迅猛增长"体现了外部环境中的机会（O），"受技术和管理水平制约，其产品性能欠佳，市场占有率较低"体现了内部环境中的劣势（W）。即为扭转型战略，选项D正确。

【例题2-52·单选题】平阳公司是国内一家中型煤炭企业，近年来在政府出台压缩过剩产能政策、行业竞争异常激烈的情况下，经营每况愈下，市场份额大幅缩减。根据SWOT分析，平阳公司应采取（　　）。（2018年）

A. 增长型战略　　B. 扭转型战略　　C. 多种经营战略　　D. 防御型战略

【答案】D

【解析】政府的压缩政策和行业的激烈竞争说明该公司面临外部环境的威胁（W）；经营状况每况愈下和市场份额大幅缩减说明该公司面临内部环境的劣势（T）。根据SWOT分析，平阳公司应该采取的战略是WT战略，即防御型战略。

【例题2-53·单选题】受国家政策扶持，3D打印产业及市场呈现爆发式增长。智创三维有限公司是国内一家3D打印设备制造商，该公司通过仿造国外同类产品，制造用来打印珠宝、齿科产品等中小型产品的3D打印设备。但是，受技术水平的制约，其产品质量欠佳，故障率明显高于国外同类产品。根据SWOT分析，该公司应采取的战略是（　　）（2016年）

A. 增长型战略　　　B. 多元化战略　　　C. 扭转型战略　　　D. 防御型战略

【答案】C

【解析】根据题干可知：3D打印产业及市场呈现爆发式增长，其将面临机会（O）；受技术水平的制约，其产品质量欠佳，故障率明显高于国外同类产品可以判断出是劣势（W），企业面临着巨大的外部机会，却受到内部劣势的限制，应采用扭转型战略，充分利用环境带来的机会，设法清除劣势。所以，选项C正确。

【本题思路】S：优势，公司；W：劣势，公司；O：机会，行业；T：威胁，行业。分析的时候，看关于公司的描述，确定是优势（S）还是劣势（T）；再看行业的描述，确定是机会（O）还是威胁（T）。

【例题2-54·单选题】扬帆集团是一家中药制造企业。2015年以前，扬帆集团主打的Q产品治疗热毒肿痛功效显著，很受市场欢迎，被认为是国家名药，近年来中药市场需求依然旺盛，然而扬帆集团的Q产品销售增长缓慢。公司的业绩和市值增长指标不如其他著名中药企业。根据SWOT分析，扬帆集团目前应该采取的战略是（　　）。（2017年）

A. 扭转型战略　　　B. 多种经营战略　　　C. 防御型战略　　　D. 增长型战略

【答案】A

【解析】中药市场需求旺盛是机会（O），Q产品销售增长缓慢是劣势（W）。所以适合扭转型战略。

【例题2-55·多选题】甲公司是C国一家以乳制品业务为主体的多元化经营企业，业务范围涉及乳制品、煤化工、房地产、新能源等。甲公司对其业务发展状况进行分析，以下各项符合SWOT分析的有（　　）。（2014年）

A. 乳制品行业增长缓慢，公司市场占有率高，应采用SO战略

B. 房地产行业不景气，公司市场占有率低，应采用WT战略

C. 新能源行业具有广阔的发展前景，公司在该行业不具有竞争优势，应采用WO战略

D. 煤化工行业近年来发展势头明显回落，公司在该行业中具备一定优势，应采用ST战略

【答案】BCD

【解析】乳制品行业增长缓慢，属于威胁（T），公司市场占有率高属于优势（S），所以应该采用ST战略，因此选项A错误。

第三章　战略选择

第一节　总体战略

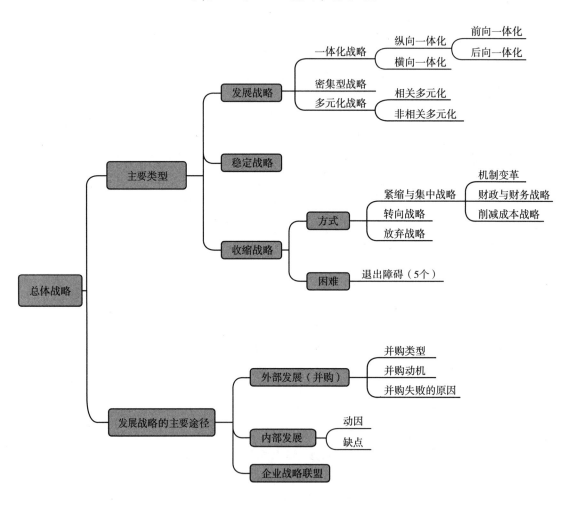

总体战略的主要类型

考点一：发展战略——一体化战略

	主要适用条件	主要风险
前向一体化战略	（1）现有销售商销售成本较高或者可靠性较差，难以满足企业的销售需要； （2）企业所在产业的增长潜力较大； （3）企业具备前向一体化所需的资金、人力资源等； （4）销售环节的利润率较高	（1）不熟悉新业务领域所带来的风险； （2）纵向一体化，尤其是后向一体化，一般涉及的投资数额较大且资产专用性较强，增加了企业在该产业的退出成本
后向一体化战略	（1）企业现有的供应商供应成本较高或者可靠性较差而难以满足企业对原材料、零件等的需求； （2）供应商数量较少而需求方竞争者众多； （3）企业所在产业的增长潜力较大； （4）企业具备后向一体化所需的资金、人力资源等； （5）供应环节的利润率较高； （6）企业产品价格的稳定对企业而言十分关键，后向一体化有利于控制原材料成本，从而确保产品价格的稳定	

【例题3-1·多选题】富华公司是一家特种钢材生产企业，其产品主要用于大型采矿机械、采油设备的生产。为了增强对钢铁市场需求变化的敏感性，富华公司决定把前向一体化作为发展战略。下列各项中，符合该公司发展战略的有（　　）。（2018年）

A. 与东港石油公司签订集研发、生产、销售为一体的合作协议

B. 参股海城矿山机械公司

C. 与南岗煤炭集团建立战略联盟

D. 投资建立铁矿资源开发和生产企业

【答案】AB

【解析】前向一体化战略是指获得分销商或零售商的所有权或加强对他们的控制权的战略。富华公司的产品主要用于大型采矿机械、采油设备的生产。所以参股海城矿山机械公司、与东港石油公司签订合作协议，属于前向一体化战略。选项AB正确。

【例题3-2·单选题】神大钢铁公司为确保公司铁矿资源与煤炭的稳定供应，成功收购了甲铁矿石企业，同时与龙潭煤炭公司签订了长期购销协议。神大钢铁公司的发展战略属于（　　）。（2017年）

A. 前向一体化战略　　　　　　　B. 多元化战略

C. 密集型战略　　　　　　　　　D. 后向一体化战略

【答案】D

【解析】后向一体化战略有利于企业有效控制关键原材料等投入的成本、质量及供应可靠性，确保企业生产经营活动稳步进行。本题中的甲铁矿石企业和龙潭煤炭公司都属于神大钢铁公司的原材料或燃料供应商，所以神大钢铁公司的发展战略属于后向一体化战略。

【例题3-3·多选题】下列各项中，属于后向一体化战略主要适用条件的有（　　）。（2015年）

A. 企业的销售商利润率较高　　　B. 企业现有供应商可靠性差

C. 企业现有销售商可靠性差
D. 控制原材料成本对企业非常重要

【答案】BD

【解析】后向一体化战略的主要适用条件包括：（1）企业现有的供应商供应成本较高或者可靠性较差而难以满足企业对原材料、零件等的需求；（2）供应商数量较少而需求方竞争者众多；（3）企业所在产业的增长潜力较大；（4）企业具备后向一体化所需的资金、人力资源等；（5）供应环节的利润率较高；（6）企业产品价格的稳定对企业而言十分关键，后向一体化战略有利于控制原材料成本，从而确保产品价格的稳定。所以，选项BD正确。选项AC为前向一体化战略的适用条件。

考点二：发展战略——密集型战略

		产品	
		现有产品	新产品
市场	现有市场	**市场渗透** 在单一市场，依靠单一产品，目的在于大幅度增加市场占有率	**产品开发** 在现有市场上推出新产品；延长产品寿命周期
	新市场	**市场开发** 将现有产品推销到新地区；在现有实力、技能和能力基础上发展，改变销售和广告方式	**多元化** 与新技术或新市场而言的相关多元化；与现有产品或市场无关的非相关多元化

采用市场开发战略的原因	市场开发战略的主要适用情形
（1）企业现有产品生产过程的性质导致难以转而生产全新的产品，因此他们希望能开发其他市场。 （2）市场开发往往与产品改进结合在一起，例如，将工业用的地板或地毯清洁设备做得更小、更轻，这样可以将其引入民用市场。 （3）现有市场或细分市场已经饱和，企业只能去寻找新的市场	（1）存在未开发或未饱和的市场； （2）可得到新的、可靠的、经济的和高质量的销售渠道； （3）企业在现有经营领域十分成功； （4）企业拥有扩大经营所需的资金和人力资源； （5）企业存在过剩的生产能力； （6）企业的主业属于正在迅速全球化的产业

考点三：发展战略——多元化战略

采用多元化战略的原因			（1）在现有产品或市场中持续经营并不能达到目标。 （2）企业以前由于在现有产品或市场中成功经营而保留下来的资金超过了其在现有产品或市场中的财务扩张所需要的资金。 （3）与在现有产品或市场中的扩张相比，多元化战略意味着更高的利润
多元化战略种类	相关多元化	含义	也称同心多元化，是指企业以现有业务或市场为基础进入相关产业或市场的战略。相关多元化的相关性可以是产品、生产技术、管理技能、营销渠道、营销技巧以及用户等方面的类似
		优势	有利于企业利用原有产业的产品知识、制造能力、营销渠道、营销技能等优势来获取融合优势，即两种业务或两个市场同时经营的盈利能力大于各自经营时的盈利能力之和
		条件	当企业在产业或市场内具有较强的竞争优势，而该产业或市场成长性或吸引力逐渐下降时，比较适宜采用同心多元化战略

续表

多元化战略种类	非相关多元化	含义	也称离心多元化，指企业进入与当前产业和市场均不相关的领域的战略
		条件	如果企业当前产业或市场缺乏吸引力，而企业也不具备较强的能力和技能转向相关产品或市场，较为现实的选择就是采用非相关多元化战略
		目标	不是利用产品、技术、营销渠道等方面的共同性，而是从财务上考虑平衡现金流或者获取新的利润增长点，规避产业或市场的发展风险
采用多元化战略的优点			（1）分散风险，当现有产品及市场失败时，新产品或新市场能为企业提供保护。 （2）能更容易地从资本市场中获得融资。 （3）在企业无法增长的情况下找到新的增长点。 （4）利用未被充分利用的资源。 （5）运用盈余资金。 （6）获得资金或其他财务利益，例如累计税项亏损。 （7）运用企业在某个产业或某个市场中的形象和声誉来进入另一个产业或市场，而在另一个产业或市场中要取得成功，企业形象和声誉是至关重要的
实施多元化战略的风险			（1）来自原有经营产业的风险。企业资源总是有限的，多元化经营往往意味着原有经营的产业要受到削弱。 （2）市场整体风险。市场经济中的广泛相互关联性决定了多元化经营的各产业仍面临共同的风险。在宏观力量的冲击之下，企业多元化经营的资源分散反而加大了风险。 （3）产业进入风险。企业在进入新产业之后还必须不断地注入后续资源，去学习这个行业的相关知识并培养自己的员工队伍，塑造企业品牌。另外，产业竞争态势是不断变化的，竞争者的策略也是一个未知数，企业必须相应地不断调整自己的经营策略。 （4）产业退出风险。如果企业深陷一个错误的投资项目却无法做到全身而退，那么很可能导致企业全军覆没。 （5）内部经营整合风险。企业作为一个整体，必须把不同业务对其管理机制的要求以某种形式融合在一起。多元化经营、多重目标和企业有限资源之间的冲突，使这种管理机制上的融合更为困难，使企业多元化经营的战略目标最终由于内部冲突而无法实现

【例题3-4·单选题】为了克服对客户需求的变化缺乏敏感性，公司结构性产能过剩问题，神大钢铁公司近年来收购了远航造参股国兴造船厂，与天州钢帘纬制造厂签订合作协议，神大钢铁公司的发展战略是（　　）。（2017年）

A. 前向一体化战略　　　　　　　B. 后向一体化战略

C. 多元化战略　　　　　　　　　D. 密集型战略

【答案】A

【解析】选项A正确，前向一体化战略是指获得下游企业的所有权或加强对他们的控制权的战略，钢铁公司收购造船厂，造船厂属于同一产业链的下游企业，因此属于前向一体化。而后向一体化战略是指获得上游企业的所有权或加强对他们的控制权。

选项BCD错误，多元化战略指企业进入与现有产品和市场不同的领域。密集型战略有三种类型，即市场渗透战略、产品开发战略和市场开发战略。

【例题3-5·单选题】福海公司是国内一家著名的肉类加工企业。为了保持业绩持续增长，福海公司近年来陆续收购了几家规模较大的养殖场、肉类连锁超市。福海公司采取的发展战略属于（　　）。（2016年）

A. 多元化战略　　B. 差异化战略　　C. 一体化战略　　D. 产品开发战略

【答案】C

【解析】肉类加工企业收购肉类连锁超市，从制造产品到卖产品，属于纵向的经营链条，也就是纵向一体化，属于一体化战略。所以，选项C正确。

【例题 3-6·多选题】 下列各项中，属于企业采取市场渗透战略的有（　　　　）。（2016 年）

A. 某酒店收购一家旅游公司，进入新的业务领域

B. 某超市为提高牙膏的销量，采用美化产品包装、买赠等促销措施

C. 甲公司通过与国外经销商合作的方式将其生产的智能手机出口至拉美国家

D. 甲银行与乙航空公司发行联名卡，刷该银行信用卡客户可累计航空里程积分

【答案】 BD

【解析】 市场渗透战略：现有市场＋现有产品。选项 A 错误：从酒店到旅游公司，新的业务领域，属于新市场＋新产品，多元化战略；选项 B 正确，还是卖牙膏，只是改变促销措施，还是旧的市场＋旧产品，市场渗透战略；选项 C 错误，产品还是智能手机，出口至拉美国家，新的市场＋旧的产品，属于市场开发战略；选项 D 正确，发行联名卡，只是一种营销手段，还是旧的产品＋旧的市场，属于市场渗透战略。

【例题 3-7·简答题】 江康公司是 C 国一家大型药品生产企业。江康公司自身的优势在于药品的生产与新药研发的前期业务。近年来公司以多种方式进行行业业务拓展。

为了保障原料药的稳定供给与产品质量，降低产业链中的交易成本，2009 年以来，江康公司在 C 国 3 个省建设了 5 个原料药材现代化种植基地，全面推进原料药材规范化绿色种植工程。

2011 年，为建立营销网络，江康公司收购了两家医药分销公司。之后，又将并购重心转向特色原料药领域，收购在这一领域具有优势地位的常丽制药公司 70%的股权，以增强公司在特色原料药生产方面的竞争实力。

为了提高江康公司的研发效率，同时保持江康公司自身在经营中的相对独立性，2012 年江康公司以合作研究开发协议的方式与通健公司进行合作，通健公司的优势在于新药研发后期的毒理学试验。这一合作使江康公司实现了从新药研发到临床前试验一体化的业务整合。

要求：

（1）简要分析江康公司实施纵向一体化的具体类型、内涵与优点。

（2）分析江康公司业务拓展所属的企业发展战略途径的具体类型。（2014 年）

【答案】

（1）江康公司向原料药材业务延伸（建设 5 个原料药材现代化种植基地、收购在这一领域具有优势地位的常丽制药公司）是后向一体化战略。后向一体化战略是指获得供应商的所有权或加强对其控制权。后向一体化有利于企业有效控制关键原材料等投入的成本、质量及供应可靠性，确保企业生产经营活动稳步进行。"为了保障原料药的稳定供给与产品质量，降低产业链中的交易成本""以增强公司在特色原料药生产的竞争实力"。

江康公司向医药分销领域延伸是前向一体化战略，其研发向后期的毒理学试验延伸也是前向一体化战略。前向一体化战略是指获得下游企业的所有权或加强对他们的控制权的战略。前向一体化战略有利于企业控制和掌握市场，增强对消费者需求变化的敏感性，提高企业产品的市场适应性和竞争力。"实现从新药研发到临床前试验一体化的业务整合，提高研发效率"。

（2）发展战略一般可以采用三种途径，即外部发展（并购）、内部发展（新建）与战略联盟。

江康公司向原料药材业务延伸采用了新建与并购两种途径，"建设了五大原料药材现代化种植基地"是新建，"收购在这一领域具有优势地位的常丽制药公司"是并购。

江康公司向医药分销领域延伸采用了并购方式，"江康公司收购了两家医药分销公司"。向研发毒理学试验延伸采用了战略联盟方式，"江康公司以合作研究开发协议的方式与通健公司进行合作"。

考点四：收缩战略的方法与适用情形

紧缩与集中战略	含义	紧缩与集中战略往往集中于短期效益，主要涉及采取补救措施制止利润下滑，以期立即产生效果。也称作选择性收缩战略，是一种消极的收缩战略
	收缩的方法	①机制变革。包括：调整管理层领导班子、重新制定新的政策和管理控制系统，以改善激励机制和约束机制等； ②财政与财务战略。如引进和建立有效的财务控制系统，严格控制现金流量；与关键的债权人协商，重新签订偿还协议，甚至把需要偿付的利息和本金转换成其他的财务证券（如把货款转换成普通股或可转换优先股）等； ③削减成本战略
转向战略	含义	转向战略更多涉及企业经营方向或经营策略的改变
	转向方法	①重新定位或调整现有的产品和服务； ②调整营销策略，在价格、广告、渠道等环节推出新的举措。转向战略会使企业的主营方向转移，这有时会涉及基本经营宗旨的变化，其成功的关键是管理者明晰的战略管理理念，即必须决断是对现存的业务给予关注还是重新确定企业的基本宗旨
放弃战略		在采取转向战略无效时，企业可以尝试放弃战略。 放弃战略的方式有：特许经营、分包、卖断、管理层与杠杆收购、拆产为股/分拆、资产互换与战略贸易

退出障碍。在收缩战略的实施过程中通常会遇到一些阻力：

（1）固定资产的专用程度；

（2）退出成本；

（3）内部战略联系；

（4）感情障碍；

（5）政府与社会约束。

【例题3-8·多选题】甲公司是吉祥集团控股的一家钢铁厂。几年来由于扩张过快和市场竞争激烈等原因，甲公司陷入不能偿还到期债务的危机。由于钢铁厂的高炉等设备难以转产，所以吉祥集团拟通过甲公司破产的方式退出钢铁行业，并用买断方式终止与甲公司员工的劳动合同，但引起一些职工的抵触。后来在当地政府的协调下，甲公司被某外资企业收购。在上述案例中，吉祥集团面临的退出障碍有（　　）。（2016年）

A. 退出成本   B. 感情障碍

C. 政府与社会约束   D. 固定资产的专用性程度

【答案】ABD

【解析】用买断方式终止与甲公司员工的劳动合同，说明企业需要按工龄给予员工一定的辞退补偿，这涉及了退出成本，选项A正确；由于钢铁厂的高炉等设备的专用性程度比较高，所以就造成高炉等设备难以转产，选项D正确；引起一些职工的抵触属于感情障碍的范畴，选项B正确。当地政府是起到协调的作用，而不是约束，所以选项C错误。

【例题3-9·多选题】近年来大数据和云计算的快速发展，使主营传统数据库业务的甲公司受到极大冲击，经营业绩大幅下滑。2019年初，甲公司裁员1 800人，并重组开发团队和相关资源，大力开拓和发展云计算业务，以改善公司的经营状况。甲公司采用的总体战略类型有（　　）。（2019年）

A. 稳定战略   B. 转向战略

C. 市场开发战略   D. 紧缩与集中战略

【答案】BD

【解析】"甲公司裁员 1 800 人"属于紧缩与集中战略;"重组开发团队和相关资源,大力开拓和发展云计算业务,以改善公司的经营状况"属于转向战略中的重新定位或调整现有的产品和服务。选项 BD 正确。

考点五：发展战略可选择的途径

(一) 并购战略

分类标准	类别		
按并购双方所处的行业分类	横向并购		并购方与被并购方处于同一产业
	纵向并购	前向并购	沿着产品实体流动方向所发生的并购,如生产企业并购销售商
		后向并购	沿产品实体流动的相反方向所发生的并购,如加工企业并购原料供应商
	多元化并购		处于不同行业、在经营上也无密切联系的企业之间的并购
按被并购方的态度分类	友善并购		并购方与被并购方通过友好协商确定并购条件,在双方意见基本一致的情况下实现产权转让的一类并购
	敌意并购		并购方不顾被并购方的意愿强行收购对方企业的一类并购
按并购方的身份分类	产业资本并购		并购方为非金融企业
	金融资本并购		并购方为投资银行或非银行金融机构
按收购资金来源分类	杠杆收购		收购方的主体资金来源是对外负债
	非杠杆收购		收购方的主体资金来源是自有资金

【例题 3-10·多选题】经过多次磋商签订协议后,汽车制造商甲公司以自有资金 2 亿元和发行债券融资 5 亿元,实现了对汽车零部件商乙公司的收购。从并购的类型来看,上述收购属于( )。(2019 年)

A. 杠杆收购   B. 前向收购   C. 金融资本收购   D. 友善收购

【答案】AD

【解析】"汽车制造商甲公司以自有资金 2 亿元和发行债券融资 5 亿元"说明是杠杆并购,选项 A 正确;"实现了对汽车零部件商乙公司的收购"说明乙公司是甲公司的上游企业,属于后向并购,选项 B 错误;"经过多次磋商签订协议"说明是友善并购,选项 D 正确;甲公司为非金融机构,属于产业资本并购,选项 C 错误。

(二) 并购的动机

避开进入壁垒,迅速进入,争取市场机会,规避各种风险。

获得协同效应。协同效应产生于互补资源,而这些资源与正在开发的产品或市场是相互兼容的,协同效应通常通过技术转移或经营活动共享来得以实现。

克服企业负外部性，减少竞争，增强对市场的控制力。

（三）并购失败的原因

（1）决策不当的并购；

（2）并购后不能很好地进行企业整合；

（3）支付过高的并购费用；

（4）跨国并购面临政治风险。

【例题 3－11·单选题】 为了拓展国际业务，国内玩具制造商甲公司收购了 H 国玩具制造商乙公司，并很快打开 H 国玩具市场。其后不久，甲公司发现乙公司在被收购前卷入的一场知识产权纠纷，将导致甲公司面临严重的经营风险。甲公司在并购中失败的原因是（　　）。（2019 年）

A. 决策不当　　　　　　　　　　B. 支付过高的并购费用

C. 并购后不能很好地进行企业整合　　D. 跨国并购所面临的政治风险

【答案】 A

【解析】 "其后不久，甲公司发现乙公司在被收购前卷入的一场知识产权纠纷，将导致甲公司面临严重的经营风险"体现了企业在并购前没有认真地分析目标企业的潜在成本和效益，属于决策不当，选项 A 正确。

【例题 3－12·多选题】 从事能源工程建设的百川公司在并购 M 国一家已上市的同类企业后发现，后者因承建的项目未达到 M 国政府规定的环保标准而面临巨额赔偿的风险，股价一落千丈；上市企业的核心技术人员因对百川公司的管理措施不满而辞职。百川公司为挽救被并购企业的危局做出各种努力，均以失败告终。下列各项中，属于百川公司上述并购失败的原因有（　　）。（2018 年）

A. 决策不当　　　　　　　　　　B. 并购后不能很好地进行企业整合

C. 支付过高的并购费用　　　　　　D. 跨国并购面临政治风险

【答案】 AB

【解析】 在本题中，百川公司并购上市企业之后，才发现该上市企业面临巨额赔偿，并购前没有进行调查了解，属于决策不当，选项 A 正确；并购之后，上市公司核心人员离职，属于不能很好地进行企业整合，选项 B 正确。

【例题 3－13·多选题】 亚强公司的前身是主营五金矿产进出口业务的贸易公司。2004 年，公司在"将亚强从贸易型企业向资源型企业转型"的战略目标指引下，对北美 N 矿业公司发起近 60 亿美元的收购。其收购资金中有 40 亿美元由国内银行贷款提供。亚强公司对北美 N 矿业公司的收购类型包括（　　）。（2017 年）

A. 纵向并购　　　B. 产业资本并购　　　C. 金融资本并购　　　D. 杠杆订购

【答案】 ABD

【解析】 选项 A 正确，收购上游公司，属于纵向并购；选项 B 正确，并购方为非金融企业，属于产业资本并购；D 选项正确，收购资金中有 40 亿美元贷款，属于杠杆收购。

【例题 3－14·简答题】 C 国北方机床集团于 1993 年组建，主导产品是两大类金属切削机床。销售市场覆盖全国 30 多个省、市、自治区，并出口 M 国、G 国等 80 多个国家和地区。

G 国 S 公司是一个具有 140 多年历史的世界知名机床制造商，其重大型机床加工制造技术始终处于世界最高水平。但 S 公司内部管理存在诸多问题，其过高的技术研发成本造成资金链断裂。2004 年年初，S 公司宣布破产。

2004 年 10 月，北方机床集团收购了 S 公司全部有形资产和无形资产。北方机床集团在对 S 公司进行整合中颇费思量。首先，采取"以诚信取信于 G 国员工"的基本策略，承诺不解雇一个 S 公司员工，S 公司的总经理继续留任；其次，北方机床集团与 S 公司总经理多次沟通，谋求双方扬长避短、优势互补，使"混合文化形态"成为 S 公司未来的个性化优势，以避免跨国并购可能出现的文化整合风险；最后，在运营整合方面，仍由 S 公司主要负责开发、设计及制造重要机械和零部件，组装则在 C 国完成，力求实现 S 公司雄厚的技术开发能力和 C 国劳动力成本优势的最佳组合。

整合后第二年，S 公司实现 2 000 多万欧元的销售收入，生产经营状况已恢复到 S 公司历史最高水平。

然而，2008～2009 年，受世界金融危机的影响，加上 S 公司内部原有的管理问题尚未彻底解决，公司陷入亏损的困境。北方机床集团不得不开始更换 S 公司的管理团队，逐渐增强北方机床集团在 S 公司的主导地位。2010 年，S 公司经营情况有所好转，实现 3 500 万欧元销售收入，但仍处于亏损状态。

2012 年，由于受到国内下游需求方——汽车、铁路等固定资产投资放缓的影响，北方机床集团销售收入同比上年下降 8%；尽管如此，北方机床集团仍然表示将继续投资 S 公司项目，因为 S 公司承载着北方机床集团孜孜以求的核心技术和迈入国际高端市场的梦想，而且由于并购后在技术整合上存在缺陷，北方机床集团尚未掌握 S 公司的全部核心技术。集团计划到 2015 年对 S 公司投入近 1 亿欧元，同时招聘新的研发人员。

要求：

（1）依据联合国贸易和发展会议（UNCTAD）2006 年《世界投资报告》提出的影响发展中国家跨国公司对外投资决策的四大动机，简要分析北方机床集团跨国并购 G 国 S 公司的主要动机。

（该知识点在国际化经营战略中有详细阐述）

（2）简要分析北方机床集团并购 G 国 S 公司所面对的主要风险。（2016 年）

【答案】

（1）2006 年 UNCTAD《世界投资报告》提出影响发展 C 国跨国公司对外投资决策的四大动机是：寻求市场；寻求效率；寻求资源；寻求现成资产。

北方机床集团跨国并购 G 国 S 公司的主要动机是：

①寻求市场。"S 公司承载着北方机床集团孜孜以求的核心技术和迈入国际高端市场的梦想"。

②寻求现成资产。"北方机床集团收购了 S 公司全部有形资产和无形资产"。

（2）北方机床集团并购 G 国 S 公司所面对的主要风险有：

①决策不当的并购。表现为：

可能高估并购对象所在产业的吸引力，"受世界金融危机的影响……S 公司经营情况有所好转，实现 3 500 万欧元销售收入，但仍处于亏损状态"。

可能高估自己对被并购企业的管理能力。"北方机床集团在对 S 公司进行整合中颇费思量……加上 S 公司内部原有的管理问题尚未彻底解决，公司陷入亏损的困境"。

②并购后不能很好地进行企业整合。北方机床集团为减少新的协同问题，"在对 S 公司进行整合中颇费思量，首先，采取'以诚信取信于 G 国员工'的基本策略，承诺不解雇一个 S 公司员工，S 公司的总经理继续留任；其次，北方机床集团与 S 公司总经理多次沟通，谋求双方扬长避

短、优势互补，使'混合文化形态'成为S公司未来的个性化优势，以避免跨国并购可能出现的文化整合风险"；"在运营整合方面，仍由S公司主要负责开发、设计及制造重要机械和零部件，组装则在C国完成，力求实现G国S公司雄厚的技术开发能力和C国劳动力成本优势的最佳组合"；"然而……S公司内部原有的管理问题尚未彻底解决，公司陷入亏损的困境。北方机床集团不得不开始更换S公司的管理团队，逐渐增强北方机床集团在S公司的主导地位"。

【本题思路】这种题目可以先把四大动机、主要风险全部都写出来，再去原文中找对应的阐述，使得分点更加清晰。

（四）内部发展战略的动因及缺点

动因	缺点
（1）开发新产品的过程使企业能最深刻地了解市场及产品； （2）不存在合适的收购对象； （3）保持统一的管理风格和企业文化，从而减轻混乱程度； （4）为管理者提供职业发展机会，避免停滞不前； （5）代价较低，因为获得资产时无须为商誉支付额外的金额； （6）可以避免收购中通常会产生的隐藏或无法预测的损失； （7）这可能是唯一合理的、实现真正技术创新的方法； （8）可以有计划地进行，易从企业资源获得财务支持，并且成本可以按时间分摊； （9）风险较低； （10）内部发展的成本增速较慢	（1）与购买市场中现有的企业相比，它可能会激化某一市场内的竞争； （2）企业无法接触到另一知名企业的知识及系统，可能会更具风险； （3）从一开始就缺乏规模经济或经验曲线效应； （4）当市场的发展非常快时，内部发展会显得过于缓慢； （5）可能会对进入新市场产生非常高的壁垒

（五）企业战略联盟形成的动因

（1）促进技术创新；

（2）避免经营风险；

（3）避免或减少竞争；

（4）实现资源互补；

（5）开拓新的市场；

（6）降低协调成本。

（六）股权式和契约式战略联盟类型的优缺点

	股权式战略联盟	契约式战略联盟
优点	有利于扩大企业的资金实力，并通过部分"拥有"对方的形式，增强双方的信任感和责任感，因而更利于长久合作	灵活性好，更具有战略联盟的本质特征
缺点	灵活性差	企业对联盟的控制能力较差，松散的组织缺乏稳定性和长远利益，联盟内成员之间的沟通不充分，组织效率低下等

【例题3-15·单选题】国内著名商业零售企业东海公司与主营大数据业务的高胜公司签订战略合作协议，商定由东海公司免费向高胜公司开放相关数据收集平台，高胜公司则无偿为东海公司提供数据分析及应用方案。下列各项中，属于上述两个公司结成的战略联盟的特点是

（　　　）。（2019 年）

A. 更具有战略联盟的本质特征　　　　　B. 企业对联盟的控制力较强

C. 有利于企业长久合作　　　　　　　　D. 有利于扩大企业资金实力

【答案】A

【解析】题中东海公司与高胜公司通过签订战略合作协议达成联盟的协议属于功能性协议，两者属契约式战略联盟。相对于股权式战略联盟，契约式战略联盟更具有战略联盟的本质特征。选项 A 正确。

【例题 3－16·多选题】甲客运公司与乙旅行社于 2016 年开启深度战略合作，联合推出"车票＋地接"打包旅游产品。其中，甲客运公司提供用于打包产品的"低价票"，乙旅行社则提供比以往更为丰富、优质的旅游目的地和地接服务。该产品的推出明显提升了合作双方的竞争力。本案例中，甲客运公司与乙旅行社进行战略合作的动因有（　　　）。（2018 年）

A. 防范信任危机　　　　　　　　　　　B. 保持统一的管理风格和企业文化

C. 实现资源互补　　　　　　　　　　　D. 开拓新的市场

【答案】CD

【解析】战略联盟形成的动因包括 6 个：促进技术创新；避免经营风险；避免或减少竞争；实现资源互补；开拓新的市场；降低协调成本。选项 AB 不属于动因，错误。题中，甲和乙各自提供优势产品，属于资源互补，联合推出"车票＋地接"打包旅游产品，属于开拓新的市场，选项 CD 正确。

【例题 3－17·多选题】甲公司是一家提供社交媒体服务的互联网公司，乙公司是一家著名的电子商务公司。2015 年，甲公司和乙公司签署交换彼此 30% 股份的战略合作协议。根据协议，双方将在网络支付服务方面进行合作，同时，甲公司将向乙公司提供社交媒体客户端的一级入口位置及其他主要平台的支持。甲公司和乙公司结成的战略联盟的特点有（　　　）。（2016 年）

A. 投资转置成本较高　　　　　　　　　B. 企业对联盟的控制能力差

C. 联盟内成员之间的沟通不充分　　　　D. 双方具有较好的信任感和责任感

【答案】AD

【解析】战略联盟分为股权式和契约式联盟，题目中属于股权式战略联盟。所以，选项 A 和 D 正确。选项 B 和 C 属于契约式战略联盟的特点。

【例题 3－18·简答题】2004 年 1 月，以 B2C 为主要经营模式的综合性网络零售商喜旺公司注册成立。此时在电商领域，无论是用户规模或是平台数量，早期进入者云里公司已占尽先机。为了突破云里公司一家独大的状况，喜旺公司计划采取一系列战略举措，实现对产业链上下游的整合和控制，打造自身的竞争优势。

（1）自建物流体系。喜旺公司早期与大多数电商一样，采用第三方物流配送商品。随着商品年销售量的不断增加，第三方物流配送能力不足，造成每天数千单货物积压问题，严重影响服务质量和客户满意度。喜旺公司决定自建物流体系，并于 2007 年投资 2 000 万元建立东速快递公司，专门为喜旺商城提供物流服务，服务范围覆盖 200 多座城市。东速快递公司的成立，大大提高了喜旺商城全国配送商品的速度，为喜旺商城的用户带来良好的体验。此后，喜旺公司不断完善物流配送体系，将大量资金用于物流队伍、运输车队、仓储体系建设。到 2011 年，喜旺公司在全国各地建立 7 个一级物流中心和 20 多个二级物流中心，以及 118 个大型仓库。

（2）进一步整合物流配送资源和能力。2014 年 3 月，喜旺公司并购迅风物流；2014 年 10

月，喜旺公司与国有邮政公司达成战略合作；2016 年 5 月，喜旺公司并购"快快"，实现"两小时极速达"的个性化增值服务。喜旺公司这一系列举措，使得其下游配送的效率取得质的飞跃。

（3）运用多种方式整合与完善商品采购与供给端。为了确保上游供给商品的质量与可靠性，2014 年 4 月，喜旺公司与国内最大海洋牧场微岛公司达成合作协议；2014 年 6 月，喜旺公司投资智能体重体脂秤 P 产品；2015 年 5 月，喜旺公司投资 7 000 万美元建立生鲜电商果园；2015 年 8 月，喜旺公司与国信医药公司合作，使用户在喜旺平台可购买处方药品；2015 年 8 月，喜旺公司出资 43 亿元战略入股永芒超市，取得 10% 股权。永芒超市是国内超市中最好的生鲜品供应商，拥有业内最低的生鲜品采购成本。永芒超市的门店超过 350 家，但还未能覆盖全国。线上线下两大零售巨头原本是竞争对手，达成合作后，在永芒超市门店尚未覆盖的区域，喜旺公司可以与永芒超市共同提供 O2O 服务（即 online 线上网店到 offline 线下消费），因此双方还有较大的潜在合作空间。

要求：

（1）简要分析喜旺公司所实施的发展战略类型及其实施该战略的动因（或优势）。

（2）简要分析喜旺公司实施发展战略所采用的途径。

（3）简要分析喜旺公司与永芒超市合作的动因。（2019 年）

【答案】

（1）喜旺公司所实施的发展战略类型属于纵向一体化战略，包括前向一体化和后向一体化战略。

①前向一体化。"自建物流体系"；"进一步整合物流配送资源和能力"。其动因（或优势）是有利于企业控制和掌握市场，增强对消费者需求变化的敏感性，提高企业产品的市场适应性和竞争力。"随着商品年销售量的不断增加，第三方物流配送能力不足、每天数千单的货物积压问题日益显著，严重影响服务质量和客户满意度。喜旺公司决定自建物流体系"；"喜旺公司这一系列举措，使得其下游配送的效率取得了质的飞跃"。

②后向一体化。"运用多种方式整合与完善商品采购与供给端"。其动因（或优势）是有利于企业有效控制关键原材料等上游投入的成本、质量及供应可靠性，确保企业生产经营活动稳步进行。"为了确保上游供给商品的质量与可靠性"；"喜旺公司与国信医药公司合作，用户在喜旺平台可购买处方药品"；"永芒超市是国内超市中最好的生鲜品供应商，拥有相比各大超市最低的生鲜品采购成本"。

（2）喜旺公司实施发展战略所采用的途径有：

①外部发展（并购）。"2014 年 3 月，喜旺并购迅风物流"；"2016 年 5 月，喜旺公司并购'快快'"。

②内部发展（新建）。"自建物流体系，2007 年，喜旺公司投资 2000 万元建立东速快递公司，专门为喜旺商城提供物流服务……，喜旺公司不断完善物流配送体系，将大量的资金用于物流队伍、运输车队、仓储体系建设，到 2011 年，喜旺公司在全国各地建立了 7 个一级物流中心和20 多个二级物流中心，以及 118 个大型仓库"；"2014 年 6 月。喜旺公司投资智能体重体脂秤 P 产品；2015 年 5 月，喜旺公司投资 7 000 万美元建立生鲜电商果园"。

③战略联盟。"2014 年 10 月，喜旺与国有邮政公司达成战略合作"；"2014 年 4 月，喜旺公司与国内最大海洋牧场微岛公司达成合作协议"；"2015 年 8 月，喜旺公司与国信医药公司合作"；"2015 年 8 月，喜旺公司出资 43 亿元战略入股永芒超市，取得 10% 股权"。

（3）①避免或减少竞争。"线上线下两大零售龙头原本是竞争对手，达成合作后，……双方还有很多潜在合作空间"。

②实现资源互补。"永芒超市是国内超市中最好的生鲜品供应商，拥有相比各大超市最低的生鲜品采购成本，永芒超市拥有超过350家门店，但还不能覆盖全国，……达成合作后，在永芒超市实体店尚未覆盖的区域，喜旺可以与其共同提供O2O服务（即online线上网店到offline线下消费）"。

③开拓新的市场。"喜旺公司可以与其共同提供O2O服务（即online线上网店到offline线下消费）（喜旺开拓线下市场，永芒超市开拓线上市场）"。

第二节　业务单位战略

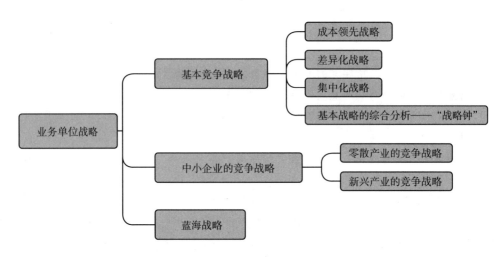

考点一：基本竞争战略——成本领先战略

优势	（1）形成进入障碍； （2）增强讨价还价能力； （3）降低替代品的威胁； （4）保持领先的竞争地位； 总之，企业采用成本领先战略可以使企业有效地面对产业中的五种竞争力量，以其低成本的优势，获得高于其行业平均水平的利润
适用情形	（1）产品具有较高的价格弹性，市场中存在大量的价格敏感用户； （2）产业中所有企业的产品都是标准化的产品，产品难以实现差异化； （3）购买者不太关注品牌，大多数购买者以同样方式使用产品； （4）价格竞争是市场竞争的主要手段，消费者的转换成本低
所需资源和能力	（1）在规模经济显著的产业中建立生产设备实现规模经济； （2）降低各种要素成本； （3）提高生产（效）率； （4）改进产品工艺设计； （5）提高生产能力利用程度； （6）选择适宜的交易组织形式； （7）重点集聚
风险	（1）技术的变化可能使过去用于降低成本的投资（如扩大规模、工艺革新等）与积累的经验一笔勾销； （2）产业的新加入者或追随者通过模仿或者以高技术水平设施的投资能力，达到同样的甚至更低的产品成本； （3）市场需求从注重价格转向注重产品的品牌形象，使得企业原有的优势变为劣势

【例题 3−19·简答题】C 国太乐厨具有限公司（简称"太乐公司"）创办于 1996 年。近 20 年来，太乐公司运用成本领先战略，迅速提高市场占有率，在国内外享有较高的知名度。

太乐公司集中全部资源，重点发展厨具小家电产品。公司利用与发达国家企业 OEM 合作方式获得的设备，进行大批量生产，从而获得规模经济优势。在此基础上，公司多次主动大幅度降低产品价格，以致连生产劣质产品的企业都无利可图，在市场上既淘汰了高成本和劣质企业，又令新进入者望而却步。

太乐公司实行 24 小时轮班制，设备的利用率很高，因而其劳动生产率与国外同类企业基本持平。同时，由于国内劳动力成本低，公司产品成本中的人工成本大大低于国外家电业的平均水平。

对于一些成本高且太乐公司自身具有生产能力的上游资源，如集成电路等，公司通过多种形式自行配套生产。这样，一方面可以大幅度降低成本，确保质量，降低经营风险，另一方面还可以获得核心元器件的生产和研发技术。而对于一些成本高，自身还不具备生产能力的上游资源，公司由于在其他各环节上成本低于竞争对手，也能够消化这些高成本投入物的价格。

近几年来，C 国厨具小家电的销售数量每年递增 30% 左右，吸引了众多国内外大型家电企业加入。这些企业放弃了原有在大家电市场走的高端产品路线，以中低端的价格进入市场。这些企业认为，在厨具小家电市场，企业销售的都是标准化的产品，消费者大多对价格比较敏感，价格竞争仍然是市场竞争的主要手段。

要求：

（1）从市场情况和企业资源能力两个方面，简要分析太乐公司在 C 国厨具小家电市场实施成本领先战略的条件。

（2）简要分析太乐公司在 C 国厨具小家电市场采用成本领先战略的优势。（2015 年）

【答案】

（1）太乐公司在 C 国厨具小家电市场实施成本领先战略的条件：

市场情况：

①产品具有较高的价格弹性，市场中存在大量的价格敏感用户；"消费者大都对价格比较敏感"。

②产业中所有企业的产品都是标准化的产品，产品难以实现差异化；"在家具小家电市场，企业的产品都是标准化的产品"。

③价格竞争是市场竞争的主要手段；"价格竞争仍然是市场竞争的主要手段"。

资源和能力：

①通过在规模经济显著的产业中建立生产设备来实现规模经济；"利用与发达国家企业合作方式获得的设备，进行大批量生产，从而获得规模经济优势"。

②降低各种要素成本；"由于国内劳动力成本低，公司产品成本中的人工成本大大低于国外制造业的平均水平"；"对于一些成本高且太乐公司自身具有生产能力的上游资源，公司通过多种形式自行配套生产，可以大幅度降低成本"。

③提高生产率；"太乐公司实行 24 小时轮班制，设备的利用率很高，因而其劳动生产率与国外同类企业基本持平"。

④提高生产能力利用程度；"太乐公司实行 24 小时轮班制，设备的利用率很高。因而其劳动生产率与国外同类企业基本持平。"

⑤选择适宜的交易组织形式；"对于一些成本高且太乐公司自身具有生产能力的上游资源，如集成电路等，公司通过多种形式自行配套生产，可以大幅度降低成本"。

⑥重点集聚；"太乐公司集中全部资源，重点发展厨具小家电产品"。

（2）太乐公司在C国厨具小家电市场采用成本领先战略的优势：

①形成进入障碍。"太乐公司多次主动大幅度降低产品价格……令新进入者望而却步。"

②增强讨价还价能力。"而对于一些成本高、自身还不具备生产能力的上游资源，公司由于在其他各环节上成本低于竞争对手，也能够应付和消化这些高成本投入物的价格。"

③保持领先的竞争地位。"在市场上既淘汰了高成本和劣质企业""迅速提高市场占有率，在国内外享有较高的知名度"。

考点二：基本竞争战略——差异化战略

优势		（1）形成进入障碍； （2）降低顾客敏感程度； （3）增强讨价还价能力； （4）抵御替代品威胁
实施条件	市场情况	（1）产品能够充分地实现差异化，且为顾客所认可； （2）顾客的需求是多样化的； （3）企业所在产业技术变革较快，创新成为竞争的焦点
	所需资源和能力	（1）具有强大的研发能力和产品设计能力，具有很强的研究开发管理人员； （2）具有很强的市场营销能力，具有很强的市场营销能力的管理人员； （3）有能够确保激励员工创造性的激励体制、管理体制和良好的创造性文化； （4）具有从总体上提高某项经营业务的质量、树立产品形象、保持先进技术和建立完善分销渠道的能力
风险		（1）企业形成产品差别化的成本过高； （2）市场需求发生变化； （3）竞争对手的模仿和进攻使已建立的差异缩小甚至转向

【例题3－20·多选题】甲公司是一家享誉世界的家电制造巨头，在其涉足的各项家电业务领域，一直坚持差异化战略，强调原创技术、性能卓越、品质不凡且价格高昂，甲公司近年连续出现亏损，从差异化战略的风险角度分析，甲公司亏损的原因可能包括（　　　）。（2014年）

A. 甲公司形成产品差异化的成本过高

B. 竞争对手推出了性能更好的差异化产品

C. 家电行业技术扩散速度加快，竞争对手的模仿能力迅速提高

D. 随着家电行业的发展和成熟，消费者对产品的差异化需求下降

【答案】ABCD

【解析】采取差异化战略的风险有：（1）企业形成产品差别化的成本过高。企业形成产品差别化的成本过高，从而与实施成本领先战略的竞争对手的产品价格差距过大，购买者不愿意为具有差异化的产品支付较高的价格。（2）市场需求发生变化。市场需求发生变化，购买者需要的产品差异化程度下降，使企业失去竞争优势。（3）竞争对手的模仿和进攻使已建立的差异缩小甚至转向。竞争对手的模仿和进攻使已建立的差异缩小甚至转向，这是随着产业的成熟而发生的一种普遍现象。选项ABCD均正确。

考点三：基本竞争战略——集中化战略

优势	(1) 能够抵御产业五种竞争力的威胁； (2) 可以增强相对的竞争优势
适用情形	(1) 购买者群体之间在需求上存在着差异； (2) 目标市场在市场容量、成长速度、获利能力、竞争强度等方面具有相对的吸引力； (3) 在目标市场上，没有其他竞争对手采用类似的战略； (4) 企业资源和能力有限，难以在整个产业实现成本领先或差异化，只能选定个别细分市场
风险	(1) 狭小的目标市场导致的风险； (2) 购买者群体之间需求差异变小； (3) 竞争对手的进入与竞争

【例题 3-21·单选题】经营电子商城业务的亚迪公司通过数据挖掘了解消费者的购买经历、对产品的评价、产品浏览和搜索行为，从而在掌握消费者真实需求的基础上有的放矢地向消费者推荐商品。据统计，该公司网站推荐的食品类、服装类和家电类商品的销售转化率分别高达 52%、55% 和 60%。在本案例中，亚迪公司运用信息技术实施了（　　）。（2018 年）

A. 市场开发战略　　　　　　　　B. 差异化战略

C. 集中化战略　　　　　　　　　D. 多元化战略

【答案】C

【解析】"从而在掌握消费者真实需求的基础上有的放矢地向消费者推荐商品"，也就是依靠信息技术把消费者划分成不同的购买群体，然后去满足他们的购买模式和偏好。选项 A：新市场＋现有产品；选项 D：进入与现有产品和市场不同的领域；这两个选项很容易排除。选项 B 错误：差异化战略是指相对于其他企业来说，产品独具特色，题目也并没有提及跟其他企业的对比。选项 C，集中化战略的关键词是"细分市场""特定群体"，这正是信息技术所做的事，把消费者划分成特定群体。

【例题 3-22·单选题】某酒店的使命是"为客人提供舒适"，其目标顾客是那些愿意支付高额住宿费用和希望享受一流个人服务的高端旅行者和度假者。该酒店的经营特色包括：周五是孩子们的卡拉 OK 之夜，周六，全家在私人小屋里吃龙虾，小游客们可以在月夜下露营，酒店一共有 345 间客房，每间都能看到海景。还有大量的套房，附属设施有游泳池、海滩、网球场、儿童俱乐部等。该酒店的竞争战略是（　　）。（2014 年）

A. 混合战略　　　　　　　　　　B. 产品开发战略

C. 产品组合战略　　　　　　　　D. 集中差异化战略

【答案】D

【解析】该酒店的目标顾客是"那些愿意支付高额住宿费用和希望享受一流个人服务的高端旅行者和度假者"，表明针对的是细分领域的客户，同时提供特色的服务，采用的是集中差异化竞争战略。

【例题 3-23·多选题】Y 国的 F 公司是一家专门生产高档运动自行车的企业，其产品在 Y 国高档运动自行车细分市场上的占有率高达 80% 以上。下列各项中，属于 F 公司竞争战略实施条件的有（　　）。（2017 年）

A. 购买者群体之间在需求上存在差异

B. 目标市场上在市场容量、成长速度等方面具有相对的吸引力

C. 产品具有较高的价格弹性，市场中存在大量价格敏感用户

D. 产业规模经济显著

【答案】AB

【解析】题目"高档运动自行车细分市场"：F公司采取集中差异化战略。集中差异化的适用情形为：(1) 购买者群体之间在需求上存在差异，选项A正确。(2) 目标市场在市场容量、成长速度、获利能力、竞争强度等方面具有相对的吸引力，选项B正确。(3) 在目标市场上，没有其他竞争对手采用类似的战略。(4) 企业资源和能力有限，难以在整个产业实现成本领先或差异化，只能选定个别细分市场。

【例题3-24·多选题】甲公司专门经营一项其率先推出的手机业务。该业务以基于位置定位的手机信息系统为核心，使用户到与甲公司合作的商家消费时，有一定的优惠。甲公司也可从合作商家得到佣金。甲公司实施的竞争战略有（   ）。(2015年)

A. 混合战略　　　　　　　　　　　B. 集中化战略

C. 差异化战略　　　　　　　　　　D. 成本领先战略

【答案】BC

【解析】"甲公司率先推出该种手机业务"，关键词"率先"，也就是别人还没有的，有差异性的，所以选项B正确。用户集中在"与甲公司合作的商家"市场中，可以理解为是集中化战略，所以选项C正确。

考点四：基本竞争战略的综合分析——"战略钟"

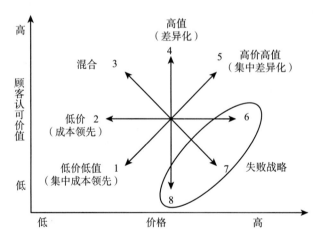

【例题3-25·单选题】从事苹果种植与销售的秋实公司于2017年率先采取了一种新的经营方式，在种植区内增设了园林景观、运动场、游戏场等，到秋收季节，顾客可前来付费进行休闲娱乐等活动，同时能以市场最低的价格采摘和购买苹果。顾客采摘和购买苹果达到一定数量，可免费参加休闲娱乐活动，这一经营方式受到市场的热捧。秋实公司采用的上述战略属于（   ）。(2019年)

A. 成本领先战略　　　　　　　　　B. 差异化战略

C. 集中化战略　　　　　　　　　　D. 混合战略

【答案】D

【解析】"从事苹果种植与销售的秋实公司于2017年率先采取了一种新的经营方式，在种植

区内增设了园林景观、运动场、游戏场等，到秋收季节，顾客可前来付费进行休闲娱乐等活动，同时能以市场最低的价格采摘和购买苹果"体现了企业可以在为顾客提供更高的认可价值的同时，获得成本优势，即为混合战略，选项 D 正确。

【例题 3-26·单选题】轿车生产企业华美公司起步初期，国内汽车市场基本被跨国公司巨头瓜分殆尽。华美公司生存和发展的唯一途径就是走低价低值路线。过去国内汽车市场一直流传一句话，"卖一辆高档车赚一辆中档车；卖一辆低档车只能赚一辆自行车"。华美公司的轿车在入市时只是一般低档车价格的 1/2，其利润的微薄可想而知。依据基本竞争战略的"战略钟"分析，华美公司当时的竞争战略是（　　）。（2017 年）

A. 集中成本领先战略　　　　　　　　B. 混合战略

C. 成本领先战略　　　　　　　　　　D. 失败战略

【答案】 A

【解析】 低价低值战略在"战略钟"中对应的是集中成本领先战略。故选 A。

【例题 3-27·单选题】甲公司是国内一家语言培训公司，公司率先采用引进外籍教师"一对一"的培训方式，在国内外办出了名气。考生们慕名而来，公司因此获得了规模经济优势。甲公司的竞争战略的类型属于（　　）。（2014 年）

A. 集中战略　　　　　　　　　　　　B. 混合战略

C. 差异化战略　　　　　　　　　　　D. 成本领先战略

【答案】 B

【解析】 混合战略（整体成本领先/差异化战略）：企业可以在为顾客提供更高的认可价值的同时，获得成本优势。率先采用外籍老师"一对一"培训方式，是差异化战略；公司因此获得的规模经济优势，属于成本领先战略；成本领先战略与差异化战略的结合，属于混合战略。

【例题 3-28·简答题】一项调查报告显示，方便面虽然是方便食品，但我国消费者非常关注方便面的口味和品质。除了口味以 49.0% 的比率排在购买因素的第 1 位之外，有 38.5% 的消费者关注方便面的品质；关注品牌和价格的消费者比率分别为 30.5% 和 27.0%；关注方便面的配料和面的弹性的消费者比率也分别达到 26.5% 和 26.0%，同时还分别有 18.5% 和 17.0% 的消费者更关注方便面的营养和卫生。

K 牌方便面在我国方便面市场占据 1/3 左右的市场份额，其在产品口味、品种、包装、品牌传播等方面都走在其他方便面企业的前面。但是，K 牌方便面的特色程度正在逐步减退，一些中小方便面企业和新进入方便面市场的品牌通过差异化的品牌策划、产品策划、市场策划和销售策划，在某个细分市场或某个区域市场取得竞争优势，借此在方便面市场做强做大。

（1）品牌定位差异化。例如，W 牌方便面通过非油炸的品牌定位，与 K 牌方便面形成了明显的市场区隔，使 W 牌方便面很快成为方便面市场知名品牌。

（2）产品卖点差异化。例如，J 牌弹面以面的弹性作为产品的新卖点，与 K 牌方便面在产品上形成了差异，从而成就了 J 牌方便面品牌。

（3）产品口味差异化。例如，T 牌老坛酸菜牛肉面，通过推出新的产品口味，与 K 牌方便面等产品在口味方面形成了差异，赢得了消费者的认同，产品销量迅速增加，同时提升了 T 牌方便面的整体品牌形象。

要求：

（1）根据调查报告显示的信息，你认为在方便面市场竞争适宜采用何种基本竞争战略？为什么？

（2）W牌方便面、J牌弹面、T牌老坛酸菜牛肉面采用的是什么样的竞争战略？阐述采用这种竞争战略的优势。

（3）分析K牌方便面所采用的竞争战略正在面临的风险。（2013年）

【答案】

（1）调查报告显示，"方便面虽然是方便食品，但我国消费者非常关注方便面的口味和品质。"关注价格的消费者比例明显低于关注口味、品质和品牌的消费者，所以依据差异化战略与成本领先战略实施条件分析，在方便面市场竞争适宜采用差异化战略，而不是成本领先战略。

（2）W牌方便面、J牌弹面、T牌老坛酸菜牛肉面分别通过"品牌定位差异化、产品卖点差异化、产品口味差异化，在某个细分市场或某个区域市场取得竞争优势"，这三个品牌采用的是集中化战略中的集中差异战略。

由于采用集中差异战略是企业在一个特定的目标市场上实施差异化战略，所以差异化战略抵御产业5种竞争力的优势也能在集中战略中体现出来。此外，集中战略的实施可以增强企业相对的竞争优势。

（3）K牌方便面"在我国方便面市场占据1/3左右的市场份额，其在产品口味、品种、包装、品牌传播等方面都走在其他方便面企业的前面"，可以判断K牌方便面采用的是差异化竞争战略。

采取差异化战略的风险主要有：

①企业形成产品差别化的成本过高；

②市场需求发生变化；

③竞争对手的模仿和进攻使已经建立的差异缩小甚至转向。

在本案例中，K牌方便面面临的风险主要体现在第三点"中小方便面企业和新进入方便面市场的品牌通过差异化的品牌策划、产品策划、市场策划和销售策划"使得"K牌方便面的特色程度正在逐步降低"。

考点五：零散型产业中的竞争战略

（一）造成零散的原因

1. 进入障碍低或存在退出障碍
2. 市场需求多样导致高度产品差异化
3. 不存在规模经济或难以达到规模经济

（二）零散产业的战略选择

零散产业中有很多企业，每个企业的资源和能力条件会有很大差异，因此零散产业的战略可以从多个角度考虑。

如果从三种基本竞争战略的角度出发，零散产业的战略选择有以下三个分类：

1. 克服零散——获得成本优势

克服零散的具体途径有：

（1）连锁经营或特许经营。

（2）技术创新以创造规模经济。如果技术变化能够产生规模经济，产业的集中就可能发生。

（3）尽早发现产业趋势。

2. 增加附加价值——提高产品差异化程度

3. 专门化——目标集聚

在零散产业中可以考虑以下几种专门化战略：

（1）产品类型或产品细分的专门化；

（2）顾客类型专门化

（3）地理区域专门化。

（三）谨防潜在的战略陷阱

零散产业独特的结构环境造成了一些特殊的战略陷阱。在零散产业中进行战略选择要注意以下几个方面：

避免寻求支配地位；保持严格的战略约束力；避免过分集权化；了解竞争者的战略目标与管理费用；避免对新产品做出过度反应。

【例题3－29·多选题】快餐业由很多中小餐饮企业组成，其中没有任何一个企业占有显著的市场份额或对整个产业的发展产生重大影响。造成快餐业上述状况的原因有（　　）。(2019年)

    A. 快餐业的经营成本变化迅速　　　　B. 快餐业进入障碍低

    C. 快餐业难以达到规模经济　　　　　D. 快餐市场需求多样导致高度产品差异化

【答案】BCD

依据：《公司战略与风险管理》教材"第三章　战略选择　第二节　业务单位战略"。

【解析】"快餐业由很多中小餐饮企业组成，其中没有任何一个企业占有显著的市场份额或对整个产业的发展产生重大影响"，属于零散产业特征。造成产业零散的原因有：进入障碍低或存在退出障碍；市场需求多样导致高度产品差异化；不存在规模经济或难以达到经济规模。选项BCD正确。

【例题3－30·多选题】近年来，随着汽车销量的上升，洗车行业迅速发展。由于洗车业务不需要复杂的技术和大量的投资，且消费者需要的洗车地点分散，因而洗车公司数量大量增加，洗车行业呈零散状态。根据以上信息，造成洗车产业零散的原因有（　　）。(2018年)

    A. 进入障碍低　　　　　　　　　　　B. 成本的迅速变化

    C. 市场需求多样导致高度产品差异化　D. 技术的不确定性

【答案】AC

【解析】造成零散的原因：（1）进入障碍低或存在退出障碍。（2）市场需求多样导致高度产品差异化。（3）不存在规模经济或难以达到经济规模。所以，选项AC正确。

【例题3－31·单选题】经营中式快餐的力元公司于2015年宣布其战略目标是建成门店覆盖全国的"快餐帝国"。由于扩张过快、缺乏相关资源保障、各地流行菜系经营者的激烈竞争以及不同消费者口味难以调和的矛盾，该战略目标未能实现，公司经营也陷入危机。从零散产业角度看，下列各项中，属于力元公司进行战略选择未能避免的战略陷阱是（　　）(2018年)。

    A. 寻求支配地位　　　　　　　　　　B. 不能保持严格的战略约束力

    C. 过分集权化　　　　　　　　　　　D. 不了解竞争者的战略目标和管理费用

【答案】A

【解析】其战略目标是建成门店覆盖全国的"快餐帝国"，也就是在快餐行业占据支配的地位，

体现的战略陷阱是：寻求支配地位。因为零散产业的基本结构决定了寻求支配地位是无效的，形成造成产业零散的基本经济原因通常会使企业在增加市场份额的同时面对低效率和失去产品差异性。

考点六：新兴产业中的竞争战略

内部结构的共同特征
（1）技术的不确定性。 （2）战略的不确定性。 （3）成本的迅速变化。 （4）萌芽企业和另立门户企业较多。 （5）客户多为首次购买者

考点七：蓝海战略

（一）红海战略和蓝海战略

红海战略的特征	蓝海战略的特征
在现有的市场空间内竞争	开创无人争抢的市场空间
参与竞争	规避竞争
争夺现有需求	创造并获取新的需求
遵循价值与成本互替定律	打破价值与成本互替定律
根据差异化或低成本的战略选择，把企业行为整合为一个体系	同时追求差异化和低成本，把企业行为整合为一个体系

（二）蓝海战略制定原则

战略制定原则	各原则降低的风险因素
重建市场边界	↓搜寻的风险
注重全局而非数字	↓规划的风险
超越现有需求	↓规模风险
遵循合理的战略顺序	↓商业模式风险
战略执行原则	各原则降低的风险因素
克服关键组织障碍	↓组织的风险
将战略执行建成战略的一部分	↓管理的风险

（三）重建市场边界法制

	肉搏式竞争	开创蓝海战略
产业	专注于产业内的竞争者	审视他择产业
战略群体	专注于战略群体内部的竞争地位	跨越产业内不同的战略群体看市场
买方群体	专注于更好地为买方群体服务	重新界定产业的买方群体

续表

	肉搏式竞争	开创蓝海战略
产品或服务范围	专注于在产业边界内将产品或服务的价值最大化	放眼互补性产品或服务
功能——情感导向	专注于产业既定功能——情感导向下性价比的改善	重设客户的功能性或情感性诉求
时间	专注于适应外部发生的潮流	跨越时间参与塑造外部潮流

【例题 3-32·单选题】 甲公司是一家区别于传统火锅店的新式火锅餐饮企业，在给顾客提供用餐服务的同时，还免费给顾客提供擦鞋、美甲、擦拭眼镜等服务。甲公司的经营模式取得了成功，营业额高速增长。甲公司实施蓝海战略的路径是（　　）。（2016 年）

A. 跨越时间　　　　　　　　　　B. 跨越战略群体

C. 重新界定产业的买方群体　　　D. 重设客户的功能性或情感性诉求

【答案】 D

【解析】 蓝海战略重建市场边界的基本法则有六条，称为六条路径：（1）审视他择产业；（2）跨越战略群组；（3）重新界定产业的买方群体；（4）放眼互补性产品或服务；（5）重设客户的功能性或情感性诉求；（6）跨越时间。

题目中"给顾客提供用餐服务的同时，还免费给顾客提供擦鞋、美甲、擦拭眼镜等服务"，关键词是"顾客"，更多关注顾客的诉求，所以选项 D 正确。

【例题 3-33·简答题】 随着社会消费水平的提高与消费观念的转变，酒店行业中高端消费的市场越来越大。专注于三四线城市经济型连锁酒店经营的优尚公司意识到，不同消费群体有不同的消费需求，酒店行业细分已经成为未来的大趋势；仅仅集中于三四线城市经营经济型酒店将面临新的风险。优尚公司开始拓展业务与品牌，进军中高档酒店，不断挖掘投资者及细分人群的需求，兼顾投资者和消费者利益，寻求最佳平衡点。

2015 年 7 月，优尚公司对外发布三大新酒店品牌，标志着公司开始着手中高档酒店品牌建设。为了设计出成本低、质量好，又能确保加盟商能盈利的产品，几年来，优尚公司推出一系列创新模式。

（1）"投一产多"的运营模式。除了经营酒店住宿业务外，还开展了辅助业务，如在酒店大堂开设蛋糕店、面吧，在房间销售毛巾、浴巾等产品。运营一年后，酒店辅助业务的盈利远远超过住宿业务的盈利。"投一产多"运营模式比传统运营模式酒店增加了 35% 的收益。

（2）"住酒店可以不花钱"。与"投一产多"运营模式相配套，优尚公司为顾客构建了一个生活分享平台：大堂的沙发、灯具、各种装饰，以及客房的床垫、靠枕、床单、小摆件、毛巾、浴巾、洗浴用品、水杯、家具甚至壁纸，顾客只要是体验后喜欢的，都可以通过手机扫描二维码下单购买。顾客只要购买等同房价的物品，就可以免收房间费用。优尚公司这一举措的基本思路是，家居用品行业大约有 50% 的毛利，但生产厂家净利不超过 5%，因为销售过程中会产生仓储、商场展示、扣点、物流等费用。如果家居用品生产厂家把酒店作为一个商场来展示和销售商品，就会节约所有铺货的费用，那么只需从 50% 的毛利中拿出一部分补贴酒店，就可以收到双赢的效果。

（3）打造互联网智能公寓。优尚公司将旗下的中档酒店蓝港公寓定位于互联网智能公寓，引领时代潮流。公司引入 O2O（即 online 线上到 online 线下）模式和酒店式标准化管理，推广"住宿、社交、管家式生活服务"的酒店模式。智能酒店系统可以远程调控客房里的温度、灯光模式、音乐、空气温度与洁净度；移动设备可无线连接智能电视，实现双屏互动。智能化体验为投资者和消费者带来更多的惊喜和便利。

（4）与生产经营家电、金融、旅游、家居、智能门锁的五大行业巨头达成品牌合作。通过强强联合，增加信用住宿、无息贷款、投资扶持、微信开锁等功能，优尚公司的酒店生态更加开放，为酒店行业发展探索出新的契机。

要求：

（1）依据市场营销战略目标和市场选择理论，简要说明优尚公司在 2015 年前后目标市场选择类型的变化。

（2）依据蓝海战略重建市场边界的基本法则（开创蓝海战略的途径），简要分析优尚公司在中高档酒店品牌建设中开创新的生存发展空间的路径。（2019 年）

【答案】

（1）优尚公司在 2015 年前目标市场选择类型属于集中市场营销。指企业集中所有力量，以一个或少数几个性质相似的子市场作为目标市场，试图在较少的子市场上占领较大的市场份额。"专注于三四线城市经济连锁酒店经营的优尚公司"。

优尚公司在 2015 年后目标市场选择类型属于差异市场营销。指企业决定同时为几个子市场服务，设计不同的产品，并在渠道、促销和定价方面都加以相应的改变，以适应各个子市场的需要。"优尚公司开始拓展业务与品牌，进军中高档酒店，不断挖掘投资者及细分人群的需求，兼顾投资者和消费者利益，寻求最佳平衡点"

（2）①审视他择产业，跨越产业内不同的战略群体。"'投一产多'的运营模式。除了拥有酒店住宿业务外，还在酒店大堂开设蛋糕店、面吧，在房间销售毛巾、浴巾等产品"。

②重新界定产业的买方群体。"优尚公司为顾客构建了一个生活分享平台：大堂的沙发、灯具、各种装饰，以及客房的床垫、靠枕、床单、小摆件、毛巾、浴巾、洗浴用品、水杯、家具甚至壁纸，顾客只要是体验后喜欢的，都可以通过手机扫描二维码下单购买。顾客只要购买等同房价的物品，就可以免收房间费用（住客也是家居消费者）"。

③放眼互补性产品或服务。"除了拥有酒店住宿业务外，……，在酒店大堂开设蛋糕店、面吧，在房间销售毛巾、浴巾等产品"；"优尚公司构建了一个生活分享平台：大堂的沙发、灯具、各种装饰，以及客房的床垫、靠枕、床单、小摆件、毛巾、浴巾、洗浴用品、水杯、家具甚至壁纸，顾客只要是体验后喜欢的，都可以通过手机扫描二维码下单购买"；"与生产经营家电、金融、旅游、家居、智能门锁的五大行业巨头达成品牌合作。通过强强联合，增加信用住宿、无息贷款、投资扶持、微信开锁等功能，优尚公司的酒店生态更加开放，为酒店行业发展探索出新的契机"。

④跨越时间参考塑造外部潮流。"优尚公司将其下的中档酒店蓝港公寓定位于互联网智能公寓，引领时代潮流"。

【例题 3-34·简答题】随着生活节奏的加快，生活在都市的人们越来越希望能有一方净土，在空闲的时光摆脱繁忙的工作，通过劳动来净化自己的心灵，回归到最简单家庭亲情的生活方式中。此外，消费者对有机农产品的需求与日俱增，而一些企业的不规范行为导致消费者对市场销售的有机农产品的真实性产生质疑。

一种新型的社区支持型农业顺应这些需求而产生，其中以小马驹市民农园最为知名。小马驹市民农园成立于 2008 年，农园将农业、休闲业、教育产业融为一体，以会员制的模式运作。会员分为两种类型——配送份额会员和劳动份额会员。对于配送份额会员，农园提供配送服务，包括宅配和取菜点两种方式。宅配即配送到家，配送频率为每周一次或两次；小马驹农园在市区设立了三个取菜点，会员可以自行选择时间和取菜点。这些配送为消费者提供了便利，使他们享受到被关爱的体验。

劳动份额会员可以在空闲时间到农场耕种自己的园地。有儿童的家庭特别青睐这种亲近自然、家庭团聚、寓教于乐的模式。小马驹农园策划了很多节事活动，包括开锄节、立夏节、端午节、立秋节、中秋节、丰收节等，在这些节事活动中，对小朋友进行传统农耕和文化教育。农园还开展了一些活动激发小朋友的兴趣，包括认识植物、喂养动物、挖红薯、拔萝卜、荡秋千、玩沙子、滚铁环、拔河、在野地里撒欢等，这些活动是孩子们在城市中不可能见到的。在农园一角设立了一个大食堂，会员在劳动过程中，可以到食堂用餐。农园要求会员用餐后自己洗碗，洗碗用的不是洗涤灵，而是麦麸，更增添了农园天然质朴环保的色彩。

小马驹市民农园新鲜的有机农产品去掉了中间商，可以直接被会员们购买，在传统农产品的激烈竞争中，确保了稳定的市场和农民可靠的收入来源；同时，由于降低了农产品物流和包装成本，会员们能够亲历有机农产品的生产过程，也满足了会员们能够放心地享用物美价廉有机农产品的消费需求。

要求：

（1）依据红海战略和蓝海战略的关键性差异，简要分析小马驹农园怎样体现蓝海战略的特征。

（2）依据蓝海战略重建市场边界的基本法则（开创蓝海战略的途径），简要分析小马驹农园如何在激烈的农产品生产领域，开创新的生存与发展空间。(2018 年)

【答案】

（1）①规避竞争，拓展非竞争性市场空间。"在传统农产品的激烈竞争中，确保了稳定的市场和农民可靠的收入来源"。

②创造并援取新需求。"随着生活节奏的加快，生活在都市的人们越来越希望能有一方净土，在空闲的时光摆脱繁忙的工作，通过劳动来净化自己的心灵，回归到最简单家庭亲情的生活方式中。此外，消费者对有机农产品的需求与日俱增，而一些企业的不规范行为导致消费者对市场销售的有机农产品的真实性产生了质疑。一种新型的社区支持型农业顺应这些需求而产生"。

③打破价值与成本互替定律，同时追求差异化和低成本，把企业行为整合为一个体系。"小马驹市民农园新鲜的有机农产品去掉了中间商，可以直接被会员们购买，……由于降低了农产品物流和包装成本，会员们能够亲历有机产品的生产过程，也满足了会员们能够放心地享用物美价廉有机农产品的消费需求"。

（2）①审视他择产业或跨越产业内不同的战略群组。"农园将农业、休闲业、教育产业融为一体"。

②重新界定产业的买方群体。"小马驹市民农园新鲜的有机农产品去掉了中间商，可以直接被会员们购买"。

③放眼互补性产品或服务。"农园将农业、休闲业、教育产业融为一体"。

④重设客户功能性或情感性诉求。"这些配送为消费者提供了便利，使他们享受到被关爱的体验""有儿童的家庭特别青睐这种亲近自然、家庭团聚、寓教于乐的模式。小马驹农园策划了很多节事活动，在这些节事活动中，对小朋友进行传统农耕和文化教育""农园还开展了一些活动激发小朋友的兴趣，这些活动是孩子们在城市中不可能见到的""在农园一角设立了一个大食堂，会员在劳动过程中，可以到食堂用餐，农园要求会员用餐后自己洗碗，洗碗用的不是洗涤

灵，而是麦麸，更增添了农园天然质朴环保的色彩"。

⑤跨越时间参与塑造外部潮流。"一种新型的社区支持型农业顺应这些需求而产生，其中以小马驹市民农园最为知名"。

【例题3-35·简答题】 近年来，乡村旅游因其特有的自然资源风俗民情和历史脉络而对游客产生了越来越强的吸引力。然而刚起步的乡村旅游大多充斥着廉价的兜售、毫无地方特色的"农家乐"和旅店揽客，忽视了其特有的文化内涵；对少数成功案例盲目效仿，对周边村落缺乏统一有效的协调和对比借鉴，出现了定位趋同、重复建设的现象。

Y地区的"人物山水"完全不同于传统旅游项目，它将震撼的文艺演出现场效果与旅游地实景紧密结合起来；置身于秀丽山水之中的舞台，让观众在观赏歌舞演出的同时将身心融于自然。山水实景构筑的舞台、如梦似幻的视觉效果，给观众带来了特殊的感受。因为将歌舞与风景结合在一起，所以同时赢得了观光客和民歌爱好者的喜爱。"人物山水"在运营上也有独到之处。剧组聘请了几百名演员，他们几乎都是当地的农户，没有经过系统的训练，以前也从未登台演出过。对于以体现当地民情民风为主的"人物山水"来说，启用这些乡村百姓，让观众更直观地体验到"人物山水"是真正从山水和农民中产生的艺术和文化。没有大牌明星的加入，使得剧组成本降低，给当地人民带来了经济利益，为当地旅游带来巨大的品牌效应。除此之外，大量游客因为观赏"人物山水"而在Y地区出入和停留，使一条原本幽静的山道成为当地政府开发的新景点，让人们看到了一个旅游产业带动周边产业发展的经济现象。

以文艺演出的形式推出的"人物山水"，用其独有的魅力吸引着一批又一批来到当地旅游的国内外游客。它已经不仅是一场文艺演出，而且更是当地旅游的经典品牌。

要求：

（1）依据红海战略和蓝海战略的关键性差异，简要分析"人物山水"怎样体现了蓝海战略的特征。

（2）依据蓝海战略重建市场边界的基本法则（开创蓝海战略的路径），简要分析"人物山水"如何在竞争激烈的文化旅游领域，开创了新的生存与发展空间。（2017年）

【答案】

（1）①规避竞争，拓展非竞争性市场空间。"刚刚起步的乡村旅游……出现了定位趋同、重复建设的现象"；"'人物山水'完全不同于传统旅游项目，……在运营上也有独到之处"；"以文艺演出的形式推出的'人物山水'，用其独有的魅力吸引着一批又一批来到当地旅游的国内外游客。它已经不仅是一场文艺演出，而且更是当地旅游的经典品牌"。

②创造并攫取新需求。"让观众在观赏歌舞演出的同时将身心融于自然。山水实景构筑的舞台、如梦似幻的视觉效果，给观众带来了特殊的震撼"；"大量游客因为观赏'人物山水'而在Y地区出入和停留，使一条原本幽静的山道成为当地政府开发的新景点，让人们看到了一个旅游产业带动周边产业发展的经济现象"。

③打破价值与成本互替定律，同时追求差异化和低成本，把企业行为整合为一个体系"启用这些乡村百姓，让观众更直观地体验到'人物山水'是真正从山水和农民中产生的艺术和文化。没有大牌明星的加入，使得剧组成本降低，还给当地人民带来实在的经济利益，为当地旅游带来巨大的品牌效应。"

（2）①审视他择产业或跨越产业内不同的战略群体。"将歌舞与风景结合在一起，所以同时赢得了观光客和民歌爱好者的喜爱""以文艺演出的形式推出的'人物山水'，用其独有的魅力吸引着一批又一批来到当地旅游的国内外游客。它已经不仅是一场文艺演出，而且更是当地旅游的经典品牌"。

②放眼互补性产品或服务。"将歌舞与风景结合在一起""它已经不仅是一场文艺演出，而且更是当地旅游的经典品牌"。

③重设客户功能性或情感性诉求。"它将震撼的文艺演出现场效果与旅游地实景紧密结合起来，置身于秀丽山水之中的舞台，让观众在观赏歌舞演出的同时将身心融于自然。山水实景构筑的舞台、如梦似幻的视觉效果，给观众带来了特殊的感受。"

④跨越时间参与塑造外部潮流。"以文艺演出的形式推出的'人物山水'，用其独有的魅力吸引着一批又一批来到当地旅游的国内外游客。它已经不仅是一场文艺演出，而且更是当地旅游的经典品牌。"

第三节　职能战略

考点一：市场营销战略

（一）消费者市场细分的依据

地理细分	地理细分就是企业按照消费者所在的地理位置以及其他地理变量（包括城市农村、地形气候、交通运输等）来细分消费者市场
人口细分	人口细分是企业按照人口变量（包括年龄、性别、收入、职业、教育水平、家庭规模、家庭生命周期阶段、宗教、种族、国籍等）来细分消费者市场
心理细分	心理细分是按照消费者的生活方式、个性等心理变量来细分消费者市场
行为细分	行为细分是企业按照消费者购买或使用某种产品的时机、消费者所追求的利益、使用者情况、消费者对某种产品的使用率、消费者对品牌的忠诚程度、消费者待购阶段和消费者对产品的态度等行为变量来细分消费者市场

产业市场细分的依据。

（1）最终用户。在产业市场上，不同的最终用户对同一产业用品的市场营销组合往往有不同的要求。

（2）顾客规模。在现代市场营销实践中，许多公司建立适当的制度来分别与大顾客和小顾客打交道。

（3）其他变量。

【例题3-36·多选题】 新年前夕，某出版商推出反映不同民族生活习俗特点的系列年画，深受目标市场的消费者喜爱。该出版商进行市场细分的依据有（　　　）。（2019年）

A. 地理细分　　　　　　　　　　　B. 人口细分

C. 心理细分　　　　　　　　　　　D. 行为细分

【答案】 BC

【解析】 消费者市场的细分变量主要有地理、人口、心理和行为四类变量。"不同民族"是人口变量，属于人口细分；"生活习俗"是一种生活方式，属于心理细分。选项BC正确。

【例题 3 – 37 · 单选题】嘉利啤酒公司通过数据分析发现，其产品的 89% 是被 50% 的顾客（重度饮用啤酒者）消费掉的，另外 50% 顾客（轻度饮用啤酒者）的消费量只占总消费量的 11%。该公司据此推出了吸引重度饮用啤酒者而放弃轻度饮用啤酒者的促销策略。该公司进行市场细分的依据是（　　）。(2019 年)

A. 地理细分　　　　B. 人口细分　　　　C. 行为细分　　　　D. 心理细分

【答案】C

【解析】本题主要划分的依据为消费者对啤酒使用程度的划分，属于行为细分，选项 C 正确。

【例题 3 – 38 · 单选题】某办公用品公司将顾客细分为两类：一类是大客户，这类顾客由该公司的全国客户经理负责联系；另一类是小客户，由外勤推销人员负责联系。该公司进行市场细分的依据是（　　）。(2015 年)

A. 顾客规模　　　　　　　　　B. 消费者的欲望和需求

C. 消费者对某种商品的使用率　　D. 最终用户

【答案】A

【解析】按照顾客规模将顾客细分为两类顾客群：一类是大客户，这类顾客群由该公司的全国客户经理负责联系；另一类是小客户，由外勤推销人员负责联系。

（二）设计市场营销组合

1. 产品策略

产品组合策略	是指某一企业所生产或销售的全部产品大类、产品项目的组合。 产品组合策略类型： （1）扩大产品组合； （2）缩减产品组合； （3）产品延伸
品牌和商标策略	企业可采用的品牌和商标策略如下： （1）单一品牌策略； （2）多品牌策略； （3）自有品牌策略
产品开发策略	在新产品开发过程中，最重要的任务是满足客户需求和实现产品差异化。但是，产品开发战略具有极大的投资风险，为了使得开发失败的概率最小化，要对新产品构思进行筛选

2. 促销策略

广告促销	在媒体中投放广告，以此来使潜在客户对企业产品和服务产生良好印象。应仔细考虑广告的地点、时间、频率和形式
营业推广	采用非媒体促销手段，比如为"鼓励"客户购买产品或服务而设计的刺激性手段。例如，试用品、折扣、礼品等方式都已为许多企业所采用
公关宣传	通常是指宣传企业形象，以便为企业及其产品建立良好的公众形象
人员推销	企业的销售代表直接与预期客户进行接触

3. 分销策略

4. 价格策略

产品差别定价法	指对市场不同部分中的类似产品确定不同的价格。 差别定价方法如下： （1）基于细分市场定价；（2）基于地点定价；（3）基于产品的版本定价；（4）基于时间定价； （5）动态定价	
产品上市定价法	撇脂定价法	新产品上市之初，将新产品价格定得较高，并随着生产能力的提高逐渐降低价格。在短期内获取厚利，尽快收回投资
	渗透定价法	这是与撇脂定价相反的一种定价策略，即在新产品上市之初将价格定得较低，吸引大量的购买者，扩大市场占有率，从而使竞争者较难进入市场。 企业可以缩短产品生命周期的最初阶段，以便尽快进入成长期和成熟期

【例题 3-39·多选题】 乐融旅行社定期开展会员俱乐部活动。活动期间，该社向参加活动的会员提供免费茶点、风景摄影及旅游知识讲座、旅游新项目推介等，建立了良好的公众形象。在上述活动中，乐融旅行社采用的促销组合要素有（   ）。（2018 年）

A. 广告促销

B. 营业推广

C. 公关宣传

D. 人员推销

【答案】 BCD

【解析】 乐融旅行社采用的是非媒体促销的手段，选项 A 错误，选项 B 正确；建立了良好的公众形象，属于公关宣传，选项 C 正确；旅游新项目推介等，属于人员推销，选项 D 正确。

【例题 3-40·单选题】 为了招徕消费者，餐饮服务类企业通常发放折扣券。从市场营销定价策略看，发放折扣券属于（   ）。（2013 年）

A. 渗透定价

B. 撇脂定价

C. 差别定价

D. 营销组合

【答案】 C

【例题 3-41·简答题】 原本是地方特产的辣椒调味品"乡中情"辣酱，如今成了全国乃至世界众多消费者佐餐和烹饪的佳品。乡中情公司在国内 65 个大中城市建立了省级、市级代理机构。2001 年，乡中情公司产品已出口欧洲、北美、澳洲、亚洲、非洲多个国家和地区。一个曾经的"街边摊"，发展成为一个上缴利税上亿元的国家级重点龙头企业。

"乡中情"辣酱热销多年，无一家其他同类产品能与其抗衡，关键原因就在于其高度稳定的产品品质和低廉的价格。

"乡中情"辣酱恰到好处地平衡了辣、香、咸口味，让大多数消费者所接受。"乡中情"辣酱制作从不偷工减料，用料、配料和工艺流程严谨规范，保证了产品风味，迎合了消费者的口味。乡中情公司对辣椒原料供应户要求十分严格，提供的辣椒全部要剪蒂，保证分装没有杂质。只要辣椒供应户出现一次质量差错，乡中情公司就坚决终止合作关系。为了确保原料品质与低成本的充足供应，乡中情公司在 Z 地区建立了无公害辣椒基地和绿色产品原材料基地，搭建了一条"企业＋基地＋农户"的农业产业链，90% 以上的原料来源于这一基地。

中低端消费人群是"乡中情"辣酱的目标客户，与此相应的就是低价策略。"乡中情"产品相继开发的十几种品类中，主打产品风味豆豉和鸡油辣椒，210g 规格的锁定在 8 元左右；280g 规格的占据 9 元左右价位。其他几种品类产品根据规格不同，大多也集中在 7~10 元的主流消费区间。"乡中情"产品价格一直非常稳定，涨幅微乎其微。

多年来"乡中情"产品从未更换包装和瓶贴。乡中情公司的理念是，包装便宜，就意味着消费者花钱买到的实惠更多，而节省下来的都是真材实料的辣酱。事实上，"乡中情"产品土气的包装和瓶贴，已固化为最深入消费者内心的品牌符号。

乡中情公司不做广告，不搞营销活动。公司产品推广有两条绝招：一是靠过硬的产品让消费者口口相传；二是靠广泛深入的铺货形成高度的品牌曝光，直接促成即时的现实销售。

乡中情公司的经销商策略极为强势：（1）先打款后发货，现货现款；（2）以火车皮为单位，量小不发货；（3）没有优惠政策支持，而且利润很低，一瓶甚至只有几毛钱；（4）大区域布局，一年一次经销商会。乡中情公司如此强势的底气来自产品，将产品做成了硬通货，经销商只要能拿到货，就不愁卖出去，流通速度快，风险小，是利润的可靠保障。

多年来，乡中情公司专注辣椒调味制品，着力打造"乡中情"品牌，坚持不上市、不贷款、不冒进、不投资控股其他企业，规避了民营企业创业后急于扩张可能面对的各种风险，走出了一条传统产业中家族企业稳健发展的独特之路。

要求：

（1）简要分析乡中情公司发展战略的类型及其适用条件。

（2）简要分析乡中情公司的营销组合策略。（2018年）

【答案】

1.（1）密集型战略。

①市场渗透——现有产品和现有市场。"坚守阵地"，这种战略强调发展单一产品，试图通过更强的营销手段来获得更大的市场占有率。"多年来，乡中情公司专注辣椒调味制品"。对于乡中情公司而言，实施这一战略的主要条件是：

A. 如果其他企业由于各种原因离开了市场，那么采用市场渗透战略比较容易成功。"'乡中情'辣酱热销多年，无一家其他同类产品能与其抗衡……"。

B. 企业拥有强大的市场地位，并且能够利用经验和能力来获得强有力的独特竞争优势，那么实施市场渗透战略是比较容易的。"'乡中情'辣酱热销多年，无一家其他同类产品能与其抗衡，关键原因就在于其高度稳定的产品品质和低廉的产品价格"。

C. 当市场渗透战略对应的风险较低，且在需要的投资较少的时候，市场渗透战略也会比较适用。"多年来，乡中情公司专注辣椒调味制品，……不投资控股其他企业，规避了民营企业创业后急于扩张可能面对的各种风险，走出了一条传统产业中家族企业稳健发展的独特之路"。

②市场开发——现有产品和新市场。市场开发战略是指将现有产品或服务打入新市场的战略。"乡中情公司在国内65个大中城市建立了省级、市级代理机构。2001年，乡中情公司产品已出口欧洲、北美、澳洲、亚洲、非洲多个国家和地区"。

对于乡中情公司而言，实施这一战略的主要条件是：

A. 存在未开发或未饱和的市场。"原本是地方特色的辣椒调味品'乡中情'辣酱，如今成了全国和世界众多消费者佐餐和烹饪的佳品"，说明地方特色产品已开发为被全国乃至世界接受的产品。

B. 企业在现有经营领域十分成功。"'乡中情'辣酱热销多年，无一家其他同类产品能与其抗衡，关键原因就在于其高度稳定的产品品质和低廉的产品价格"。

C. 企业拥有扩大经营所需要的资金和人力资源；企业存在过剩的生产能力。"乡中情公司在乙地区建立了无公害辣椒基地和绿色产品原材料基地，搭建了一条'企业＋基地＋农户'的农业产业链，90%以上的原料都来源于这一基地""先打款后发货，现货现款，乡中情公司将产品做成了硬通货，经销商只要能拿到货，就不愁卖，流通速度快""不贷款"。

D. 企业的主业属于正在迅速全球化的产业。"原本是地方特产的辣椒调味品'乡中情'辣酱，如今成了全国和世界众多消费者佐餐和烹饪的佳品"，说明地方特色产品已成为全球化产品。

③产品开发——新产品和现有市场。这种战略是在原有市场上，通过技术改进与开发研制新产品。"'乡中情'产品相继开发的十几种品类"。

对于乡中情公司而言，实施这一战略的主要条件是：

企业具有较高的市场信誉度和顾客满意度。"'乡中情'辣酱热销多年，无一家其他同类产品能与其抗衡，关键原因就在于其高度稳定的产品品质和低廉的产品价格""'乡中情'辣酱恰到好处地平衡了辣、香、咸口味，让绝大多数消费者所接受。'乡中情'辣酱制作从不偷工减料，用料、配料和工艺流程严谨规范，保证了产品风味，虏获了消费者的舌尖。乡中情公司对辣椒原料供应户要求十分严格，提供的辣椒全部要剪蒂，保证分装没有杂质"。

（2）一体化战略，纵向一体化战略中的后向一体化。是指获得供应商的所有权或加强对其控制权。"为了确保原料品质与低成本的充足供应，乡中情公司在乙地区建立了无公害辣椒基地和绿色产品原材料基地，搭建了一条'企业 + 基地 + 农户'的农业产业链，90%以上的原料都来源于这一基地"。

对于乡中情公司而言，实施这一战略的主要条件是：

A. 企业现有的供应商供应成本较高或者可靠性较差而难以满足企业对原材料、零件等的需求。"为了确保原料品质与低成本的充足供应"。

B. 企业所在产业的增长潜力较大。"一个曾经的'街边摊'，发展成为一个上缴利税上亿元的国家级重点龙头企业"。

C. 企业具备后向一体化所需的资金、人力资源等。"搭建了一条'企业 + 基地 + 农户'的农业产业链"（说明此企业具备人力资源）；"先打款后发货，现货现款"，"乡中情公司将产品做成了硬通货，只要能拿到货，就不愁卖，流通速度快""不贷款"（都说明现金流充足）。

D. 企业产品价格的稳定对企业而言十分关键，后向一体化有利于控制原材料成本，从而确保产品价格的稳定。"'乡中情'产品价格一直非常稳定，价格涨幅微乎其微"；"为了确保原料品质与低成本的充足供应"。

2. （1）产品策略。

①产品组合策略。

乡中情公司的产品组合很简单，从产品组合的宽度看，就是1大类，"乡中情"辣酱。从产品组合的深度看，"乡中情"相继开发了十几种品类产品。

乡中情公司的产品组合策略，也是一种，扩大产品组合，加强产品组合的深度。"相继开发了十几种品类产品"。

②品牌和商标策略。

乡中情公司的品牌和商标策略属于单一的企业名称。"着力打造'乡中情'品牌"；"多年来'乡中情'产品从未更换包装和瓶贴……'乡中情'产品土气的包装和瓶贴，已固化为最深入消费者内心的品牌符号"。

③产品开发策略。"相继开发了十几种品类产品"。

（2）促销策略。

在促销组合的四个要素构成（广告促销、营销推广、公关宣传、人员推销）中，乡中情公司主要采用后两种。

①公关宣传。指宣传企业形象，以便为企业及其产品建立良好的公众形象。"靠广泛深入的铺货形成高度的品牌曝光，直接促成了即时的现实销售"。

②人员推销。"靠过硬的产品让消费者口口相传"。

（3）分销策略。

乡中情公司采用间接分销渠道，"大区域布局，一年一次经销商会"。

（4）价格策略。

"中低端人群是'乡中情'辣酱的目标客户，与此相应的就是低价策略""'乡中情'产品价格一直非常稳定，涨幅微乎其微"。

【例题 3 – 42·简答题】智勤公司成立于 2010 年，是一家研究开发智能手机的企业。智勤公司从创立之初就做了大量的市场调研，发现智能手机市场上国内中低端品牌与国际高端品牌的技术差距正逐步缩小，消费者更多地关注产品价格，价格竞争开始成为市场竞争的主要手段。在此基础上，智勤公司对消费者的年龄进行了细分，将目标市场消费者的年龄定位在 25 ~ 35 岁之间。这个阶段的年轻人相对经济独立，普遍处于事业的发展期，并且个性张扬，勇于尝试，对于新鲜事物的接受程度比其他年龄段的人更高。

为了适应目标顾客对价格敏感的特点，智勤手机以其"高性价比"走入大众视线。为了降低智勤手机的成本和价格，智勤公司采取了以下措施：

（1）开创了官网直销预订购买的发售方式，减少了昂贵的渠道成本，使智勤手机生产出来之后，不必通过中间商就可以到达消费者手中。

（2）在营销推广方面，智勤公司没有使用传统的广告营销手段，而是根据消费者的不同类型，分别在智勤官网、QQ 空间、智勤论坛、微信平台等渠道进行智勤手机的出售和智勤品牌的推广，在很大程度上采用粉丝营销、口碑营销的方式，有效降低了推广费用。

（3）采用低价预订式抢购模式。这种先预定再生产的方式使智勤公司的库存基本为零，大大减少了生产运营成本。

（4）智勤手机定价只有国际高端品牌的 1/3，而其硬件成本要占到其定价的 2/3 以上。为了既保证高性价比又不降低手机的产品质量，智勤公司为手机瘦身，把不需要的硬件去掉，把不需要的功能替换掉，简化框架结构设计，使用低成本的注塑材质工艺等。

（5）将手机硬件的研发和制造外包给其他公司，提高了生产率，大大减轻了智勤成立之初的资金压力。

（6）实现规模经济。2011 ~ 2015 年智勤手机的销售量突飞猛进地增长，进而为智勤手机通过规模经济降低成本和价格奠定了基础。

要求：

（1）从市场情况和资源能力两个方面，简要分析智勤手机实施成本领先战略的条件。

（2）从确定目标市场和设计营销组合两个方面，简要分析智勤手机的营销策略。（2017 年）

【答案】

（1）市场情况：

①市场中存在大量的价格敏感用户。"消费者更多地关注产品价格。"

②产品难以实现差异化。"智能手机市场上国内中低端品牌与国际高端品牌的技术差距正逐步缩小。"

③购买者不太关注品牌。"智能手机市场上国内中低端品牌与国际高端品牌的技术差距正逐

步缩小。"

④价格竞争是市场竞争的主要手段。"价格竞争开始成为市场竞争的主要手段。"

资源和能力：

①实现规模经济。"2011～2015年智勤手机的销售量突飞猛进地增长，进而为智勤手机通过规模经济降低成本和价格奠定了基础。"

②降低各种要素成本。"减少了昂贵的渠道成本。"

③提高生产率。"将手机硬件的研发和制造外包给其他公司，提高了生产率。"

④改进产品工艺设计。"为手机瘦身，把不需要的硬件去掉，把不需要的功能替换掉，简化框架结构设计，使用低成本的注塑材质工艺等。"

⑤选择适宜的交易组织形式。"将手机硬件的研发和制造外包给其他公司，大大减小了智勤公司成立之初的资金压力。"

⑥重点集聚。"将目标市场消费者的年龄定位在25～35岁。"

（2）从确定目标市场角度分析，智勤公司按照人口细分，把目标市场消费者的年龄定位在25～35岁；目标市场的选择是集中市场营销。

从设计营销组合角度分析，智勤公司的营销策略是：

①产品策略。

"将目标市场消费者的年龄定位在25～35岁"；"智勤手机以其'高性价比'走入大众视线"；"为了既保证高性价比又不降低手机的产品质量，智勤公司为手机瘦身，把不需要的硬件去掉，把不需要的功能替换掉，简化框架结构设计，使用低成本的注塑材质工艺等"。

②促销策略。

"在营销推广方面，智勤公司没有使用传统的广告营销手段，而是根据消费者的不同类型，分别在智勤官网、QQ空间、智勤论坛、微信平台等渠道进行智勤手机的出售和智勤品牌的推广，在很大程度上采用粉丝营销、口碑营销的方式"；"采用低价预订式抢购模式，这种先预定再生产的方式使智勤公司的库存基本为零"。

③分销策略。

"开创了官网直销预订购买的发售方式，减少了昂贵的渠道成本，使智勤手机生产出来之后，不必通过中间商就可以到达消费者手中。"

④价格策略。"智勤手机定价只有国际高端品牌的1/3"；"为智勤手机通过规模经济降低成本和价格奠定了基础"。

【本题思路】这类题目，比较好的步骤就是，把教材里列出来的知识点先简单地按①②③④这样列出来，清晰明了，突出得分点。另外，你也知道大概有几个方面，然后再带着这些特点去原文找相关的表述，把他们放到对应的知识点后面，这样读完题，答案也差不多出来了。简答题大致都是这样的套路，注意答题速度，不要浪费太多的时间。

考点二：生产运营战略

（一）产能计划

领先策略	指根据对需求增长的预期增加产能。领先策略是一种进攻性策略，其目标是将客户从企业的竞争者手中吸引过来。这种策略的潜在劣势在于其通常会产生过量存货；过量的存货导致成本既高昂又浪费

续表

滞后策略	是指仅当企业因需求增长而满负荷生产或超额生产后才增加产能。该策略是一种相对保守的策略，它能降低浪费的风险但也可能导致潜在客户流失
匹配策略	是指少量地增加产能来应对市场需求的变化。这是一种比较稳健的策略

（二）平衡产能与需求的方法

资源订单式生产	当需求不确定时，企业仅在需要时才购买所需材料并开始生产所需的产品或提供所需的服务。例如，建筑企业可能会收到承建新的道路桥梁的大订单。该建筑企业仅在签订合同之后才开始采购必需的资源
订单生产式生产	在采用某些生产运营流程的情况下，企业可能对未来需求的上涨非常有信心，从而持有为满足未来订单所需的一种或多种资源的存货，如配备适当的劳动力和设备，但企业会在实际收到订单之后才开始生产产品或提供劳务。例如，一家餐馆需要的员工数量是可变的，因此它会有一批兼职员工，在餐馆举办大型活动或宴会的时候随叫随到
库存生产式生产	许多企业在收到订单之前或在知道需求量之前就开始生产产品或提供服务

（三）准时生产系统（JIT）

优点	缺点
（1）库存量低； （2）由于仅在需要时才取得存货，因此降低了花费在存货上的运营成本； （3）降低了存货变质、陈旧或过时的可能性； （4）避免因需求突然变动而导致大量产成品无法出售的情况； （5）由于 JIT 着重于第一次就执行正确的工作这一理念，因而降低了检查和返工产品的时间	（1）由于仅为不合格产品的返工预留了最少量的库存，因而一旦生产环节出错则弥补空间较小； （2）生产对供应商的依赖性较强，并且如果供应商没有按时配货，则整个生产计划都会被延误； （3）由于企业按照实际订单生产所有产品，因此并无备用的产成品来满足预期之外的订单

【例题 3－43·单选题】 瑞祥公司是一家啤酒制造和销售企业。2016 年年初，公司管理层预计该年夏天温度较高，加上该年属于奥运会年，啤酒的销量将比上年有较大增长。因此，瑞祥公司决定加大公司上半年的产量，以应对未来需求的增长。瑞祥公司采用的平衡产能与需求的方法是（　　）。(2016 年)

A. 库存生产式生产　　　　　　　　　　B. 订单生产式生产

C. 资源订单式生产　　　　　　　　　　D. 准时生产式生产

【答案】 A

【解析】 这几种生产方式的区别在于什么时候生产产品。题目中"决定加大公司上半年的产量，以应对未来需求的增长"，属于提前生产，也就是在知道需求量或收到订单之前就生产，所以选项 A 正确；

选项 B 属于在实际接收订单后开始生产产品，错误；选项 C 属于在接收订单后才开始采购必需的资源，错误；选项 D 属于在需要的时候才生产，错误。

考点三：采购战略

货源策略的比较

采购策略	优点	缺点
单一货源策略	（1）采购方能与供应商建立较为稳固的关系； （2）便于信息的保密； （3）能产生规模经济； （4）随着与供应商的关系的加深，采购方更可能获得高质量的货源	（1）若无其他供应商，则该供应商的议价能力就会增强； （2）采购方容易受到供应中断的影响； （3）供应商容易受到订单量变动的影响
多货源策略	（1）能够取得更多的知识和专门技术； （2）一个供应商的供货中断产生的影响较低； （3）供应商之间的竞争有利于对供应商压价	（1）难以设计出有效的质量保证计划； （2）供应商的承诺较低； （3）疏忽了规模经济
由供应商负责交付一个完整的子部件	（1）允许采用外部专家和外部技术； （2）可为内部员工安排其他任务； （3）采购方能够就规模经济进行谈判	（1）第一阶供应商处于显要地位； （2）竞争者能够使用相同的外部企业，因此企业在货源上不太可能取得竞争优势

【例题 3－44·多选题】 生产农用运输车辆的江陵公司将柴油发动机的生产授权给一个供应商。下列各项中，属于该公司货源策略优点的有（　　）。（2019 年）

A. 能够取得更多的知识和专门技术　　　B. 采购方能够就规模经济进行谈判

C. 允许采用外部专家和外部技术　　　　D. 有利于在货源上取得竞争优势

【答案】 BC

【解析】 "生产农用运输车辆的江陵公司将柴油发动机的生产授权给一个供应商"属于由供应商负责交付一个完整的子部件，选项 A 属于多货源策略的优点；竞争者能够使用相同的外部企业，因此企业在货源上不太可能取得竞争优势，选项 D 错误。

【例题 3－45·单选题】 甲公司是一家中式连锁快餐企业，长期分别从三家粮油公司采购大米、面粉和色拉油等。下列各项中，不属于甲公司货源策略优点的是（　　）。（2016 年）

A. 可利用三家粮油公司之间的竞争压低采购价格

B. 有利于从三家粮油公司获得更多的知识和技术信息

C. 有利于促使三家粮油公司提供有统一质量保证的产品

D. 不会因某家粮油公司的供货问题而严重影响企业经营

【答案】 C

【解析】 甲公司采用的是多货源策略。多货源策略的优点有：（1）能够取得更多的知识和专门技术；（2）一个供应商的供货中断产生的影响较低；（3）供应商之间的竞争有利于对供应商压价。有利于提供有统一质量保证的产品属于单一货源策略的优点。

考点四：人力资源战略

（一）人力资源规划

企业人力资源规划包括人力资源总体规划和人力资源业务计划两个层次。人力资源总体规划是指在计划期内人力资源管理的总目标、总政策、实施步骤和总预算的安排。人力资源业务计划则包括人员补充计划、分配计划、提升计划、教育培训计划、工资计划、保险福利计划、劳动关系计划、退休计划，等等。

此外，人力资源战略还包括制订人力资源计划、招聘与选拔、继任计划、激励和奖励机制、绩效评估、员工的培训和发展等。

（二）内部招聘的优缺点

内部招聘的优点	内部招聘的缺点
（1）晋升现有员工的方式能调动员工积极性，培养员工的忠诚度，激发员工的工作热情，并且有助于鼓舞员工的整体士气； （2）通过使用管理现有员工掌握的信息和数据进行选拔，对招聘对象是否适合该工作判断更加准确； （3）能节约大量的招聘和选拔时间及费用； （4）如果招聘后还需要培训，内部招聘的员工能够更快地适应培训的要求	（1）未被选拔的员工容易产生负面情绪；或者员工晋升后成为以前同事的主管，管理会比较困难； （2）最适合该工作的员工未必在企业内部，内部招聘可能导致人才选拔的局限性； （3）外部招聘人员可能带来有利于企业发展的新理念和新思维，而内部招聘人员难以实现； （4）内部招聘机制可能诱发拉关系或骄傲自满等不良习气

（三）人力资源战略主要内容

有效的人力资源战略应包括如下事项：

（1）精确识别出企业为实现短期、中期和长期的战略目标所需要的人才类型；

（2）通过培训、发展和教育来激发员工潜力；

（3）尽可能地提高任职早期表现出色的员工在员工总数中所占的比重；

（4）招聘足够的、有潜力成为出色工作者的年轻新就业者；

（5）招聘足够的、具备一定经验和成就的人才，并使其迅速适应新的企业文化；

（6）确保采取一切可能的措施来防止竞争对手挖走企业的人才；

（7）激励有才能的人员达到更高的绩效水平，并激发其对企业的忠诚度；

（8）创造企业文化，使人才能在这种文化中得到培育并能够施展才华。这种文化应当能够将不同特点的人才整合在共享价值观的框架内，从而组建出一个金牌团队。

考点五：财务战略

（一）筹资来源

融资方式	定义	优点	缺点
内部融资	企业选择使用内部留存利润进行再投资，留存利润是指企业分配给股东红利后剩余的利润。是企业最普遍采用的方式	管理层在做此融资决策时不需要听取任何企业外部组织或个人的意见，可以节省融资成本	（1）内部融资资金较少，不足以应对企业大事件的资金需求； （2）对于陷入财务危机的企业，内部融资空间有限
股权融资	向现在的股东和新股东发行股票来筹集资金，也可称为权益融资	当企业需要的资金量比较大时（比如并购），股权融资仅仅需要在企业盈利的时候支付给股东股利	股份容易被恶意收购从而引起控制权的变更，并且股权融资方式的成本也比较高

融资方式		定义	优点	缺点
资产销售融资		企业可以选择销售其部分有价值的资产进行融资	简单易行，并且不用稀释股东权益	比较激进，一旦操作了就无回旋余地，而且如果销售的时机选择的不准，销售的价值就会低于资产本身的价值
债权融资	贷款	年限少于一年的贷款为短期贷款；年限高于一年的贷款为长期贷款	成本较低、融资的速度也较快，并且方式也较为隐蔽	当企业陷入财务危机或者企业的战略不具竞争优势时，还款的压力增加了企业的经营风险
	租赁	有一段时间租用资产的债务形成，可能拥有在期末的购买期权	（1）企业可以不需要为购买运输工具进行融资，因为融资的成本是比较高的。（2）租赁很有可能使企业享有更多的税收优惠。（3）租赁可以增加企业的资本回报率，因为它减少了总资本	企业使用租赁资产的权利是有限的，因为资产的所有权不属于企业

（二）股利分配策略

股利政策	定义	特点
固定股利政策	每年支付固定的或者稳定增长的股利	为投资者提供可预测的现金流量，减少管理层将资金转移到盈利能力差的活动的机会，并为成熟的企业提供稳定的现金流，盈余下降时也可能导致股利发放遇到一些困难
固定股利支付率政策	企业发放的每股现金股利除以企业的每股盈余保持不变	保持盈余、再投资率和股利现金流之间的稳定关系，但投资者无法预测现金流，无法表明管理层的意图或者期望，并且如果盈余下降或者出现亏损的时候，这种方法就会出现问题
零股利政策	所有剩余盈余都留存企业	成长阶段通常会使用这种股利政策，并将其反映在股价的增长中，当成长阶段已经结束，并且项目不再有正的现金净流量时，就需要积累现金并需要新的股利分配政策
剩余股利政策	只有在没有现金净流量为正的项目的时候才会支付股利	成长阶段，不能轻松获得其他融资来源的企业比较常见

（三）企业不同发展阶段的财务战略

企业在产品生命周期不同发展阶段的特征如下：

	企业发展阶段			
	导入期	成长期	成熟期	衰退期
经营风险	非常高	高	中等	低
财务风险	非常低	低	中等	高
资本结构	权益融资	主要是权益融资	权益＋债务融资	权益＋债务融资
资金来源	风险资本	权益投资增加	保留盈余＋债务	债务
股利	不分配	分配率很低	分配率高	全部分配

续表

	企业发展阶段			
	导入期	成长期	成熟期	衰退期
价格/盈余倍数	非常高	高	中等	低
股价	迅速增长	增长并波动	稳定	下降并波动

发展阶段	资本结构	资本来源	股利分配政策
导入阶段的财务战略	由于导入期的经营风险很高，因此应选择低财务风险战略，应尽量使用权益筹资，避免使用负债	引进风险投资者	股利支付率大多为零
成长阶段的财务战略	由于此时的经营风险虽然有所降低，但仍然维持较高水平，不宜大量增加负债比例	私募或公募	采用低股利政策
成熟阶段的财务战略	由于经营风险降低，应当扩大负债筹资的比例	负债和权益	采用高股利政策或作为替代进行股票回购
衰退阶段的财务战略	应设法进一步提高负债筹资的比例，以获得利息节税的好处	选择负债筹资	采用高股利政策

（四）经营风险与财务风险的四种搭配

搭配方式	特点	举例
高经营风险与高财务风险的搭配	具有很高的总体风险。该种搭配不符合债权人的要求，符合风险投资者的要求	一个初创期的高科技公司，假设能够通过借款取得大部分资金，其破产的概率很大，而成功的可能很小
高经营风险与低财务风险的搭配	具有中等程度的总体风险。该种搭配是一种可以同时符合股东和债权人期望的现实搭配	一个初创期的高科技公司，主要使用权益筹资，较少使用或不使用负债筹资
低经营风险与高财务风险的搭配	具有中等程度的总风险。该种匹配是一种可以同时符合股东和债权人期望的现实搭配	一个成熟的公用企业，大量使用借款筹资
低经营风险与低财务风险的搭配	具有很低的总体风险。该种匹配不符合权益投资人的期望，是一种不现实的搭配	一个成熟的公用企业，只借入很少的债务资本

（五）价值创造矩阵

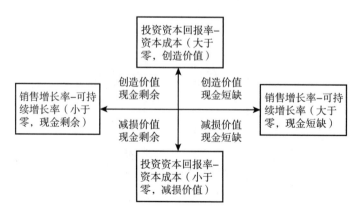

【例题 3－46・单选题】甲燃气公司负责某市的民用天然气供给业务。近年来该市的民用天然气需求量比较稳定，甲燃气公司主要通过向银行贷款取得更新设备所需的资金。该公司财务风险与经营风险的搭配属于（   ）。(2019 年)

A. 高经营风险与高财务风险　　　　B. 高经营风险与低财务风险

C. 低经营风险与高财务风险　　　　D. 低经营风险与低财务风险

【答案】C

依据：《公司战略与风险管理》教材"第三章　战略选择　第三节　职能战略"。

【解析】"近年来该市的民用天然气需求量比较稳定"体现了低经营风险；"公司主要通过向银行贷款取得更新设备所需的资金"体现了高财务风险。选项 C 正确。

【例题 3－47・多选题】甲公司某年的投资回报率为 5%，销售增长率为 10%，经测算甲公司的加权平均成本为 8%，可持续增长率为 6%。在上述情况下，甲公司应选择的财务战略有（   ）。(2019 年)

A. 彻底重组　　　　　　　　　　　B. 出售

C. 提高资本回报率　　　　　　　　D. 改变财务政策

【答案】AB

【解析】"投资回报率小于加权平均成本，销售增长率大于可持续增长率"，应选择减损型现金短缺战略，选项 AB 正确。

【例题 3－48・多选题】甲公司是一家互联网叫车平台公司，目前经营处于培育客户的阶段。该公司通过支付大量的营销费用来培养客户通过互联网叫车的习惯。下列各项中，属于甲公司现阶段经营特征的有（   ）。(2018 年)

A. 具有中等的股利分配率　　　　　B. 经营风险非常高而财务风险非常低

C. 主要资金来源是风险资本　　　　D. 价格/盈余倍数非常高

【答案】BCD

【解析】根据题干信息可知，互联网叫车的产业正处于导入期，选项 BCD 为导入期企业的经营特征。

【例题 3－49・单选题】近年来，建筑机械制造商凯达公司所处行业的市场基本饱和，销售额比较稳定，企业之间的价格竞争十分激烈。在这种情况下，凯达公司宜采用的股利分配政策是（   ）。(2018 年)

A. 零股利政策　　　　　　　　　　B. 稳健的高股利分红政策

C. 低股利政策　　　　　　　　　　D. 全部分配的股利政策

【答案】B

【解析】"建筑机械制造商凯达公司所处行业的市场基本饱和，销售额比较稳定，企业之间的价格竞争十分激烈"，表明凯达公司所处行业属于成熟期。成熟期宜采用的股利分配政策是稳健的高股利分红政策。

【例题 3－50・多选题】在企业经营风险与财务风险结合的几种方式中，同时符合股东和债权人期望的有（   ）。(2015 年)

A. 高经营风险与高财务风险搭配　　B. 高经营风险与低财务风险搭配

C. 低经营风险与高财务风险搭配　　D. 低经营风险与低财务风险搭配

【答案】BC

【解析】高经营风险与低财务风险这种搭配具有中等程度的总体风险，是一种可以同时符合股东和债权人期望的现实搭配。低经营风险与高财务风险这种搭配具有中等程度的总体风险，是一种可以同时符合股东和债权人期望的现实搭配。所以选项BC正确。

【本题思路】经营风险与财务风险的结合：一高一低搭配，同时符合股东和债权人的要求；双高搭配，不符合债权人的要求；双低搭配，不符合投资人的要求。

【例题3-51·多选题】甲公司是一家制造和销售洗衣粉的公司。目前洗衣粉产业的产品逐步标准化，技术和质量改进缓慢，洗衣粉市场基本饱和。处于目前发展阶段的甲公司具备的财务特征有（   ）。（2016年）

A. 财务风险高
B. 股价迅速增长
C. 股利分配率高
D. 资金来源于保留盈余和债务

【答案】CD

【解析】"洗衣粉产业的产品逐步标准化，洗衣粉市场基本饱和"表明处于成熟期，处于成熟期的企业财务风险属于中等水平，股利分配率高，资金来源于保留盈余和债务，而股价是比较稳定的。所以，选项CD正确。

第四节　国际化经营战略

考点一：产品生命周期理论

1966年，美国哈佛大学教授弗农从技术创新入手，分析国际贸易、对外直接投资与产品生命周期的关系。

该理论将产品生命周期划分为创新、成熟和标准化三个阶段，说明在产品生命周期的不同阶段，随着产品生命周期阶段的变化，企业产品生产的地域也会从一个国家转移到另一个国家，以寻求最佳的区位优势，获得自己的竞争优势。

考点二：国际生产折中理论（又称：国际生产综合理论）

邓宁的国际生产综合理论可以概括为一个简单的公式：

所有权优势 + 内部化优势 + 区位优势 = 对外直接投资

所有权优势 + 内部化优势 = 出口

所有权优势 = 技术转移

如果企业具有上述三种优势，却只采取技术转移的方法，则会丧失内部化优势与区位优势所能带来的收益。

考点三：发展中国家跨国公司对外投资的主要动机

主要动机	说明
寻求市场	巩固、扩大和开辟市场
寻求效率	即降低成本导向型动机，利用国外廉价的生产要素，降低生产成本

续表

主要动机	说明
寻求资源	出于获取一些战略性资产,主要是自然资源方面的考虑
寻求现成资产	即技术与管理导向型动机,是为了获取和利用国外先进的技术、生产工艺、新产品设计和先进的管理经验等

【例题3-52·多选题】顺驰公司是国内一家汽车玻璃制造商。面对国内生产要素成本不断上涨和产品订单日趋减少,该公司把一部分资金和生产能力转移至生产综合成本相对较低的汽车产销大国M国。通过独立投资设厂和横向并购M国一家拥有国际知名品牌的企业,顺驰公司在M国不仅很快站稳脚跟,而且获得M国汽车制造商的大量订单,业务量大幅增长。在本案例中,顺驰公司向M国投资的动机有( )。(2018年)

A. 寻求市场   B. 寻求效率

C. 寻求资源   D. 寻求现成资产

【答案】ABD

【解析】获得M国汽车制造商的大量订单,业务量大幅增长,体现了寻求市场,选项A正确;公司把一部分资金和生产能力转移至生产综合成本相对较低的汽车产销大国M国,体现了寻求效率,选项B正确;横向并购M国一家拥有国际知名品牌的企业,体现了寻求现成资产,选项D正确。

【例题3-53·单选题】甲银行是国内一家商业银行,2008年10月甲银行纽约分行在曼哈顿开业,该分行依托甲银行的国内资源,致力于成为专业的美元清算银行,客户主要定位于在美国投资的中国企业、在中国扩张的美国企业、从事中美贸易的美国公司等。根据上述信息可以判断,甲银行建立纽约分行的动因是( )。(2013年)

A. 寻求市场   B. 寻求资源

C. 寻求现成资产   D. 寻求效率

【答案】A

【解析】发展中国家对外投资的主要动机有四个:①寻求市场。②寻求效率,即寻找低廉的劳动力成本。③寻求资源。④寻求现成资产,即获取发达国家企业的品牌、先进技术与管理经营等现成资产。

题目中甲银行纽约分行在曼哈顿开业主要是为了增加自己的客户,进一步扩大市场,即寻求市场。

【例题3-54·单选题】甲公司是国内一家电信设备生产企业,2000年公司开始实施国际化经营,对外直接投资国首先选择在东南亚发展中国家Y国,这一选择基于以下3点考虑,一是开发Y国市场,二是以Y国为基地,向东盟市场进军,降低产品进入东盟的关税;三是以Y国为基础,辐射欧盟地区市场,避开反倾销调查,甲公司这一行为的动因是( )。(2014年)

A. 寻求效率   B. 寻求市场

C. 寻求资源   D. 寻求现成资产

【答案】B

【解析】甲公司作为中国的一家企业,其对外直接投资主要关注Y国的市场、降低关税和避开反倾销调查,所以选项B正确。

【例题 3-55·简答题】 C 国亚威集团是一家国际化矿业公司，其前身是主营五金矿产进出口业务的贸易公司。

2004 年 7 月，亚威集团在"从贸易型企业向资源型企业转型"的战略目标指引下，对北美 N 矿业公司发起近 60 亿美元的收购。当时国际有色金属业正处于低潮，收购时机较好。2005 年 5 月，虽然购并双方进行了多个回合沟通和交流，但 N 矿业公司所在国政府否决了该收购方案，否决的主要理由有两点：一是亚威集团资产负债率高达 69.82%，其收购资金中有 40 亿美元由 C 国国有银行贷款提供，质疑此项收购有 C 国政府支持；二是亚威集团在谈判过程中一直没有与工会接触，只与 N 矿业公司管理层谈判，这可能导致收购方案在管理与企业文化整合方面存在不足。

Z 公司原是澳洲一家矿产上市公司，其控制的铜、锌、银、铅、金等资源储量非常可观。2008 年，国际金融危机爆发，Z 公司面临巨大的银行债务压力，于当年 11 月停牌。之后 Z 公司努力寻求包括出售股权在内的债务解决方案。亚威有色公司是亚威集团下属子公司，主营业务为生产经营铜、铅、锌、锡等金属产品。2009 年 6 月，经过双方充分协商，亚威有色公司以 70% 的自有资金，成功完成对 Z 公司的收购，为获取 Z 公司低价格的有色金属资源奠定了重要条件。

要求：

（1）根据并购的类型，从不同角度简要分析亚威集团和亚威有色公司跨国收购的类型。

（2）简要分析亚威集团收购 N 矿业公司失败的主要原因。（参考并购的知识点）

（3）简要分析亚威集团和亚威有色公司通过跨国收购实现国际化经营的主要动机。（2015 年）

【答案】

（1）按并购双方所处的产业分类，亚威集团收购 N 矿业公司属于纵向并购，"从贸易型企业向资源型企业转型"；亚威有色公司对 Z 公司的收购属于横向并购，"亚威有色公司是亚威集团下属子公司，主营业务为生产经营铜、铅、锌、锡等金属产品；Z 公司是澳洲一家矿产公司，其控制的铜、锌、银、铅、金资源储量非常可观"。

按被并购方的态度分类，亚威集团收购 N 矿业公司为友善并购，"购并双方进行了多个回合沟通和交流"；亚威有色公司对 Z 公司的收购也属于友善并购，"经过双方充分协商"。并购方的身份分类，亚威集团收购 N 矿业公司为产业资本并购；亚威有色公司对 Z 公司的收购也属于产业资本并购。

按收购资金来源分类，亚威集团收购 N 矿业公司属于杠杆收购，"亚威集团收购资金中有 40 亿美元由 C 国国有银行贷款提供（总共 60 亿美元的收购）"；亚威有色公司对 Z 公司的收购属于非杠杆收购，"亚威有色公司以 70% 的自有资金，成功完成对 Z 公司的收购"。

【本题思路】 本题的得分点就在纵向并购、友善并购和杠杆收购，当然你也可以说是产业资本并购，这都是得分点，但是不管怎么主观，"纵向并购""友善并购""杠杆收购"或者"产业资本并购"等词语就是给分点，否则写再多文字也不能得分。

（2）亚威集团收购 N 矿业公司失败的主要原因：

①并购后不能很好地进行企业整合。"亚威集团在谈判过程中一直没有与工会接触，只与 N 矿业公司管理层谈判，这可能导致收购方案在管理与企业文化整合方面存在不足"。

②跨国并购面临政治风险。"N 矿业公司所在国政府否决了该收购方案……其收购资金中有 40 亿美元由 C 国国有银行贷款提供，质疑此项收购有 C 国政府支持"。

（3）发展中国家企业对外投资的主要动机有：①寻求市场；②寻求效率；③寻求资源；④寻求现成资产（1 分）。亚威集团公司和亚威有色公司跨国收购的主要动机都是寻求资源，"将亚威从贸易型企业向资源型企业转型""为获取 Z 公司低价格的有色金属资源奠定了重要的条件"。

【本题思路】并购失败的原因总共是四个：决策不当的并购；并购后不能很好地进行企业整合；支付过高的并购费用；跨国并购面临政治风险。

我们抓住这一点之后，那么就能够分析出来亚威集团失败的原因。这里的答案我们可以看一下，将两条原因写在前面，一目了然地告诉老师得分点在哪里。如果我们想聪明一点，可以首先将失败的原因这四条全部列在最前面，然后抓出其中的两条进行详细阐述。

考点四：国际市场进入模式——契约模式

契约方式是一种通过知识和技术的输出从而进入国外市场的方式。契约模式主要包括：合约制造、服务外包，订单农业，特许经营，管理合约及其他类型的合约关系等（或者，可以说许可证模式、特许经营模式和工程承包模式等）。

考点五：国际市场进入模式——股权投资模式

对外直接投资包括合资进入和独资进入两种形式。

考点六：国际化经营战略

	高	全球化战略	跨国战略
全球化协作程度			
	低	国际战略	多国本土化战略
		低　　本土独立性和适应能力　　高	

战略类型	含义	特点
国际战略	企业将其在母国所开发出的具有竞争优势的产品与技能转移到国外的市场，以创造价值的举措	（1）转移其在母国所开发出的具有竞争优势的产品到海外市场，从而创造价值。 （2）多把产品开发的职能留在母国，而在东道国建立制造和营销职能。 （3）总部一般严格地控制产品与市场战略的决策权
多国本土化战略	根据不同国家的不同的市场，提供更能满足当地市场需要的产品和服务	（1）成本结构较高，无法获得经验曲线效益和区位效益。 （2）由于生产设施重复建设并且成本机构高，在成本压力大的产业中不适应； （3）过于本土化，使得每一个国际的子公司过于独立，企业最终会指挥不动自己的子公司，不能将自己的产品和服务向这个子公司转移
全球化战略	向全世界的市场推销标准化的产品和服务，并在较有利的国家集中地进行生产经营活动，由此形成经验曲线和规模经济效益以获得高额利润	（1）为了实施成本领先战略。通过提供标准化的产品来促使不同国家的习俗和偏好趋同； （2）适合成本压力大，而当地特殊要求小的企业

续表

战略类型	含义	特点
跨国战略	形成以经验为基础的成本效益和区位效益，转移企业的核心竞争力，同时注意当地市场的需求	（1）母公司与子公司、子公司与子公司的关系是双向的，不仅母公司向子公司提供产品与技术，子公司也可以向母公司提供产品与技术。 （2）是跨国公司的最佳战略选择。要充分考虑到东道国的需求，同时也要保证跨国公司的核心目标和技能的实现

【例题 3－56·单选题】 2015 年，国内研发和制造铁路设备的东盛公司开启了国际化经营战略，在国外成立了多家子公司。东盛公司在国内的母公司保留技术和产品开发的职能，在国外的子公司只生产由母公司开发的产品。东盛公司采取的国际化经营战略类型的特点是（   ）。（2019 年）

A. 全球协作程度高，本土独立性和适应能力低

B. 全球协作程度低，本土独立性和适应能力高

C. 全球协作程度高，本土独立性和适应能力高

D. 全球协作程度低，本土独立性和适应能力低

【答案】 D

【解析】 国际战略下企业多把产品开发的职能留在母国，而在东道国建立制造和营销职能。"东盛公司在国内的母公司保留技术和产品开发的职能，在国外的子公司只生产由母公司开发的产品"属于国际战略，相比较其他国际化经营战略类型，国际战略特点是全球协作程度低，本土独立性和适应能力低。选项 D 正确。

【例题 3－57·单选题】 多邦公司是一家驼羊毛制品生产和销售企业，产品销往多个国家和地区。为了确保产品质优价廉，该公司在最适合驼羊生长的 L 国建立统一的驼羊养殖场，并在加工条件最好的 N 国设厂生产驼羊毛制品。多邦公司国际化经营的战略类型是（   ）。（2018 年）

A. 国际战略　　　 B. 多国本土化战略　 C. 全球化战略　　　 D. 跨国战略

【答案】 C

【解析】 全球化战略是指通过提供标准化的产品来促使不同国家的习俗和偏好趋同，在该题中，多邦公司在 L 国进行统一生产，并向全球提供标准化的产品，故属于全球化战略。

【例题 3－58·单选题】 世界服装生产巨头 Z 公司开创了新的生产模式，该公司通过遍布全球各地的信息网络迅速捕获服装流行趋势和流行元素，总部的设计师团队随即以最快的速度仿制、修改。为了保证生产效率，采购和生产都在欧洲进行，亚洲、南美洲等低成本地区只生产基本款，一件服装从设计到摆上货架最长不超过 20 天。该公司全球所有门店几乎每周都会收到两次新货品。若以"全球协作"的程度和"本土独立性和适应能力"的程度两个维度来考察，Z 公司采取的是（   ）。（2013 年）

A. 国际战略　　　　 B. 多国本土化战略　 C. 全球化战略　　　 D. 跨国战略

【答案】 C

【解析】 全球化战略是向全世界的市场推销标准化的产品和服务，并在较有利的国家集中地进行生产经营活动，由此形成经验曲线和规模经济效益，以获得高额利润。本题采购生产在欧洲，由总设计师团队设计，亚洲南美洲生产基本款，体现了全球协作程度高，但是全球门店都只

是收到总部发来的新货负责销售，说明全球门店的销售的是同款产品，说明本土适应性和独立性低，所以是全球化战略。

【本题思路】 全球化战略：标准化产品，在有利的国家生产（不一定在母国生产）；国际战略：标准产品，多在母国开发；多国本土化战略：不同国家市场，不同产品；跨国战略：双向关系，不仅母公司向子公司提供产品与技术，子公司也可以向母公司提供产品与技术。

因此，这类题目，从明显的战略逐步排除：①不同国家市场，不同产品，显然是多国本土化；②母子公司存在双向关系，显然是跨国战略；③标准化产品，此时看是否母国生产，不在母国生产，一般是全球化战略；在母国生产，一般是国际战略。

【例题3-59·单选题】 甲公司是一家玩具制造商，其业务已扩展到国际市场。甲公司在劳动力成本较低的亚洲设立玩具组装工厂，在欧洲设立玩具设计中心，产品销往全球100多个国家和地区。甲公司国际化经营的战略类型属于（　　）。(2016年)

A. 跨国战略　　　B. 国际战略　　　C. 全球化战略　　　D. 多国本土化战略

【答案】 C

【解析】 全球化战略是向全世界的市场推销标准化的产品和服务，并在较有利的国家集中地进行生产经营活动，由此形成经验曲线和规模经济效益，以获得高额利润。"产品销往全球100多个国家和地区"，属于标准化产品，所以，选择C正确。

考点七：新兴市场战略选择

产业的全球化程度	高	"躲闪者" 通过转向新业务或缝隙市场避开竞争	"抗衡者" 通过全球竞争发动进攻
	低	"防御者" 利用国内市场的优势防卫	"扩张者" 将企业的经验转移到周边市场
		适合本国市场	可以向海外移植

新兴市场本土企业优势资源

【例题3-60·单选题】 面对国外著名医药公司在中国市场上不断扩张，多年从事药品研发、生产和销售的康达公司为了自身的长期发展，把药品的生产和销售业务转让给其他公司，同时与国外某医药公司合作专注于新药品的研发业务。从本土企业战略选择的角度看，康达公司扮演的角色可称为（　　）。(2019年)

A. 防御者　　　B. 扩张者　　　C. 抗衡者　　　D. 躲闪者

【答案】 D

【解析】 抗衡者：全球化程度高＋可以向海外移植；防御者：全球化程度"低"＋适合于本土市场；扩张者：全球化程度"低"＋可以向海外移植，全球化程度不符合；躲闪者：全球化程度"高"＋适合于本土市场。"把药品的生产和销售业务转让给其他公司，同时与国外某医药公司合作专注于新药品的研发业务"体现了躲闪者战略，选项D正确。

【例题3-61·单选题】 面对国外品牌牙膏不断涌入国内市场的不利局面，健华牙膏厂独创了完全用中草药提取物制造、具有生津健齿功效的牙膏，并通过强化销售网络的建设和管理，赢得了越来越多国内消费者的好评。作为新兴市场的本土企业，健华牙膏厂采用的战略属于（　　）。(2018年)

A. "防御者"战略　　　　　　　　B. "扩张者"战略

C. "躲闪者"战略　　　　　　　　D. "抗衡者"战略

【答案】A

【解析】健华牙膏厂利用国内市场优势抗衡国外品牌牙膏，属于"防御者"战略。

【例题3-62·单选题】飞翔公司是国内一家奶粉生产企业。近年来，很多具有品牌优势的国外奶粉制造商纷纷涉足中国市场，竞争十分激烈。飞翔公司为了自身的长期发展，与新西兰乳品巨头甲公司结成战略联盟，双方以50%：50%的股权比例合资成立一家新的公司，产品从奶粉扩展到各类奶制品。从战略选择角度看，飞翔公司扮演的角色可称为（　　）。(2016年)

A. 防御者　　　B. 扩张者　　　C. 躲闪者　　　D. 抗衡者

【答案】C

【解析】"与新西兰乳品巨头甲公司结成战略联盟"，属于与跨国公司建立合资、合作企业等，这是"躲闪者"的战略选择。所以，选项C正确。

第四章　战略实施

【例题4-1·多选题】下列各项中，属于战略实施要解决的主要问题有（　　）。（2014年）

A. 企业的组织结构是否有效

B. 企业战略、结构、文化和控制诸方面是否协调

C. 企业自身所处的地位是否有利

D. 人员和制度的管理是否合理

【答案】ABD

【解析】战略实施要解决以下几个主要问题：（1）为使战略成功，企业需要有一个有效的组织结构。（2）人员和制度的管理颇为重要。（3）公司政治扮演着重要角色。（4）战略实施涉及选择适当的组织协调和控制系统。（5）要保证战略实施成功，必须要协调好企业战略、结构、文化和控制诸方面。选项ABD正确。企业自身所处的地位是否有利属于战略分析所需要考虑的范畴。选项C错误。

第一节　公司战略与组织结构

考点一：集权型决策的优缺点

优点	缺点
（1）易于协调各职能间的决策； （2）对上下沟通的形式进行了规范； （3）能与企业的目标达成一致； （4）危急情况下能够做出快速决策； （5）有助于实现规模经济； （6）这种结构比较适用于由外部机构（比如专业的非营利性企业）实施密切监控的企业，因为所有的决策都能得以协调	（1）高级管理层可能不会重视个别部门的不同要求； （2）由于决策时需要通过集权职能的所有层级向上汇报，因此决策时间过长； （3）对级别较低的管理者而言，其职业发展有限

【例题4-2·多选题】大众火锅店规定：10万元以下的开支，每个分店的店长就可以做主。普通的一线员工，拥有免单权，而且可以根据客人的需求，赠送水果盘。根据组织纵向分工结构集权与分权理论，大众火锅店这种组织方式的优点有（　　）。（2015年）

A. 降低管理成本 　　　　　　B. 易于协调各职能间的决策

C. 提高企业对市场的反应能力 　D. 能够对普通员工产生激励效应

【答案】ACD

【解析】火锅店给予了店长和普通一线员工的权利体现了分权的特点，而分权型决策的优点是：①减少了信息沟通的障碍；②提高了企业对市场的反应能力（选项 C）；③能够为决策提供更多的信息并对员工产生激励效应（选项 D）；同时在管理中，通过分权减少管理层次，降低企业内部管理成本，所以选项 ACD 正确。选项 B 属于集权决策的优点。

考点二：职能制组织结构

优点	（1）能够通过集中单一部门内所有某一类型的活动来实现规模经济。比如，所有的销售和营销工作都通过销售和营销部门来执行； （2）有利于培养职能专家； （3）由于任务为常规和重复性任务，因而工作效率得到提高； （4）董事会便于监控各个部门
缺点	（1）由于对战略重要性的流程进行了过度细分，在协调不同职能时可能出现问题； （2）难以确定各项产品产生的盈亏； （3）导致职能间发生冲突、各自为政，而不是出于企业整体利益进行相互合作； （4）等级层次以及集权化的决策制定机制会放慢反应速度
适用范围	单一业务企业

考点三：事业部制组织结构

种类	说明	内容
区域事业部制结构	含义	按照特定的地理位置来对企业的活动和人员进行分类
	优点	（1）在企业与其客户的联系上，区域事业部制能实现更好更快的地区决策； （2）与一切皆由总部来运作相比，建立地区工厂或办事处会削减成本费用； （3）有利于海外经营企业应对各种环境变化
	缺点	（1）管理成本的重复； （2）难以处理跨区域的大客户的事务
产品/品牌事业部制结构	含义	以企业产品的种类为基础设立若干产品部，而不是以职能或区域为基础进行划分
	优点	（1）生产与销售不同产品的不同职能活动和工作可以通过事业部/产品经理来予以协调和配合； （2）各个事业部可以集中精力在其自身的区域； （3）易于出售或关闭经营不善的事业部
	缺点	（1）各个事业部会为了争夺有限资源而产生摩擦； （2）各个事业部之间会存在管理成本的重叠和浪费； （3）若产品事业部数量较大，则难以协调； （4）若产品事业部数量较大，事业部的高级管理层会缺乏整体观念
客户细分或市场细分事业部制结构		通常与销售部门和销售工作相关，由管理者负责联系主要客户

【例题 4 - 3 · 多选题】以生产、销售多种石化产品为主业的东昌公司对本企业的经营活动和人员，按照北方区域和南方区域进行划分。公司总部负责计划、协调和安排资源，区域分部负责所在区域的所有经营活动、产品销售和客户维护。下列各项中，属于东昌公司组织结构优点的有（　　）。（2019 年）

A. 能实现更好更快的地区决策

B. 可以削减差旅和交通费用

C. 可以避免管理成本的重复

D. 易于处理跨区域的大客户的事务

【答案】AB

【解析】从题中信息可以看出，东昌公司采用的组织结构是区域事业部制。该种组织结构优点：

（1）在企业与其客户的联系上，区域事业部制能实现更好更快的地区决策。

（2）与一切皆由总部来运作相比，建立地区工厂或办事处会削减成本费用。

（3）有利于海外经营企业应对各种环境变化。

缺点：

（1）管理成本的重复。

（2）难以处理跨区域的大客户的事务。选项AB正确。

【例题4-4·单选题】贝乐玩具公司成立十年来，生产和经营规模逐步扩大，玩具产品的品种不断增加。为了提高工作效率并实现规模经济，该公司应采用的组织结构是（　　）。（2018年）

A. 事业部制组织结构　　　　　　　　B. M型组织结构

C. 职能制组织结构　　　　　　　　　D. 创业型组织结构

【答案】C

【解析】从题目可以看出来，公司的业务只涉及一种业务，也就是玩具产品，属于单一业务的组织结构，因此应该选择职能制组织结构。

考点四：M型组织结构（多部门结构）

优点	（1）便于企业的持续成长； （2）首席执行官所在总部员工的工作量会有所减轻； （3）职权被分派到总部下面的每个事业部； （4）能够对事业部的绩效进行财务评估和比较
缺点	（1）为事业部分配企业的管理成本比较困难并略带主观性； （2）经常会在事业部之间滋生功能失调性的竞争和摩擦； （3）当一个事业部生产另一个事业部所需要的部件或产品时，确定转移价格也会产生冲突
适用范围	多个产品线的企业

【例题4-5·多选题】威能公司是一家生产日常消费品的企业，有四大事业部，分别负责研发和生产洗发类产品、婴儿类产品、洗漱类产品和化妆类产品。每个事业部都拥有多个产品线。公司总部对各个事业部统一进行资源配置。威能公司采取的组织结构类型的特点有（　　）。（2017年）

A. 能够通过资本回报率等方法对事业部进行绩效考核

B. 集权化的决策机制放慢了反应速度

C. 职权分派到事业部，并在事业部内部进行再次分派

D. 为各事业部分配企业的管理成本比较困难

【答案】ACD

【解析】威能公司"有四大事业部，分别负责研发和生产洗发类产品、婴儿类产品、洗漱类产品和化妆类产品。每个事业部都拥有多个产品线"，威能公司采取的组织结构类型属于M型企

业组织结构。M 型组织结构的优点：

（1）便于企业的持续成长；

（2）首席执行官所在总部员工的工作量会有所减轻；

（3）职权被分派到总部下面的每个事业部；

（4）能够对事业部的绩效进行财务评估和比较。

M 型组织结构的缺点：

（1）为事业部分配企业的管理成本比较困难并略带主观性；

（2）经常会在事业部之间滋生功能失调性的竞争和摩擦；

（3）当一个事业部生产另一个事业部所需要的部件或产品时，确定转移价格也会产生冲突。

选项 ACD 正确。M 型组织结构实行集权和分权相结合的组织管理体制，能够增强对外部环境变化的适应能力。所以，选项 B 错误。

考点五：战略业务单位组织结构（SBU）

优点	（1）降低了企业总部的控制跨度； （2）控制幅度的降低减轻了总部的信息过度情况； （3）使得具有类似使命、产品、市场或技术的事业部之间能够更好地协调； （4）易于监控每个战略业务单位的绩效
缺点	（1）总部与事业部和产品层的关系变得疏远； （2）战略业务单位经理为了取得更多的企业资源会引发竞争和摩擦，而这些竞争会变成功能性失调并会； （3）对企业的总体绩效产生不利影响
适用范围	规模较大的多元化经营的企业

考点六：矩阵制组织结构

优点	（1）由于项目经理与项目的关系更紧密，因而他们能更直接地参与与其产品相关的战略中来，从而激发其成功的动力； （2）能更加有效地优先考虑关键项目，加强对产品和市场的关注，从而避免职能型结构对产品和市场的关注不足； （3）与产品主管和区域主管之间的联系更加直接，从而能够做出更有质量的决策； （4）实现了各个部门之间的协作以及各项技能和专门技术的相互交融； （5）双重权力使得企业具有多重定位，这样职能专家就不会只关注自身业务范围
缺点	（1）可能导致权力划分不清晰（比如谁来负责预算），并在职能工作和项目工作之间产生冲突； （2）双重权力容易使管理者之间产生冲突。如果采用混合型结构，非常重要的一点就是确保上级的权力不相互重叠，并清晰地划分权力范围。下属必须知道其工作的各个方面应对哪个上级负责； （3）管理层可能难以接受混合型结构，并且管理者可能会觉得另一名管理者将争夺其权力，从而产生危机感； （4）协调所有的产品和地区会增加时间成本和财务成本，从而导致制定决策的时间过长

考点七：H 型结构（控股企业/控股集团组织结构）

控股企业可以是对某家企业进行永久投资的企业，主要负责购买和出售业务，在极端情形下，控股企业实际上就是一家投资企业。其特点有：

（1）其业务单元的自主性强。

（2）企业无需负担高额的中央管理费，因为母公司的职员数量很可能非常少，业务单元能够自负盈亏，并从母企业取得较便宜的投资成本。

（3）在某些国家，如果将这些企业看成一个整体业务单元，还能够获得一定的节税收益。

（4）控股企业可以将风险分散到多个企业中，但是有时也很容易撤销对个别企业的投资。

考点八：国际化经营企业的组织结构

国际化经营企业的组织结构，即前面几种范围扩展到国际市场甚至全球市场。采用该类组织结构，取决于协调本土的独立性（或反应能力）与全球协作程度。

<table>
<tr><td rowspan="2">全球协作程度</td><td>高</td><td>全球化战略
全球产品分部结构</td><td>跨国战略
跨国结构</td></tr>
<tr><td>低</td><td>国际战略
国际部结构</td><td>多国本土化战略
全球区域分部结构</td></tr>
<tr><td></td><td></td><td>低　　　　　本土独立性和适应能力　　　　　高</td><td></td></tr>
</table>

考点九：横向分工结构的基本协调机制

协调机制就是建立在企业的分工与协调之上的制度。企业组织的协调机制基本上有以下6种类型：

协调机制种类	说明
（1）相互适应，自行调整	这是一种自我控制方式。组织成员直接通过非正式的、平等的沟通达到协调，相互之间不存在指挥和被指挥的关系，也没有来外部的干预。这种机制适合于最简单的组织结构
（2）直接指挥、直接控制	这是指组织的所有活动都按照一个人的决策和指令行事。这位负责人发布指示，监督工作
（3）工作过程标准化	这是指组织通过预先制定的工作标准，来协调生产经营活动。在生产之前，企业向职工明确工作的内容，或对工作制定出操作规程及其规章制度，然后要求工作过程中所有活动都要按这些标准进行，以实现协调
（4）工作成果标准化	这是指组织通过预先制定的工作成果标准，实现组织中各种活动的协调。这种协调只规定最终目标，不限定达到目标的途径、方法、手段和过程
（5）技艺（知识）标准化	这是指组织对其成员所应有的技艺、知识加以标准化。这种协调机制主要依靠组织成员在任职以前就接受了必要的、标准化的训练，成为具有标准化知识和技能的人才
（6）共同价值观	这是指组织内全体成员要对组织的战略、目标、宗旨、方针有共同的认识和共同的价值观念，充分地了解组织的处境和自己的工作在全局中的地位和作用，互相信任、彼此团结，具有使命感，组织内的协调和控制达到高度完美的状态

【例题4-6·单选题】图美公司是某出版社所属的一家印刷厂，该公司按照出版社提供的文稿、图片和质量要求从事印刷、装订工作。图美公司适宜采用的组织协调机制是（　　）。（2019年）

A. 相互适应，自行调整　　　　　　B. 共同价值观

C. 工作成果标准化　　　　　　　　D. 技艺（知识）标准化

【答案】C

【**解析**】工作成果标准化是指通过预先制定的工作成果标准，实现组织中各种活动的协调。这种协调只规定最终目标，不限定达到目标的途径、方法、手段和过程。如题中，只要求印刷厂按照一定质量标准完成任务，而不需要限制书中的文稿、图片在什么地方印刷。选项 C 正确。

【**例题 4 - 7 · 单选题**】生产智能家电产品的凯威公司为适应外部环境的变化，及时调整内部资源和组织结构，发挥协同效果和整体优势，激发员工的创新精神和使命感，对社会需求作出灵活、快速的反应。该公司采取的组织协调机制是（　　）。（2019 年）

A. 直接指挥，直接控制　　　　　　B. 工作过程标准化

C. 共同价值观　　　　　　　　　　D. 工作成果标准化

【**答案**】C

【**解析**】"及时调整内部资源和组织结构，发挥协同效果和整体优势，激发员工的创新精神和使命感，对社会需求作出灵活、快速的反应"体现了企业对内要及时调整，发挥创新精神、协同效果和整体优势；对外要灵活适应，快速行动。即共同价值观，选项 C 正确。

【**例题 4 - 8 · 单选题**】华胜公司是生产经营手机业务的跨国公司，其组织按照两维结构设计，一维是按照职能专业化原则设立区域组织，它们为业务单位提供支持、服务和监管；另一维是按照业务专业化原则设立四大业务运营中心，它们对应客户需求来组建管理团队并确定生意人经营目标和考核制度。华胜公司采取的组织结构是（　　）。（2017 年）

A. 事业部结构　　　　　　　　　　B. 战略业务单位结构

C. 矩阵制组织结构　　　　　　　　D. 职能结构

【**答案**】C

【**解析**】两个维度，一个是职能专业化，另一个是业务专业化。对应客户需求组建团队，属于矩阵制组织结构。

【**例题 4 - 9 · 单选题**】在最简单的组织结构中，适宜采用的组织协调机制是（　　）。（2016 年）

A. 共同价值观　　　　　　　　　　B. 标准化体系结构

C. 直接指挥，直接控制　　　　　　D. 相互适应，自行调整

【**答案**】D

【**解析**】企业组织最简单时，只需要相互适应、自行调整的协调机制。企业组织扩大后需要某人单独执行控制工作时，便产生了直接指挥、直接控制机制。所以，选项 D 正确。

考点十：组织的战略类型

防御型战略组织	防御型战略组织主要是要追求一种稳定的环境，试图通过解决开创性问题来达到自己的稳定性。一般来说，该组织要创造出一种具有高度成本效率的核心技术。因此，技术效率是组织成功的关键；在行政管理上，防御型组织常常采取"机械式"结构机制。 防御型战略组织适合于较为稳定的行业
开拓型战略组织	开拓型战略组织追求一种更为动态的环境，将其能力表现在探索和发现新产品和市场的机会上；其基本原则是灵活性，这类组织的结构应采取"有机的"机制
分析型战略组织	分析型战略组织处于中间，可以说是开拓型组织与防御型组织的结合体。 这种组织总是对各种战略进行理智的选择，试图以最小的风险、最大的机会获得利润；分析型战略组织在寻求新的产品和市场机会的同时，会保持传统的产品和市场；分析型战略组织的市场转变是通过模仿开拓型战略组织已开发成功的产品或市场完成的

反应型战略组织	反应型战略组织是指企业根据外部环境变化做出反应时，采取一种动荡不定的调整模式的组织形态。反应型战略组织永远处于不稳定的状态

【例题 4－10·单选题】 风华公司的主营业务是生产、销售体育运动器材。从去年起，该公司在保留原有业务的同时寻找新的市场机会，开发出适合个人使用的运动健康体测仪并尝试性投放市场。该仪器可随时把使用者在运动中的有关生物指数进行显示并记录下来，从而帮助使用者了解自己的健康状况并选择适当的运动方式。风华公司适宜采取的组织战略类型是（　　）。（2018 年）

A. 防御型战略组织　　　　　　　　　　B. 开拓型战略组织

C. 分析型战略组织　　　　　　　　　　D. 反应型战略组织

【答案】 C

【解析】 该公司在保留原有业务的同时寻找新的市场机会，开发出适合个人使用的运动健康补测仪并尝试性投放市场，对应分析型战略组织：分析型组织在定义开创性问题时，综合了上述两种组织的特点，即在寻求新的产品和市场机会的同时，保持传统的产品和市场。

【例题 4－11·单选题】 华蓓公司是 Y 市一家生产婴幼儿用品的企业。各年来，公司在 Y 市婴幼儿用品市场拥有稳定的市场占有率。为了巩固其竞争优势，华蓓公司运用竞争性定价阻止竞争对手进入其经营领域，并实施有利于保持高效率的"机械式"组织机制。华蓓公司所采取的组织的战略类型属于（　　）。（2019 年）

A. 防御型战略组织　　　　　　　　　　B. 反应型战略组织

C. 开拓新战略组织　　　　　　　　　　D. 分析型战略组织

【答案】 A

【解析】 本题考核"组织的战略类型－防御型战略组织"。防御型组织常采用竞争性定价或高质量产品等经济活动来阻止竞争对手进入它们的领域，保持自己的稳定。在行政管理上，防御型组织常常采取"机械式"结构机制。所以选项 A 正确。

第二节　公司战略与企业文化

考点一：企业文化的类型（4 种）

权力导向型	权力导向型文化通常存在于家族式企业和初创企业
角色导向型	角色导向型企业尽可能追求理性和秩序（即规章制度），最常见于国有企业和公务员机构
任务导向型	这类企业采用的组织结构往往是矩阵式的，常见于高科技企业
人员导向型	这类企业存在的主要目的是为其成员的需要服务，常见于俱乐部、协会、专业团体和小型咨询公司

【例题 4－12·单选题】 志铭公司是一家小型咨询公司，有 20 多名员工。员工既负责从市场上承揽咨询项目，又根据自己的特长和爱好选择并完成咨询任务。公司为员工顺利开展工作提供必要的条件和服务。志铭公司企业文化的类型属于（　　）。（2018 年）

A. 权力导向型　　　B. 人员导向型　　　C. 角色导向型　　　D. 任务导向型

【答案】 B

【解析】人员导向型企业文化存在的主要目的是为其成员的需要服务，常见于俱乐部、协会、专业团体和小型咨询公司。

【例题 4 – 13 · 单选题】J 国的 S 公司是一家全球 500 强企业，依靠严格的规章制度进行精细化管理，内部等级分明，决策权主要集中在上层，资历在员工晋升中发挥了重要作用。S 公司的企业文化类型属于（　　）。（2017 年）

A. 任务导向型　　　　　　　　　　B. 人员导向型

C. 角色导向型　　　　　　　　　　D. 权力导向型

【答案】C

【解析】"依靠严格的规章制度""决策权集中在上层"，属于角色导向型文化的典型特征。角色导向型企业尽可能追求理性和秩序，十分强调等级和地位，权利和特权是限定的，大家必须遵守。

考点二：战略稳定性与文化适应性矩阵

【例题 4 – 14 · 单选题】2017 年，主营电子商城业务的鑫茂公司制定和实施了新零售战略，对原有业务进行了较大调整，建立了多家商品销售实体店，线下线上业务协同开展。这一变革得到企业固有文化的支持。根据战略稳定性和文化适应性矩阵的要求，该公司在实施上述新战略时应（　　）。（2019 年）

A. 以企业使命为基础　　　　　　　B. 加强协调作用

C. 重新制定战略　　　　　　　　　D. 根据文化进行管理

【答案】A

【解析】"对原有业务进行了较大调整，建立了多家商品销售实体店，线下线上业务协同开展"说明组织要素的变化较大；"这一变革得到企业固有文化的支持"说明潜在一致性较大，应采取以企业使命为基础，选项 A 正确。

【例题 4 – 15 · 单选题】家电制造商东岳公司于 2015 年并购了一家同类企业，在保留被并购企业原有组织的同时实行了新的绩效考核制度，结果遭到被并购企业大多数员工反对。本案例中，东岳公司在处理被并购企业战略稳定性与文化适应性关系时正确的做法是（　　）。（2018 年）

A. 以企业使命为基础　　　　　　　B. 加强协调作用

C. 根据文化的要求进行管理　　　　D. 重新制定战略

【答案】C

【解析】在保留被并购企业原有组织的同时实施新的绩效考核制度，结果遭到被并购企业大多数员工反对。体现的是组织要素变化少，潜在的一致性小，因此应该根据文化的要求进行管理。

【例题 4-16·单选题】甲公司是一家成功的家电企业，多年来致力于为消费者提供整套家电解决方案。随着互联网技术的兴起，公司于 2004 年制定并实施了进军智能家居领域的战略，通过建立"家庭网络标准产业联盟"，推出了一系列信息及多媒体共享的智能家居产品。同时，公司组织结构进行了重大改革，管理制度也作了相应调整，并与企业多年形成的文化保持了一致。根据战略稳定性与文化适应性矩阵的要求，甲公司在实施上述新战略时，应当（　　）。（2016 年）

A. 加强协同作用　　　　　　　　　B. 重新制定战略

C. 以企业使命为基础　　　　　　　D. 根据文化进行管理

【答案】C

【解析】"公司组织结构进行了重大改革，管理制度也做了相应调整"代表组织要素变化多；"并与企业多年形成的文化保持了一致"代表潜在的一致性大，所以，选项 C 正确。

第三节　战略控制

考点一：战略失效

导致战略失效的原因	（1）企业内部缺乏沟通； （2）战略实施过程中各种信息的传递和反馈受阻； （3）战略实施所需的资源条件与现实存在的资源条件之间出现较大缺口； （4）用人不当，主管人员、作业人员不称职或玩忽职守； （5）公司管理者决策错误，使战略目标本身存在严重缺陷或错误； （6）企业外部环境出现了较大变化，而现有战略一时难以适应等	
战略失效的类型	早期失效	在战略实施初期，由于新战略还没有被全体员工理解和接受，或者战略实施者对新的环境、工作还不适应，就有可能导致较高的早期失效率
	偶然失效	在战略实施过程中，偶然会因为一些意想不到的因素导致战略失效，这就是偶然失效
	晚期失效	晚期失效是指当战略推进一段时间之后，原先对战略环境条件的预测与现实变化发展的情况之间的差距会随着时间的推移变得越来越大，战略所依赖的基础就显得越来越糟，从而使失效率大为提高

考点二：战略控制和预算控制的差异

战略控制	预算控制
期间比较长，从几年到十几年以上	期间通常为一年以下
定性方法和定量方法	定量方法
重点是内部和外部	重点是内部
不断纠正行为	通常在预算期结束之后采用纠正行为

【例题 4-17·单选题】2002 年，小王在市区黄金位置开了一家咖啡店。由于经营有方，小店开业不到一个月就创造了销售最佳。正在小王准备大干一场时，社会上一场流行性疾病袭来，小店经营陷入困境。小王采取各种措施试图挽救失败后，不得不关闭了咖啡店。根据战略失效理

论，小王创业没达到预期目标属于（　　）。(2016年)

A. 前期失效　　　　　　　　　B. 晚期失效

C. 正常失效　　　　　　　　　D. 偶然失效

【答案】D

【解析】在战略实施过程中，偶然会因为一些意想不到的因素导致战略失效，这就是偶然失效。所以，选项D正确。

考点三：增量预算与零基预算

	增量预算	零基预算
含义	新的预算使用以前期间的预算或者实际业绩作为基础来编制，在此基础上增加相应的内容	零基预算方法是指在每一个新的期间必须重新判断所有的费用。零基预算开始于"零基础"，需要分析企业中每个部门的需求和成本
优点	(1) 预算是稳定的，并且变化是循序渐进的； (2) 经理能够在一个稳定的基础上经营他们的部门； (3) 系统相对容易操作和理解； (4) 遇到类似威胁的部门能够避免冲突； (5) 容易实现协调预算	(1) 能够识别和去除不充分或者过时的行动； (2) 能够促进更为有效的资源分配； (3) 需要广泛的参与； (4) 能够应对环境的变化； (5) 鼓励管理层寻找替代方法
缺点	(1) 它假设经营活动以及工作方式都以相同的方式继续下去； (2) 不能拥有启发新观点的动力； (3) 没有降低成本的动力； (4) 它鼓励将预算全部用光以便明年可以保持相同的预算； (5) 它可能过期，并且不再和经营活动的层次或者执行工作的类型有关	(1) 它是一个复杂的、耗费时间的过程； (2) 它可能强调短期利益而忽视长期目标； (3) 管理团队可能缺乏必要的技能

【例题 4-18·多选题】信达银行每年都依据实际业绩编制预算。2016年底信达银行在某地开设了一家分行，该分行 2017 年预算编制类型的优点有（　　）。(2018年)

A. 系统相对容易操作和理解　　　　B. 能够促进更为有效的资源分配

C. 能够应对环境的变化　　　　　　D. 容易实现协调预算

【答案】BC

【解析】零基预算。这种预算方法是指在每一个新的期间必须重新判断所有的费用。由于分行是 2016 年底新开设的，所以该分行的 2017 年预算编制类型是零基预算。所以，选项 BC 正确。选项 AD 属于增量预算的优点。

【例题 4-19·多选题】南汇公司实行全面预算管理，每年年底都以当年的实际业绩为基础编制下一年的预算。南汇公司编制预算使用的方法的特征有（　　）。(2016年)

A. 没有降低成本的动力

B. 能够应对环境的变化

C. 不能拥有启发新观点的动力

D. 能够促进更为有效的资源分配

【答案】AC

【解析】每年年底都以当年的实际业绩为基础编制下一年的预算，说明其运用的预算编制方法是增量预算，增量预算的缺点在于：（1）它假设经营活动以及工作方式都以相同的方式继续下去；（2）不能拥有启发新观点的动力；（3）没有降低成本的动力；（4）它鼓励将预算全部用光以便明年可以保持相同的预算；（5）它可能过期，并且不再和经营活动的层次或者执行工作的类型有关。所以选项 A、C 正确。选项 B、D 属于零基预算的优点。

考点四：企业业绩衡量指标

企业业绩衡量指标包括财务衡量指标和非财务指标。

1. 财务衡量指标

（1）使用比率来进行绩效评价的主要原因。

①通过比较各个时期的相应比率可以很容易发现这些比率的变动。

②相对于实物数量或货币价值的绝对数，比率更易于理解。

③比率可以进行项目比较并有助于计量绩效。

④比率可以用作目标。

⑤比率提供了总结企业结果的途径，并在类似的企业之间进行比较。

（2）使用比率评价的局限性。

①可比信息的可获得性。

②历史信息的使用。

③比率不是一成不变的。

④需要仔细解读。

⑤被扭曲的结果。

⑥鼓励短期行为。

⑦忽略战略目标。

⑧无法控制无预算责任的员工。

2. 非财务指标

【例题 4－20·多选题】美邦服装公司每年都采用投资回报率、销售利润率、资产周转率等比率指标对经营业绩进行评价，下列各项中属于该公司采用的绩效评价指标局限性的有（　　）。（2019）

A. 鼓励短期行为

B. 可比信息的可获得性较差

C. 比率不可以用作目标

D. 比率不是一成不变的

【答案】ABD

【解析】美邦服装公司采用的是比率评价，比率评价的局限性：（1）可比信息的可获得性较差；（2）历史信息的使用；（3）比率不是一成不变的；（4）需要仔细解读；（5）被扭曲的结果；（6）鼓励短期行为；（7）忽略战略目标；（8）无法控制无预算责任的员工。选项 ABD 正确；比率可以用作目标。

考点五：平衡计分卡

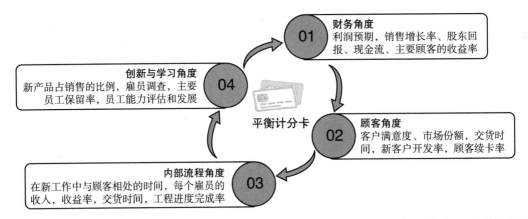

【例题 4 - 21 · 多选题】 东亚建筑公司采用平衡计分卡衡量公司业绩，并选取了利润预期、工程进度完成率、市场份额、工程交付时间等作为绩效衡量标准。该公司选取的上述指标涵盖的平衡计分卡角度有（　　）。（2019 年）

A. 财务角度
B. 创新与学习角度
C. 顾客角度
D. 内部流程角度

【答案】 ACD

【解析】 平衡计分卡包括：财务角度、顾客角度、内部流程角度和创新与学习角度。本题中利润预期属于财务角度，工程进度完成率属于内部流程角度，市场份额属于顾客角度，工程交付时间属于顾客角度和内部流程角度。

【例题 4 - 22 · 单选题】 为高净值客户提供理财咨询服务的天元公司采用平衡计分卡衡量企业业绩，并把主要客户的收益率作为一项重要考核指标。该指标属于平衡计分卡的（　　）。（2019 年）

A. 财务角度
B. 顾客角度
C. 内部流程角度
D. 创新与学习角度

【答案】 A

【解析】 主要客户的收益率属于平衡计分卡中的财务角度，选项 A 正确。

【例题 4 - 23 · 多选题】 甲公司是一家不锈钢生产企业。为了提高企业竞争力，甲公司决定运用平衡计分卡衡量公司绩效，并选取了销售增长率、预期利润、交货时间、客户满意度等作为绩效衡量指标。甲公司选取的绩效衡量指标涵盖的角度有（　　）。（2016 年）

A. 财务角度
B. 顾客角度
C. 内部流程角度
D. 创新与学习角度

【答案】 ABC

【解析】 销售增长率、预期利润属于财务角度；交货时间属于内部流程角度和顾客角度；客户满意度属于顾客角度。

第四节　战略管理中的权力与利益相关者

考点一：内部利益相关者与外部利益相关者

内部利益相关者
①投资者
②经理阶层
③企业员工

外部利益相关者
①政府
②购买者和供应者
③贷款人
④社会公众

考点二：企业利益相关者的利益矛盾与均衡

1. 投资者与经理人员的矛盾与均衡

鲍莫尔："销售最大化"假说，反映股东与经理人员的利益矛盾与均衡

马里斯："增长最大化"假说

威廉森："经理效用"模型

这三个模型的共同点是以经理（管理者）主导企业为前提。在此前提下各自的主要特征在于有关经理行为目标及股东约束条件的不同假设。

2. 企业员工与企业（股东或经理）之间的利益矛盾与均衡：列昂惕夫模型

考点三：权力与职权的区别

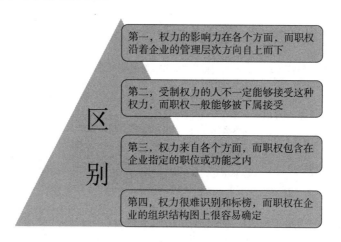

区

别

第一，权力的影响力在各个方面，而职权沿着企业的管理层次方向自上而下

第二，受制权力的人不一定能够接受这种权力，而职权一般能够被下属接受

第三，权力来自各个方面，而职权包含在企业指定的职位或功能之内

第四，权力很难识别和标榜，而职权在企业的组织结构图上很容易确定

考点四：企业利益相关者的权力来源

（1）对资源的控制与交换的权力。

（2）在管理层次中的地位。即法定权、奖励权、强制权。

（3）个人的素质和影响。榜样权和专家权。

（4）参与或影响企业的战略决策与实施过程。

（5）利益相关者集中或联合的程度。

【例题 4－24·单选题】 截至 2015 年秋，U 国 N 航空公司与 M 航空公司合并已有 5 年，但原 N 公司和 M 公司机舱服务员的劳工合约仍未统一。为此，原 N 公司与 M 公司的机舱服务员在临近圣诞节期间，发起抗议行动，有效推动了该问题的解决。本案例中原 N 公司与 M 公司机舱服务员的权力来源于（　　）。（2018 年）

A. 个人的素质和影响 　　　　　　B. 在管理层次中的地位

C. 利益相关者集中或联合的程度 　D. 参与或影响企业战略决策与实施过程

【答案】 C

【解析】 本题中，机舱服务员解决办法的方式是：联合起来进行抗议，也就是说，因为联合了才有这个权利，所以这种权利来源于利益相关者的集中或联合程度。

考点五：对待矛盾与冲突的行为模式

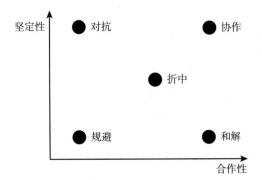

策略	特征	描述
对抗	坚定行为和不合作行为的组合	企业利益相关者运用这种模式处理矛盾与冲突，目的在于使对方彻底就范，根本不考虑对方的要求，并坚信自己有能力实现所追求的目标
和解	不坚定行为与合作行为的组合	一方利益相关者面对利益矛盾与冲突时，设法满足对方的要求，目的在于保持或改进现存的关系。和解模式通常表现为默认和让步。（更为对方考虑）
协作	坚定行为与合作行为的组合	在对待利益矛盾与冲突时，既考虑自己利益的满足，也考虑对方的利益，力图寻求相互利益的最佳结合点，并借助于这种合作，使双方的利益都得到满足
折中	中等程度的坚定行为和中等程度的合作行为的组合	通过各利益相关者之间的讨价还价，相互做出让步，达成双方都能接受的协议。折中模式既可以采取积极的方式，也可以采取消极的方式。前者是指对冲突的另一方做出承诺，给予一定的补偿，以求得对方的让步；后者则以威胁、惩罚等要挟对方做出让步。多数场合，则是双管齐下

续表

策略	特征	描述
规避	不坚定行为与不合作行为的组合	以时机选择的早晚来区分，这种模式可分为两种情况：一是当预期将要发生矛盾与冲突时，通过调整来躲避冲突；二是当矛盾与冲突实际发生时主动或被动撤出

【例题 4 - 25 · 单选题】2015 年，大型冶金企业金通公司为获得稳定的原料来源，向某稀土开采企业提出以 20 亿元人民币并购该企业的要求，遭到后者拒绝。后来双方经多次谈判，最终达成以部分股权互换的方式结为战略联盟的协议，金通公司在战略决策与实施过程中的行为模式属于（　　）。(2019 年)

A. 对抗　　　　　　B. 折中　　　　　　C. 和解　　　　　　D. 规避

【答案】B

【解析】金通公司提出并购要求遭到拒绝，后来双方经多次谈判，最终达成以部分股权互换的方式结为战略联盟的协议，是中等程度的坚定性和中等程度的合作性行为的组合，属于折中。

【例题 4 - 26 · 单选题】专营化妆品销售的雅兰公司取得某外商产品的独家经销权后发现，该外商把部分产品批发给另一家化妆品经销商，于是向该外商提出抗议并威胁将诉诸法律。对方当即表示将杜绝同类事情发生并向雅兰公司做出赔偿。雅兰公司接受了对方的意见。在本案例中，雅兰公司对待矛盾与冲突的行为方式是（　　）。(2018 年)

A. 对抗　　　　　　B. 和解　　　　　　C. 折中　　　　　　D. 协作

【答案】A

【解析】对抗是坚定行为和不合作行为的组合，在本题中，雅兰公司对外商提出抗议并诉诸法律，属于坚定不合作行为，对冲突后的解决办法不能算作对待矛盾的行为方式。

【例题 4 - 27 · 单选题】甲公司是一家制药公司，拟将其生产的药品销售价格提高 25%，因此被相关部门约谈，该部门拟以乱涨价为由对其进行处罚。后甲公司与该部门协商，双方最终达成在未来三年内逐步调整销售价格、三年后销售价格比现价上涨 15% 的协议。此种行为模式为（　　）。(2013 年)

A. 和解　　　　　　B. 协作　　　　　　C. 折中　　　　　　D. 让步

【答案】C

【解析】折中是中等程度的坚定性和中等程度的合作性行为的组合。通过各方利益相关者之间的讨价还价，相互做出让步，达成双方都能接受的协议。本题中甲公司和相关部分最终达成了合作，但双方都做出了让步，即甲公司由一步提价 25% 变为 3 年内逐步提价，三年后比现价上涨 15%，相关部门也有对甲公司的处罚政策改为接受其较低幅度的逐步提价，这符合折中含义。

第五节　信息技术在战略管理中的作用

考点一：信息技术与组织变革

1. 信息技术与组织变革的关系

信息技术与组织变革是相互影响的关系。一方面，信息技术是推动组织变革的诱因；另一方面，组织变革又进一步促进信息技术应用。

信息技术对组织的影响

组织概念	信息技术对组织的影响/组织的受益
阶层化	减少层次，扩大控制幅度
专业化	减少专业人员，增加多面手
规范化	增加规范
集中化	减少权力集中
组织文化	组织文化影响信息技术的行为
组织权力	信息技术会影响组织权力
组织的生长周期	信息技术应配合组织的生长阶段
目标的转移	要防止组织目标转移
组织学习	信息技术可提供偏差报告，供组织学习用

2. 信息技术与组织结构变革

信息技术对组织结构变革的影响具体表现为以下几个方面：

（1）支持组织扁平化调整；

（2）支持新型组织结构，如团队结构和虚拟组织。

3. 信息技术与业务流程重组

传统的企业管理模式下的业务流程，非增值的环节比较多，信息传递较为缓慢，流程中各环节的关系混乱。因此，企业只有对其流程进行改造与创新，才能在新的环境中得以生存与发展。业务流程重组是企业过程创新的活动，过程创新不是简单的自动化，而是利用信息技术的最新潜能达到崭新的目标。信息技术在重组业务流程中起着重要的作用。

【例题 4-28·多选题】信息技术与企业组织结构的关系已经越来越紧密。下列各项关于信息技术对组织结构变革影响的表述中，正确的有（　　）。（2016 年）

A. 信息技术增加组织层次，扩大控制跨度

B. 信息技术支持虚拟组织，不支持团队结构

C. 信息技术在业务流程重组中发挥着重要作用

D. 信息技术有助于企业组织的规范化

【答案】CD

【解析】信息技术减少组织层次，扩大控制跨度。所以，选项 A 错误；信息技术支持新型组织结构，在信息技术的支持下，一些组织设计并采用了一些新型的组织结构以增强组织竞争力，其中最为重要的是团队结构和虚拟组织。所以，选项 B 错误。

考点二：大数据时代企业战略转型的主要方面

（1）市场调研与预测：市场需求调研与预测；资金需要量预测；现金流量预测。

（2）营销管理：用户行为与特征分析；企业重点客户的筛选；客户分级管理；改善用户体验；竞争对手监测与品牌传播；品牌危机监测与管理。

（3）生产管理：产品创新过程调研；生产流程优化；提高质量管理水平；科学制定生产计

划；产品科学合理定价；优化库存管理；完善供应商管理；实现产品生命周期管理；提高固定资产利用率。

（4）应收账款管理：企业利用大数据技术可以进行客户信用评级查阅、信用变化跟踪、以往失信记录查找等，制定合理的应收账款政策，科学管理应收账款。

【例题 4 - 29 · 单选题】万明电力公司通过大数据分析发现了停电以后恢复供电时间的长短与客户满意度的高度相关性，并依据具体的数据调整了服务策略，提高了客户满意度。根据上述信息，万明公司运用大数据分析影响的战略转型的主要方面是（　　）（2018 年）。

A. 生产管理　　　　B. 营销管理　　　　C. 成本管理　　　　D. 市场调研与预测

【答案】B

【解析】通过大数据分析发现停电以后恢复供电时间的长短与客户满意度高度相关，并据此调整了服务战略，提高了客户满意度，体现了营销管理的方面。

第五章　公司治理

第一节　公司治理概述

考点一：委托代理理论

委托代理关系是随着生产力大发展和规模化大生产的出现而产生的。其原因一方面是生产力发展使得分工进一步细化，权利的所有者由于知识、能力和精力的原因不能行使所有的权利了；另一方面专业化分工产生了一大批具有专业知识的代理人，他们有精力、有能力代理行使好被委托的权利。

在股份制企业中，所有权与控制权分离导致的直接后果是委托—代理问题的产生。这就是作为委托人的股东怎样才能以最小的代价，使得作为代理人的经营者愿意为委托人的目的和利益而努力工作。该理论认为，在所有权分散的现代公司中同所有权与控制权分离相关的所有问题，最终都与代理问题有关。

考点二：资源依赖理论

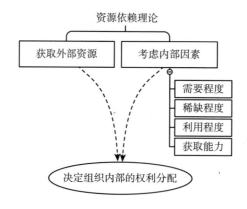

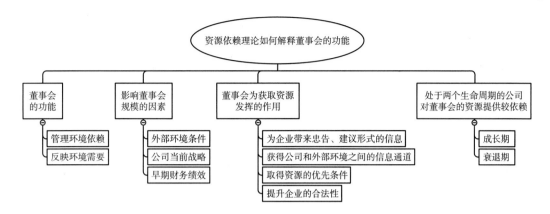

考点三：利益相关者理论

利益相关者理论认为，任何一个公司的发展都离不开各利益相关者的投入或参与，企业追求的是利益相关者的整体利益，而不仅仅是某些主体的利益。

企业的生存和发展取决于其能否有效处理同各个利益相关者之间的关系，而股东只是利益相关者之一。

第二节　三大公司治理问题

考点：两大公司治理问题的对比

项目	代理型公司治理问题	剥夺型公司治理问题
形象称谓	经理人对股东的"内部人控制"问题	终极股东对中小股东的"隧道挖掘"问题
对象	公司所有者与经营者，即股东与经理之间	大股东与中小股东之间
内容	由于所有者和经营者之间存在目标利益不一致与信息的不对称，企业的外部成员（如股东、债权人、主管部门等）无法实施有效的监督，从而使企业的内部成员直接参与企业战略决策并掌握企业实际控制权，在企业战略决策中追求自身利益，并以此侵蚀作为外部人（股东）的合法权益	许多公司都存在一个或几个有绝对影响力的大股东，他们既有股权优势，又取得了公司控制权，因而便于利用自身地位，以牺牲众多的中小股东利益为代价，通过追求自利目标而不是公司价值目标来实现自身福利最大化
主要表现	（1）违背忠诚义务的主要表现：过高的在职消费，盲目过度投资，经营行为的短期化；侵占资产，资产转移；工资、奖金等收入增长过快，侵占利润；会计信息作假、财务作假；大量负债，甚至严重亏损；建设个人帝国。 （2）违背勤勉义务的主要表现：信息披露不完整、不及时；敷衍偷懒不作为；财务杠杆过度保守；经营过于稳健、缺乏创新；等等	（1）滥用公司资源； （2）占用公司资源。 ①直接占用资源； ②通过关联交易进行利益输送：商品服务交易活动；资产租用和交易活动；费用分摊活动； ③掠夺性财务活动：掠夺性融资；内幕交易；掠夺性资本运作；超额股利
基本对策	①完善公司治理体系，加大监督力度； ②强化监事会的监督职能，形成企业内部权力制衡体系； ③完善和加强公司的外部监督体系	如何保护中小股东权益： ①累积投票制； ②建立有效的股东民事赔偿制度； ③建立表决权排除制度； ④完善小股东的代理投票权； ⑤建立股东退出机制：转股、退股

【例题5-1·单选题】甲公司在2017年完成发行上市后的首次定增，以每股1元的价格向两名控股股东发行5 000万股。当时该公司股价为每股5元。甲公司披露的2017年报显示，当年有净利润1.2亿元，市盈率为2.8倍。从终极股东对于中小股东的"隧道挖掘"问题角度看，甲公司的上述作法属于掠夺性财务活动中的（　　　）。（2019年）

A. 掠夺性融资
B. 内幕交易
C. 直接占用资源
D. 超额股利

【答案】A

【解析】从题中可知，甲公司以低于正常价格向控股股东增发，属于明显的低价定向增发行为，本质上是向大股东进行利益输送，属于掠夺性融资。选项A正确。

【例题5-2·单选题】佳宝公司是一家上市公司，最近连续两年亏损，经营陷入困境。经审计发现，佳宝公司的重大决策权一直被控股股东控制，控股股东把佳宝公司当作"提款机"，占用佳宝公司的资金累计高达10亿元，佳宝公司存在的公司治理问题属于（　　　）。（2019年）

A. 代理型公司治理问题
B. 剥夺型公司治理问题
C. "内部人控制"问题
D. 企业与其他利益相关者之间的关系问题

【答案】B

【解析】根据案例可知，佳宝公司存在的公司治理问题是"终极股东对于中小股东的隧道挖掘"问题，属于剥夺型公司治理问题。选项B正确。

【例题5-3·简答题】四水集团是一家专门从事基础设施研发与建造、房地产开发及进出口业务的公司，1996年11月21日在证券交易所正式挂牌上市。2014年8月8日，四水集团收到证监局《行政监管措施决定书》，四水集团一系列违规问题被披露出来。

（1）未按规定披露重大关联交易。四水集团监事刘某同时担任F公司的董事长、法定代表人；刘某的配偶李某担任H贸易公司的董事、总经理、法定代表人。2012年度，四水集团与F公司关联交易总金额6 712万元，与H贸易公司的关联交易总金额87 306万元；2013年度，四水集团与H贸易公司的关联交易总金额为215 395万元。这些关联交易均超过3 000万元且超过四水集团最近一期经审计净资产的5%。根据证监会的规定，此交易属于应当在年报中披露的重大关联交易。但是，四水集团均未在这两年的年度报告中披露上述重大关联交易。

（2）违规在关联公司间进行频繁的资金拆借，非法占用上市公司资金。四水集团无视证监会关于禁止上市公司之间资金相互拆借的有关规定，2012年4月至2014年8月，向关联公司H贸易公司、F公司拆借和垫付资金6笔，共27 250万元。

（3）通过派发高额工资等方式变相占用上市公司非经营性资金。四水集团近年来效益很不佳，连续多年没有分红，公司股价也一直处于低迷状态。然而，2011～2013年，包括董事长在内的公司高管人数分别为17名、19名和16名，合计从公司领走1 317万元、1 436万元和1 447万元薪酬，均超过同期四水集团归属于母公司股东的净利润水平。

（4）连续多年向公司董事、监事和高级管理人员提供购房借款。截至2013年12月31日，四水集团向公司董事、监事和高级管理人员提供购房借款金额达到610万元。上述行为违反了《公司法》关于"公司不得直接或通过子公司向董事、监事、高级管理人员提供借款"的相关规定。

（5）利用上市公司信用为关联公司进行大量违规担保。四水集团2011～2014年为公司高管

所属的公司提供担保的金额分别为 0.91 亿元、5.2 亿元、5.6 亿元、7.7 亿元。公司管理层将四水集团当作融资工具，为自己所属公司解决资金需求。一旦这些巨额贷款到期无法偿还，四水集团就必须承担起还款的责任。

四水集团管理层频繁的违规行为，导致四水集团的发展陷入举步维艰的地步。公司 2011～2014 年的经营状况不佳，扣除非经常性损益后的净利润出现连续大额亏损的状况。公司连续多年资产负债率高达 70% 以上，且流动资产和流动负债相差无几，财务风险很大。四水集团的每股收益连续多年走低，远低于上市公司平均水平，反映四水集团股东的获利水平很低。

要求：

（1）依据"三大公司治理问题"，简要分析四水集团存在的公司治理问题的类型与主要表现。

（2）依据《企业内部控制应用指引第 6 号——资金活动》，简要分析四水集团资金活动存在的主要风险（参考第六章内部风险：财务风险）。（2018 年）

【答案】

（1）四水集团存在的公司治理问题的类型是经理人对于股东的"内部人控制"问题。主要表现有：

①信息披露不规范、不及时。"未按规定披露重大关联交易……根据证监会的规定，这些交易属于应当在年报中披露的重大关联交易。但是，四水集团均未在这两年的年度报告中披露上述重大关联交易"。

②工资、奖金等收入增长过快，侵占利润。"通过派发高额工资等方式变相占用上市公司非经营性资金。四水集团近年来效益很不佳，连续多年没有分红，公司股价也一直处于低迷状态。然而，2011～2013 年，包括董事长在内的公司高管人数分别为 17 名、19 名和 16 名，合计从公司领走 1 317 万元、1 436 万元和 1 447 万元薪酬，均超过同期四水集团归属于母公司股东的净利润水平"。

③资产转移。"违规在关联公司间进行频繁的资金拆借，非法占用上市公司资金"；"连续多年向公司董事、监事和高级管理人员提供购房借款"。

④大量负债，甚至亏损。"利用上市公司信用为关联公司进行大量违规担保（这是一种变相的负债）""公司 2011～2014 年的经营状况不佳，扣除非经常性损益后的净利润出现连续多年大额亏损的状况。公司连续多年资产负债率高达 70% 以上，且流动资产和流动负债相差无几，财务风险很大"。

（2）本案例中，四水集团资金活动存在的主要风险有两个：

①资金活动管控不严，可能导致资金被挪用、侵占、抽逃或遭受欺诈。"违规在关联公司间进行频繁的资金拆借，非法占用上市公司资金"；"连续多年向公司董事、监事和高级管理人员提供购房借款"；"利用上市公司信用为关联公司进行大量违规担保……一旦这些巨额贷款到期无法偿还，四水集团就必须承担起还款的责任"。

②资金调度不合理、营运不畅，可能导致企业陷入财务困境。一方面，"在关联公司间进行频繁的资金拆借，2012 年 4 月至 2014 年 8 月，向关联公司 H 贸易公司、F 公司拆借和垫付资金 6 笔，共 27 250 万元"；另一方面"公司连续多年资产负债率高达 70% 以上，且流动资产和流动负债相差无几，财务风险很大"；导致"2011～2014 年的经营状况不佳，扣除非经常性损益后的净利润出现连续多年大额亏损的状况"。

第三节 公司内部治理结构和外部治理结构

考点一：公司内部治理结构

（一）股东大会

是公司内部的最高权力机构和决策机构；

是公司的非常设机构。除了每年的例行年会和特别会议外，股东大会并不会在公司出现。

	普通股股东	优先股股东
享有的权利	（1）剩余利益请求权和剩余财产清偿权； （2）监督决策权； （3）优先认股权； （4）股票转让权	（1）利润分配权； （2）剩余财产清偿权； （3）管理权
两者区别	以其持有的股份行使表决权	（1）不享有股东大会投票权； （2）在收益分配和财产清算方面比普通股股东享有优先权

（二）董事会

（1）负责召集股东大会，并向股东大会报告工作；（2）执行股东大会的决议；（3）决定公司的经营计划和投资方案；（4）制订公司的年度财务预算方案、决算方案；（5）制订公司的利润分配方案和弥补亏损方案；（6）制订公司增加或者减少注册资本的方案以及发行公司债券的方案；（7）拟订公司合并、分立、解散的方案；（8）决定公司内部管理机构的设置；（9）聘任或者解聘公司经理，根据经理的提名，聘任或者解聘公司副经理、财务负责人，决定其报酬事项；（10）制定公司的基本管理制度。

（三）董事会下设委员会及其主要职责

专门委员会	主要职责
审计委员会	（1）检查公司会计政策、财务状况和财务报告程序； （2）与公司外部审计机构进行交流； （3）对内部审计人员及其工作进行考核； （4）对公司的内部控制进行考核； （5）检查、监督公司存在或潜在的各种风险； （6）检查公司遵守法律、法规的情况
薪酬与考核委员会	（1）负责制定董事、监事与高级管理人员考核的标准，并进行考核； （2）负责制定、检查董事、监事、高级管理人员的薪酬政策与方案
提名委员会	（1）分析董事会构成情况，明确对董事的要求； （2）制定董事选择的标准与程序； （3）广泛搜寻合格的董事候选人； （4）对股东、监事会提名的董事候选人进行形式审核； （5）确定董事候选人提交股东大会表决

续表

专门委员会	主要职责
战略决策委员会	（1）制定公司长期发展战略； （2）监督、核实公司重大投资决策等

【例题5-4·单选题】审计委员会作为公司治理的主要参与方，其职责不包括（　　）。（2015年）

A. 对内部审计人员及其工作进行考核

B. 检查、监督公司存在或潜在的各种风险

C. 检查公司会计政策、财务状况和财务报告程序

D. 制定公司长期发展战略

【答案】D

【解析】审计委员会的主要职责有：（1）检查公司会计政策、财务状况和财务报告程序；（2）与公司外部审计机构进行交流；（3）对内部审计人员及其工作进行考核；（4）对公司的内部控制进行考核；（5）检查、监督公司存在或潜在的各种风险；（6）检查公司遵守法律、法规的情况。选项D属于战略决策委员会的职责。

（四）监事会

$$监事会人数要求 \begin{cases} 有限责任公司 \begin{cases} 规模大——不得少于3人 \\ 规模小、股东少——1\sim2人 \end{cases} \\ 股份有限公司——不得少于3人 \end{cases}$$

（五）经理层

经理层由公司董事会聘任，但其职权的主体部分却不为董事会所授权。

考点二：外部治理机制

从科学决策的角度看，公司内部治理结构不能解决公司治理的所有问题，更需要若干具体的超越结构的外部治理机制，如产品市场、资本市场、经理人市场对公司的监控和约束。

第四节　公司治理的基础设施

考点：公司治理基础设施与治理原则

公司治理基础设施

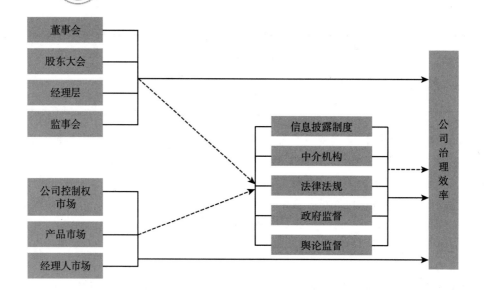

第六章 风险与风险管理

第一节 风险管理基本原理

考点一：风险概念

（1）企业风险与企业战略相关。

（2）风险是一系列可能发生的结果，不能简单理解为最有可能的结果。

（3）风险既具有客观性，又具有主观性。风险是事件本身的不确定性，但却是在一定具体情况下的风险，可以由人的主观判断来决定选择不同的风险。

（4）风险总是与机遇并存。如果要区别风险中的正面和负面，我们可以把负面的风险称为威胁，而把正面的风险称为机会。

【例题6-1·多选题】关于现代市场经济中人们对风险观念的理解，下列表述中正确的有（　　）。（2014年）

A. 可以由人的主观判断来决定选择不同的风险

B. 风险是一系列可能发生的结果而不是最有可能的结果

C. 风险总是与机遇并存

D. 风险是可预测、可度量的负面因素

【答案】ABC

【解析】从现代市场经济的角度考虑企业风险是指那些影响企业实现其战略目标的不确定性，而不能简单地理解为风险就是负面因素。风险总是和机遇并存的。所以选项D错误。

考点二：风险的种类

（一）外部风险

1. 政治风险

（1）政治风险是指完全或部分由政府官员行使权力和政府组织的行为而产生的不确定性。

（2）政治风险常常分为：

①限制投资领域；

②设置贸易壁垒；

③外汇管制规定；

④进口配额和关税；

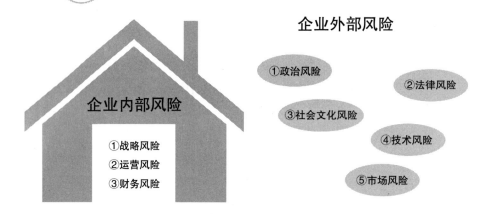

企业外部风险
①政治风险
②法律风险
③社会文化风险
④技术风险
⑤市场风险

企业内部风险
①战略风险
②运营风险
③财务风险

⑤组织结构及要求最低持股比例；

⑥限制向东道国的银行借款；

⑦没收资产。

2. 法律风险与合规风险

法律风险是指企业在经营过程中因自身经营行为的不规范或者外部法律环境发生重大变化而造成的不利法律后果的可能性。

合规风险是指因违反法律或监管要求而受到制裁、遭受金融损失以及因未能遵守所有适用法律、法规、行为准则或相关标准而给企业信誉带来的损失的可能性。

法律风险通常包括以下三方面：

①法律环境因素，包括立法不完备、执法不公正等；

②市场主体自身法律意识淡薄，在经营活动中不考虑法律因素等；

③交易对方的失信、违约或欺诈等。

合规风险侧重于行政责任和道德责任的承担，而法律风险则侧重于民事责任的承担。

3. 社会文化风险

从社会文化风险成因来看，社会文化风险存在并作用于企业经营的更深领域，主要有以下方面：

（1）跨国经营活动引发的文化风险。

（2）企业并购活动引发的文化风险。

（3）组织文化的变革、组织员工队伍的多元化背景导致的个人层面的文化风险。

4. 技术风险

从企业角度讲，技术风险就是技术在创新过程中，由于技术本身的复杂性和其他相关因素变化产生的不确定性而导致技术创新遭遇失败的可能性，包括纯技术风险及其他过程中由于技术方面的因素所造成的风险。

技术风险可以划分为：设计风险、研发风险和应用风险

（1）技术设计风险：在设计阶段，由于技术构思或设想的不全面性致使技术及技术系统存在先天缺陷或创新不足而引发的风险。

（2）技术研发风险：在技术研究或开发阶段，由于外界环境变化的不确定性、技术研发项目本身的难度和复杂性、技术研发人员自身知识能力的有限性都可能导致技术的研发面临失败的风险。

（3）技术应用风险是指由于技术成果在产品化、产业化过程中所带来的一系列不确定的负面影响或效应。

【例题 6-2·单选题】 惠通公司开发出一种用于少儿英语学习的智能机器人。该产品投放市场不久，便被其他公司仿制。从技术活动过程所处的不同阶段考察，惠通公司面临的技术风险属于（　　）。（2018 年）

A. 技术设计风险　　　　　　　　　B. 技术选择风险

C. 技术研发风险　　　　　　　　　D. 技术应用风险

【答案】 D

【解析】 该产品投放市场不久，便被其他公司仿制，体现了技术风险中技术应用风险。技术应用风险是指由于技术成果在产品化、产业化的过程中所带来的一系列不确定性所带来的负面影响或效应。

5. 市场风险

市场风险指企业所面对的外部市场的复杂性和变动性所带来的与经营相关的风险。

市场风险可以考虑以下几个方面：

（1）产品或服务的价格及供需变化带来的风险。

（2）能源、原材料、配件等物资供应的充足性、稳定性和价格的变化带来的风险。

（3）主要客户、主要供应商的信用风险。

（4）税收政策和利率、汇率、股票价格指数的变化带来的风险。

（5）潜在进入者、竞争者、与替代品的竞争带来的风险。

【例题 6-3·多选题】 主营太阳能电池组件业务的日华公司上市后，通过股权融资、债券融资、银行借贷、信贷融资、民间集资等各种手段融资近 70 亿元，在多个国家投资布局光伏全产业链，还大举投资房地产、汽车等项目。后来光伏产业国际市场需求急剧萎缩，致使公司出现大额亏损，深陷债务危机。本案例中，日华公司所面临的主要风险类型有（　　）。（2019 年）

A. 战略风险　　　　　　　　　　　B. 政治风险

C. 社会文化风险　　　　　　　　　D. 财务风险

【答案】 AD

【解析】 "在多个国家投资布局光伏全产业链，还大举投资房地产、汽车等项目"体现了发展过于激进，脱离企业实际能力或偏离主业，可能导致企业过度扩张，甚至经营失败，属于战略风险。"后来光伏产业国际市场需求急剧萎缩，致使公司出现大额亏损，深陷债务危机"体现财务风险。选项 AD 正确。

【例题 6-4·多选题】 宝胜公司是一家全球性的手机生产企业。近年来公司在高速发展的同时，面临的风险也与日俱增。为了更好地分析面临的市场风险，宝胜公司应该至少收集的与该公司相关的重要信息有（　　）。（2019 年）

A. 全球汇率变动状况

B. 全球手机价值链生产供应状况

C. 各国手机的价格及供需变化

D. 各国对手机及其零部件进出口的政策导向

【答案】 ABC

【解析】 市场风险可以考虑以下几个方面：（1）产品或服务的价格及供需变化带来的风险。

（2）能源、原材料、配件等物资供应的充足性、稳定性和价格的变化带来的风险。（3）主要客户、主要供应商的信用风险。（4）税收政策和利率、汇率、股票价格指数的变化带来的风险。（5）潜在进入者、竞争者、与替代品的竞争带来的风险。所以选项 ABC 正确。

（二）内部风险

1. 战略风险

战略风险指企业在战略管理过程中，由于内外部环境的复杂性和变动性以及主体对环境的认知能力和适应能力的有限性，而导致企业整体性损失和战略目标无法实现的可能性及其损失。

企业战略风险具体体现在以下三个方面：

（1）缺乏明确的发展战略或发展战略实施不到位，可能导致企业盲目发展，难以形成竞争优势，丧失发展机遇和动力。

（2）发展战略过于激进，脱离企业实际能力或偏离主业，可能导致企业过度扩张，甚至经营失败。

（3）发展战略因主观原因频繁变动，可能导致资源浪费，甚至危及企业的生存和持续发展。

【例题 6 – 5 · 多选题】 甲公司是一家钢铁生产企业。2015 年上半年，甲公司把通过银行贷款取得的大部分技改项目基金投入股市。后来，由于政府宏观管理措施的出台和股市的暴跌，甲公司投入股市的资金无法收回。在上述案例中，甲公司面临的风险有（　　）。（2018 年）

A. 技术风险　　　　　　　　　　　B. 战略风险

C. 法律和合规风险　　　　　　　　D. 政治风险

【答案】 BCD

【解析】 在本题中，股市的暴跌属于外部环境的变动，属于战略风险；政府宏观管理措施的出台属于政治风险、法律和合规风险范畴，故该题应选 BCD。

【例题 6 – 6 · 单选题】 思达集团原是一家房地产企业，2016 年，思达集团以银行贷款为主要资金来源，开始大举并购一些发达国家的酒店和娱乐、体育健身等方面的业务。最近，思达集团由于收购规模过大，资金出现短缺，同时银行收紧了银根，不再向思达集团发放贷款。因此，思达集团被迫终止了收购活动，并为弥补资金漏洞出售了一些已购的业务。思达集团在制定和实施发展战略方面存在的主要风险是（　　）。（2017 年）

A. 发展战略实施不到位

B. 发展战略过于激进，脱离企业实际能力或偏离主业

C. 发展战略因主观原因频繁变动

D. 缺乏明确的发展战略

【答案】 B

【解析】 ABCD 四个选项都属于发展战略需要关注的风险。"思达集团由于收购规模过大，资金出现短缺，思达集团被迫终止了收购活动"，表明最终失败是因为资金链断裂，而资金链断裂是因为收购规模过大，同时银行收紧了银根，也就是脱离企业的实际能力，发展过于激进，选项 B 正确；选项 ACD 题目并没有提及，错误。

2. 运营风险

（1）运营风险是指企业在运营过程中，由于内外部环境的复杂性和变动性以及主体对环境的认知能力和适应能力的有限性，而导致的运营失败或使运营活动达不到预期的目标的可能性及其

损失。

运营风险至少要考虑以下几个方面：

①企业产品结构、新产品研发方面可能引发的风险；

②企业新市场开发，市场营销策略（包括产品或服务定价与销售渠道，市场营销环境状况等）方面可能引发的风险；

③企业组织效能、管理现状、企业文化、高中层管理人员和重要业务流程中专业人员的知识结构、专业经验等方面可能引发的风险；

④期货等衍生产品业务中发生失误带来的风险；

⑤质量、安全、环保、信息安全等管理中发生失误导致的风险；

⑥因企业内、外部人员的道德风险或业务控制系统失灵导致的风险；

⑦给企业造成损失的自然灾害等风险；

⑧企业现有业务流程和信息系统操作运行情况的监管、运行评价及持续改进能力方面引发的风险；

（2）从内部控制角度开展几个主要运营风险：

①组织架构。依据《企业内部控制应用指引第 1 号——组织架构》，组织架构设计与运行中需要关注的主要风险包括：

A. 治理结构形同虚设，缺乏科学决策、良性运行机制和执行力，可能导致企业经营失败，难以实现发展战略。

B. 内部机构设计不科学，权责分配不合理，可能导致机构重叠、职能交叉或缺失、推诿扯皮，运行效率低下。

②人力资源。依据《企业内部控制应用指引第 3 号——人力资源》，人力资源管理需关注的主要风险包括：

A. 人力资源缺乏或过剩、结构不合理、开发机制不健全，可能导致企业发展战略难以实现。

B. 人力资源激励约束制度不合理、关键岗位人员管理不完善，可能导致人才流失、经营效率低下或关键技术、商业秘密和国家机密泄露。

C. 人力资源退出机制不当，可能导致法律诉讼或企业声誉受损。

③社会责任。依据《企业内部控制应用指引第 4 号——社会责任》，履行社会责任方面需关注的主要风险包括：

A. 安全生产措施不到位，责任不落实，可能导致企业发生安全事故。

B. 产品质量低劣，侵害消费者利益，可能导致企业巨额赔偿、形象受损，甚至破产。

C. 环境保护投入不足，资源耗费大，造成环境污染或资源枯竭，可能导致企业巨额赔偿、缺乏发展后劲，甚至停业。

D. 促进就业和员工权益保护不够，可能导致员工积极性受挫，影响企业发展和社会稳定。

④企业文化。依据《企业内部控制应用指引第 5 号——企业文化》，企业文化建设需要关注的主要风险包括：

A. 缺乏积极向上的企业文化，可能导致员工丧失对企业的信心和认同感，企业缺乏凝聚力和竞争力。

B. 缺乏开拓创新、团队协作和风险意识，可能导致企业发展目标难以实现，影响可持续发展。

C. 缺乏诚实守信的经营理念，可能导致舞弊事件的发生，造成企业损失，影响企业信誉。

D. 忽视企业间的文化差异和理念冲突，可能导致并购重组失败。

【例题 6 - 7 · 单选题】 随着云计算技术的崛起，传统数据技术受到严峻挑战。此前引领世界数据库软件市场的 J 公司对环境变化反应迟钝，没有及时研究云计算技术。当公司意识到云技术是未来方向时，转型为时已晚。2018 年，J 公司营业收入基本零增长，净利润比前一年暴跌59%。J 公司面对的主要风险是（　　）。（2019 年）

A. 法律风险

B. 运营风险

C. 财务风险

D. 社会文化风险

【答案】 B

【解析】 运营风险是指企业在运营过程中，由于内外部环境的复杂性和变动性以及主体对环境的认知能力和适应能力的有限性，而导致的运营失败或使运营活动达不到预期目标的可能性及其损失。题中 J 公司没有及时对环境变动做出判断而引发的风险，属运营风险，选项 B 正确。

【例题 6 - 8 · 多选题】 根据《企业内部控制应用指引第 4 号——社会责任》，企业在履行社会责任方面需要关注的主要风险有（　　）。（2016 年）

A. 缺乏诚实守信的经营理念，可能导致舞弊事件的发生

B. 促进就业和员工权益保护不够，可能导致员工积极性受挫

C. 安全生产措施不到位，责任不落实，可能导致安全事故的发生

D. 产品质量低劣，侵害消费者利益，可能导致企业巨额赔偿、形象受损

【答案】 BCD

【解析】 选项 A 属于企业文化需要关注的风险。

⑤采购业务。依据《企业内部控制应用指引第 7 号——采购业务》，采购业务需关注的主要风险包括：

A. 采购计划安排不合理，市场变化趋势预测不准确，造成库存短缺或积压，导致企业生产停滞或资源浪费；

B. 供应商选择不当，采购方式不合理，招投标或定价机制不科学，授权审批不规范，致使采购物资质次价高，出现舞弊或遭受欺诈；

C. 采购验收不规范，付款审核不严，造成采购物资、资金损失或信用受损。

⑥资产管理。依据《企业内部控制应用指引第 8 号——资产管理》，资产管理需关注的主要风险包括：

A. 存货积压或短缺，造成流动资金占用过量、存货价值贬损或生产中断；

B. 固定资产更新改造不够、使用效能低下、维护不当、产能过剩，致使企业缺乏竞争力、资产价值贬损、安全事故频发或资源浪费；

C. 无形资产缺乏核心技术、权属不清、技术落后、存在重大技术安全隐患，导致法律纠纷、缺乏可持续发展能力。

⑦销售业务。依据《企业内部控制应用指引第 9 号——销售业务》，销售业务需关注的主要风险包括：

A. 销售政策和策略不当，市场预测不准确，销售渠道管理不当等，可能导致销售不畅、库存积压、经营难以为继；

B. 客户信用管理不到位，结算方式选择不当，账款回收不力等，可能导致销售款项不能收

回或遭受欺诈；

C. 销售过程存在舞弊行为，可能导致企业利益受损。

【例题6-9·简答题】东方公司是一家中等规模的地方炼油企业，产品包括汽油、柴油等主要产品及其副产品，在本省以及周边省份出售给经销商或终端客户。

东方公司面临的竞争压力既来自国有特大型炼油企业，也来自本省数量众多的其他炼油企业。为了掌握销售主动权和吸引客户，公司销售政策规定：对于资产额在1 000万~3 000万元的客户，给予50万元的赊销额度；对于资产额在3 000万~1亿元的客户，给予100万元的赊销额度；对于资产额在1亿元以上的客户，给予200万元的赊销额度。

要求：根据《企业内部控制应用指引第9号——销售业务》，简要分析东方公司制订赊销政策所防范的主要风险。(2015年)

【答案】

根据《企业内部控制应用指引第9号——销售业务》，东方公司赊销业务需防范的主要风险是：

(1) 客户信用管理不到位，结算方式选择不当，账款回收不力等，可能导致销售款项不能收回或遭受欺诈；

(2) 由于东方公司产品供大于求，制定赊销政策是为了掌握销售主动权，吸引客户，防范因销售政策和策略不当、市场预测不准确或销售渠道管理不当等可能导致销售不畅、库存积压、经营难以为继的风险。

⑧研究与开发。依据《企业内部控制应用指引第10号——研究与开发》，研究与开发需关注的主要风险包括：

A. 研究项目未经科学论证或论证不充分，可能导致创新不足或资源浪费；

B. 研发人员配备不合理或研发过程管理不善，可能导致研发成本过高、舞弊或研发失败；

C. 研究成果转化应用不足、保护措施不力，可能导致企业利益受损。

⑨工程项目。依据《企业内部控制应用指引第11号——工程项目》，工程项目需关注的主要风险包括：

A. 工程立项缺乏可行性研究或者可行性研究流于形式，决策不当，盲目上马，很可能导致难以实现预期效益或项目失败；

B. 如果项目招标暗箱操作，存在商业贿赂，则可能导致中标人实质上难以承担工程项目、中标价格失实及相关人员涉案；

C. 如果工程造价信息不对称，技术方案不落实，预算脱离实际，又可能导致项目投资失控；

D. 倘若工程物资质次价高，工程监理不到位，项目资金不落实，还可能导致工程质量低劣，进度延迟或中断；

E. 如果竣工验收不规范，最终把关不严，还会导致工程交付使用后存在重大隐患。

⑩担保业务。依据《企业内部控制应用指引第12号——担保业务》，担保业务需关注的主要风险包括：

A. 对担保申请人的资信状况调查不深，审批不严或越权审批，可能导致企业担保决策失误或遭受欺诈；

B. 对被担保人在担保期内出现财务困难或经营陷入困境等状况监控不力，应对措施不当，有可能会导致企业承担法律责任；

C. 担保过程中存在舞弊行为，则会导致经办审批等相关人员涉案或企业利益受损。

⑪业务外包。依据《企业内部控制应用指引第 13 号——业务外包》，业务外包需关注的主要风险包括：

A. 外包范围和价格确定不合理，承包方选择不当，可能导致企业遭受损失；

B. 业务外包监控不严、服务质量低劣，可能导致企业难以发挥业务外包的优势；

C. 业务外包存在商业贿赂等舞弊行为，可能导致企业相关人员涉案。

⑫合同管理。依据《企业内部控制应用指引第 16 号——合同管理》，合同管理需关注的主要风险包括：

A. 如果企业未订立合同、未经授权对外订立合同、合同对方主体资格未达要求、合同内容存在重大疏漏和欺诈，会导致企业合法权益受到侵害；

B. 如果合同未全面履行或监控不当，有可能导致企业诉讼失败，经济利益受损；

C. 如果合同纠纷处理不当，则会损害企业利益、信誉和形象。

⑬内部信息传递。依据《企业内部控制应用指引第 17 号——内部信息传递》，内部信息传递需关注的主要风险包括：

A. 内部报告系统缺失、功能不健全、内容不完整，可能影响生产经营有序运行；

B. 内部信息传递不通畅、不及时，可能导致决策失误、相关政策措施难以落实；

C. 内部信息传递中泄露商业秘密，可能削弱企业核心竞争力。

⑭信息系统。依据《企业内部控制应用指引第 18 号——信息系统》，信息系统需关注的主要风险包括：

A. 信息系统缺乏或规划不合理，可能造成信息孤岛或重复建设，导致企业经营管理效率低下；

B. 系统开发不符合内部控制要求，授权管理不当，可能导致无法利用信息技术实施有效控制；

C. 系统运行维护和安全措施不到位，可能导致信息泄露或毁损，系统无法正常运行。

3. 财务风险

财务风险，是指企业在生产经营过程中，由于内外部环境的各种难以预料或无法控制的不确定性因素的作用，使企业在一定时期内所获取的财务收益与预期收益发生偏差的可能性。财务风险是客观存在的，企业管理者对财务风险只有采取有效措施来降低风险，而不可能完全消除风险。

企业内部控制角度考察，财务风险可以从以下几个方面展开：

（1）全面预算。依据《企业内部控制应用指引第 15 号——全面预算》，实行全面预算管理需关注的主要风险包括：

①不编制预算或预算不健全，可能导致企业经营缺乏约束或盲目经营。

②预算目标不合理、编制不科学，可能导致企业资源浪费或发展战略难以实现。

③预算缺乏刚性、执行不力、考核不严，可能导致预算管理流于形式。

（2）资金活动。依据《企业内部控制应用指引第 6 号——资金活动》，资金活动需关注的主要风险包括：

①筹资决策不当，引发资本结构不合理或无效融资，导致企业筹资成本过高或债务危机；

②投资决策失误，引发盲目扩张或丧失发展机遇，导致资金链断裂或资金使用效益低下；

③资金调度不合理、营运不畅，可能导致企业陷入财务困境或资金冗余；

④资金流动管控不严，可能导致资金被挪用、侵占、抽逃或遭受欺诈。

【例题 6 - 10 · 单选题】根据《企业内部控制应用指引第 6 号——资金活动》，以下需关注的主要风险是（　　）。（2013 年）

A. 存货积压，导致流动资金占用过多

B. 筹资决策不当，引发资本结构不合理

C. 固定资产更新改造不够，资产价值贬值

D. 无形资产缺乏核心技术，缺乏可持续发展能力

【答案】B

【解析】选项ACD属于资产管理需关注的主要风险。

（3）财务报告。依据《企业内部控制应用指引第14号——财务报告》，编制、对外提供和分析利用财务报告需关注的主要风险包括：

①企业财务报告的编制违反会计法律法规和国家统一的会计准则制度，导致企业承担法律责任、遭受损失和声誉受损；

②企业提供虚假财务报告，误导财务报告使用者，造成报告使用者的决策失误，干扰市场秩序；

③企业不能有效利用财务报告，难以及时发现企业经营管理中的问题，可能导致企业财务和经营风险失控。

【例题6-11·单选题】有关研究机构证实，从事中成药生产的上市公司天康公司的主打产品含有对人体健康有害的成分。该研究结果被媒体披露后，天康公司的股价大跌，购买其产品的部分消费者和经销商纷纷要求退货，致使其经营陷入危机。上述案例中，天康公司面临的风险属于（　　）。（2018年）

A. 运营风险　　　　B. 市场风险　　　　C. 技术风险　　　　D. 财务风险

【答案】A

【解析】主打产品含有对人体健康有害的成分，被披露后导致股价大跌，体现的是在质量、安全、环保、信息安全等管理中发生失误导致的风险，属于运营风险。

【例题6-12·单选题】甲公司曾是一家世界著名的照相机生产企业。近年来，面对各类新型照相设备的兴起，该公司业务转型迟缓，目前出现巨额亏损，濒临破产。甲公司遭遇的风险属于（　　）。（2018年）

A. 技术风险　　　　B. 财务风险　　　　C. 战略风险　　　　D. 运营风险

【答案】C

【解析】甲公司转型迟缓，导致企业面临财务问题，属于缺乏明确的发展战略或发展战略实施不到位，导致难以形成竞争优势，而导致企业整体性损失，属于战略风险。

【例题6-13·单选题】我国某纺织生产企业甲公司向欧洲H国出口"双羊"牌高档羊绒被，其英文商标名为"Goats"。该产品虽然质量上乘，但在H国一直销路不佳。甲公司进行详细调查后发现，在H国，"Goats"除了有山羊的意思以外，还有其他的贬义，一些消费者因此产生不好的联想，影响了产品的销售。这个案例表明，企业跨国营销可能面临（　　）。（2016年）

A. 市场风险　　　　B. 品牌风险　　　　C. 环境风险　　　　D. 文化风险

【答案】D

【解析】在H国，"Goats"除了有山羊的意思以外，还有其他的贬义，一些消费者因此产生不好的联想，影响了产品的销售。这个案例表明，甲公司跨国营销可能面临社会文化风险。

【例题6-14·单选题】亚洲R国H公司推出了一个名为"东大机器人"的项目，该项目的目标是通过R国顶级学府J大学的入学考试。2013年以来，"东大机器人"每年都参加J大学的

入学考试，但连续 3 年的得分均低于 J 大学的录取分数线。H 公司于 2016 年 11 月正式宣布因项目过于复杂而最终放弃该项目。根据上述描述，H 公司研发"东大机器人"项目面临的风险是（　）。(2017 年)

    A. 战略风险   B. 市场风险   C. 运营风险   D. 技术风险

【答案】D

【解析】从企业角度讲，技术风险就是技术在创新过程中，由于技术本身的复杂性和其他相关因素变化产生的不确定性而导致技术创新遭遇失败的可能性，包括纯技术风险及其他过程中由于技术方面的因素所造成的风险。

【例题 6−15·简答题】主营单晶硅、多晶硅太阳能电池产品研发和生产的益强公司于 2003 年成立。这是一家由董事长兼总经理李自一手创办并控制的家族式企业。

2010 年 11 月益强公司挂牌上市。在资本市场获得大额融资的同时，益强公司开始了激进的扩张之路。从横向看，为了扩大市场份额，益强公司在欧美多个国家投资或设立子公司；从纵向看，益强公司布局光伏全产业链，实施纵向一体化发展战略，由产业中游的组件生产，延伸至上游的硅料和下游的电站领域。益强公司还大举投资房地产、炼油、水处理和 LED 显示屏等项目。

为了支持其扩张战略，益强公司多方融资。公司上市仅几个月便启动第二轮融资计划——发行债券，凭借建设海外电站的愿景，通过了管理部门的审批，发行 10 亿元的"益强债"，票面利率为 8.98%，在当年新发债券中利率最高。自 2011 年 2 月起，李自及其女儿李丽陆续以所持股份作抵押，通过信托融资约 9.7 亿元，同时益强公司大举向银行借债。李自还发起利率高达 15% 的民间集资。这样，益强公司在上市后三年内，通过各种手段融资近 70 亿元。

受 2008 年美国次贷危机和 2011 年欧债危机影响，欧美国家和地区纷纷大幅削减甚至取消光伏补贴，光伏产品国际市场需求急剧萎缩。随后欧盟对中国光伏产品发起"反倾销、反补贴"调查，光伏企业出口遭受重创。而全行业的非理性发展已经导致产能严重过剩，市场供大于求，企业间开始以价格战展开恶性竞争，利润急速下降，甚至亏损。

在这种情况下，益强公司仍执着于多方融资扩大产能，致使产品滞销库存积压。同时，在海外大量投资电站致使公司的应收账款急速增加。欧盟经济低迷，海外客户还款能力下降，欧元汇率下跌。存货跌价损失、汇兑损失、坏账准备的计提使严重依赖海外市场的益强公司出现大额亏损。公司把融资筹措的大量短期资金投放于回款周期很长的电站项目，投资回报期和债务偿付期的错配使公司的短期还款压力巨大，偿债能力逐年恶化。2010 年公司的流动比率为 3.165，到了 2013 年只有 0.546。公司资金只投不收的模式使现金流很快枯竭。2012 年和 2013 年多家银行因贷款逾期、供应商因货款清偿事项向益强公司提起诉讼，公司部分银行账户被冻结，深陷债务危机。益强公司由于资金链断裂，无法在原定付息日支付公司债券利息 8 980 万元，成为国内债券市场上第一家违约公司，在资本市场上掀起轩然大波，打破了公募债券刚性兑付的神话。

2014 年 5 月益强公司因上市后连续三年亏损被 ST 处理，暂停上市。仅仅三年多的时间，益强公司就从一家市值百亿元的上市公司深陷债务违约危机导致破产重组。

要求：

（1）简要分析益强公司上市后所面对的市场风险。

（2）简要分析益强公司上市后所存在的战略风险。

（3）依据《企业内部控制应用指引第 6 号——资金活动》，简要分析益强公司资金活动中存在的主要风险。(2019 年)

【答案】（1）①产品或服务的价格及供需变化带来的风险。"受2008年美国次贷危机和2011年欧债危机的影响，欧美政府纷纷大幅削减甚至取消光伏补贴，光伏产品市场需求急剧萎缩。随后欧盟对中国光伏产品发起了'反倾销、反补贴'调查，光伏企业出口遭受重创。而全行业的非理性发展已经导致产能严重过剩，市场供大于求"。

②主要客户、主要供应商的信用风险。"欧盟经济低迷，海外客户还款能力下降"。

③税收政策和利率、汇率、股票价格指数的变化带来的风险。"欧元汇率下跌，……，汇兑损失，……使严重依赖海外市场的益强公司出现大额亏损"。

④潜在进入者、竞争者、与替代品的竞争带来的风险。"而全行业的非理性发展已经导致产能严重过剩，市场供大于求，企业间开始以价格战恶性竞争，利润急速下降，甚至亏损"。

（2）益强公司上市后所存在的战略风险主要表现为：发展战略过于激进，脱离企业实际能力或偏离主业，可能导致企业过度扩张，甚至经营失败。"在资本市场获得大额融资的同时，益强公司开始了激进的扩张之路。从横向看，为了扩大市场份额，益强公司在欧美多个国家投资或设立子公司；从纵向看，益强公司布局光伏全产业链，实施纵向一体化发展战略，由产业中游的组件生产，延伸至上游的硅料和下游的电站领域。不仅如此，益强公司还大举投资房地产项目、炼油项目、水处理项目和LED显示屏项目等。"

（3）①筹资决策不当，引发资本结构不合理或无效融资，可能导致企业筹资成本过高或债务危机。"为了支持其战略扩张的需要，益强公司广开财路，多方融资。公司上市仅几个月便启动第二轮融资计划——发行债券，凭借建设海外电站的愿景，通过了管理部门的批准，发行规模为10亿元的'益强债'，票面利率为8.98%，在当年新发债券利率最高。自2011年2月起，李自及其女儿李丽陆续以所持股份抵押，通过信托融资约9.7亿元，同时，益强公司大举向银行借债。李自还发起了利率高达15%的民间集资。这样，益强公司在上市后三年时间内，通过各种手段融资近70亿元"。

②投资决策失误，引发盲目扩张或丧失发展机遇，可能导致资金链断裂或资金使用效益低下。"在这种情况下，益强公司仍执着于多方融资扩大产能，致使产品滞销库存积压。同时，海外大量投资电站致使公司的应收账款急速增加。欧盟经济低迷，海外客户还款能力下降，欧元汇率下跌。存货跌价损失、汇兑损失、坏账准备的计提使严重依赖海外市场的益强公司出现大额亏损"。

③资金调度不合理、营运不畅，可能导致企业陷入财务困境或资金冗余。"公司把融资筹措的大量短期资金投放于回款周期很长的电站项目，投资回报期和债务偿付期的错配使得公司的短期还款压力巨大，偿债能力逐年恶化。2010年公司的流动比率为3.165，到了2013年却只有0.546。公司资金只投不收的模式使现金流很快枯竭"。

考点三：传统风险管理和全面风险管理

1. 企业风险管理的主要特征

战略性	尽管风险管理渗透现代企业各项活动中，存在于现代企业管理者对企业的日常管理当中，但它主要运用于企业战略管理层面，站在战略层面整合和管理企业层面风险是全面风险管理的价值所在
全员化	企业全面风险管理是一个由企业治理层、管理层和所有员工参与的，对企业所有风险进行管理，旨在把风险控制在风险容量以内，增进企业价值的过程

续表

专业性	要求风险管理的专业人才实施专业化管理
二重性	企业全面风险管理的商业使命在于：（1）损失最小化管理；（2）不确定性管理；（3）绩效最优化管理。即当风险损失不能避免时，尽量减少损失至最小化；风险损失可能发生也可能不发生时，设法降低风险发生的可能；风险预示着机会时，化风险为增进企业价值的机会。全面风险管理既要管理纯粹的风险，也要管理机会风险
系统性	全面风险管理必须拥有一套系统的、规范的方法，建立健全全面风险管理体系，包括风险管理策略、风险理财措施、风险管理的组织职能体系、风险管理信息系统和内部控制系统，从而为实现风险管理的总体目标提供合理的保证

2. 风险管理的新旧理念对比

	传统风险管理	全面风险管理
涉及面	主要是财务会计主管和内部审计等部门负责；就单个风险个体实施风险管理，主要是可保风险和财务风险	在高层的参与下，每个成员都承担与自己行为相关的风险管理责任；从总体上集中考虑和管理风险（包括纯企业风险和机会风险）
连续性	只有管理层认为必要时才进行	是企业系统的、有重点的、持续的行为
态度	被动地将风险管理作为成本中心	主动积极地将风险管理作为价值中心
目标	与企业战略联系不紧，目的是转移或避免风险	紧密联系企业战略，目的是寻求风险优化措施
方法	事后反应式的风险管理方法，即先检查和预防经营风险，然后采取应对措施	事前风险防范，事中风险预警和及时处理，事后风险报告、评估、备案及其他相应措施
注意焦点	专注于纯粹和灾害性风险	焦点在所有利益相关者的共同利益最大化上

【例题 6 - 16·单选题】永泽公司是一家餐饮公司。2010 年，一场传染病的流行使餐饮业进入"寒冬"。该公司在进行风险评估后认为，这场传染病的流行将使消费者的健康饮食意识大大增强，于是组织员工迅速开发并推出系列健康菜品，使公司营业额逆势上升。永泽公司的上述做法体现的风险管理特征是（　　）。（2018 年）

　　A. 战略性　　　　　B. 专业性　　　　　C. 二重性　　　　　D. 系统性

【答案】C

【解析】二重性是指当风险预示着机会时，化风险为增进企业价值的机会。题中，传染病的流行是风险，公司的应对使营业额逆势上升，则是化风险为机会。

【例题 6 - 17·多选题】下列关于企业全面风险管理特征的表述中，正确的有（　　）。（2014 年）

　　A. 使用系统的、规范的方法，以确保所有的风险都得到识别

　　B. 主要运用于企业的日常风险管理层面

　　C. 对企业所有风险进行管理

　　D. 由风险管理专业人才实施专业化管理

【答案】ACD

【解析】主要特征：战略性、全员化、专业性、二重性、系统性。选项 B 错误，由于企业风险管理具有战略性，尽管风险管理渗透现代企业各项活动中，存在于现代企业管理者对企业的日

常管理当中，但它主要运用于企业战略管理层面，站在战略层面整合和管理企业层面风险是全面风险管理的价值所在。选项A和选项C是系统性的体现，选项D是专业性的体现。

【例题6-18·多选题】下列各项关于企业全面风险管理的表述中，正确的有（　　）。（2016年）

A. 企业全面风险管理是增进企业价值的过程

B. 企业全面风险管理对企业所有风险进行管理

C. 企业全面风险管理旨在把风险控制在风险容量以内

D. 企业全面风险管理的参与者由管理层和全体员工组成

【答案】 ABC

【解析】 企业全面风险管理是一个由企业治理层、管理层和所有员工参与的，旨在把风险控制在风险容量以内，增进企业价值的过程。全面风险管理既要管理纯粹的风险，也要管理机会风险。所以，选项D错误，选项A、B、C正确。

第二节　风险管理基本流程

风险管理基本流程包括以下主要工作：（1）收集风险管理初始信息；（2）进行风险评估；（3）制定风险管理策略；（4）提出和实施风险管理解决方案；（5）风险管理的监督与改进。

考点：收集风险管理初始信息

【例题6-19·多选题】宝胜公司是一家全球性的手机生产企业。近年来公司在高速发展的同时，面临的风险也与日俱增。为了更好地分析面临的市场风险，宝胜公司应该至少收集的与该公司相关的重要信息有（　　）。（2019年）

A. 全球汇率变动状况

B. 全球手机价值链生产供应状况

C. 各国对手机及其零部件进出口的政策导向

D. 各国手机的价格及供需变化

【答案】 ABD

【解析】 分析市场风险，企业应广泛收集国内外企业忽视市场风险、缺乏应对措施导致企业蒙受损失的案例，并至少收集与本企业相关的以下重要信息：

（1）产品或服务的价格及供需变化；

（2）能源、原材料、配件等物资供应的充足性、稳定性和价格变化；

（3）主要客户、主要供应商的信用情况；

（4）税收政策和利率、汇率、股票价格指数的变化；

（5）潜在竞争者、竞争者及其主要产品、替代品情况。

【例题6-20·多选题】分析企业运营风险，企业应至少收集与该企业、本行业相关的信息，其中包括（　　）。（2017年）

A. 企业风险管理的现状和能力

B. 潜在竞争者、竞争者及其主要产品、替代品情况

C. 期货等衍生产品业务曾发生或易发生失误的流程和环节

D. 新市场开发、市场营销策略

【答案】ACD

【解析】分析运营风险，企业应至少收集与本企业、本行业相关的以下信息：（1）产品结构、新产品研发；（2）新市场开发，市场营销策略，包括产品或服务定价与销售渠道，市场营销环境状况等（选项 D）；（3）企业组织效能、管理现状、企业文化，高、中层管理人员和重要业务流程中专业人员的知识结构，专业经验；（4）期货等衍生产品业务中曾发生或易发生失误的流程和环节（选项 C）；（5）质量、安全、环保、信息安全等管理中曾发生或易发生失误的业务流程或环节；（6）因企业内、外部人员的道德风险致使企业遭受损失或业务控制系统失灵；（7）给企业造成损失的自然灾害以及除上述有关情形之外的其他纯粹风险；（8）对现有业务流程和信息系统操作运行情况的监管、运行评价及持续改进能力；（9）企业风险管理的现状和能力（选项 A）。

【例题 6 - 21 · 单选题】下列各项中，不属于分析企业战略风险应收集的信息是（　　）。（2014 年）

A. 主要客户、供应商及竞争对手的有关情况

B. 市场对企业产品或服务的需求

C. 科技进步、技术创新的有关内容

D. 企业组织效能和管理现状

【答案】D

【解析】企业的组织效能、管理现状是运营风险应该考虑的方面。所以选项 D 错误。分析战略风险，企业应广泛收集国内外企业战略风险失控导致企业蒙受损失的案例，并至少收集与本企业相关的以下重要信息：（1）国内外宏观经济政策以及经济运行情况、企业所在产业的状况、国家产业政策；（2）科技进步、技术创新的有关内容；（3）市场对该企业产品或服务的需求；（4）与企业战略合作伙伴的关系，未来寻求战略合作伙伴的可能性；（5）该企业主要客户、供应商及竞争对手的有关情况；（6）与主要竞争对手相比，该企业实力与差距；（7）本企业发展战略和规划、投融资计划、年度经营目标、经营战略，以及编制这些战略、规划、计划、目标的有关依据；（8）该企业对外投融资流程中曾发生或易发生错误的业务流程或环节。

第三节　风险管理体系

考点一：风险管理策略工具

风险管理策略工具共有七种：风险承担、风险规避、风险转移、风险转换、风险对冲、风险补偿和风险控制。

1. 风险承担

风险承担亦称风险保留、风险自留。风险承担是指企业对所面临的风险采取接受的态度，从而承担风险带来的后果。

对未能辨识出的风险，企业只能采用风险承担。

对于辨识出的风险，企业也可能由于以下几种原因采用风险承担：

（1）缺乏能力进行主动管理，对这部分风险只能承担；

（2）没有其他备选方案；

（3）从成本效益考虑，这一方案是最适宜的方案。

对于企业的重大风险，即影响到企业目标实现的风险，企业一般不应采用风险承担。

2. 风险规避

风险规避是指企业回避、停止或退出蕴含某一风险的商业活动或商业环境，避免成为风险的所有人。例如：

（1）退出某一市场以避免激烈竞争；

（2）拒绝与信用不好的交易对手进行交易；

（3）外包某项对工人健康安全风险较高的工作；

（4）停止生产可能有潜在客户安全隐患的产品；

（5）禁止各业务单位在金融市场进行投机；

（6）不准员工访问某些网站或下载某些内容。

3. 风险转移

风险转移是指企业通过合同将风险转移到第三方，企业对转移后的风险不再拥有所有权。转移风险不会降低其可能的严重程度，只是从一方移除后转移到另一方。例如：

（1）保险；

（2）非保险型的风险转移：将风险可能导致的财务风险损失负担转移给非保险机构。例如，服务保证书等；

（3）风险证券化。

4. 风险转换

风险转换是指企业通过战略调整等手段将企业面临的风险转换成另一个风险。风险转换的手段包括战略调整和衍生产品等。风险转换一般不会直接降低企业总的风险，其简单形式就是在减少某一风险的同时，增加另一风险。例如，通过放松交易客户信用标准，增加了应收账款，但扩大了销售。

5. 风险对冲

风险对冲是指采取各种手段，引入多个风险因素或承担多个风险，使得这些风险能够互相对冲，也就是使这些风险的影响互相抵销。

常见的例子有资产组合使用、多种外币结算的使用和战略上的多种经营等。

在金融资产管理中，对冲也包括使用衍生产品，如利用期货进行套期保值。

在企业的风险中，有些风险具有自然对冲的性质，应当加以利用。例如，不同行业的经济周期风险对冲。

风险对冲必须涉及风险组合，而不是对单一风险；对于单一风险，只能进行风险规避、风险控制。

6. 风险补偿

风险补偿是指企业对风险可能造成的损失采取适当的措施进行补偿。风险补偿表现在企业主动承担风险，并采取措施以补偿可能的损失。

风险补偿的形式有财务补偿、人力补偿、物资补偿等。

财务补偿是损失融资，包括企业自身的风险准备金或应急资本等。例如，某公司历史上一直购买灾害保险，但经过数据分析，认为保险公司历年的赔付不足以平衡相应的保险费用支出，而不再续保；同时，为了应付可能发生的灾害性事件，公司与银行签订应急资本协议，规定在灾害发生时，由银行提供资本以保证公司的持续经营。

7. 风险控制

风险控制是指控制风险事件发生的动因、环境、条件等，来达到减轻风险事件发生时的损失或降低风险事件发生的概率的目的。

通常影响某一风险的因素有很多。风险控制可以通过控制这些因素中的一个或多个来达到目的，但主要的是风险事件发生的概率和发生后的损失。

控制风险事件发生的概率的例子如室内使用不易燃地毯、山上禁止吸烟等，而控制风险事件发生后的损失的例子如修建水坝防洪、设立质量检查防止次品出厂等。

风险控制对象一般是可控风险，包括多数运营风险，如质量、安全和环境风险，以及法律风险中的合规性风险。

一般情况下，对战略、财务、运营和法律风险，可采取风险承担、风险规避、风险转换和风险控制等方法。对能够通过保险、期货、对冲等金融手段进行理财的风险，可以采用风险转移、风险对冲和风险补偿等方法。

【例题 6 - 22 · 单选题】中科公司是国内一家著名的印刷机制造商。面对 G 国先进印刷机在中国的市场占有率迅速提高，中科公司将业务转型为给 G 国印刷机的用户提供零配件和维修保养服务，取得比业务转型前更高的收益率。从风险管理策略角度看，中科公司采取的策略是（　　）。（2019 年）

A. 风险规避 　　　　　　　　　　B. 风险转换

C. 风险补偿 　　　　　　　　　　D. 风险转移

【答案】A

【解析】"面对 G 国先进印刷机在中国的市场占有率迅速提高，中科公司将业务转型为给 G 国印刷机的用户提供零配件和维修保养服务"表明中科公司退出了印刷机制造市场的竞争，以后不会再面临或发生相关领域的风险，即风险规避。

【本题思路】

注意区分：

风险规避是指企业回避、停止或退出蕴含某一风险的商业活动或商业环境，避免成为风险的所有人。

风险转移是指企业通过合同将风险转移到第三方。风险转换是指企业通过战略调整等手段将企业面临的风险转换成另一个风险。（企业外部转移）

风险转换是指企业通过战略调整等手段将企业面临的风险转换成另一个风险。（企业内部转换）

【例题 6 - 23 · 单选题】M 国某地区位于地震频发地带，那里的居民具有较强的防震意识，住房普遍采用木质结构，抗震性能优越。不少家庭加装了地震时会自动关闭煤气的仪器，以防范地震带来的相关灾害。根据上述信息，该地区居民采取的风险管理策略工具是（　　）。（2018 年）

A. 风险转移　　　B. 风险控制　　　C. 风险转换　　　D. 风险规避

【答案】B

【解析】住房普遍采用木质结构，抗震性能优越。加装地震时会自动关闭煤气的仪器。属于控制风险事件发生的动因、环境、条件等，来达到减轻风险事件发生时的损失或降低风险事件发生的概率的目的，体现的是风险控制。

【例题 6 - 24 · 多选题】星云公司制造手机所需的部分零部件由奇象公司提供。星云公司

为了防范和应对采购过程中可能出现的风险，与奇象公司签订了严格而规范的合同，其中一项规定是：如果由于外界不可抗力因素造成奇象公司不能按时供货并给星云公司带来损失，只要损失额超过一定数量，那么超过的部分由奇象公司予以赔偿。在上述案例中，星云公司采取的风险管理工具有（　　）。(2017 年)

A. 风险承担　　　　B. 风险规避　　　　C. 风险转移　　　　D. 风险补偿

【答案】AC

【解析】只要损失额超过一定数量，那么超过的部分由奇象公司予以赔偿，体现的是风险转移，选项 C 正确。如果不超过一定数量，则为风险承担。选项 A 正确。

【例题 6－25·单选题】 下列各项中，属于企业一般不应把风险承担作为风险管理策略的情况是（　　）。(2016 年)

A. 企业管理层及全体员工都未辨识出风险

B. 企业面临影响企业目标实现的重大风险

C. 企业从成本效益考虑认为选择风险承担是最适宜的方案

D. 企业缺乏能力对已经辨识出的风险进行有效管理与控制

【答案】B

【解析】对未能辨识出的风险，企业只能采用风险承担。对于辨识出的风险，企业也可能由于以下几种原因采用风险承担：(1) 缺乏能力进行主动管理，对这部分风险只能承担；(2) 没有其他备选方案；(3) 从成本效益考虑，这一方案是最适宜的方案。对于企业的重大风险，即影响到企业目标实现的风险，企业一般不应采用风险承担。所以，选项 B 错误。

【例题 6－26·多选题】 某商品经销商在期货市场上做与现货市场商品相同或者相近但交易部位相反的买卖行为，以便将现货市场价格波动的风险在期货市场上抵消。下列各项中，对该经销商采用的风险管理方法表述正确的有（　　）。(2014 年)

A. 该经销商采用的风险管理方法是风险对冲

B. 该经销商采用的风险管理方法主要是为了盈利

C. 该经销商采用的风险管理方法回避了价格风险

D. 该经销商采用的风险管理方法主要是为了管理财务风险

【答案】AC

【解析】选项 A 正确，"商品相同或者相近但交易部位相反的买卖行为"，也就是相同的商品既买涨又买跌，属于风险对冲；

选项 B 错误，该商品经销商采用的风险管理办法是期货的套期保值，而套期保值的目的是降低风险，投机的目的才是承担额外的风险以盈利；

选项 C 正确，"将现货市场价格波动的风险在期货市场上抵销"，也就是回避了价格风险；

选项 D 错误，套期保值主要是回避价格风险，所以主要管理的是市场风险，而不是财务风险。

【例题 6－27·多选题】 甲公司是一家生产高档不锈钢表壳的企业，产品以出口为主，以美元为结算货币。公司管理层召开会议讨论如何管理汇率风险，与会人员提出不少对策。关于这些对策，以下表述正确的有（　　）。(2013 年)

A. 部门经理刘某提出"风险规避"策略：从国外进口相关的原材料，这样可以用外币支付采购货款，抵消部分人民币升值带来的影响

B. 业务员李某提出"风险对冲"策略：运用套期保值工具来控制汇率风险

C. 财务部小王提出"风险转移"策略：干脆公司把目标客户群从国外转移到国内，退出国外市场，这样就从根本上消除了汇率风险

D. 负责出口业务的副总张某提出"风险控制"策略：加强对汇率变动趋势的分析和研究，以减少汇率风险带来的损失

【答案】BD

【解析】风险规避：指企业回避、停止或退出。选项 A 错误，"用外币支付采购货款，抵消部分人民币升值带来的影响，"引入外币，对冲人民币升值的风险，属于"风险对冲"策略；

风险转移：指企业通过合同将风险转移到第三方。例如保险、非保险型的风险转移、风险证券化。选项 C 错误，"从根本上消除了汇率风险"，属于"风险规避"策略；

风险对冲：引入其他风险因素，使这些风险因素能够互相对冲。选项 B 正确，套期保值是常用的风险对冲工具；

风险控制：控制风险发生的动因、环境、条件等，减轻发生的概率。风险控制对象一般是可控风险。选项 D 正确，"以减少汇率风险带来的损失"，汇率的风险可以通过加强分析和研究来控制。

考点二：风险度量方法

风险度量方法	说明
最大可能损失	是指风险事件发生后可能造成的最大损失。用最大可能损失来定义风险承受度是最差情形的思考逻辑。企业一般在无法判断发生概率或无须判断概率的时候，使用最大可能损失作为风险的衡量
概率值	是指风险事件发生的概率或造成损失的概率。在可能的结果只有好坏、对错、是否、输赢、生死等简单情况下，常常使用概率值
期望值	通常指的是数学期望，即概率加权平均值：所有事件中，每一事件发生的概率乘以该事件的影响的乘积，然后将这些乘积相加得到和。常用的期望值有统计期望值和效用期望值，期望值的办法综合了概率和最大损失两种方法
在险值	又称 VaR，是指在正常的市场条件下，在给定的时间段中，给定的置信区间内，预期可能发生的最大损失。在险值具有通用、直观、灵活的特点。在险值的局限性是适用的风险范围小，对数据要求严格，计算困难，对肥尾效应无能为力

【例题 6－28·单选题】甲基金公司在对基金管理、受托资产管理、基金销售和咨询等业务活动进行风险度量时，首先对所有事件中每一事件发生的概率乘以该事件的影响，然后将这些乘积相加得到风险数值。甲基金公司采用的风险度量方法是（　　）。（2019 年）

A. 最大可能损失　　　　　　　　B. 概率值

C. 期望值　　　　　　　　　　　D. 在险值

【答案】C

依据：《公司战略与风险管理》教材"第六章　风险与风险管理　第四节　风险管理体系"。

【解析】期望值通常指的是数学期望，即概率加权平均值；所有事件中，每一事件发生的概率乘以该事件的影响的乘积，然后将这些乘积相加得到和。本题中甲基金公司风险度量方法采用的即是期望值。选项 C 正确。

【例题6－29·单选题】厨具生产商佳乐公司为了分散经营风险，开展多元化经营，投资了一个环保项目。由于对该项目的前期调研不够充分，相关信息搜索不足，公司管理人员在分析项目运营风险时，无法判断风险发生的概率。在这种情况下，佳乐公司应采取的风险度量方法是（　）。（2019年）

A. 期望值
B. 在险值
C. 最大可能损失
D. 概率值

【答案】C

【解析】企业一般在无法判断发生概率或无须判断概率的时候，使用最大可能损失作为风险的衡量，所以选项C正确。

考点三：风险管理委员会

具备条件的企业，董事会可下设风险管理委员会。该委员会的召集人应由不兼任总经理的董事长担任；董事长兼任总经理的，召集人应由外部董事或独立董事担任。该委员会成员中需有熟悉企业重要管理及业务流程的董事，以及具备风险管理监管知识或经验、具有一定法律知识的董事。

风险管理委员会对董事会负责，主要履行以下职责：

（1）提交全面风险管理年度报告；

（2）审议风险管理策略和重大风险管理解决方案；

（3）审议重大决策、重大风险、重大事件和重要业务流程的判断标准或判断机制，以及重大决策的风险评估报告；

（4）审议内部审计部门提交的风险管理监督评价审计综合报告；

（5）审议风险管理组织机构设置及其职责方案；

（6）办理董事会授权的有关全面风险管理的其他事项。

考点四：审计委员会

企业应在董事会下设立审计委员会，企业内部审计部门对审计委员会负责。内部审计部门在风险管理方面，主要负责研究提出全面风险管理监督评价体系，制定监督评价相关制度，开展监督与评价，出具监督评价审计报告。

（一）审计委员会的履责方式

建议审计委员会每年至少举行三次会议，并于审计周期的主要日期举行。审计委员会应每年至少与外聘及内部审计师会面一次，讨论与审计相关的事宜，但无须管理层出席。

（二）审计委员会与合规

审计委员会的主要活动之一是核查对外报告规定的遵守情况。审计委员会一般有责任确保企业履行对外报告的义务。

（三）审计委员会与内部审计

确保充分且有效的内部控制是审计委员会的义务，其中包括负责监督内部审计部门的工作。

审计委员会应监察和评估内部审计职能在企业整体风险管理系统中的角色和有效性。它应该核查内部审计的有效性，并批准对内部审计主管的任命和解聘，它还应确保内部审计部门能直接与董事会主席接触，并负有向审计委员会说明的责任。审计委员会及内部审计师需要确保内部审计部门正在有效运行。它将在四个主要方面对内部审计进行复核，即组织中的地位、职能范围、技术才能和专业应尽义务。

考点五：内部控制系统

（一）COSO 体系三目标与五要素

《内部控制——整合框架》提出了内部控制的三项目标和五大要素。

三大目标：经营的效率和有效性、确保财务报告的可靠性、遵循适用的法律法规。

五大要素：控制环境、风险评估、控制活动（哪些措施）、信息与沟通、内部监督

【例题 6-30·单选题】在 COSO《内部控制：整合框架》中，没有作为内部控制的目标的是（　　）。（2013 年）

A. 战略目标　　　　B. 运营目标　　　　C. 财务报告目标　　　D. 合规目标

【答案】A

【解析】战略目标属于 COSO《风险管理：整合框架》中的风险管理目标，而不属于 COSO《内部控制：整合框架》中的内部控制的目标。选项 B、C 和选项 D 属于 COSO《内部控制：整合框架》中内部控制的三大目标。

（二）内部控制的要素

内部控制要素有五个：控制环境、风险评估、控制活动、信息与沟通、监控。

1. 控制环境

企业应当在董事会下设立审计委员会。审计委员会负责审查企业内部控制，监督内部控制的有效实施和内部控制自我评价情况，协调内部控制审计及其他相关事宜等。审计委员会负责人应当具备相应的独立性、良好的职业操守和专业胜任能力。

企业应当结合业务特点和内部控制要求设置内部机构，明确职责权限，将权利与责任落实到各责任单位。企业应当通过编制内部管理手册，使全体员工掌握内部机构设置、岗位职责、业务流程等情况，明确权责分配，正确行使职权。

企业应当加强内部审计工作，保证内部审计机构设置、人员配备和工作的独立性。内部审计机构应当结合内部审计监督，对内部控制的有效性进行监督检查。内部审计机构对监督检查中发现的内部控制缺陷，应当按照企业内部审计工作程序进行报告；对监督检查中发现的内部控制重大缺陷，有权直接向董事会及其审计委员会、监事会报告。

【例题 6-31·单选题】甲公司在实施全面风险管理过程中，注重加强法制教育，增强董事、监事、经理及其他高级管理人员和员工的法治观念，严格依法决策、依法办事、依法监督。甲公司的上述做法所涉及的内部控制要素是（　　）。（2019 年）

A. 控制环境　　　　　　　　　　　B. 风险评估

C. 监控　　　　　　　　　　　　　D. 控制活动

【答案】A

【解析】控制环境决定了企业的基调，直接影响企业员工的控制意识。控制环境包括员工的诚信度、职业道德和才能；管理哲学和经营风格；权责分配方法、人事政策；董事会的经营重点和目标等。依据《企业内部控制基本规范》关于内部环境要素的要求：企业应加强法制教育，增强董事、监事、经理及其他高级管理人员和员工的法制观念，严格依法决策、依法办事、依法监督，建立健全法律顾问制度和重大法律纠纷案件备案制度。选项 A 正确。

【例题 6-32·单选题】凌云公司近年来不断加强企业内部控制体系建设，在董事会下设立了审计委员会。审计委员会负责审查企业内部控制，监督内部控制的实施和内部控制自我评价情况，协调内部控制审计及其他相关事宜。根据 COSO《内部控制框架》，凌云公司的上述做法属于内部控制要素的（   ）。（2017 年）

A. 风险评估

B. 控制活动

C. 监控

D. 控制环境

【答案】D

【解析】企业应当在董事会下设立审计委员会，审计委员会负责审查企业内部控制，监督内部控制的有效实施和内部控制的自我评价情况，协调内部控制审计及其他相关事宜等。属于控制环境的范畴，选项 D 正确。

【本题思路】题目的重点在于"在董事会下设立审计委员会"，属于控制环境的范畴；后面属于审计委员会的职责描述，不要被后面的信息混淆。

2. 风险评估

企业应当采用定性与定量相结合的方法，按照风险发生的可能性及其影响程度等，对识别的风险进行分析和排序，确定关注重点和优先控制的风险。企业进行风险分析，应当充分吸收专业人员，组成风险分析团队，按照严格规范的程序开展工作，确保风险分析结果的准确性。

企业应当根据风险分析的结果，结合风险承受度，权衡风险与收益，确定风险应对策略。企业应当合理分析、准确掌握董事、经理及其他高级管理人员、关键岗位员工的风险偏好，采取适当的控制措施，避免因个人风险偏好给企业经营带来重大损失。

企业应当综合运用风险规避、风险降低、风险分担和风险承受等风险应对策略，实现对风险的有效控制。

企业应当结合不同发展阶段和业务拓展情况，持续收集与风险变化相关的信息，进行风险识别和风险分析，及时调整风险应对策略。

3. 控制活动的要求

控制措施	具体要求
不相容职务分离控制	要求企业全面系统地分析、梳理业务流程中所涉及的不相容职务，实施相应的分离措施，形成各司其职、各负其责、相互制约的工作机制
授权审批控制	要求企业根据常规授权和特别授权的规定，明确各岗位办理业务和事项的权限范围、审批程序和相应责任。 常规授权是指企业在日常经营管理活动中按照既定的职责和程序进行的授权。特别授权是指企业在特殊情况、特定条件下进行的授权。企业各级管理人员应当在授权范围内行使职权和承担责任。 企业对于重大的业务和事项，应当实行集体决策审批或者联签制度，任何个人不得单独进行决策或者擅自改变集体决策

续表

控制措施	具体要求
会计系统控制	要求企业严格执行国家统一的会计准则制度，加强会计基础工作，明确会计凭证、会计账簿和财务会计报告的处理程序，保证会计资料真实完整。 (1) 企业应当依法设置会计机构，配备会计从业人员； (2) 从事会计工作的人员，必须取得会计从业资格证书； (3) 会计机构负责人应当具备会计师以上专业技术职务资格； (4) 大中型企业应当设置总会计师。设置总会计师的企业，不得设置与其职权重叠的副职
财产保护控制	要求企业建立财产日常管理制度和定期清查制度，采取财产记录、实物保管、定期盘点、账实核对等措施，确保财产安全。企业应当严格限制未经授权的人员接触和处置财产
预算控制	要求企业实施全面预算管理制度，明确各责任单位在预算管理中的职责权限，规范预算的编制、审定、下达和执行程序，强化预算约束
运营分析控制	要求企业建立运营情况分析制度，经理层应当综合运用生产、购销、投资、筹资、财务等方面的信息，通过因素分析、对比分析、趋势分析等方法，定期开展运营情况分析，发现存在的问题，及时查明原因并加以改进
绩效考评控制	要求企业建立和实施绩效考评制度，科学设置考核指标体系，对企业内部各责任单位和全体员工的业绩进行定期考核和客观评价，将考评结果作为确定员工薪酬以及职务晋升、评优、降级、调岗、辞退等的依据

【例题6-33·多选题】 下列各项中，属于内部控制要素中的控制活动，在风险管理框架下的公司治理中的体现有（   ）。（2014年）

A. 独立董事的独立性

B. 董事长对经理的决策授权与监督

C. 董事、监事、经理的考核激励控制

D. 董事会聘请独立第三方对经理履行职责情况的检查

【答案】 BC

【解析】 控制活动：不相容职务分离控制、授权审批控制（选项B正确）、会计系统控制、财产保护控制、预算控制、运营分析控制和绩效考评控制（选项C正确）；选项A属于控制环境，选项D属于内部控制要素中的监督。

【例题6-34·多选题】 下列职务中，属于不相容职务的有（   ）。（2017年）

A. 执行与监督检查　　　　　　　B. 决策审批与监督检查

C. 决策审批与执行　　　　　　　D. 可行性研究与决策审批

【答案】 ACD

【解析】 不相容职务通常包括：可行性研究与决策审批；决策审批与执行；执行与监督检查等。决策审批和监督检查不属于不相容职务。故选项B错误。

4. 监控相关要求

内部监控要素的要求	详细要求
制定内部控制监督制度	企业应当根据本规范及其配套办法，制定内部控制监督制度，明确内部审计机构（或经授权的其他监督机构）和其他内部机构在内部监督中的职责权限，规范内部监督的程序、方法和要求

续表

内部监控要素的要求	详细要求
对发现的缺陷 及时整改并报告	企业应当制定内部控制缺陷认定标准，对监督过程中发现的内部控制缺陷，应当分析缺陷的性质和产生的原因，提出整改方案，采取适当的形式及时向董事会、监事会或者经理层报告。 内部控制缺陷包括设计缺陷和运行缺陷。企业应当跟踪内部控制缺陷整改情况，并就内部监督中发现的重大缺陷，追究相关责任单位或者责任人的责任
定期自我评价	企业应当结合内部监督情况，定期对内部控制的有效性进行自我评价，出具内部控制自我评价报告。内部控制自我评价的方式、范围、程序和频率，由企业根据经营业务调整、经营环境变化、业务发展状况、实际风险水平等自行确定
保留内控记录或资料	企业应当以书面或者其他适当的形式，妥善保存内部控制建立与实施过程中的相关记录或者资料，确保内部控制建立与实施过程的可验证性

【例题 6-35·多选题】隆盛信托投资公司自成立以来，结合业务特点和内部控制要求设置内部机构，明确职责权限，将权力和责任落实到责任单位，同时综合运用风险规避、风险降低、风险分担和风险承受等风险应对策略，实现对风险的有效控制。根据我国《企业内部控制基本规范》，该公司的上述做法涉及的内部控制要素有（　　）。（2018 年）

A. 控制环境　　　　B. 风险评估　　　　C. 控制活动　　　　D. 信息与沟通

【答案】AB

【解析】结合业务特点和内部控制要求设置内部机构，明确职责权限，将权力和责任落实到责任单位，属于控制环境，选项 A 正确；综合运用风险规避、风险降低、风险分担和风险承受等风险应对策略，实现对风险的有效控制，属于风险评估，选项 B 正确。

考点六：风险理财特点

风险理财的手段既不改变风险事件发生的可能性，也不改变风险事件可能引起的直接损失程度。

风险理财需要判断风险的定价，因此量化的标准较高，即不仅需要风险事件的可能性和损失的分布，更需要量化风险本身的价值。

风险理财的应用范围一般不包括声誉等难以衡量其价值的风险，也难以消除战略失误造成的损失。

风险理财手段技术强，许多风险理财工具本身有着比较复杂的风险特性，使用不当容易造成重大损失。

考点七：金融衍生品

金融衍生品：远期合约、互换交易、期货、期权。

项目	说明
运用衍生产品进行风险管理的主要思路	（1）增加自己愿意承担的风险； （2）消除或减少自己不愿意承担的风险； （3）转换不同的风险

续表

项目	说明	
运用衍生产品进行风险管理需满足的条件	(1) 满足合规要求； (2) 与公司的业务和发展战略保持一致； (3) 建立完善的内部控制措施，包括授权、计划、报告、监督、决策等流程和规范； (4) 采用能够准确反映风险状况的风险计量方法，明确头寸、损失、风险限额； (5) 完善的信息沟通机制，保证头寸、损失、风险敞口的报告及时可靠； (6) 合规的操作人员	
衍生产品的特点	优点	准确性；时效；使用方便；成本优势；灵活性；对于管理金融市场等市场风险有不可替代的作用
	缺点	衍生产品的杠杆作用很大，因而风险很大，如用来投机可能会造成巨大损失

考点八：损失事件管理

损失事件管理是指对可能给企业造成重大损失的风险事件的事前、事后管理的方法。损失的内容包括企业的资金、声誉、技术、品牌、人才等。

1. 损失融资

损失融资是为风险事件造成的财物损失融资，是从风险理财的角度进行损失事件的事后管理，是损失事件管理中最有共性，也是最重要的部分。

损失事件融资分为预期损失融资和非预期损失融资。预期损失融资一般作为运营资本的一部分，而非预期损失融资则是属于风险资本的范畴。

2. 风险资本

风险资本即除经营所需的资本之外，公司还需要额外的资本用于补偿风险造成的财务损失。传统的风险资本表现形式是风险准备金。风险资本是使一家公司破产的概率低于某一给定水平所需的资金，因此取决于公司的风险偏好。

例如，一家公司每年最低运营资本是 5 亿元，但是有 5% 的可能性需要 7.5 亿元维持运营，有 1% 的可能性需要 10 亿元才能维持运营。换句话说，如果风险资本为 2.5 亿元，那么这家公司的生存概率就是 95%，而 5 亿元的风险资本对应的则是 99% 的生存概率。

【例题 6 - 36·单选题】甲公司每年最低运营资本是 10 亿元，但有 5% 可能需 12 亿元维持运营，该公司筹集了 12 亿元，将生存概率提高到 95%，甲公司管理损失事件方法为（　　）。(2019 年)

A. 风险资本　　B. 损失融资　　C. 保险　　D. 专业自保

【答案】A

【解析】本题考查损失事件管理，企业除经营所需的资本之外，还需要额外的资本用于补偿风险造成的财务损失，这种损失事件管理方法为风险资本。

3. 应急资本

应急资本是风险资本的表现形式之一。应急资本是一个金融合约，规定在某一个时间段内、某个特定事件发生的情况下公司有权从应急资本提供方处募集股本或贷款，并为此按时间向资本提供方缴纳权力费，这里特定事件称为触发事件。

应急资本费用、利息和额度在合同签订时约定。

应急资本最简单的形式是公司为满足特定条件下的经营需要而从银行获得的信贷额度，一般通过与银行签订协议加以明确，比如信用证、循环信用工具等。

应急资本具有如下特点：

（1）应急资本的提供方并不承担特定事件发生的风险，而只是在事件发生并造成损失后提供用于弥补损失、持续经营的资金。事后公司要向资本提供者归还这部分资金，并支付相应的利息。

（2）应急资本是一个综合运用保险和资本市场技术设计和定价的产品。与保险不同，应急资本不涉及风险的转移，是企业风险补偿策略的一种方式。

（3）应急资本是一个在一定条件下的融资选择权，公司可以不使用这个权利。

（4）应急资本可以提供经营持续性的保证。

【例题6-37·多选题】2017年初，甲公司与乙银行签订一份协议，约定甲公司一旦发生特定事件引起财务危机时，有权从乙银行取得500万元贷款来应对风险。在协议中，双方明确了甲公司归还贷款的期限以及获得贷款应当支付的利息和费用。针对甲公司采取的措施，下列各项中表述正确的有（　　）。（2018年）

A. 甲公司采取的风险理财策略不涉及风险补偿

B. 甲公司采取的风险理财策略为其可持续经营提供了保证

C. 甲公司采取的风险理财策略是风险资本的表现形式之一

D. 乙银行向甲公司提供贷款不承担甲公司发生特定事件的风险

【答案】BCD

【解析】题干中，"约定甲公司一旦发生特定事件引起财务危机时，有权从乙银行取得500万元贷款来应对风险"，描述的是应急资本。根据应急资本的特点，选项BCD正确。

4. 保险

保险合同降低了购买保险一方的风险，因为他把损失的风险转移给了保险公司。

保险是风险转移的传统手段，即投保人通过保险把风险可能导致的财务损失负担转移给保险公司。

可保风险是纯粹风险，机会风险不可保。运用保险这种工具实施风险转移策略只适合一定的条件。

5. 专业自保

专业自保公司又称专属保险公司，是非保险公司的附属机构，为母公司提供保险，并由其母公司筹集保险费，建立损失储备金。几乎所有的大跨国公司都有专业自保公司。

优点（新增）：降低运营成本；改善公司现金流；保障项目更多；公平的费率等级；保障的稳定性；直接进行再保险；提高服务水平；减少规章的限制；国外课税扣除和流通转移。

缺点（新增）：内部管理成本；资本与投入；管理人员的新核心；损失储备金不足和潜在损失；税收检查；成本增加或减少其他保险的可得性。

【例题6-38·单选题】宏远海运公司为了加强对损失事件的管理成立了一家附属机构，这家附属机构的职责是用母公司提供的资金建立损失储蓄金，并为母公司提供保险。宏远海运公司管理损失事件的方法属于（　　）。（2017年）

A. 损失融资　　　　B. 风险资本　　　　C. 保险　　　　D. 专业自保

【答案】D

【解析】专业自保公司又称专属保险公司，是非保险公司的附属机构，为母公司提供保险，并由其母公司筹集保险费，建立损失储备金。题中附属机构为母公司建立损失储备金。

考点九：套期保值与投机

期货（或期权）市场主要有两类业务：套期保值和投机。套期保值是指为了配合现货市场的买入（或卖出）行为，冲抵现货市场价格波动的风险，而通过期货（或期权）市场从事反向交易活动，即卖出（或买入）相应的期货（或期权）合约的行为，其目的是为了对冲价格波动的风险；投机是指单纯的买卖期货（或期权）合约，其目的是为了获得期货（或期权）合约价格波动的投机差价。套期保值的结果是降低了风险；而投机的结果是增加了风险。

【例题6-39·单选题】甲企业是一家大型纺织企业，主要生产原材料为棉花，甲企业预计未来棉花价格将持续上涨。为了降低已经承接的纺织品订单的生产成本上涨风险，甲企业决定以套期保值的方式规避棉花现货风险。下列选项中，不符合套期保值特征的是（　　）。(2013年)

A. 甲企业从事棉花套期保值的目的是通过降低棉花价格变动风险而获利

B. 甲企业为套期保值所持有的棉花期货合约可以在到期日之前卖出平仓或者到期交割

C. 甲企业棉花期货合约开仓时的价格反映了市场参与者对棉花的远期预期价格

D. 甲企业持有的棉花期货合约对应的"基差"反映了棉花现货和棉花期货的价格差异，该差异在期货合约到期日之前，既可以为正，也可以为负

【答案】A

【解析】选项A错误，套期保值的目的是降低风险，而投机的目的是承担额外的风险以盈利；

选项B正确，为套期保值所持有的期货合约可以在到期日之前卖出平仓或者到期交割，但绝大多数期货合约不会在到期日用标的物进行交割而选择平仓；

选项C正确，期货合约开仓时的价格反映了市场参与者对标的物的远期预期价格；

选项D正确，期货合约对应的"基差"表示标的物的现货价格与所用合约的期货价格之差。基差在期货合约到期日为零，在此之前可正可负。一般而言，离到期日越近，基差就越小。

考点十：风险管理信息系统

【例题6-40·多选题】下列关于风险管理信息系统功能的表述中，正确的有（　　）。(2014年)

A. 能够对各种风险进行计量和定量分析

B. 实时反映风险矩阵和排序频谱、重大风险和重要业务流程的监控状态

C. 对超过风险预警上限的重大风险实施信息预警

D. 实现风险相关信息与企业外部利益相关者的共享

【答案】ABC

【解析】风险管理信息系统应能够进行对各种风险的计量和定量分析、定量测试（选项A正确）；

能够实时反映风险矩阵和排序频谱、重大风险和重要业务流程的监控状态（选项B正确）；

能够对超过风险预警上限的重大风险实施信息报警（选项C正确）；

能够满足风险管理内部信息报告制度和企业对外信息披露管理制度的要求。风险管理信息系统应实现信息在各职能部门、业务单位之间的集成与共享，既能满足单项业务风险管理的要求，也能满足企业整体和跨职能部门、业务单位的风险管理综合要求（选择D错误，内部共享，而不

是外部）。

考点十一：风险管理技术与方法

（一）头脑风暴法

可分为直接头脑风暴法（通常简称"头脑风暴法"）和质疑头脑风暴法（也称"反头脑风暴法"）。前者是专家群体决策，尽可能激发创造性，产生尽可能多的设想的方法，后者则是对前者提出的设想、方案逐一质疑，分析其现实可行性的方法。

优点	局限性
（1）激发了想象力，有助于发现新的风险和全新的解决方案； （2）让主要的利益相关者参与其中，有助于进行全面沟通； （3）速度较快并易于开展	（1）参与者可能缺乏必要的技术及知识，无法提出有效的意见； （2）由于头脑风暴法相对松散，因此较难保证过程的全面性； （3）可能会出现特殊的小组情况，导致某些有重要观点的人保持沉默而其他人成为讨论的主角； （4）实施成本较高，要求参与者有较好的素质，这些因素是否满足会影响头脑风暴法实施的效果

（二）德尔菲法（Delphi Method）

又称专家意见法，是采用背对背的通信方式征询专家小组成员的意见，经过几次反复征询和反馈，专家小组成员的意见逐步趋于集中，最后获得具有很高准确率的集体判断结果。

优点	局限性
（1）由于观点是匿名的，因此更有可能表达出那些不受欢迎的看法； （2）所有观点有相同的权重，避免重要人物占主导地位的问题； （3）专家不必一起聚集在某个地方，比较方便实施； （4）这种方法具有广泛的代表性	（1）权威人士的意见影响他人的意见； （2）有些专家碍于情面，不愿意发表与其他人不同的意见； （3）出于自尊心而不愿意修改自己原来不全面的意见

【例题 6-41·单选题】甲公司是一家计划向移动互联网领域转型的大型传统媒体企业。为了更好地了解企业转型中存在的风险因素，甲公司聘请了 20 位相关领域的专家，根据甲公司面临的内外部环境，针对六个方面的风险因素，反复征询每个专家的意见，直到每一个专家不再改变自己的意见、达成共识为止。该公司采取的这种风险管理方法是（　　）。（2016 年）

A. 德尔菲法　　　　　　　　　　B. 头脑风暴法

C. 情景分析法　　　　　　　　　D. 因素分析法

【答案】A

【解析】德尔菲法又名专家意见法，是在一组专家中取得可靠共识的程序。其基本特征是专家单独、匿名表达各自的观点，同时随着过程的进展，他们几乎了解其他专家的观点。德尔菲法采用背对背的通信方式征询专家小组成员的意见，专家之间不得互相讨论，不发生横向联系，只能与调查人员发生关系。通过反复填写问卷，搜集各方意见，以达成专家之间的共识。所以，选项 A 正确。

（三）失效模式影响和危害度分析法（FMECA）

主要优点	（1）广泛适用于人力、设备和系统失效模式，以及硬件、软件和程序； （2）识别组件失效模式及其原因和对系统的影响，同时用可读性较强的形式表现出来； （3）通过在设计初期发现问题，从而避免了开支较大的设备改造； （4）识别单点失效模式以及对冗余或安全系统的需要
局限性	（1）只能识别单个失效模式，无法同时识别多个失效模式； （2）除非得到充分控制并集中充分精力，否则研究工作既耗时且开支较大

（四）流程图分析法（Flow Charts Analysis）

流程图分析法是对流程的每一阶段、每一环节逐一进行调查分析，从中发现潜在风险，找出导致风险发生的因素，分析风险产生后可能造成的损失以及对整个组织可能造成的不利影响。

适用范围	通过业务流程图方法，对企业生产或经营中的风险及其成因进行定性分析
主要优点	（1）清晰明了，易于操作，且组织规模越大，流程越复杂，流程图分析法就越能体现出优越性； （2）通过业务流程分析，可以更好地发现风险点，从而为防范风险提供支持
局限性	该方法的使用效果依赖于专业人员的水平

【例题 6-42·单选题】甲公司是一家白酒生产企业。为了进一步提高产品质量，甲公司通过图表形式将白酒生产按顺序划分为多个模块，并对各个模块逐一进行详细调查，识别出每个模块各种潜在的风险因素或风险事件，从而使公司决策者获得清晰直观的印象。根据上述信息，下列各项中，对甲公司采取的风险管理办法的描述错误的是（　　）。（2018 年）

A. 该方法的优点是简单明了，易于操作

B. 该方法的使用效果依赖于专业人员的水平

C. 该方法适用于组织规模较小、流程较简单的业务风险分析

D. 该方法可以对企业生产或经营中的风险及其成因进行定性分析。

【答案】C

【解析】按顺序划分为多个模块，并对各个模块逐一进行详细调查，识别出每个模块各种潜在的风险因素或风险事件，属于流程图分析法：可以对企业生产或经营中的风险及其成因进行定性分析（选项 D 正确）；其主要优点是清晰明了，易于操作（选项 A 正确）；且组织规模越大，流程越复杂，流程图分析法就越能体现出优越性（选项 C 错误）；局限性主要是该方法的使用效果依赖于专业人员的水平（选择 B 正确）。

（五）马尔科夫分析法（Markov Analysis）

适用范围	适用于对复杂系统中不确定性事件及其状态改变的定量分析
主要优点	能够计算出具有维修能力和多重降级状态的系统的概率
局限性	（1）无论是故障还是维修，都假设状态变化的概率是固定的； （2）所有事项在统计上具有独立性，因此未来的状态独立于一切过去的状态，除非两个状态紧密相接； （3）需要了解状态变化的各种概率； （4）有关矩阵运算的知识比较复杂，非专业人士很难看懂

（六）风险评估系图法

用以评估风险影响的常见的定性方法是制作风险评估系图。

适用范围	适用于对风险初步的定性分析
实施步骤	根据企业实际绘制风险评估系图。与影响较小且发生的可能性较低的风险相比，具有重大影响且发生的可能性较高的风险更加亟待关注。然后分析每种风险的重大程度及影响
主要优点	风险评估系图法作为一种简单的定性方法，直观明了
局限性	如需要进一步探求风险原因，则显得过于简单，缺乏有效的经验证明和数据支持

【例题6-43·单选题】甲公司在实施风险管理过程中，对由人为操作和自然因素引起的各种风险对企业影响的大小和发生的可能性进行分析，为确定企业风险的优先次序提供分析框架，该公司采取的上述风险管理方法属于（　　）。（2019年）

A. 决策树法　　　　　　　　　　B. 流程图分析法

C. 马尔科夫分析法　　　　　　　D. 风险评估系图法

【答案】D

【解析】风险评估系图识别某一风险是否会对企业产生重大影响，并将此结论与风险发生的可能性联系起来，为确定企业风险的优先次序提供框架。选项D正确。

（七）情景分析法

情景分析法又称前景描述法，是假定某种现象或某种趋势将持续到未来的前提下，对预测对象可能出现的情况或引起的后果作出预测的方法。

适用范围	通过模拟不确定性情景，对企业面临的风险进行定性和定量分析
主要优点	对于未来变化不大的情况能够给出比较精确的模拟结果
局限性	（1）在存在较大不确定性的情况下，有些情景可能不够现实； （2）在运用情景分析时，主要的难点涉及数据的有效性以及分析师和决策者开发现实情境的能力，这些难点对结果的分析具有修正作用； （3）如果将情景分析作为一种决策工具，其危险在于所用情景可能缺乏充分的基础，数据可能具有随机性，同时可能无法发现那些不切实际的结果

【例题6-44·单选题】今年以来，受国内外各种不确定性因素的影响，房地产行业的发展进入了一个新阶段。甲房地产公司从定性和定量的角度，按照很好、较好、一般、较差4种不同的假设条件，预测了本公司本年度将面临的各种不确定因素以及由此给公司带来的各种不同后果。甲房地产公司采用的风险管理技术与方法是（　　）。（2014年）

A. 敏感性分析法　　　B. 条件预测法　　　C. 情景分析法　　　D. 统计推论法

【答案】C

【解析】选项A错误，敏感性分析是针对潜在的风险性，研究项目的各种不确定因素变化至一定幅度时，计算其主要经济指标变化率及敏感程度的一种方法。

选项B错误，为误导项，我们学习的风险管理技术与方法中，没有此项。

选项 C 正确，情景分析法，在识别和分析那些反映诸如最佳情景、最差情景及期望情景的多种情景时，可用来识别在特定环境下可能发生的事件并分析潜在的后果及每种情景的可能性。情景分析法的适用范围，通过模拟不确定性情景，对企业面临的风险进行定性和定量分析。

题目中，甲房地产公司从定性和定量的角度，按照很好、较好、一般、较差 4 种不同的假设条件，预测了本公司年度将面临的各种不确定因素。属于情景分析法，选项 C 正确。

（八）敏感性分析法

敏感性分析是针对潜在的风险性，研究项目的各种不确定因素变化至一定幅度时，计算其主要经济指标变化率及敏感程度的一种方法。

适用范围	适用于项目不确定性对结果产生的影响进行的定量分析
主要优点	（1）为决策提供有价值的参考信息； （2）可以清晰地为风险分析指明方向； （3）可以帮助企业制订紧急预案
局限性	（1）分析所需的数据经常缺乏，无法提供可靠的参数变化； （2）分析时借助公式计算，没有考虑各种不确定因素在未来发生变动的概率，无法给出各参数的变化情况，因此其分析结果可能与实际相反

【例题 6-45·单选题】科环公司计划在某市兴建一座垃圾处理场，并对占用土地的价格、垃圾处理收入和建设周期等不可控因素的变化对该垃圾处理场内部收益率的影响进行了分析。科环公司采取的风险管理方法是（　）。（2019 年）

A. 失效模式影响和危害度分析法　　　B. 马尔科夫分析法

C. 情景分析法　　　D. 敏感性分析法

【答案】D

【解析】敏感性分析是针对潜在的风险性，研究项目的各种不确定因素变化至一定幅度时，计算其主要经济指标变化率及敏感程度的一种方法。敏感性分析是在确定性分析的基础上，进一步分析不确定性因素对项目最终效果指标的影响及影响程度。本题中科环公司通过对土地价格等不可控因素的变化对处理场收益率影响进行分析，符合敏感性分析特征。选项 D 正确。

【例题 6-46·单选题】通达路桥公司拟在某省兴建一座大桥。这项工程将面临诸多不确定因素，如工程总投资、银行贷款、过桥费收入等。公司为了预测这项工程所产生的效益并防范可能发生的风险，组织相关人员分析了上述每一个因素的变化对该项目内部收益率的影响。通达路桥公司所采用的风险管理方法是（　）。（2017 年）

A. 情景分析法　　　B. 敏感性分析法　　　C. 马尔科夫分析法　　D. 风险评估分析

【答案】B

【解析】敏感性分析法，主要是计算变化对结果影响程度的定量分析。题目中"分析了上述每一个因素的变化对该项目内部收益率的影响"，分析各个因素对内部收益率的影响，正是采用了敏感分析法。

（九）事件树分析法（ETA）

事件树分析（Event Tree Analysis，ETA）是一种表示初始事件发生之后互斥性后果的图解技

术，其根据是为了减轻其后果而设计的各种系统是否起作用，它可以定性地和定量地应用。

适用范围	适用于对故障发生以后，在各种减轻事件严重性的影响下，对多种可能后果的定性和定量分析
主要优点	（1）以清晰的图形显示了经过分析的初始事项之后的潜在情景，以及缓解系统或功能成败产生的影响； （2）它能说明时机、依赖性，以及故障树模型中很繁琐的多米诺效应； （3）它生动地体现事件的顺序，而使用故障树是不可能表现的
局限性	（1）为了将ETA作为综合评估的组成部分，一切潜在的初始事项都要进行识别，这可能需要使用其他分析方法，但总是有可能错过一些重要的初始事项； （2）事件树只分析了某个系统的成功及故障状况，很难将延迟成功或恢复事项纳入其中； （3）任何路径都取决于路径上以前分支点处发生的事项。因此，要分析各可能路径上的众多从属因素。然而，人们可能会忽视某些从属因素，如常见组件、应用系统以及操作员等。如果不认真处理这些从属因素，就会导致风险评估过于乐观

【例题6-47·多选题】东风林场为了加强对火灾风险的防控工作，组织有关人员深入分析了由于自然或人为因素引发火灾、场内消防系统工作、火警和灭火直升机出动等不确定事件下产生各种后果的频率。下列各项中，属于该林场采用的风险管理方法优点的有（   ）。（2018年）

A. 不会遗漏重要的初始事项　　　　　　B. 生动地体现事件的顺序

C. 能说明时机、依赖性和多米诺效应　　D. 能够将延迟成功或恢复事件纳入其中

【答案】BC

【解析】根据题干，为了加强对火灾的防控工作，分析"不确定事件下产生各种后果的频率"，属于事件树分析法（适用于对故障发生以后，在各种减轻事件严重性的影响下，对多种可能后果的定性和定量分析）。根据事件树分析法的优点，选项BC正确。选项AD属于局限性。

（十）决策树法

决策树（Decision Tree，DT）是考虑到在不确定性的情况下，以序列方式表示决策选择和结果。决策树开始于初因事项或是最初决策，同时由于可能发生的事项及可能做出的决策，需要对不同路径和结果进行建模。

适用范围	适用于对不确定性投资方案期望收益的定量分析
主要优点	（1）对于决策问题的细节提供了一种清楚的图解说明； （2）能够计算到达一种情形的最优路径
局限性	（1）大的决策树可能过于复杂，不容易与其他人交流； （2）为了能够用树形图表示，可能有过于简化环境的倾向

【例题6-48·单选题】为了适应市场需求，甲公司决定投资扩大手机生产规模。市场预测表明：该产品销路好的概率为0.6，销路差的概率为0.4。据此，公司计算出多个备选方案，并根据在产品销路不确定情况下净现值的期望值，选择出最优方案。根据上述信息，甲公司采用的风险管理技术与方法是（   ）。（2017年）

A. 流程图分析法　　　　　　　　　　　B. 事件树分析法

C. 决策树分析法　　　　　　　　　　　D. 敏感性分析法

【答案】C

【解析】首先判断，计算期望值，属于定量分析，选项 A 错误；其次，敏感性分析法，主要是计算变化对结果影响程度的定量分析，题目并没有提及变化率，选项 D 错误；事件树分析法适用的是故障发生后，对可能后果的分析；决策树法，适用于对不确定性投资方案期望收益的定量分析。题目关键句，"在产品销路不确定情况下"，所以选项 C 正确。

（十一）统计推论法

统计推论法是进行项目风险评估和分析的一种十分有效的方法，它可分为前推、后推和旁推三种类型。

适用范围	适合于各种风险分析预测
主要优点	（1）在数据充足可靠的情况下简单易行； （2）结果准确率高
局限性	（1）由于历史事件的前提和环境已发生了变化，不一定适用于今天或未来； （2）没有考虑事件的因果关系，使外推结果可能产生较大偏差。为了修正这些偏差，有时必须在历史数据的处理中加入专家或集体的经验修正

跨章节综合题

【例题1·综合题】（2019年）

资料一

1984年，国内最大的汽车零部件供应商万欣公司与U国L公司签订了每年贴牌生产20万套万向节的合作协议，开展代工生产OEM业务。1994年，万欣U国公司在U国注册成立，万欣公司正式进入U国汽车零部件市场。

虽然有为U国客户代工生产的经历，但是作为中国第一个走进U国的汽车零部件企业，万欣U国公司来自新兴市场的低端形象很难得到U国企业和消费者的认同。万欣U国公司在注册时就被当地同行奚落"你们还不如养马有前途"；公司向U国企业出售经检验没问题的油脂时却以质量不合格为由屡遭退货；公司向客户提供自己擅长的低价供货方案，客户根本不买账；公司尝试向U国K公司推销产品时，业务员连门都进不去，只能在传达室谈业务；公司初次收购U国当地企业并调整员工假期遭到工会强烈反对，工会声称"即使倒闭也不会让中国企业兼并"。接踵而来的歧视和挫败让万欣U国公司意识到自己不能凭借母公司在国内资源能力的优势获得认可，要在U国生存必须适应U国规则，并彻底融入U国的经济和社会文化体系。

万欣U国公司将"瞄着U国主流社会"的本地化改造作为首要任务，不再沿用母国总部的管理理念和方法。万欣U国公司聘请U国人为首席运营官和首席财务官，在内部建立起一套符合U国国情的运营体系，重新设计了一整套规范的工作程序。在用人方面，万欣U国公司打破从国内大量派人的老框框，从当地招聘人才，按当地标准付薪。这一系列本地化举措使万欣U国公司弱化了中国企业的形象，满足了U国市场对一家普通汽车零部件企业的基本期望。此外，万欣U国公司在与客户交往中的表现也一步步获得认可，例如在市场出现波动时，一家积压了大量库存的客户向万欣U国公司求助，尽管当时公司自身经营也有困难，但还是立即收回了库存并换新货给客户。后来经这家客户主动搭桥，使一家知名企业成为万欣U国公司的大客户。

万欣U国公司在U国逐步立稳脚跟后，开始收购一些品牌价值高但经营不善的公司。1999年万欣U国公司收购L公司，这笔收购使它取代L公司成为世界上拥有最多万向节专利的公司。2000年万欣U国公司收购T公司，从而成为U国最大的汽车轮毂加工装配基地和供应商。2001年万欣U国公司又收购U国零售商A公司，获得了A公司的汽车制动器技术与品牌、U国连锁维修店和采购渠道。万欣U国公司非常注重规避跨国并购可能带来的风险，例如在收购L公司时，为了绕开工会的制约，万欣U国公司联手当地企业一起收购；在收购T公司时，万欣U国公司不仅没有解雇富余员工，还扩建厂房并招收新员工，帮助T公司渡过难关。

万欣U国公司在与当地客户的积极互动中彰显自己的信誉和能力，让外界逐渐了解并默许这家零部件企业的发展壮大。

资料二

2003 年万欣 U 国公司正式成为主机厂的一级供应商，同年收购 K 公司，该公司是翼型万向节传动轴的发明者和全球最大的一级供应商；2005 年万欣 U 国公司收购 U 国 F 汽车公司的一级供应商 S 公司和轴承企业 G 公司。一系列成功的收购进一步为万欣 U 国公司的信誉和形象加码。

2008 年全球金融危机爆发，汽车产业是受影响最大的产业之一，U 国三大汽车公司都陷入困境。原本现金流耐受力就较差的 U 国企业在危机冲击下纷纷倒下，众多供应商走向破产。而谨慎的资金管控措施让万欣 U 国公司在金融危机中保持良好的经营状况。此前万欣 U 国公司成功地帮助一些危机企业扭转局面在业内积累了不错的声誉，危机爆发后很多企业主动找到万欣 U 国公司希望能够被其收购。万欣 U 国公司曾经在竞购 H 公司时败于一家私募基金公司，而在金融危机的冲击下这家基金公司被迫清盘，H 公司的管理层主动沟通希望被万欣 U 国公司收购。

金融危机中万欣 U 国公司找到了进一步发展的突破口。万欣 U 国公司意识到金融危机前公司要尽可能适应和服从外部环境的要求，危机后公司则应当发挥自身优势，朝更有利的方向施加影响。

万欣 U 国公司运用自身和总部独有的优势整合内外部资源，帮助很多危机中的 U 国企业渡过难关，并做出"即使公司有困难，仍然保证一不裁员、二不减薪、三不减福利"的承诺。

DR 公司是一家汽车电子感应器公司，在金融危机中不得不出售。出售前公司所有者联系了万欣 U 国公司收购过的公司，了解到这些公司被收购后得到万欣 U 国公司及其总部很好的资源整合，因此拒绝另外 4 家竞标收购者而决定出售给万欣 U 国公司。2007 年 U 国 AI 公司被万欣 U 国公司并购后其大股东评价"万欣的并购会让现代化的 U 国汽车工业企业变得更加赚钱"。

2008 年 U 国 F 汽车公司旗下的 M 工厂因严重亏损被迫剥离。万欣 U 国公司收购 M 工厂后对其生产经营方式进行全面改造。在并购 H 公司后停掉了该公司的一些生产线，将设备运到万欣公司中国公司进行生产，H 公司主要负责组装、技术开发、测试、售后服务和物流，以发挥各自优势。在收购 U 国 T－D 公司后，万欣 U 国公司通过对 T－D 公司和中国总部进行优势和资源的对接，把等速驱动轴打造为继万向节之后又一个世界老大产品。2009 年万欣 U 国公司收购 U 国 DS 汽车转向轴业务后，为十分不景气的 U 国汽车业挽救约 150 个工作岗位。一系列的并购及其之后的资源整合，不仅拯救了被并购公司，也让他们认识到万欣公司的强大实力与中国国内完备的产业配套能力。

同时，万欣 U 国公司收购一级供应商，通过财务支持帮助它们渡过难关，为 3 500 位 U 国人保住了工作，也让万欣 U 国公司生产的零部件得以在 U 国三分之一的汽车上使用。

资料三

新能源汽车的问世对传统汽车制造业带来严峻的挑战。在全球环境保护的压力下，万欣公司也开始向新能源汽车领域挺进。但是由于起步晚、缺少高端技术研发人员和营销人员，万欣公司的电动车零部件核心技术远远落后于国内外的领先企业，也缺少整合供应链的资源和能力，更没有早期进入者所具有的经验曲线等成本优势。为了克服公司进入新能源汽车领域的诸多障碍，2012 年底，万欣 U 国公司协助集团总部参与竞购深陷破产危机的 U 国 AB 公司。

AB 公司是 U 国一家研制和生产锂离子能量存储设备的厂商，曾被 U 国政府和市场寄予厚望。竞购期间 U 国诸多政府官员与行业专家强烈反对将 AB 公司卖给万欣公司，他们认为 AB 公司是 U 国重点企业且部分业务和军方有直接关联，被万欣公司收购会威胁 U 国国家安全。为了减少万欣公司在 U 国受到的政治压力，万欣公司向国内备案以获得国家的背书，增加谈判筹码；万欣公司始终承诺整体收购，并维持其2 000多名员工的工作岗位，这与其他8个竞标者只对AB公司的部分业务感兴趣不同；更关键的是，万欣公司只收购AB公司的民用业务，绝对避开涉及军方的业务。万欣公司的收购方案展现了愿意承担社会责任的企业形象，得到了AB公司首席执行官的高度认可，妥善化解了来自外界的压力。

对AB公司的收购完成之后，万欣U国公司代替总部开始直接接管万欣公司在U国的新能源汽车业务。2013年公司聘请U国人R先生管理AB公司，要求他在不影响研发的前提下不断削减开支。R先生削减医疗福利，取消了免费食物和卡布奇诺咖啡机等待遇。在甩债务、拓业务、削福利这三板斧之后，AB公司终于扭转了亏损，开始步入正轨。之后，万欣公司继续向AB公司提供培养核心业务必要的财务支持，推动AB公司进入汽车电动化、电网储能及其他全球性市场，包括进入中国市场。

2013年10月万欣公司将其所有的电池制造业务交给AB公司承担，这成为双方建立互信的重要里程碑。万欣公司还开放了AB公司的实验室并建立"AB创业技术项目"，与20多家电池公司开展联合研发。万欣公司通过收购AB公司获得了世界顶尖的电池技术，与全球主流客户建立了业务联系，在新能源电池领域也更具号召力。

2014年初，经过多轮角逐，U国批准了万欣U国公司对FS电动汽车公司的收购，标志着万欣公司全面进入新能源汽车整车制造产业。在收购FS公司期间，万欣U国公司同样遭到非议，被指责"偷窃U国技术"。然而FS公司所在州州长和议员对万欣U国公司表示支持："万欣U国公司在U国20多年，形象一直比较靠谱"。并购后，万欣U国公司履行承诺，将FS公司的工厂从欧洲F国搬回U国，复产后创造了300多个工作岗位。

2015年11月，FS公司宣布与D国BM公司结成重要合作伙伴关系，万欣U国公司认为这一合作不仅将技术和资本绑在一起，而且将名誉与品牌绑在一起。万欣U国公司又一次向U国新能源市场展现自身实力，也让评价者认可其在新业务中的行为和战略。

要求：

（1）简要分析万欣U国公司成立之初所面对的社会文化风险。

（2）简要分析万欣公司国际化经营进入U国市场的主要动因。

（3）简要分析万欣U国公司在U国采用并购战略的动机与所规避的主要风险。

（4）依据新兴市场的企业战略，简要分析万欣U国公司协同总部是如何在U国实施"抗衡者"战略的。

（5）依据企业资源能力的价值链分析理论，简要分析金融危机后，万欣U国公司协同总部是如何整合资源能力，重新构筑被并购企业的竞争优势的。

（6）依据《企业内部控制应用指引第4号——社会责任》，简要分析万欣公司与万欣U国公司进入新能源汽车领域是如何规避履行社会责任风险的。

【答案】

（1）①跨国经营活动引发的文化风险。"万欣U国公司来自新兴市场的低端形象很难得到U国企业和消费者的认同。万欣U国公司在注册时就被当地同行奚落'你们还不如养马有前途'；公司向U国企业出售经检验没问题的油脂时却以质量不合格为由屡遭退货；公司向客户提供自己擅长的低价供货方案，客户根本不买账；……，公司尝试向U国K公司推销产品时，业务员连门都进不去，只能在传达室谈业务"。

②企业并购活动引发的文化风险。"公司初次收购当地企业并调整员工假期遭到工会强烈反

对，工会声称'即使倒闭也不会让中国企业兼并'"；"万欣U国公司非常注重规避跨国并购可能带来的风险，例如在收购L公司时，为了绕开工会的制约，万欣U国公司联手当地企业一起收购；在收购T公司时，万欣U国公司不仅没有解雇富余员工还扩建厂房并招收新员工"。

③组织内部因素引发的文化风险。"万欣U国公司初次收购当地企业并调整员工假期遭到工会强烈反对，工会声称'即使倒闭也不会让你们国家企业兼并'"。

（2）①寻求市场。"2003年万欣U国公司正式成为主机厂的一级供应商"；"也让万欣U国公司生产的零部件得以在U国三分之一的汽车上使用"。

②寻求现成资产。"1999年万欣U国公司收购了L公司，这笔收购使它取代L公司成为世界上拥有最多万向节专利的公司。2000年万欣U国公司收购了T公司，从而成为U国最大的汽车轮毂加工装配基地和供应商。2001年万欣U国公司又收购了U国零售商A公司，获得了A公司汽车制动器技术与品牌、U国连锁维修店和采购集团等渠道"；"万欣U国公司在2003年收购了K公司，该公司是翼型万向节传动轴的发明者和全球最大的一级供应商"；"万欣公司收购AB公司不仅获得了世界顶尖的电池技术，与全球主流客户建立了业务联系，在新能源电池领域也更具号召力"；"万欣U国公司对FS电动汽车公司的收购，标志着万欣公司全面进入新能源汽车整车制造产业"。

（3）万欣U国公司在U国采用并购战略的动机有：

①避开进入壁垒，迅速进入，争取市场机会，规避各种风险。"为了克服公司进入新能源汽车领域的诸多障碍，2012年底，万欣U国公司协助集团总部参与竞购深陷破产危机的U国AB公司"。

②获得协同效应。"在这一阶段万欣U国公司收购的企业多是一级供应商，万欣U国公司通过帮助它们为3 500位U国人保住了工作，也让万欣U国公司生产的零部件得以在U国三分之一的汽车上使用"；"AB公司终于告别了亏损，开始步入正轨。之后，万欣公司继续向AB公司提供培养核心业务必要的财务支持，推动AB公司进入汽车电动化、电网储能及其他全球性市场，包括进入中国市场。……万欣公司收购AB公司不仅获得了世界顶尖的电池技术，与全球主流客户建立了业务联系，在新能源电池领域也更具号召力"；"万欣U国公司对FS电动汽车公司的收购，标志着万欣公司全面进入新能源汽车整车制造产业。……万欣U国公司履行承诺，将FS公司的工厂从欧洲F国搬回U国，复产后创造了300多个工作岗位"。

③克服企业负外部性，减少竞争，增强对市场的控制力。"万欣公司收购AB公司不仅获得了世界顶尖的电池技术，与全球主流客户建立了业务联系，在新能源电池领域也更具号召力"；"在这一阶段万欣U国公司收购的企业多是一级供应商，万欣U国公司通过帮助它们为3 500位U国人保住了工作也让万欣公司生产的零部件得以在U国三分之一的汽车上使用"。

所规避的主要风险：

一是并购后不能很好地进行企业整合。"万欣U国公司非常注重规避跨国并购可能带来的风险，例如在收购L公司时，为了绕开工会的制约，万欣U国公司联手当地企业一起收购；在收购T公司时，万欣U国公司不仅没有解雇富余员工还扩建厂房并招收新员工，帮助T公司渡过了难关"；"DR公司是一家汽车电子感应器公司，危机中公司不得不出售。公司所有者联系了万欣U国公司收购过的公司，了解到这些公司被收购后得到万欣U国公司及其总部很好的资源整合，因此拒绝了另外4家竞标收购者"；"一系列的收购及其之后的资源整合，不仅拯救了被并购公司，也让他们认识到万欣公司的强大实力与中国国内完备的产业配套能力"。

二是跨国并购面临政治风险。"竞购AB公司期间U国诸多政府官员与行业专家强烈反对将

AB 公司卖给万欣公司，他们认为 AB 公司是 U 国重点企业且部分业务和军方有直接关联，被国内企业万欣公司收购会威胁 U 国国家安全。为了减少万欣公司在 U 国受到的政治压力，万欣公司向国内备案以获得国家的背书，增加谈判筹码；万欣公司始终承诺整体收购，并维持其 2 000 多名员工的工作岗位，这与其他 8 个竞标者只对 AB 公司的部分业务感兴趣不同；更关键的是，万欣公司只收购 AB 公司的民用业务，绝对避开涉及军方的业务。万欣公司的收购方案展现了愿意承担社会责任的企业形象，得到了 AB 公司首席执行官的高度认可，妥善化解了来自外界的危机和压力"；"在收购 FS 公司期间，万欣 U 国公司同样遇上了非议，被指责'偷窃 U 国技术'。然而 FS 公司所在州州长和议员对万欣公司表示支持，'万欣公司在 U 国 20 多年，形象一直比较靠谱'。并购后，万欣公司履行承诺，将 FS 公司的工厂从欧洲 F 国搬回 U 国，复产后创造了 300 多个工作岗位"。

（4）①不要拘泥于成本上竞争，而应该比照行业中的领先公司来衡量自己的实力。"公司向客户提供自己擅长的低价供货方案，客户根本不买账"；"万欣 U 国公司将瞄准 U 国主流社会的本地化改造作为首要任务"。

②找到一个定位明确又易于防守的市场。"这一系列本地化举措使万欣 U 国公司弱化了中国企业的形象，满足了 U 国市场对一家普通汽车零部件企业的基本期望"；"2003 年万欣 U 国公司正式成为主机厂的一级供应商"。

③在一个全球化的产业中找到一个合适的突破口。"金融危机中万欣 U 国公司找到了进一步发展的突破口。万欣 U 国公司意识到金融危机前公司要尽可能适应和服从外部环境的要求；危机后公司则应当发挥自身优势，朝更有利的方向施加影响"。

④学习从发达国家获取资源，以克服自身技能不足和资本的匮乏。"1999 年万欣 U 国公司收购了 L 公司，这笔收购使它取代 L 公司成为世界上拥有最多万向节专利的公司。2000 年万欣 U 国公司收购了 T 公司，从而成为 U 国最大的汽车轮毂加工装配基地和供应商。2001 年万欣 U 国公司又收购了 U 国零售商 A 公司，获得了 A 公司汽车制动器技术与品牌、U 国连锁维修店和采购集团等渠道"；"万欣 U 国公司在 2003 年收购了 K 公司，该公司是翼型万向节传动轴的发明者和全球最大的一级供应商；2005 年万欣 U 国公司收购了 U 国 F 汽车公司的一级供应商 S 公司和轴承企业 G 公司"；"万欣公司收购 AB 公司不仅获得了世界顶尖的电池技术，与全球主流客户建立了业务联系，在新能源电池领域也更具号召力"；"万欣 U 国公司对 FS 电动汽车公司的收购，标志着万欣公司全面进入新能源汽车整车制造产业。……万欣 U 国公司认为这一合作不仅是技术和资本绑在一起，而且是名誉与品牌都绑在了一起"。

（5）①确认那些支持企业竞争优势的关键性活动。"万欣 U 国公司收购 M 工厂后对其生产经营方式进行全面改造。在并购 H 公司后也停掉了公司的一些生产线，把它们搬到万欣公司中国公司来做，H 公司主要负责组装、技术开发、测试、售后服务和物流，以发挥各自优势"（在 U 国公司和中国国内公司各自强化自身优势活动）。

②明确价值链内各种活动之间的联系。"这些公司被收购后得到万欣 U 国公司及其总部很好的资源整合"；"万欣 U 国公司收购 M 工厂后对其生产经营方式进行全面改造"；"万欣 U 国公司通过对 T - D 公司和国内总部进行优势和资源的对接，把等速驱动轴打造为继万向节之后又一个世界老大产品"。

③明确价值系统内各项价值活动之间的联系。"一系列的收购及其之后的资源整合，不仅拯救了被并购公司，也让他们认识到万欣公司的强大实力与中国国内完备的产业配套能力"（中国

国内完备的产业配套能力包括整个价值系统的配套能力）。

（6）依据《企业内部控制应用指引第 4 号——社会责任》，万欣公司与万欣 U 国公司进入新能源汽车领域所规避履行社会责任风险有：

①环境保护投入不足，资源耗费大，造成环境污染或资源枯竭，可能导致企业巨额赔偿、缺乏发展后劲，甚至停业。"在全球环境保护的压力下，万欣公司也开始向新能源汽车领域挺进"。

②促进就业和员工权益保护不够，可能导致员工积极性受挫，影响企业发展和社会稳定。"万欣公司始终承诺整体收购，并维持其 2 000 多名员工的工作岗位"；"并购后，万欣 U 国公司履行承诺，将 FS 公司的工厂从欧洲 F 国搬回 U 国，复产后创造了 300 多个工作岗位"。

【例题 2·综合题】（2018 年）

资料一

2010 年 4 月，由 6 名工程师、2 名设计师组成的联合团队创建的科通科技公司正式成立。公司成立之初，公司 CEO 刘毅与股东们就有一个想法：要做一款设计好、品质高、价格便宜的智能手机。

2010 年的手机市场，还是国际品牌的天下，功能机仍是主体，智能手机的价格至少在 3 000 ~ 4 000 元。虽然也有一些国产品牌手机，但大多数是低质低价的山寨机。

为了开发物美价廉的智能手机，首先，科通公司运用互联网工具，让用户参与到手机硬件的设计、研发之中，通过用户的反馈意见，了解市场的最新需求。而此前其他公司的研发模式都是封闭的，动辄一两年，开发者以为做到了最好，但其实未必是用户喜欢的，而且一两年时间过去，市场很可能已经变化。其次，坚持做顶级配置，真材实料，高性能，高体验，强调超用户预期的最强性价比。第三，以品牌和口碑积累粉丝，靠口口相传，节省大量广告费用。第四，开创了官网直销预订购买的发售方式，不必通过中间商，产品可以直接送到消费者手上，省去了实体店铺的各种费用和中间的渠道费用。

2011 年 8 月 16 日，科通公司发布了第一款"为发烧而生"的科通手机。这款号称顶级配置的手机定价只有 1 999 元，几乎是同配置手机价格的一半。科通手机 2012 年实现销售量 719 万部。2014 年第二季度，科通手机占据国内智能手机市场的第一名，科通公司在全球也成为第三大手机厂商。

短短 5 年时间，科通公司的估值增长 180 倍，高达 460 亿美元。科通成为国内乃至全球成长最迅猛的企业，一度是全球估值最高的初创企业。刘毅总结科通公司成功的秘诀是"用互联网思维做消费电子，这是科通在过去 5 年取得成绩的理论基础"。在刘毅看来，"互联网思维"体现在两个关键点上：一是用户体验，利用互联网接近用户，了解他们的感受和需求；二是效率，利用互联网技术提高企业的运行效率，使优质的产品以高性价比的形式出现，做到"感动人心、价格厚道"。

科通的成功模式成为各行各业观摩学习的范本，大量企业开始对标科通，声称要用科通模式颠覆自己所在行业。"做××行业的科通"，成为众多企业的口号。

资料二

然而，在 2015 年，迅猛增长的科通遇到了前所未有的危机。一方面，销量越来越大就意味着要与数百个零部件供应商建立良好高效的合作协同关系，不能有丝毫闪失。而科通的供货不足、发货缓慢被指为"饥饿营销"，开始颇受质疑。另一方面，竞争对手越来越多、越来越强大。H 公司推出的互联网手机品牌 R 手机成为科通手机强劲的对手，O 公司和 V 公司也借助强大的线下渠道开始崛起。芯片供应商 G 公司的一脚急刹车成为导火线。在经历了 5 年的超高速增长后，2015 年下半年，科通公司放缓了飞速前进的脚步。由于市场日趋饱和，整个智能手机行业的增速下滑，虽然科通手机 2015 年 7 000 万部的销量依然是国内出货量最高的手机，但刘毅在年初喊出的 8 000 万部销量的目标没能实现。

科通手机销量下滑的趋势并没有止住。2016 年，科通手机首次跌出全球出货量前五；在国内市场，科通手机销量也从第一跌到了第五，季度出货量跌幅一度超过 40%，全年出货量暴跌 36%。而这一年，以线下渠道为主的 O 公司和 V 公司成为手机行业的新星，其手机出货量不仅增幅超过 100%，而且双双超过科通公司进入全球前五、国内前三。

因为增速放缓，一直被顶礼膜拜的科通模式在这一年开始遭遇前所未有的质疑。科通公司似乎自己也乱了节奏，在渠道、品牌和产品等方面都出现了不少问题。

科通公司认识到过于迅猛的发展背后还有很多基础没有夯实，亟待主动减速、积极补课。2016 年，科通公司内部开始进行架构和模式多维调整。

（1）刘毅亲自负责科通手机供应链管理。前供应链负责人转任首席科学家，负责手机前沿技术研究。这意味着科通公司从组织架构上加大对供应链的管理力度。

（2）开启"新零售"战略。所谓新零售就是指通过线上线下互动融合的运营方式，将电商的经验和优势发挥到实体零售中。让消费者既能享用线下看得见摸得着的良好体验，又能获取电商一样的低价格。截至 2018 年 3 月 10 日，全国范围内已有 330 个实体店"科通之家"，覆盖 186 座城市。

（3）早年一直坚持口碑营销从未请过代言人的科通公司在 2016 年开始改变策略，先后邀请几位明星作为代言人，赢得不少新老客户。

2017 年科通公司开始重新恢复高速增长。2017 年第二季度，科通手机的出货量环比增长 70%，达 2 316 万部，开创了科通手机季度出货量的新纪录。2017 年第四季度，在其他全球前五名的智能手机厂商出货量全部负增长的情况下，科通手机出货量增长 96.9%。

资料三

2014 年，刘毅开始意识到"智能硬件"和"万物互联（Internet of Things，IoT）"可能是比智能手机更大的发展机遇。于是，科通公司开启了科通生态链计划，运用科通公司已经积累的大量资金，准备在 5 年内投资 100 家创业公司，在这些公司复制科通模式。

科通公司抽出 20 名工程师，让他们从产品的角度看待拟投资的创业公司，通过与创业公司团队的沟通，了解这家公司的未来走向。科通生态链团队不仅做投资，而且是一个孵化器，从 ID、外观、结构、硬件、软件、云服务、供应链、采购、品牌等诸多方面给予创业公司全方位的支持。这些创业公司有一大半是科通生态链团队从零开始孵化的。但是，科通公司并没有控股任何一家科通生态链公司，所有的公司都是独立的。这样有利于在统一的价值观和目标下，生态链企业各自发挥技术创新优势，同时降低科通公司整体内部协调成本，规避经营风险。

科通生态链的投资主要围绕以下 5 大方向：（1）手机周边，如手机的耳机、移动电源、蓝牙音箱；（2）智能可穿戴设备，如科通手环、智能手表；（3）传统白电的智能化，如净水器、净化器；（4）极客酷玩类产品，如平衡车、3D 打印机；（5）生活方式类，如科通插线板。

2016 年，科通生态链宣布使用全新的麦家品牌，除了手机、电视、路由器等继续使用科通品牌，科通生态链的其他产品都将成为"麦家"成员。2016 年，科通生态链企业的总营业收入超过了 150 亿元。至 2018 年 5 月，科通已经投资了 90 多家生态链企业，涉足上百个行业。在移动电源、空气净化器、可穿戴设备、平衡车等许多新兴产品领域，麦家的多个产品已经做到全球数量第一。科通生态链公司也出现多个独角兽（指那些估值达到 10 亿美元以上的初创企业）。

由于科通品牌给人们高性价比的印象已经根深蒂固，因而不少人认为科通生态链企业的产品无法赢利。但实际上，科通生态链企业已经有多家实现盈利。这是因为科通公司利用其规模经济带来的全球资源优势帮助这些生态链企业提高效率。科通公司运用其全球供应链优势能够让生态链上的小公司瞬间拥有几百亿供应链提供的能力。

科通公司还建成了全球最大消费类 IoT 平台，连接超过 1 亿台智能设备。通过这种独特的战略联盟模式，科通公司投资和带动了更多志同道合的创业者，围绕手机业务构建起手机配件、智能、生活消费产品三层产品矩阵；科通公司也从一家手机公司过渡到一个涵盖众多消费电子产品、软硬件和内容全覆盖的互联网企业。

2018 年 4 月，科通公司成功上市。

要求：

（1）简要分析科通公司从初创时期到上市之前公司宗旨的变化。

（2）依据"战略钟"理论，简要分析科通智能手机与科通生态链产品所采用的竞争战略类型；依据信息技术与竞争战略关系的相关理论，简要分析科通智能手机与科通生态链产品所采用的竞争战略的实施条件。

（3）针对"科通的成功模式成为各行各业观摩学习的范本"，依据核心能力评价理论，简要分析本案例中向科通公司学习的企业进行基准分析的基准类型。

（4）简要分析科通公司在 2015 年面临的市场风险。

（5）简要分析科通公司 2016 年所采用的收缩战略（撤退战略）的主要方式。

（6）简要分析科通生态链所采用的发展战略的类型及其优点、途径及该途径的动因。

（7）简要分析科通公司的企业能力。

【答案】

（1）公司宗旨旨在阐述公司长期的战略意向，其具体内容主要说明公司目前和未来所要从事的经营业务范围：

科通公司初创时期的业务定位是做手机业务，"要做一款设计好、品质好而价格又便宜的智能手机"；而历经 8 年的发展，到 2018 年科通公司上市之前，公司的业务定位是"涵盖众多消费电子产品、软硬件和内容全覆盖的互联网企业"。

（2）①依据"战略钟"理论，科通智能手机与生态链产品所采用的竞争战略类型是混合战略，即在为顾客提供更高的认可价值的同时，获得成本优势，即差异化与成本领先兼顾的战略：

"科通坚持做顶级配置，真材实料，高性能，高体验，强调超用户预期的最强性价比""这款号称顶级配置手机定价只有 1 999 元，几乎是同配置手机价格的一半""由于科通品牌给人们高性价比的印象已经根深蒂固，因此不少人认为科通生态链企业的产品无法赢利。但实际上，科通生态链企业已经有多家实现盈利""感动人心、价格厚道"。

②科通智能手机与生态链产品能够实现混合战略主要依靠互联网信息技术

首先，企业可以借助信息技术推出区别于竞争对手的新产品、新服务，从而获得竞争优势：

"科通公司首先是运用互联网工具，让用户参与到手机硬件的设计、研发之中，通过用户的反馈意见，了解市场的最新需求。而此前其他公司的研发模式都是封闭的，动辄一两年，开发者以为做到了最好，但其实未必是用户喜欢的，而且一两年时间过去，市场很可能已经变化""在刘毅看来，'互联网思维'体现在两个关键点上：一是用户体验，利用互联网接近用户，了解他们的感受和需求；……做到感动人心、价格厚道"。

其次，信息技术在企业中的应用可以帮助企业在生产、工程、设计、服务等环节有效降低成本，甚至达到行业中最低的运营成本：

"开创了官网直销预订购买的发售方式，不必通过中间商，产品可以直接送到消费者手上，省去了实体店铺的各种费用和中间的渠道费用"；"在刘毅看来，'互联网思维'体现在两个关键点上：……，二是效率，利用互联网技术提高企业的运行效率，使优质的产品能够以高性价比的形式出现，做到感动人心、价格厚道"。

（3）"科通的成功模式成为各行各业观摩学习的范本"，依据核心能力评价理论，向科通公司学习的企业基准分析的基准类型是过程或活动基准，即以具有类似核心经营的企业为基准进行比较，但是二者之间的产品和服务不存在直接竞争关系。这类基准分析的目的在于找出企业做得最突出的方面。"大量企业开始对标科通，声称要用科通模式颠覆自己所在行业，'做××行业的科通'，成为众多企业的口号"，说明不是同一行业企业，当然也不存在直接竞争关系。

（4）科通公司在2015年所面临的市场风险主要表现在两个方面：

①能源、原材料、配件等物资供应的充足性、稳定性和价格的变化带来的风险：

"销量越来越大就意味着要与数百个零部件供应商建立良好高效的合作协同关系，不能有丝毫闪失。而科通的供货不足、发货缓慢被指为'饥饿营销'，开始颇受质疑""芯片供应商G公司的一脚急刹车成为导火线"。

②潜在进入者、竞争者、与替代品的竞争带来的风险：

"竞争对手越来越多、越来越强大。H公司推出的互联网手机品牌R手机成为科通手机强劲的对手，O公司和V公司也借助强大的线下渠道开始崛起"；"以线下渠道为主的O公司和V公司成为手机行业的新星，其手机出货量不仅增幅超过100%，而且双双超过科通公司进入全球前五、国内前三"。

（5）科通公司2016年所采用的收缩战略（撤退战略）的主要方式有：

①紧缩与集中战略中的机制变革，主要做法是调整管理层领导班子：

"刘毅亲自负责科通手机供应链管理。前供应链负责人转任首席科学家，负责手机前沿技术研究。这意味着科通公司从组织架构上加大对供应链的管理力度"。

②转向战略中的调整营销策略，在价格、广告、渠道等环节推出新的举措：

"开启'新零售'战略，……通过线上线下互动融合的运营方式，将电商的经验和优势发挥到实体零售中。让消费者既能享用线下看得见摸得着的良好体验，又能获取电商一样的低价格"；"早年一直坚持口碑营销从未请过代言人的科通公司在2016年开始改变策略，先后请来几位明星作为代言人，赢得了不少新老客户"。

（6）①科通生态链所采用的发展战略的类型属于相关多元化（同心多元化）：

"科通生态链的投资主要围绕以下5大方向：手机周边，如手机的耳机、移动电源、蓝牙音箱；智能可穿戴设备，如科通手环、智能手表；传统白电的智能化，如净水器、净化器；极客酷玩类产品，如平衡车、3D打印机；生活方式类，如科通插线板"；"围绕手机业务构建起手机配件、智能、生活消费产品三层产品矩阵"。

②科通公司采用这一战略的优点：

A. 有利于企业利用原有产业的产品知识、制造能力、营销渠道、营销技能等优势来获取融合优势，即两种业务或两个市场同时经营的盈利能力大于各自经营时的盈利能力之和。"科通生态链团队从 ID、外观、结构、硬件、软件、云服务、供应链、采购、品牌等诸多方面给予创业公司全方位的支持"；"'麦家'的多个产品已经做到了全球数量第一，科通生态链公司也出现多个独角兽（指那些估值达到 10 亿美元以上的初创企业）"；"科通公司也从一家手机公司过渡到一个涵盖众多消费电子产品、软硬件和内容全覆盖的互联网企业"。

B. 利用未被充分利用的资源。"科通公司抽出 20 名工程师，让他们从产品的角度看待拟投资的创业公司，通过与创业公司团队的沟通，了解这家公司的未来走向"。

C. 运用盈余资金。"运用科通公司已经积累的大量资金"。

D. 运用企业在某个产业或某个市场中的形象和声誉来进入另一个产业或市场，而在另一个产业或市场中要取得成功，企业形象和声誉是至关重要的。"科通生态链团队从 ID、外观……品牌等诸多方面给予创业公司全方位的支持"。

③科通生态链所采用的实施发展战略的途径是战略联盟。"科通生态链团队不仅做投资，而且是一个孵化器……，但是，科通公司并没有控股任何一家科通生态链公司，所有的公司都是独立的"；"通过这种独特的战略联盟模式，科通投资、带动了更多志同道合的创业者，围绕手机业务构建起手机配件、智能、生活消费产品三层产品矩阵"。

④科通公司采用这种方式的动因：

A. 促进技术创新。"生态链企业各自发挥技术创新优势"；"许多新兴产品领域，'麦家'的多个产品已经做到了全球数量第一，科通生态链公司也出现多个独角兽"。

B. 避免经营风险。"同时……规避经营风险"。

C. 实现资源互补。"从 ID、外观、结构、硬件、软件、云服务、供应链、采购、品牌等诸多方面给予创业公司全方位的支持"；"科通公司利用其规模经济所带来的全球资源优势帮助这些生态链企业提高效率，科通公司运用其全球供应链优势能够让生态链上的小公司瞬间拥有几百亿的供应链能力"。

D. 开拓新的市场。"科通已经投资了 90 多家生态链企业，涉足上百个行业"。

E. 降低协调成本。"同时降低科通公司整体的内部协调成本"。

（7）科通公司的企业能力：

①研发能力。"科通公司首先是运用互联网工具，让用户参与到手机硬件的设计、研发之中，通过用户的反馈意见，了解市场的最新需求。而此前其他公司的研发模式都是封闭的，动辄一两年，开发者以为做到了最好，但其实未必是用户喜欢的，而且一两年时间过去，市场很可能已经变化。其次，科通坚持做顶级配置，真材实料，高性能，高体验，强调超用户预期的最强性价比"；"从 ID、外观、结构、硬件、软件、云服务、供应链、采购、品牌等诸多方面给予创业公司全方位的支持"；"许多新兴产品领域，麦家的多个产品已经做到了全球数量第一"。

②生产管理能力。"利用互联网技术提高企业的运行效率，使优质的产品能够以高价比的形式出现"；"科通公司利用其规模经济所带来的全球资源优势帮助这些生态链企业提高效率，科通公司运用其全球供应链优势能够让生态链上的小公司瞬间拥有几百亿供应链提供的能力"。

③营销能力。

A 产品竞争能力。"这款号称顶级配置的手机定价只有 1 999 元，几乎是同配置手机价格的一半，科通手机 2012 年实现销售量 719 万部。2014 年第二季度，科通手机成为国内智能手机市场的第一名，科通公司在全球也成为第三大手机厂商"；"麦家的多个产品已经做到了全球数量第一，科通生态链公司也出现多个独角兽"。

B 销售活动能力。"以品牌和口碑积累粉丝，靠口口相传，节省大量广告费用"；"开创了官网直销预订购买的发售方式，不必通过中间商，产品可以直接送到消费者手上，省去了实体店铺的各种费用和中间的渠道费用"；"开启'新零售'战略，通过线上线下互动融合的运营方式，将电商的经验和优势发挥到实体零售中"；"早年一直坚持口碑营销从未请过代言人的科通公司在2016 年开始改变策略，先后请来几位明星作为代言人，赢得了不少新老客户"。

C 市场决策能力。"公司成立之初，时任 CEO 的刘毅与他的合伙人们就有一个想法：要做一款设计好、品质好而价格又便宜的智能手机。2010 年的手机市场，还是国际品牌的天下，功能机仍是主体，智能手机的价格至少也要在 3 000 ~ 4 000 元。虽然也有一些国产品牌手机，但大多数是低质低价的山寨机"；"2014 年，刘毅开始意识到'智能硬件'和'万物互联'可能是比智能手机还要大的发展机遇。于是，科通公司开启了科通生态链计划"。

④财务能力。"科通公司开启了科通生态链计划，运用科通公司已经积累的大量资金"；"2018 年 7 月，科通公司成功上市"；"不少人认为科通生态链企业的产品无法实现利润，但实际上，科通生态链企业已经有多家实现盈利。这是因为科通公司利用其规模经济所带来的全球资源优势帮助这些生态链提高效率"。

⑤组织管理能力。"科通公司内部开始进行架构和模式多维调整。刘毅亲自负责科通手机供应链管理，前供应链负责人转任首席科学家，负责手机前沿技术研究，这意味着科通公司从组织架构上加大对供应链的管理力度"；"科通公司抽出 20 名工程师，让他们从产品的角度看待拟投资的创业公司，通过与公司团队的沟通，了解这家公司的未来走向"；"科通公司并没有控股任何一家科通生态链公司，所有的公司都是独立的。这样有利于在统一的价值观和目标下，生态链企业各自发挥技术创新优势，同时降低科通公司整体内部协调成本，规避经营风险"。

【例题 3 · 综合题】（2017 年）

资料一

广源天药集团是一家专门生产医药产品，并且拥有独一无二的国家级保密配方和百年老字号品牌的医药企业。其核心产品广源天药在治疗出血、消炎等方面有非常好的疗效，在国内外享有很高声誉。

广源天药集团最初生产销售的粉剂产品，产品结构较为单一。随着人们生活水平逐渐提高，医药企业竞争日趋激烈，消费者对医药产品功能的要求也日益多样化。广源天药集团顺应时代发展对药品剂型、便捷性、准确性等多方面的需求，从 1975 年开始，在广源天药秘方原有剂型的基础上研制出系列新剂型、新品种，历经 30 多年时间，逐步开发构建了广源天药完整、庞大的产品群。如主打止血消炎的广源天药膏、广源天药酊，用于外伤止痛的广源天药气雾剂，具有止血功效的创可贴等。同时，广源天药深入挖掘创新以天然植物为原料的民族药物，成功研发出具有地方特色的新产品，如脑脉通口服液、宫血宁胶囊等。广源天药集团坚持稳老扶新、循序渐进地优化产品群结构，将自身独特的技术优势与多变的市场需求相结合，不断开发出新的高品质药品，赢得了消费者的信赖。

广源天药新产品开发最具代表性的产品是广源天药创可贴。2000 年，创可贴市场占领者国际品牌 BD 创可贴仅仅是一种卫生消毒材料，没有对伤口的止血和愈合的功效。而广源天药产品的药性具有很强的止血和愈合功效。如果将广源天药产品的药性与创可贴的功效结合起来，可与其他创可贴形成功能性差异。但是当时广源天药不具备生产透皮方面的技术，为了快速推出此类产品，广源天药选择暂时不进行自主研发，与国外创可贴企业合作，广源天药提供创可贴的敷料部分，国外企业负责成品生产。2001年3月广源天药投资成立专业透皮研究部门，主要对创可贴进行研究开发，引进日本更先进的生产透皮技术，委托国内企业加工生产8 000多万张，产量比2000年增长了近100倍。随后投资300万元建立广源天药创可贴生产线，并投资2 000多万元组建医药电子商务公司，完善创可贴销售网络。2004年广源天药创可贴年销售额达到4 000万元。2006年广源天药加大宣传攻势，着重宣传广源天药创可贴弥补了其他同类产品只能护理不能治疗的缺陷，彻底打破了BD独霸创可贴天下的局面，当年广源天药创可贴与BD创可贴的市场比率由2000年的1：10涨到1：2.6。随后广源天药集团成立了主要生产经营透皮产品的事业部，并于2011年收购国内一家制药厂，作为与透皮事业部相配套的生产企业。2012年广源天药创可贴销售额再创新高，达到4亿元。到目前为止，广源天药仍然是创可贴行业的翘楚。

资料二

广源天药没有止步于药品系列的开发。广源天药集团管理层考虑，一方面，广源天药集团进入国家基本药物目录的药品在价格上受到限制，招标采购模式也使得药品价格维持在一个较低的水平，毛利率较低；另一方面，一种药品从立项、临床报批到进入市场需要很长的周期和大量资金投入，进入市场的结果也存在着未知的风险。一旦产品销售不佳，会对广源天药集团产生较大影响。因此，广源天药集团希望开发非药品业务作为公司新的利润增长源泉，这样，一方面可以获得足够的资金支撑企业研发新的医药产品，另一方面也可以抵御医药市场的竞争压力，规避产业发展风险。此外，广源天药集团管理层还期望充分发挥企业在药品经营中各种有形资源和良好的品牌声誉优势，进一步扩大公司生存发展空间。

早在2002年，广源天药集团就开始进军日化产业。先从牙膏产品入手。一般传统牙膏的主要功能是解决牙齿防蛀和清洁问题，而80%左右的成年人或多或少都有口腔溃疡或者牙龈萎缩出血等问题。广源天药集团开始研发天药牙膏，利用天药的活性成分，开发出一种能够帮助消费者减轻牙龈出血等口腔问题的独特的药物牙膏。2004年广源天药牙膏开始投放市场，市场反应良好。2005年天药牙膏销售收入接近8 000万元。在此基础上，广源天药集团又对产品进行不断改进和完善。2014年广源天药牙膏销售额突破19亿元，在国内所有牙膏品牌中的市场份额位列第三。

开发广源天药牙膏的成功激励着企业进入其他日化领域。2008年初与日本高端品牌化妆品企业S公司签订化妆品转让技术，进行护肤类化妆品研究、开发、生产和销售。2010年广源天药集团投资500万元组建健康产品事业部，主要进行健康护理产品类的生产经营。从2009年到2014年，公司相继推出健康类个人护理产品沐浴素、洗发水、护发素、面膜、护手霜、卫生棉等新产品。

从2003年以来国内房地产行业突飞猛进，房地产的巨大利润吸引了广源天药集团。2006年广源天药集团投资成立100%控股的广源天药置业有限公司，主营房地产开发，注册资本1 000万元。2011年又成立了物业服务公司，为集团的房地产公司提供配套物业服务。2012年集团又投资38亿元修建旅游、休闲、养生、娱乐为一体的度假村。2013年7月广源天药集团出售了广源天药置业有限公司的所有股份。

资料三

广源天药集团多元化经营的各个领域的经营状况呈现出多种不同态势。

（1）医药板块稳步增长。公司医药产品中已经有6种产品销量过亿元。其中最高的销售额超过10亿元。

（2）日化板块仅有牙膏一枝独秀，其他产品业绩不佳。2004～2014年广源天药牙膏的销售额从3 000万元上升到19亿元，成为广源天药集团利润增长的主要产品之一。然而，其他日化产品都销售不佳，发展势头萎靡不振。几种主要产品的市场占有率大大低于外资品牌，也低于国内其他著名品牌。目前市场上已经很少能看到广源天药的沐浴露、洗发水、护发素、面膜、护手霜等产品的踪迹。

究其原因，广源天药日化产品的开发和发展，虽然都能依托集团公司强势的品牌效应，但是，只有牙膏产品能够将广源天药集团的核心竞争力真正体现出来。其一，广源天药牙膏运用公司的关键资源——广源天药粉的神奇功效，使得广源天药牙膏具有独特的治疗功能；其二，广源天药牙膏首先采用的销售渠道是医院和药房、网络销售渠道，随后才进入超市等渠道，这样有利于在产品问世时显现出药企的背景，让消费者觉得质量有保障，并且巧妙避开了与行业龙头的直接竞争，还可降低前期的销售费用。而其他日化产品由于其功能和特点无法体现广源天药粉的独特优势，因而难以成功。

（3）房地产板块经营不善。广源天药集团在2006年房地产行业发展热火朝天的大好形势下进入房地产行业，但是房地产业务与广源天药集团的主营业务不存在联系，在生产技术、市场、营销等方面无法产生协同效应。广源天药集团没有强大的资源和人才来支撑这个庞大的房地产业务体系，致使房地产业务在5年内4年都是严重亏损，侵蚀了集团的资源，占用了人力，还占据了企业大量资金。广源天药集团管理层没有审时度势和合理分析房地产业的未来走势，没有结合集团房地产业务连续数年亏损的实际和房地产整个行业的发展现状及时作出调整，却于2012年反其道而行耗资38亿元兴建度假村。直到2013年才出售广源天药置业有限公司退出不良业务。

近年来，广源天药集团由于多元化经营资源分散，不仅导致其在缺乏优势的产业中经营绩效不佳，而且对其主业带来了负面影响。2007～2014年广源天药集团有4种药品进入国家药监局不合格药品名单，其中影响最大的是2012年国内某省药监局查出广源天药胶囊的水分不合格，相关产品被召回，广源天药集团被列入医药企业黑名单。该省药物采购联合办公室取消了广源天药胶囊的中标权利和网上采购资格，并且在2013～2016年严格禁止广源天药胶囊进入该省基本药物统一招标采购目录。从2007年至2016年9年间，广源天药至少10次因为部分药品质量不合格、广告夸大疗效等原因导致负面消息，这些负面消息无疑给广源天药集团的企业形象和口碑造成不良的影响。

要求：

（1）依据市场营销组合的产品策略，简要分析广源天药集团医药板块产品组合策略的类型及产品开发的原因。

（2）简要分析广源天药集团开发广源天药创可贴过程中所实施的发展战略的几种途径。

（3）简要分析广源天药集团实施多元化战略的动因（即多元化经营的优点）与风险。

（4）运用辨别企业核心能力的3个关键性测试，简要分析广源天药集团在医药板块、牙膏、其他日化产品、房地产4个领域是否具备核心能力。

（5）简要分析广源天药集团在医药板块、广源天药牙膏两个领域研发的类型、动力来源与研发定位。

（6）简要分析广源天药集团在经营中面临的运营风险。

【答案】

（1）广源天药集团医药板块产品组合策略的类型属于扩大产品组合。包括拓展产品组合的宽度和加强产品组合的深度。前者是在原产品大类内增加新的产品项目；后者是增加每种产品项目的花色、品种、规格。"广源天药集团最初生产销售的粉剂产品，产品结构较为单一……广源天药集团顺应时代发展对药品剂型、便捷性、准确性等多方面的需求，从 1975 年开始，在广源天药秘方原有剂型的基础上研制出系列新剂型、新品种，历经 30 多年时间，逐步开发构建了广源天药完整、庞大的产品群。如主打止血消炎的广源天药膏、广源天药酊，用于外伤止痛的广源天药气雾剂、具有止血功效的创可贴等。同时，广源天药深入挖掘创新以天然植物为原料的民族药物，成功研发出具有地方特色的新产品，如脑脉通口服液、宫血宁胶囊等。"

产品开发原因包括：

①企业具有较高的市场份额和较强的品牌实力，并在市场中具有独特的竞争优势。"将自身独特的技术优势与多变的市场需求相结合，不断开发出新的高品质药品，赢得了消费者的信赖。"

②市场中有潜在增长力。"不断开发出新的高品质药品，赢得了消费者的信赖"；"彻底打破了 BD 独霸创可贴天下的局面，当年广源天药创可贴与 BD 创可贴的市场比率由 2000 年的 1∶10 涨到 1∶2.6……2012 年广源天药创可贴销售再创新高，达到 4 亿元"。

③客户需求的不断变化需要新产品。持续的产品更新是防止产品被淘汰的唯一途径。"随着人们生活水平逐渐提高，医药企业竞争日趋激烈，消费者对医药产品功能的要求也日益多样化。广源天药集团顺应时代发展对药品剂型、便捷性、准确性等多方面的需求……研制出系列新剂型、新品种。"

④需要进行技术开发或采用技术开发。"创可贴市场占领者国际品牌 BD 创可贴仅仅是一种卫生消毒材料，没有对伤口的止血和愈合的功效。而广源天药的药性具有很强的止血和愈合功效。如果将广源天药产品的药性与创可贴的功效结合起来，可与其他创可贴形成产品功能性差异。但是当时广源天药不具备生产透皮方面的技术。"

⑤企业需要对市场的竞争创新作出反应。"随着人们生活水平逐渐提高，医药企业竞争日趋激烈，消费者对医药产品功能的要求也日益多样化。"

（2）①外部发展（并购）。"2011 年收购国内一家制药厂，作为与透皮事业部相配套的生产企业。"

②内部发展（新建）。"2001 年 3 月广源天药投资成立专业透皮研究部门，主要对创可贴进行研究开发……随后投资 300 万元建立广源天药创可贴生产线，并投资 2 000 多万元组建医药电子商务公司，完善创可贴销售网络……随后广源天药集团成立了主要生产经营透皮产品的事业部。"

③战略联盟。"但是当时广源天药不具备生产透皮方面的技术，为了快速推出此类产品，广源天药选择暂时不进行自主研发，与国外创可贴企业合作，广源天药提供创可贴的敷料部分，国外企业负责成品生产"；"引进日本更先进的生产透皮技术，委托国内企业加工生产 8 000 多万张"。

（3）①广源天药集团实施多元化战略的动因：

分散风险。"广源天药集团进入国家基本药物目录的药品在价格上受到限制，招标采购模式也使得药品价格维持在一个较低的水平，毛利率较低……一种药从立项、临床报批到进入市场需要很长的周期和大量资金投入，进入市场的结果也存在着未知的风险。一旦产品销售不佳，会对广源天药集团产生较大影响……另一方面也可以抵御医药市场的竞争压力，规避产业发展风险。"

在企业无法增长的情况下找到新的增长点。"广源天药集团希望开发非药品业务作为公司新的利润增长源泉。"

利用未被充分利用的资源。"广源天药集团管理层还期望充分发挥企业在药品经营中各种有

形资源……进一步扩大公司生存发展空间。"

获得资金或其他财务利益。"获得足够的资金支撑企业研发新的医药产品。"

运用企业在某个产业或某个市场中的形象和声誉来进入另一个产业或市场,而在另一个产业或市场中要取得成功,企业形象和声誉是至关重要的。"广源天药集团管理层还期望充分发挥企业在药品经营中……良好的声誉品牌优势,进一步扩大公司生存发展空间。"

②广源天药集团实施多元化战略的风险:

来自原有经营产业的风险。"由于企业多元化经营资源分散……对其主业带来了负面影响。"

市场整体风险。"由于企业多元化经营资源分散,不仅导致其在缺乏优势的产业中经营绩效不佳,而且对其主业带来了负面影响。"

产业进入风险。"而其他日化产品由于其功能和特点无法体现广源天药粉的独特优势,因而难以成功";"房地产业务与广源天药集团的主营业务不存在联系,在生产技术、市场、营销等方面无法产生协同效应。广源天药集团没有强大的资源和人才来支撑这个庞大的房地产业务体系,致使房地产业务在 5 年内 4 年都是严重亏损,侵蚀了集团的资源,占用了人力,还占据了企业大量资金"。

产业退出风险。"广源天药集团管理层没有审时度势和合理分析房地产的未来走势,没有结合集团房地产业务连续数年亏损的实际和房地产整个行业的发展现状及时作出调整,却于 2012 年反其道而行耗资 38 亿元兴建度假村。直到 2013 年才出售广源天药置业有限公司退出不良业务。"

内部经营整合风险。"房地产业务与广源天药集团的主营业务不存在联系,在生产技术、市场、营销等方面无法产生协同效应,广源天药集团没有强大的资源和人才来支撑这个庞大的房地产业务体系,致使房地产业务在 5 年内 4 年都是严重亏损,侵蚀了集团的资源,占用了人力,还占据了企业大量资金。"

(4)①医药板块:

它对顾客是否有价值?"核心产品广源天药在治疗出血、消炎等方面有非常好的疗效,在国内外享有很高声誉";"不断开发出新的高品质药品,赢得了消费者的信赖"。

它与企业竞争对手相比是否有优势?"拥有独一无二的国家级保密配方和百年老字号品牌的医药企业";"到目前为止,广源天药仍然是创可贴行业的翘楚"。

它是否很难被模仿或复制?"拥有独一无二的国家级保密配方";"将自身独特的技术优势与多变的市场需求相结合,不断开发出新的高品质药品";"广源天药创可贴弥补了其他同类产品只能护理不能治疗的缺陷"。

广源天药集团医药板块同时满足 3 个关键测试,具备核心能力。

②广源天药牙膏:

它对顾客是否有价值?"80% 左右的成年人或多或少都有口腔溃疡或者牙龈萎缩出血等问题";"利用天药的活性成分,开发出一种能够帮助消费者减轻牙龈出血等口腔问题的独特的药物牙膏";"广源天药集团又对产品进行不断改进和完善"。

它与企业竞争对手相比是否有优势?"一般传统牙膏的主要功能是解决牙齿防蛀和清洁问题";"开发出一种能够帮助消费者减轻牙龈出血等口腔问题的独特的药物牙膏"。

它是否很难被模仿或复制?"广源天药牙膏运用公司的关键资源——广源天药粉的神奇功效,使得广源天药牙膏具有独特的治疗功能";"广源天药牙膏首先采用的销售渠道是医院和药房、网络销售渠道,随后才进入超市等渠道,这样有利于在产品问世时显现出药企的背景,让消费者觉得质量有保障，并且巧妙避开了行业龙头的直接竞争，还可降低前期的销售费用"。

广源天药牙膏同时满足3个关键测试，具备核心能力。

③日化板块其他产品：

它对顾客是否有价值？"其他日化产品都销售不佳，发展势头萎靡不振。几种主要产品市场占有率大大低于外资品牌，也低于国内其他著名品牌。目前市场上已经很少能看到广源天药的沐浴露、洗发水、护发素、面膜、护手霜等产品的踪迹。"

它与企业竞争对手相比是否有优势？"而其他日化产品由于其功能和特点无法体现广源天药粉的独特优势，因而难以成功。"

它是否很难被模仿或复制？"而其他日化产品由于其功能和特点无法体现广源天药粉的独特优势，因而难以成功。"

广源天药日化板块其他产品不能满足3个关键测试，不具备核心能力。

④房地产业务：

它对顾客是否有价值？"广源天药集团管理层没有审时度势和合理分析房地产的未来走势（因此，其房地产业务难以适应顾客需求）。"

它与企业竞争对手相比是否有优势？"房地产业务在5年内4年都是严重亏损。"

它是否很难被模仿或复制？"房地产业务与广源天药集团的主营业务不存在联系（因此，广源天药的房地产业务不存在难以被模仿或复制的因素）。"

广源天药房地产不能满足3个关键测试，不具备核心能力。

（5）①医药板块：

研发的类型：产品研究——新产品开发。"将自身独特的技术优势与多变的市场需求相结合，不断开发出新的高品质药品。"

动力来源：需求拉动。"广源天药集团顺应时代发展对药品剂型、便捷性、准确性等多方面的需求，从1975年开始，在广源天药秘方原有剂型的基础上研制出系列新剂型、新品种。"

研发定位：成为向市场推出新技术产品的企业。"将自身独特的技术优势与多变的市场需求相结合，不断开发出新的高品质药品。"

②广源天药牙膏：

研发的类型：产品研究——新产品开发。"广源天药集团开始研发天药牙膏，利用天药的活性成分，开发出一种能帮助消费者减轻牙龈出血等口腔问题的独特的药物牙膏。"

动力来源：需求拉动。"80%左右的成年人或多或少都有口腔溃疡或者牙龈萎缩出血等问题。"

研发定位：成为向市场推出新技术产品的企业。"广源天药集团开始研发天药牙膏，利用天药的活性成分，开发出一种能够帮助消费者减轻牙龈出血等口腔问题的独特的药物牙膏。"

（6）①企业产品结构、新产品研发方面可能引发的风险。"而其他日化产品由于其功能和特点无法体现广源天药粉的独特优势，因而难以成功"；"房地产业务与广源天药集团的主营业务不存在联系，在生产技术、市场、营销等方面无法产生协同效应……房地产业务在5年内4年都是严重亏损"；"由于多元化经营资源分散，不仅导致其在缺乏优势的产业中经营绩效不佳，而且对其主业带来了负面影响"。

②企业新市场开发、市场营销策略方面可能引发的风险。"广源天药牙膏首先采用的销售渠道是医院和药房、网络销售渠道，随后才进入超市等渠道……而其他日化产品由于其功能和特点无法体现广源天药粉的独特优势"；"房地产业务与广源天药集团的主营业务不存在联系，在生产

技术、市场、营销等方面无法产生协同效应"。

③企业组织效能、管理现状、企业文化，高、中层管理人员和重要业务流程中专业人员的知识结构、专业经验等方面可能引发的风险。"广源天药集团没有强大的资源和人才来支撑这个庞大的房地产业务体系，致使房地产业务在5年内4年都是严重亏损。"

④质量、安全、环保、信息安全等管理中发生失误导致的风险。"2007～2014年广源天药集团有4种药品进入国家药监局不合格药品名单，其中影响最大的是2012年国内某省药监局查出广源天药胶囊的水分不合格，相关产品被召回，广源天药集团被列入医药企业黑名单。该省药物采购联合办公室取消了广源天药胶囊的中标权利和网上采购资格，并且在2013～2016年严格禁止广源天药胶囊进入该省基本药物统一招标采购目录。"

⑤因企业内、外部人员的道德风险或业务控制系统失灵导致的风险。"9年间，广源天药至少10次因为部分药品质量不合格、广告夸大疗效等原因导致负面消息。"

⑥企业现有业务流程和信息系统操作运行情况的监管、运行评价及持续改进能力方面引发的风险。"广源天药集团管理层没有审时度势和合理分析房地产业的未来走势，没有结合集团房地产业务连续数年亏损的实际和房地产整个行业的发展现状及时作出调整，却于2012年反其道而行耗资38亿元兴建度假村。直到2013年才出售广源天药置业有限公司退出不良业务。"

【例题4·综合题】（2016年）

资料一

20世纪90年代，兰微公司在C国推出微波炉产品。兰微公司充分利用市场对微波炉产品价格的高度敏感，通过集中生产少数品种、规模经济、减少各种要素成本、提高生产效率、不断改进产品工艺设计、承接外包等多种手段降低成本，以"价格战"不断摧毁竞争对手的防线，抬高行业的进入门槛，使自己成为微波炉行业的"霸主"，国内市场占有率超过70%，全球产量占比超过30%，国内微波炉生产厂商从超过200家迅速下降到不足30家。

1999年，在众人的质疑声中，光美公司宣布大举进入微波炉行业。光美公司当时的战略决策是基于两点理由：一是从制造技术的角度看，微波炉和光美公司已生产的电饭煲、电磁炉等产品都是使用电能转换加热系统，因此对微波炉的技术研发、生产制造和营销网络都有着极其便利的条件和经验，还可以利用光美公司在其他厨具小家电市场上树立的品牌优势开拓市场；二是光美公司的主打产品空调、风扇等，销售旺季集中在每年的3～8月，在其余时间里资金和经销商资源的利用都明显不足，而推出微波炉产品可以弥补这一缺陷，有利于优化公司整体运作和产品结构，建立新的增长点。

对于光美公司的挑战，兰微公司予以迎击，不仅再次举起了"价格战"的大旗，而且宣布大举进军光美公司已拥有优势的产业，如空调、冰箱、风扇、电暖气等产业。针对兰微公司的行为和兰微公司价格血洗形成的行业规模壁垒，光美公司的微波炉业务确立了"低成本、规模化"的跟随发展策略，利用光美公司强大的品牌优势、销售网络和资源实力，以"低价渗透"的方式与兰微公司展开正面的激烈对抗，开启了微波炉行业"两强争霸"的征程。

在与兰微公司竞争力的对比分析中，光美公司清楚地看到，自己的微波炉业务竞争地位不稳固，多年来一直被迫接受价格战，而没有通过差异化创新建立与兰微公司相抗衡的产品特色和品牌形象。

2006年，在一次光美公司每年例行的经营策略高层研讨会上，与会人员对微波炉行业的发展趋势和公司应对策略形成了统一的判断和认识。

与炉灶等加热工具相比，微波炉具有多种优点，它不仅能快速加热或烹调食物，而且没有油烟，还能保持食物的原汁原味与减少营养损失。在 C 国，虽然 80% 以上的家庭已经使用微波炉，但微波炉只是作为一个加热工具，它的多种优点还没被消费者充分认识。同时，市场上的微波炉设计、构造与性能雷同，缺少创新型产品。如果能够开发并向市场推出使消费者迅速认识并接受微波炉的多种优点的产品，微波炉市场将进入另一个高速发展期。

光美公司对全球微波炉产销调研情况显示，在国际市场，日本、韩国垄断了中高端市场，C 国企业控制了中低端市场，而全球微波炉市场中低端制造向 C 国转移已经接近尾声。随着材料成本、物流成本的快速上升，微波炉行业的利润空间将进一步缩小。日本、韩国企业由于在规模、产业链的配套上不如 C 国企业，成本劣势将进一步凸显，只能逐步退出制造领域，因此为 C 国企业进入中高端制造领域、实现中高端产品出口增长提供了机会。

与会人员一致认为，公司应当从以跟随为主的"低成本"战略向"差异化"战略转变；公司竞争的焦点应当从关注竞争对手向关注消费者、关注客户需求转变；用 3 ~ 5 年时间，扭转目前品牌竞争的被动局面，由"中低端"向"中高端"转变，最终超越兰微公司成为全球微波炉行业霸主，成为全球最优秀的微波炉供应商。

资料二

光美公司于 2006 年在国内率先推出具备"蒸功能"的产品，这不仅是第一款针对国内市场消费者使用习惯开发的本土化创新产品，实现了 C 国传统烹饪习惯与微波炉功能优点的有效结合，而且在核心技术上形成了对兰微公司的技术壁垒，突破了兰微公司的价格和产品封锁。经过将近一年的推广，市场反响很好，显示了巨大的发展潜力。光美公司决定通过对微波炉"蒸功能"的持续升级和传播实现战略转型，扭转在国内市场上竞争的被动局面。

2007 年，公司确立了以"80 后"白领阶层以及一、二线城市家庭作为具备"蒸功能"微波炉的主要目标客户群，推出了第二代具备蒸功能的产品——"全能蒸"波炉，这款微波炉可以使国内 8 大菜系的代表性菜式烹饪通过"蒸功能"实现，并将健康、营养、口感、杀菌与外观的时尚及使用的安全、便捷完美地结合在一起。此后，光美公司以"蒸功能"为主题的产品功能不断升级，针对不同消费群体的产品线不断扩充，"蒸文化"逐渐普及，公司和产品的品牌形象日益鲜明。

2008 年，光美公司发布了 5 个系列 14 款"蒸功能"微波炉。该产品在智能化、时尚设计方面对第二代产品进行了升级，并针对不同细分市场推出系列新品。

2009 年，公司第三代产品"蒸立方"面世，该款产品创造了三项纪录：首创新的蒸技术，即不借助其他器具，由蒸汽将食物蒸熟；首创炉腔内蒸汽温度达到 300 度，使食物脱脂减盐，更有效地保留营养；首创自动供水、排水系统，使用更加便捷，也更省电。

2010 年，光美公司发布第五代"蒸功能"系列新品，新产品顺应节能、绿色、环保的时代潮流，率先将历时 4 年开发的变频技术应用在微波炉上，产品更节能。同时，光美公司宣布，退出 300 元以下微波炉市场，主流变频蒸立方产品价格集中在 3 000 ~ 5 000 元，最高端变频高温产品的零售价格高达 10 000 元。

2012 年，光美公司发布了半导体、太阳能和云技术微波炉 H 大创新产品，而且宣布把"蒸立方"作为独立的高端品牌。从 2012 年开始，超市系统将停止销售 399 元以下产品，在连锁销售系统中将停止销售 599 元以下产品。光美公司解释，从光美公司掌握的数据看，国内市场的高端化消费趋势已经非常明显，低端产品对消费者已不具吸引力。

光美公司在不断创新和推出产品的过程中，成功地开展了一系列促销活动。

2006年，光美公司开启了以"食尚蒸滋味"为主题的全年推广活动，首次在各大电视台开展广告营销活动，同时在全国主要市场开展产品的循环演示活动。2008年，光美公司主办了"蒸夺营养冠军"的全国推广活动。2009年，光美公司推出"全蒸宴"的全国演示推广活动。2010年，光美公司推出"蒸出营养与健康——光美公司蒸立方"微波炉的电视形象广告片。

配合线上的品牌广告推广以及线下的循环演示活动，2010年光美公司耗巨资在国内主要城市的核心终端，开辟了1 000个"蒸立方"品牌专柜。

2011年公司开发上线了新一代营销管理系统，该系统实现了全国主要终端的销售、库存数据动态更新，公司能及时了解市场销售变化情况。2012年光美公司推出另一项重大变革措施，变以产定销为以销定产。这项变革成效显著，仅2012年第一个季度工厂库存就下降了60%。

自2007年起，光美公司在海外前15大市场设立了区域经理，同时针对不同区域的主流客户设立了专门的产品开发团队。通过资源的聚焦、本土化市场拓展以及公司技术、品质等后台支持体系的不断强化，至2010年，光美公司生产的微波炉在9个国家成功实现对竞争对手产品的超越，在10个国家中市场占有率排名首位。

资料三

提升自主创新能力一直是光美公司努力的方向和管理的重点。光美公司在这方面开展的主要工作有：

（1）确定公司技术发展方向以及技术发展路线。2009年公司制定了三年技术路线图，其中不仅规划出公司主要技术发展方向，而且第一次将产品实现技术（关键制造技术）纳入技术规划中，形成基础研究、核心技术研究、产品开发的阶梯创新模式，实现了技术与市场的有效对接。

（2）开展广泛技术合作。2008年光美公司引进变频器开发的鼻祖——日本D公司的变频技术以及高温蒸汽技术和生产工艺。经过一年多的消化吸收，公司于2010年在国内市场推出"变频蒸立方高端新品"，树立了光美公司在微波炉"蒸功能"上的绝对技术领先地位。此外，公司广泛开展与国内外科研院校、零部件供应商在研发项目上的合作。公司还与其他单位建立联合实验室，开展长期的合作研究。

（3）投入巨资改善软硬件条件。到2012年年底，光美公司研发体系的人员从转型前的约100人增加到240人，形成了10多个前沿、关键技术研究团队。公司调整了研发项目激励方式，提高了基础研究项目的激励比例。同时，公司调整了科技人员的薪酬结构，减少年底绩效收入，提高固薪，以稳定研发队伍。公司累计投资3亿多元，建立了包括零部件质量检验、整机性能寿命检测、消费者体验研究、营养分析等在内的全球最先进、最完善的研发测试体系。

（4）大刀阔斧进行组织变革。2009年之后，公司不断完善基于以市场、客户为导向的矩阵式管理模式，各产品、客户经理对经营结果负责，并拥有相应的产品企划和定价、供应商选择、人员选择等关键决策权力；其他管理人员在各自职责体系中对产品、客户经理经营提供后台支持。

（5）变革学习、考核机制。公司不断加大对各类人员培训的投入，同时转变培训方式。公司要求中高层管理者每年必须走访市场不少于4次，倾听市场和客户的声音。公司定期组织中高层管理者赴日本、韩国企业进行学习交流取经。公司每年投入超过1 000万元的培训费用用于员工的专业技能培训公司出台专项政策，鼓励员工进行再学习、再深造。公司经常组织读书心得分享会，书目由公司总经理亲自选定，均与公司当期推动的变革措施有关。光美公司的绩效导向文化逐渐深入到员工骨髓，公司也结合各阶段工作重点在绩效考核导向方面进行不断的调整和优化。

（6）提高成本竞争力。为了避免差异化成本过高，光美公司通过加大部件自制、精益运营、加强价值链信息共享和协同降低运营成本等手段来创新成本管控，解决成本与结构升级的矛盾，应对资源要素价格的持续上升，保证成本优势。

经过多年的努力，光美公司在2010年成功超越兰微公司成为微波炉出口冠军；在2012年，光美公司微波炉国内市场品牌价格指数全面超越兰微公司，由行业跟随者升级为行业领导者，跳出行业"价格战"的恶性循环，实现了企业业绩持续增长。

要求：

（1）简要分析光美公司实行多元化经营进入微波炉产业的动因（即采用多元化战略的优点）。

（2）简要分析兰微公司微波炉产品实施成本领先战略的条件（从市场情况、资源能力两个方面）与风险。

（3）简要分析光美公司微波炉产品战略转型、实施差异化战略的条件（从市场情况、资源能力两个方面），以及光美公司如何防范差异化战略的风险。

（4）简要分析兰微公司为阻止光美公司进入微波炉产业所设置的行为性障碍。

（5）简要分析光美公司战略变革的主要任务。

（6）简要分析光美公司战略转型中研发的类型、动力来源和定位。

（7）依据市场营销组合四个要素，简要分析光美公司如何运用市场营销来实现战略转型。

【答案】

（1）多元化动因

①分散风险。"光美公司的主打产品空调、风扇等，销售旺季集中在每年的3～8月，在其余时间里资金和经销商资源的利用都明显不足，而推出微波炉产品可以弥补这一缺陷"。

②找到新的增长点。"有利于优化公司整体运作和产品结构，建立新的增长点"。

③利用未被充分利用的资源。"从制造技术的角度看，微波炉和光美公司已生产的电饭煲、电磁炉等产品都是使用电能转换加热系统，因此对微波炉的技术研发、生产、制造和营销网络都有着极其便利的条件和经验""在其余时间里资金和经销商资源的利用都明显不足"。

④运用盈余资金。"在其余时间里资金和经销商资源的利用都明显不足"。

⑤运用企业在某个产业或某个市场中的形象和声誉来进入另一个产业或市场。"还可以利用光美公司在其他厨具小家电市场上树立的品牌优势开拓市场"。

（2）实施条件（市场情况）：

①市场中存在大量的价格敏感用户。"兰微公司充分利用市场对微波炉产品价格的高度敏感。"

②产品难以实现差异化。"通过集中生产少数品种……使自己成为微波炉行业的'霸主'"。

③价格竞争是市场竞争的主要手段。"充分利用市场对微波炉产品价格的高度敏感""以'价格战'不断摧毁竞争对手的防线"。

实施条件（资源和能力）：

①实现规模经济。"通过……规模经济……等多种手段降低成本"。

②降低各种要素成本。"通过……减少各种要素成本……等多种手段降低成本"。

③提高生产率。"通过……提高生产效率……等多种手段降低成本"。

④改进产品工艺设计。"通过……不断改进产品工艺设计……等多种手段降低成本"。

⑤选择适宜的交易组织形式。"通过……承接外包等多种手段降低成本"。

⑥重点集聚。"通过集中生产少数品种……等多种手段降低成本"。

风险：

市场需求从注重价格转向注重产品的品牌形象，使得企业原有的优势变为劣势。"从光美公司掌握的数据看，国内市场的高端化消费趋势已经非常明显，低端产品对消费者已不具吸引力"；"光美公司在2010年成功超越兰微公司成为微波炉出口冠军；在2012年，光美公司微波炉国内市场品牌价格指数全面超越兰微公司，由行业跟随者升级为行业领导者，跳出行业'价格战'的恶性循环，实现了企业业绩持续增长。"

（3）实施条件（市场情况）：

①产品能充分地实现差异化，且为顾客所认可。"如果能够开发并向市场推出使消费者迅速认识并接受微波炉的多种优点的产品，微波炉市场将进入另一个高速发展期"；"从光美公司掌握的数据看，国内市场的高端化消费趋势已经非常明显，低端产品对消费者已不具吸引力"。

②顾客的需求是多样化的。"微波炉具有多种优点，它不仅能快速加热或烹调食物，而且没有油烟，还能保持食物的原汁原味与减少营养损失。在C国，虽然80%以上的家庭已经使用微波炉，但微波炉只是作为一个加热工具，它的多种优点还没被消费者充分认识"。

③创新成为竞争的焦点。"如果能够开发并向市场推出使消费者迅速认识并接受微波炉的多种优点的产品，微波炉市场将进入另一个高速发展期"；"从光美公司掌握的数据看，国内市场的高端化消费趋势已经非常明显，低端产品对消费者已不具吸引力"。

实施条件（资源和能力）：

①具有强大的研发能力和产品设计能力，具有很强的研究开发管理人员。"确定公司技术发展方向以及技术发展路线"；"开展广泛技术合作"；"投入巨资改善软硬件条件"；"变革学习、考核机制"。

②具有很强的市场营销能力，具有很强的市场营销能力的管理人员。"光美公司在不断创新和推出产品的过程中，成功地开展了一系列促销活动"；"2010年光美公司耗巨资在国内主要城市的核心终端，开辟了1 000个'蒸立方'，品牌专柜"；"2011年公司开发上线了新一代营销管理系统"；"光美公司在海外前15大市场设立了区域经理，同时针对各不同的区域的主流客户设立了，专门的产品开发团队"。

③有能够确保激励员工创造性的激励体制、管理体制和良好的创造性文化。公司不断加大对各类人员培训的投入，同时转变培训方式。公司要求中高层管理者每年必须走访市场不少于4次，倾听市场和客户的声音。公司定期组织中高层管理者赴日本、韩国企业进行学习交流取经。公司每年投入超过1 000万元的培训费用用于员工的专业技能培训。公司出台专项政策，鼓励员工进行再学习、再深造。公司经常组织读书心得分享会，书目由公司总经理亲自选定，均与公司当期推动的变革措施有关。光美公司的绩效导向文化逐渐深入到员工骨髓，公司也结合各阶段工作重点在绩效考核导向方面进行不断的调整和优化。2009年之后，公司不断改善基于以市场，客户为导向的矩阵式管理模式。

④具有从总体上提高某项经营业务的质量、树立产品形象、保持先进技术和建立完善分销渠道的能力。"为了避免差异化成本过高，光美公司通过加大部件自制、精益运营加强价值链信息共享和协同降低运营成本等手段来创新成本管控，解决成本与结构升级的矛盾，应对资源要素价格的持续上升，保证成本优势"。"确定公司技术发展方向以及技术发展路线，'光美公司在不断

创新和推出产品的过程中，成功地开展了一系列促销活动，光美公司在海外前 15 大市场设立了区域经理，同时针对各不同的区域的主流客户设立了专门的产品开发团队'"。

光美公司注重防范差异化战略的风险：

①企业形成产品差异化的成本过高。"为了避免差异化成本过高，光美公司通过加大部件自制、精益运营、加强价值链信息共享和协同降低运营成本等手段来创新成本管控，解决成本与结构升级的矛盾，应对资源要素价格的持续上升，保证成本优势"。

②竞争对手的模仿和进攻使已建立的差异缩小甚至转向。"光美公司以'蒸功能'，为主题的产品功能不断升级，针对不同消费群体的产品线不断扩充……公司和产品的品牌形象日益鲜明"。

（4）①限制进入定价。"对于光美公司的挑战，兰微公司予以迎击……再次举起了'价格战'的大旗"。

②进入对方领域。"兰微公司宣布大举进军光美公司已拥有优势的产业，如空调、冰箱、风扇、电暖气等产业"。

（5）战略变革的主要任务：

①调整企业理念。"与会人员一致认为，公司应当从以跟随为主的'低成本'战略向'差异化'战略转变；公司竞争的焦点应当从关注竞争对手向关注消费者、关注客户需求转变"。

②企业战略重新进行定位。"用 3～5 年时间，扭转目前品牌竞争的被动局面，由'中低端'，向'中高端'转变，最终超越兰微公司成为全球微波炉行业霸主，成为全球最优秀的微波炉供应商"。

③重新设计企业的组织结构。"大刀阔斧进行组织变革。2009 年之后，公司不断完善基于以市场、客户为导向的矩阵式管理模式，各产品、客户经理对经营结果负责，并拥有相应的产品企划和定价、供应商选择、人员选择等关键决策权力；其他管理人员在各自职责体系中对产品经理经营提供后台支持"；"光美公司在海外前 15 大市场设立了区域经理，同时针对不同区域的主流客户设立了专门的产品开发团队"。

（6）①研发的类型：产品研究——新产品开发。

②研发的动力来源：既是"需求拉动"，也是"技术推动"。"如果能够开发并向市场推出使消费者迅速认识并接受微波炉的多种优点的产品，微波炉市场将进入另一个高速发展期"；"光美公司于 2006 年在国内率先推出具备蒸功能的产品，这不仅是第一款针对国内市场消费者使用习惯开发的本土化创新产品，实现了 C 国传统烹饪习惯与微波炉功能优点的有效结合。经过将近一年的推广，市场反响很好，显示了巨大的发展潜力"。

③研发的定位：成为向市场推出新技术产品的企业。"光美公司于 2006 年在国内率先推出具备蒸功能的产品"。

（7）①产品策略。"对微波炉'蒸功能'的持续升级和传播""2007 年，推出了第二代具备蒸功能的产品——'全能蒸，微波炉'""2008 年，光美公司发布了 5 个系列 14 款'蒸功能'微波炉""2009 年，公司第三代产品'蒸立方'面世""2010 年，光美公司发布第五代'蒸功能'系列新品""2012 年，光美公司发布了半导体、太阳能和云技术微波炉三大创新产品"。

②促销策略。"光美公司在不断创新和推出产品的过程中，成功地开展了一系列促销活动""2006 年，光美公司开启了以'食尚蒸滋味'为主题的全年推广活动，首次在各大电视台开展广告营销活动，同时在全国主要市场开展产品的循环演示活动"。"2008 年，光美公司主办了'蒸夺营养冠军'的全国推广活动"。"2009 年，光美公司推出'全蒸宴'的全国演示推广活动"。

"2010 年，光美公司推出'蒸出营养与健康——光美公司蒸立方'微波炉的电视形象广告片"。

③分销策略。"2010 年光美公司耗巨资在国内主要城市的核心终端，开辟了 1 000 个蒸立方品牌专柜"；"2011 年公司开发上线了新一代营销管理系统，该系统实现了全国主要终端的销售、库存数据动态更新，公司能及时了解市场销售变化情况"；"自 2007 年起，光美公司在海外前 15 大市场设立了区域经理，同时针对各不同的区域的主流客户设立了专门的产品开发团队"。

④价格策略。"退出 300 元以下微波炉市场，主流变频蒸立方产品价格集中在 3 000～5 000 元，最高端变频高温产品的零售价格高达 10 000 元"；"从 2012 年开始，超市系统将停止销售 399 元以下产品，在连锁销售系统中将停止销售 599 元以下产品"。

【例题 5·综合题】（2015 年）

资料一

思达公司前身是 C 国 J 省一家冷气设备生产企业。1985 年开始，公司集中资源研发生产当时国内市场处于一片空白的家用空调和大型柜式空调，企业获得了迅猛发展。到 1994 年，思达公司已成为 C 国最大空调生产基地。

1994 年，思达公司积累了大量的资金，急需找到新的投资渠道。为了最大限度地利用市场机会和公司在家电行业的优势地位，思达公司陆续上马了电冰箱、洗衣机、电视机、电脑等产品项目，希望利用公司的品牌优势，为企业获取更多的利润。

然而，1994 年后，思达公司领导层不再看好家电行业，认为家电行业已经面临行业生命周期的衰退期，因此，公司必须开拓新的领域，建立新的经济增长点。

资料二

1995 年初，思达公司开始向机动车领域发展。到 1995 年底，思达公司投资 1.5 亿元兴建了年产 100 万辆摩托车的生产线，投资 2.5 亿元兴建了年产 100 万台摩托车发动机的生产线。思达公司生产的摩托车凭借先进的技术和新颖的外观，1997 年上半年就实现了 6 万台的销量，销售收入近 10 亿元。但好景不长，由于思达公司的摩托车单台车的售价较高，其主要消费对象是大中城市中收入较高的人群，而主要的大中城市都于 1997 年前后相继实行了"禁摩令"，封闭了思达摩托车的消费市场。2005 年思达公司不得不将摩托车业务低价转让给其他公司。

1997 年，思达公司斥资 7.2 亿元收购了 C 国国内一家汽车厂，上马中型卡车项目，成为首家入驻汽车行业的非汽车企业。但是，思达公司在汽车制造方面缺乏高素质的管理人员，对相关业务流程的监管及持续改进能力不足，同时没有对汽车市场需求与行业发展状况进行深入的调研和分析，其生产经营的中型卡车的载重量都在 15 吨以下，与市场需求脱节较大，且关键零部件都需外购，尤其是动力配置须向竞争对手采购，企业的发展受到竞争对手的制约。2012 年思达公司不得不将中型卡车业务出售。

从 1998 年开始，C 国加大对新能源行业的政策支持，思达公司领导层认为这一领域发展潜力巨大，前景广阔。1999 年思达公司对高能动力镍氢电池项目进行了立项。2002 年，思达公司召开了"高能动力镍氢电池及应用发布会"，标志着这个跨度更大的新能源行业成为思达公司的又一个主营领域。至 2013 年，思达公司是 C 国仅有的掌握镍氢电池自主专利技术的厂家，技术优势明显，但 C 国整个镍氢电池市场规模还不大，企业从新能源产业上的获利不足以支撑整个企业的发展。

2009 年思达公司的领导力排众议，坚持成立思达房地产开发有限公司，宣布进入房地产行业，希望高回报率的房地产业能给企业发展带来新的转机。然而，之后不久 C 国政府对房地产行业进行宏观调控，房地产业进入了一个"寒冬期"，资金链紧张，房地产销售面积大降。而作为一个没有房地产开发经验的行业"新手"，要想在宏观政策收紧的情况下，从众多经验丰富、实力雄厚、拥有良好品牌的房地产企业中夺取市场份额无疑难度极大。2010 年思达公司房地产业务亏损近千万元。

资料三

在 C 国，空调等家电产品的市场需求巨大，行业发展前景十分广阔。在这样的背景下，思达公司将大量人力、财力、物力转向与主业完全不相关的领域，对其主业发展带来了极大的负面影响，原有的核心能力基本丧失殆尽。

思达公司家电业几大业务的经营状况如下：

（1）空调器业务。思达公司曾经是 C 国最大空调生产基地，世界空调器生产企业七强之一，由于思达公司的领导层未充分利用企业资源对空调业务扩大投资，公司生产的空调逐渐失去了市场优势，其市场份额逐年下降，已沦为 C 国内空调器三类品牌。

（2）洗衣机业务。思达公司的洗衣机业务只在投产的第一年实现盈亏基本平衡，其余年份都是亏损。思达公司试图通过调整产品结构，不断推出新产品来打开市场局面，但效果一直不理想，洗衣机业务的经营状况未得到根本扭转。

（3）电冰箱业务。思达品牌电冰箱的发展不尽如人意。2003 年思达公司将电冰箱业务全部出售给另一家公司。

要求：

（1）简要分析思达公司发展进程中所表现出的主要运营风险。

（2）根据波士顿矩阵划分企业经营业务的两维坐标及其四类业务的内容，分析思达公司现存的家电业务、新能源业务、房地产业务在波士顿矩阵中的业务类型，并根据波士顿矩阵的原理说明这三类业务下一步的发展方向。

（3）简要分析思达公司实施多元化战略的类型、动机与风险。

（4）按照企业发展战略可选择的三种途径，分析思达公司进入几个主要产业所选择的途径。

【答案】

（1）依据《中央企业全面风险管理指引》思达公司发展进程中所表现出的主要运营风险为：

①企业产品结构、新产品研发方面可能引发的风险："思达公司将大量人力、财力、物力转向与主业完全不相关的领域，对其主业发展带来了极大的负面影响，原有的核心能力基本丧失殆尽"。（1 分）

②企业新市场开发，市场营销策略包括产品或服务定价与销售渠道，市场营销环境状况等方面可能引发的风险："主要的大中城市都于 1997 年前后相继实行了'禁摩令'，封闭了思达摩托车的消费市场"；"作为一个没有房地产开发经验的行业'新手'，要想在宏观政策收紧的情况下，从众多经验丰富、实力雄厚、拥有良好品牌的房地产企业中夺取市场份额无疑难度极大"。（1 分）

③企业组织效能、管理现状、企业文化、高、中层管理人员和重要业务流程中专门人员的知识结构、专业经验等方面可能引发的风险："在汽车制造方面缺乏高素质的管理人员"。（1 分）

④企业现有业务流程和信息系统操作运行情况的监管、运行评价及持续改进能力方面引发的

风险："对相关业务流程的监管及持续改进能力不足，同时没有对汽车市场需求与行业发展状况进行深入的调研和分析"。

（2）思达公司现存的家电业务在波士顿矩阵中属于高增长—低竞争地位的"问题"业务，"在C国空调等家电产品的市场需求巨大，发展前景广阔""公司空调逐渐丧失了市场优势""洗衣机业务的经营状况未得到根本扭转"。企业对于"问题"业务的进一步投资需要进行分析，判断使其转移到"明星"业务所需要的投资量，分析其未来盈利，研究是否值得投资等问题。

思达公司现存的新能源业务在波士顿矩阵中属于高增长—强竞争地位的"明星"业务，"行业发展前景广阔""思达公司是C国仅有的掌握镍氢电池自主专利技术的厂家，技术优势明显"。为了保护和扩展"明星"业务在增长的市场上占主导地位，企业应在短期内优先供给其所需的资源，支持其继续发展。

思达公司现存的房地产业务在波士顿矩阵中属于低增长—弱竞争地位的"瘦狗"业务，"房地产业已进入了一个'寒冬期'""行业'新手'""房地产业务亏损近百万元"。对这类产品应采用撤退战略。

（3）思达公司主业是空调器，进入电冰箱、洗衣机、电视机、电脑等产业是相关多元化；进入摩托车、中型卡车、房地产、高能动力镍氢电池产品是非相关多元化。

思达公司实施多元化战略的动机包括：

①分散风险。"思达公司领导层不再看好家电行业，认为家电行业已经面临行业生命周期的衰退期"。

②在企业无法增长的情况下找到新的增长点。"公司必须开拓新的领域，开辟新的经济增长点"。

③利用未被充分利用的资源。"为了最大限度地利用市场机会和公司在家电行业的优势地位"。

④运用盈余资金。"思达公司积累了大量的资金，急需找到新的投资渠道"。

⑤运用企业在某个产业或某个市场中的形象和声誉来进入另一个产业或市场。"希望利用公司的品牌优势，为企业获取更多的利润"。

思达公司实施多元化战略面临的风险：

①来自原有经营产业的风险。多元化经营往往意味着原有经营的产业要受到削弱。"由于思达公司的领导层未充分利用企业资源对空调业务进行扩大投资，公司空调逐渐失去了市场优势，其市场份额逐年下降，已沦为C国内空调器三类品牌"。

②市场整体风险。市场经济中的广泛相互关联性决定了多元化经营的各产业仍面临共同的风险。"公司空调逐渐丧失了市场优势""洗衣机业务的经营状况未得到根本扭转""将电冰箱业务全数出售给另一家公司，从电冰箱业务中抽身""不得不将摩托车业务低价转让给其他公司""中型卡车业务的发展受到竞争对手强大的制约""房地产业务亏损近千万元"。

③产业进入风险。企业在进入新产业之后还必须不断地注入后续资源，竞争者的策略也是一个未知数。"中型卡车的载重量都在15吨以下，与市场需求脱节较大，且关键零部件都需外购，尤其是动力配置须向竞争对手采购，企业的发展受到竞争对手的制约"；"作为一个没有房地产开发经验的行业'新手'……从众多经验丰富、实力雄厚、拥有良好品牌的房地产企业中夺取市场份额无疑是难度很大"。

④内部经营整合风险。新投资的业务会通过财务流、物流、决策流、人事流给企业以及企业

的既有产业经营带来全面的影响。"由于思达公司的领导层未充分利用企业资源对空调业务进行扩大投资""缺乏高素质的管理人员""将大量人力、财力、物力转向与主业完全不相关的领域，对其主业发展带来了极大的负面影响"。

（4）发展战略一般可以采用三种途径，即外部发展（并购）、内部发展（新建）与战略联盟。

思达公司进入空调业等家电业采用内部发展（新建）途径，"生产当时国内市场处于一片空白的家用空调和大型柜式空调""陆续上马了电冰箱、洗衣机、电视机、电脑等产品项目"；

进入摩托车行业采用内部发展（新建）途径，"投资 1.5 亿元兴建了年产 100 万辆摩托车生产线，投资 2.5 亿兴建年产 100 万台摩托车发动机的生产线"；

进入中型卡车行业采用外部发展（并购）途径，"收购 C 国国内一家汽车厂"；

进入新能源行业采用内部发展（新建）途径，"对高能动力镍氢电池项目进行了立项"；

进入房地产行业采用内部发展（新建）途径，"成立思达房地产开发有限公司"。

【例题 6·综合题】（2014 年）

资料一

C 国蓝先生在 D 国攻读物理学硕士学位期间，兼职于 D 国一家光伏产业的公司，从事光伏组件的销售业务。蓝先生熟悉太阳能电极板零部件产品的销售渠道及客户群体，积累了丰富的销售经验及客户资源，善于搜集客户需求信息，并能够根据客户需求对产品提出改进的建议。

2008 年蓝先生回国创业，与几位具有丰富行业经验的有识之士按不同比例出资成立了蓝天公司。蓝天公司认为，石油、煤炭等传统能源都是不可再生能源，而且会产生污染。太阳能是传统能源重要的替代品，光伏产业作为对太阳能的开发利用，已经被社会接受并获得推崇，国内外市场需求不断攀升，市场潜力巨大。各国政府鼓励光伏产业发展的政策相继出台。光伏产业生产技术已被市场认可，企业生产成本与产品价格不断降低。蓝天公司因此选择生产太阳能光伏电池板，产品主要出口欧洲市场，供光伏设备装机时使用。蓝天公司的产品在欧洲市场的交易以美元结算，以预防欧元币值的大幅度变动。

蓝天公司的光伏电池板是基于以往积累的客户需求做出的改良产品，研发成本较低，相对市场上的一般产品具有一定的优势。蓝天公司根据市场变化，不断对产品进行再创新，比同行业的竞争者获得了更高的利润和更多的客户。

在 C 国，由于几年来国际市场对光伏产品需求的快速增长和光伏产品的丰厚利润，吸引了大量产业资本蜂拥而入。一些低端制造企业，也从 2009 年起投资或组建光伏项目，光伏电池板生产企业很多。蓝天公司基于自身的技术与外销渠道优势，与国内多家光伏电池板生产商达成协议，采用代工模式（OEM），由生产商按照蓝天公司的订单要求，为其提供符合标准的产品。

蓝天公司的主要客户是欧洲太阳能发电企业。欧洲国家的太阳能发电产业发展迅速，对光伏电池板需求很大，且不断增长，为公司提供了广阔的发展空间。

基于自身优势及市场状况，蓝天公司将收付款模式设定为，在收到客户全部货款后发货，并且在收到合格产品后，支付生产商剩余货款。由此，蓝天公司可以很好地控制资金周转，也有效防范了一些销售舞弊行为。同时，不必在生产阶段投入资金，仅赚取产品购销差价，以最小的资金投入获得最大的资金收益。

蓝天公司的光伏电池板业务经营很成功，至 2010 年已实现净利润 1 900 万元。

资料二

2010 年底，蓝天公司召开股东会，研究公司下一步发展方向。蓝先生认为，对于太阳能光伏电池板制造商而言，进军电池板销售业务领域障碍不大。根据他了解的信息，受利润吸引已经有更多的企业投入到这一行业中，其中不乏一批大型太阳能光伏电池板生产企业，这些企业产销一体的优势对蓝天公司业务形成威胁，且对市场的供需状况带来重大影响，2011 年以后的市场不一定乐观。因此蓝先生认为，公司应该基于自身的研发实力，开发新的太阳能光伏产品，以有效规避光伏电池板行业由卖方市场转向买方市场的市场风险，同时，可以充分发挥公司自身的优势，将企业做强做大。

根据市场环境的变化，蓝天公司开始研发和生产光伏电池接线盒。接线盒在光伏电池组件中起着非常重要的作用。蓝天公司凭借自身研发实力很快研制出新型光伏电池接线盒，并开始投放市场。这使得蓝天公司的客户从原来的光伏发电企业，扩展到光伏电池板的生产企业，使公司原来的供应商变成了公司的客户。

蓝天公司研发的新型光伏电池接线盒供不应求，急需扩大生产规模。传统精密制造企业中山公司提出与其合作的意愿。中山公司正在寻求新的发展机遇，而与蓝天公司合作生产新型太阳能光伏电池接线盒，正是中山公司向新兴产业转型的契机。于是蓝天公司与中山公司以合资企业的形式达成新型太阳能光伏电池接线盒生产线的协议，目标是 3 年内实现 1.5 亿元的销售收入。根据协议，总投资为 1 000 万元，蓝天公司以研发成果及 100 万元资金为投入，占 40% 的股份，其余资金由中山公司投资，占 60% 的股份。该项目于 2011 年初投产。

资料三

随着全球太阳能光伏产业的日益成熟，光伏产业技术革新日新月异，各国政府的相关政策也在不断调整，C 国政府已经缩减了对光伏行业的税收优惠政策范围。蓝先生认为，蓝天公司处于太阳能光伏产业的中游，必须向产业链的下游拓展，才能最终成为太阳能光伏企业中的重要一员。蓝天公司于 2011 年 5 月将发展方向投向太阳能光伏产业链的下游，开始从事光伏逆变器的研发工作，并于 2012 年 8 月底投入生产。在太阳能光伏发电系统中，逆变器效率的高低是决定太阳能电池容量大小的重要因素，与接线盒相比，逆变器具有更高的科技含量，产品进入门槛更高，也意味着竞争对手相对减少。

对于新研发的光伏逆变器及其生产线，蓝天公司采用了不同于与中山公司合作的方式，以投入自有资金为主，再吸收部分风险投资资金入股，以有效降低融资成本，并能完全掌控生产线的运作。

2011 年，C 国大型制造企业上天公司提出与蓝天公司共同开拓光伏产品海外市场的意向，蓝天公司与上天公司签订了营销合作协议，由蓝天公司负责上天公司产品在海外市场的销售。至此，蓝天公司从基于合资形式的太阳能光伏电池接线盒生产线，到采取控股方式的太阳能光伏逆变器生产线，再到与上天公司合作的太阳能光伏产品贸易业务，蓝天公司在光伏产业中的产业链不断延伸，其组织结构也从创业期的职能制发展成为矩阵制。蓝天公司正在一步步地实现"成为国内乃至全球太阳能光伏产业的优秀企业"的目标。

要求：

（1）从宏观环境角度简要分析蓝天公司 2008 年初创时光伏产业所面临的机会与 2010 年后光伏产业所面临的威胁。

（2）从产业五种竞争力角度分析蓝天公司从 2008 年开始经营光伏电池板业务时所面临的机

会与2010年后所面临的威胁。

（3）阐述企业战略联盟的主要类型，简要分析蓝天公司与合作伙伴所结成的战略联盟的类型、各方的主要动因。

（4）简要分析蓝天公司企业能力的主要表现。

（5）简要分析蓝天公司在发展中注重规避的主要市场风险。

（6）依据《企业内部控制应用指引第9号——销售业务》，简要分析蓝天公司在采用OEM方式经营光伏电池板业务时注重规避的主要风险，并分析蓝天公司在此项业务中还应当防范哪些风险。

【答案】

（1）从PEST角度分析蓝天公司2008年初创时光伏产业所面临的机会：

①政治法律因素："各国政府鼓励光伏产业发展的政策相继出台"。

②经济因素："国内外市场需求不断攀升，市场潜力巨大"。

③社会和文化因素："光伏产业已经被社会接受并获得推崇"。

④技术因素："光伏产业生产技术已被市场认可，企业生产成本与产品价格不断降低"。

从PEST角度分析2010年后光伏产业所面临的威胁：

①政治法律因素："各国政府的相关政策也在不断调整，C国已经缩减了对光伏行业的税收优惠政策范围"。

②技术因素："光伏产业技术革新日新月异"。

（2）从产业五种竞争力角度分析蓝天公司从2008年开始经营光伏电池板业务时所面临的机会：

①供应者："由于几年来国际市场对光伏产品需求的快速增长和光伏产品丰厚的利润，吸引了大量产业资本蜂拥而入。一些低端制造行业的企业，也都从2009年起投资或组建光伏项目，光伏电池板生产企业很多"。

②购买者："主要客户是欧洲太阳能发电企业。欧洲的太阳能发电产业发展迅速，对光伏电池板需求很大，且不断增长，为公司提供了广阔的发展空间"。

③现有竞争者："蓝天公司的光伏电池板是基于以往积累的客户需求做出的改良产品，研发成本较低，相对市场上的一般产品具有一定的优势。蓝天公司根据市场变化，不断对现有产品进行再创新，比同行业的竞争者获得了更高的利润和更多的客户"。

④替代品："太阳能是传统能源重要的替代品"。

从产业五种竞争力角度分析蓝天公司2010年后经营光伏电池板贸易业务面临的威胁：

①潜在进入者："对于太阳能光伏电池板制造商而言，进军电池板销售业务领域障碍不大"。

②供应商："对市场的供需状况带来重大影响"。

③购买者："光伏电池板行业由卖方市场转向买方市场的市场风险"。

④现有竞争者："这些企业产销一体的优势对公司业务形成威胁"。

（3）"蓝天公司基于自身的技术与外销渠道优势，与国内多家光伏电池板生产商达成协议，采用代工模式（OEM），由生产商按照蓝天公司的订单要求，为其提供符合标准的产品"，属于功能性协议类型（或契约式类型）。

"蓝天公司与中山公司以合资企业的形式达成新型太阳能光伏电池接线盒生产线的协议"，属于合资企业类型（或股权参与方式）。

"对于新研发的光伏逆变器及其生产线，蓝天公司采用了以投入自有资金为主，再吸收部分风险投资资金入股"，属于相互持股类型（或股权参与方式）。

"蓝天公司与上天公司签订了营销合作协议"，属于功能性协议类型（或契约式类型）。

各方的主要动因：

①促进技术创新。"蓝天公司基于自身的技术与外销渠道优势，与国内多家光伏电池板生产商达成协议"；"蓝天公司研发的新型太阳能电池接线盒供不应求，急于扩大生产"；"对于新研发的光伏逆变器及其生产线，蓝天公司采用了以投入自有资金为主，再吸收部分风险投资资金入股"。

②避免经营风险。"可以很好地控制资金周转，同时，不必在生产阶段投入资金，仅赚取产品购销差价，以最小的资金投入获得最大的资金收益"。

③避免或减少竞争。"蓝天公司采用代工模式（OEM），由生产商按照蓝天公司的订单要求，为其提供符合标准的产品"，减少了自己生产所要承担的竞争压力。

④实现资源互补。"蓝天公司基于自身的技术与外销渠道优势……生产商按照蓝天公司的订单要求，为其提供符合标准的产品""蓝天公司研发的新型太阳能电池接线盒供不应求，急于扩大生产"。

⑤开拓新的市场。"生产商按照蓝天公司的订单要求，为其提供符合标准的产品……向欧洲市场提供光伏设备装机时所需的光伏电池板""与蓝天公司合作生产新型太阳能光伏电池接线盒，正是中山公司向新兴产业转型的契机""上天公司提出与蓝天公司共同开拓光伏产品海外市场的合作意向""蓝天公司从基于合资方式的太阳能光伏电池接线盒生产线，到采取控股方式的太阳能光伏逆变器生产线，再到与上天公司合作的太阳能光伏产品贸易业务，蓝天公司在光伏产业中产业链不断延伸"。

（4）企业能力主要由研发能力、生产管理能力、营销能力、财务能力和组织管理能力等组成。

①研发能力。"蓝天公司的光伏电池板是基于以往积累的客户需求做出的改良产品，研发成本较低，相对市场上的一般产品具有一定的优势。蓝天公司根据市场变化，不断对现有产品进行再创新""蓝天公司研发的新型太阳能电池接线盒供不应求""与接线盒相比，逆电器具有更高的技术含量，产品进入门槛更高，也意味着竞争对手相对减少"。

②生产管理能力。"以投入自有资金为主，再吸收部分风险投资资金入股，以有效降低融资成本，并能完全掌控生产线的运作"。

③营销能力。"蓝先生熟悉太阳能电极板零部件产品的销售渠道及客户群体，积累了丰富的销售经验及客户资源，善于搜集客户需求信息，并能够根据客户需求对产品做出改进的建议"。

④财务能力。"收付款模式……可以很好地控制资金周转。同时，不必在生产阶段投入资金，仅赚取产品购销差价，以最小的资金投入获得最大的资金收益""蓝天公司与中山公司以合资企业的形式达成新型太阳能光伏电池接线盒生产线的协议""对于新研发的光伏逆变器及其生产线，蓝天公司以投入自有资金为主，再吸收部分风险投资资金入股，以有效降低融资成本，并能完全掌控生产线的运作"。

⑤组织管理能力。"蓝天公司在光伏产业中产业链不断延伸，其组织结构也从创业期的职能制发展成为矩阵制"。

（5）蓝天公司在发展中注重规避的主要市场风险：

①产品或服务的价格及供需变化带来的风险。"……一批大型太阳能电池生产企业,这些企业产销一体的优势对公司业务形成威胁。且对市场的供需状况带来重大影响,2011 年以后的市场不一定乐观"。

②税收政策的变化带来的风险。"各国政府的相关政策也在不断调整,C 国已经缩减了对光伏行业的税收优惠政策范围"。

③汇率的变化带来的风险。"蓝天公司的产品在欧洲市场的交易以美元结算,以预防欧元币值的大幅度变动"。

④潜在进入者、竞争者与替代品的竞争带来的风险。"对于太阳能光伏电池板制造商而言,进军电池板销售业务领域障碍不大""其中不乏一批大型太阳能电池生产企业,这些企业产销一体的优势对公司业务形成威胁""随着全球太阳能光伏产业的日益成熟,光伏产业技术革新日新月异"。

(6)依据《企业内部控制应用指引第 9 号——销售业务》,与蓝天公司采用 OEM 方式经营光伏电池板业务相关的主要风险有:

①销售政策和策略不当,市场预测不准确,销售渠道管理不当等,可能导致销售不畅、库存积压、经营难以为继。

②客户信用管理不到位,结算方式选择不当,账款回收不力等,可能导致销售款项不能收回或遭受欺诈。

③销售过程存在舞弊行为,可能导致企业利益受损。

"蓝天公司将收付款模式设定为,在收到客户全部货款后发货,并且在收到合格产品后,支付生产商剩余货款……蓝天公司可以很好地控制资金周转,也有效防范了一些销售舞弊行为",反映蓝天公司很好地规避了上述第二类风险和第三类风险。但是,如果蓝天公司不能根据市场条件与自身优势的变化增加此项政策执行的灵活性,可能会导致第一类风险的发生。

【例题 7·综合题】(2013 年)

资料一

建安公司是 D 省一家食品进出口集团公司旗下的子公司,主营业务是生产和出口 A 地区生猪。

A 地区生猪市场有如下特点:

(1)市场需求量大、市场容量比较稳定。猪肉是居民肉类消费的最主要来源,占日常肉类消费的 60% 以上。由于 A 地区传统消费习惯的长期存在,其他肉类对猪肉的替代性不大。A 地区的农副产品不能自给自足,市场需求基本由大陆地区供给。

(2)国家对内地出口 A 地区生猪实行配额管理及审批制度。现通过审批的企业近 400 家。但是目前看来,配额管理政策有全面放开的趋势。

(3)产品价格高于内地市场价,但质量要求也较高。由于供 A 地区生猪业务不仅是经济行为,还是一项政治任务。因此,当大陆生猪供应量减少、内地猪肉价格急剧上升时,A 地区生猪供应量和价格不会迅速做出相应的调整。但是在市场力量的作用下,随着时间的推移。A 地区的生猪价格将缓慢升至合理价位。

(4)市场竞争激烈。由于 A 地区市场具有很大的特殊性,进入障碍很高,退出却非常容易,因此,各出口企业始终把质量和安全作为核心竞争力,努力把政策性的盈利模式变为市场性的盈利模式，从而在市场中立足。此外，近年来，一些国际金融巨头在中国大肆收购专业养猪场，因而潜在进入者的威胁也不容忽视。

（5）原材料市场还处于买方市场。供 A 地区生猪企业主要原材料包括饲料、兽药、种猪。从目前国内情况来看，主要原材料产业均是竞争比较激烈的产业，供应商数量较多。

资料二

建安公司资源和能力状况如下：

主要优势：

（1）有 50 多年的供 A 地区生猪生产与出口的历史和经验；

（2）掌握向 A 地区出口配额许可权，有在国家商务部注册的供 A 地区生猪的两个定点猪场；

（3）供 A 地区生猪的品质长期得到肯定；

（4）有良好的企业信誉和知名度。

主要劣势：

（1）生猪养殖规模较小；

（2）在整个供 A 地区生猪产业链中创造价值点单一；

（3）技术水平、管理水平较低。

建安公司在其"十二五"规划中的战略定位为：扩大生猪养殖和出口规模，形成规模化养殖，并积极打造生猪产业链，力保并扩大公司出口 A 地区业务市场份额，全面整合原材料供给、生猪养殖、出口销售产业链，扩展业务空间，全面提升企业竞争力。建安公司的目标是：扩大生猪出口规模，至 2015 年实现出口生猪规模 50 万头（即原有规模 10 万头的 5 倍）。

在发展途径的选择上，建安公司做了认真的分析。如果采用内部发展方式，需要开发、应用先进技术，迅速扩大生产规模，进入饲料、兽药、种猪等产业，根据建安公司的资源能力状况，一时难以解决发展瓶颈问题。而通过并购方式，需要选择合适的并购对象，还要考虑如何进行价值评估才不会支付过高的收购价格。更重要的是，并购方与被并购方需要很长时间的整合和协调，这些条件在短期内难以达到。因此，建安公司管理层决定采用战略联盟的方式。

资料三

宏达公司是 D 省一家大型畜牧业企业集团，是中国目前最大的种猪育种和肉猪生产基地。该公司生产规模大，具有生猪经营"原材料供给、生猪养殖、销售"完整的产业链，技术力量雄厚，创新能力较强。但是，该公司没有获得向 A 地区出口配额许可权，其猪场也不是在商务部注册的供 A 地区生猪定点猪场，而 A 地区市场的开发对宏达公司的发展至关重要。

在这样的背景下，建安公司和宏达公司结成战略联盟成为双方共同的意愿。双方管理层就战略联盟事宜进行了协商和谈判。首先确定了战略联盟的类型。根据双方的具体情况，决定采用契约式战略联盟，具体方案是建立产销合作联盟：双方签订收益共享合同，宏达公司给建安公司一个较低的生猪价格，而建安公司给宏达公司一定的收益分成，双方风险共担、收益共享。此外，协商和谈判中对生猪产品的质量标准、双方利益分配、交货、运输及费用的承担问题，以及双方的违约责任和联盟解体等问题都进行了商定。

建安公司对于实施战略联盟方案可能面临的风险也进行了分析，认为战略联盟方案实施过程中可能存在两类风险。一类风险主要体现在由于双方利益分配不均、管理协调不畅导致双方战略意图无法实现；另一类风险主要体现在生猪价格波动、生猪疾病疫情、生猪出口配额管理体系变化导致的风险，建安公司管理层认识到，必须建立风险预控机制，成立专门的风险管理委员会，以便对风险进行预测、识别和应对。

要求：

（1）简述产业五种竞争力的基本概念，并对 A 地区生猪市场进行五种竞争力分析。

（2）简述企业发展战略可采用的内部发展、外部发展、战略联盟 3 种途径的主要内涵，结合建安公司战略定位和目标、建安公司的资源能力状况，具体分析建安公司没有选择内部发展途径的原因。

（3）简述企业战略联盟形成的动因，分析建安公司与宏达公司结成战略联盟的主要动因。

（4）简述企业战略联盟的主要类型，说明建安公司与宏达公司采用的战略联盟类型的优点与不足。

（5）依据《中央企业全面风险管理指引》，简述分析市场风险可以考虑的几个方面，根据案例中建安公司提出的战略联盟方案实施过程中可能存在的两类风险，分析其应该考虑的市场风险。

（6）依据《中央企业全面风险管理指引》，简述分析风险管理组织体系包括的主要内容，简述建安公司管理层准备成立的风险管理委员会应该履行的主要职责。

【答案】

（1）在每一个产业中都存在 5 种基本竞争力量，即潜在进入者威胁、替代品的替代威胁、供应者的讨价还价能力、购买者的讨价还价能力、产业内现有企业的竞争。在一个产业中，这 5 种力量共同决定产业竞争的强度以及产业利润率，最强的一种或几种力量占据着统治地位并且从战略形成角度来看起着关键性作用。

A 地区生猪市场 5 种竞争力分析：

①潜在进入者威胁。"国家对内地出口 A 地区生猪实行配额管理及审批制度""进入障碍高"，说明目前潜在进入者进入威胁不大，但随着配额管理政策的放开，"潜在进入者的威胁也不容忽视。"

②替代品的替代威胁。"由于 A 地区传统消费习惯的长期存在，其他肉类对猪肉的替代性不大"。替代品的威胁不大。

③供应者的讨价还价能力。"原材料市场还处于买方市场……从目前国内情况来看，主要原材料产业均是竞争比较激烈的产业，供应商数量较多"。供应者的讨价还价能力不大。

④购买者的讨价还价能力。"产品价格高于内地市场价，但质量要求也较高。由于供 A 地区生猪业务不仅是经济行为，还是一项政治任务。因此，当大陆生猪供应量减少、内地猪肉价格急剧上升时，A 地区生猪供应量和价格不会迅速做出相应的调整"。说明购买者讨价还价能力强。

⑤产业内现有企业的竞争。"市场竞争激烈"，"各出口企业始终把质量和安全作为核心竞争力，努力把政策性的盈利模式变为市场性的盈利模式，从而在市场中立足"。说明产业竞争激烈，竞争对手实力较强。

（2）①外部发展是指企业通过取得外部经营资源谋求发展的战略。外部发展的狭义内涵是并购，并购包括收购和合并，收购是指一个企业（收购者）收购和吸纳了另一个企业（被收购者）的业务。合并指同等企业之间的重新组合。

②内部发展是指企业利用自身内部资源谋求发展的战略，内部发展的狭义内涵是新建，即建立一个新的企业。

③战略联盟是指两个或两个以上经营实体之间为了达到某种战略目的而建立的一种合作关

系。合并或兼并意味着战略联盟的结束。

建安公司的战略定位和目标：一要"扩大生猪养殖和出口规模，形成规模化养殖至2015年实现出口生猪规模50万头（即原有规模10万头的5倍）"；二要"积极打造生猪产业链，力保并扩大公司出口A地区业务市场份额，全面整合原材料供给、生猪养殖、出口销售产业链，扩展业务空间"；而其资源能力的主要劣势又是"生猪养殖规模较小""在整个供A地区生猪产业链中创造价值点单一"。因此公司的发展定位、目标与其资源能力存在很大差距，如果采用内部发展途径，一时难以解决发展瓶颈问题。

（3）促使战略联盟形成的主要动因可以归纳为以下6个方面：

①促进技术创新；

②避免经营风险；

③避免或减少竞争；

④实现资源互补；

⑤开拓新的市场；

⑥降低协调成本。

建安公司与宏达公司结成战略联盟的主要动因主要体现在①④⑤⑥。

①促进技术创新。建安公司"技术水平、管理水平较低"，而宏达公司"技术力量雄厚，创新能力较强"。建安公司通过战略联盟方案实施，促进技术创新。

④实现资源互补。建安公司"有50多年的供A地区生猪生产与出口的历史和经验""掌握向A地区出口配额许可权，有在国家商务部注册的供A地区生猪的两个定点猪场"。但是，"生猪养殖规模较小""在整个供A地区生猪产业链中创造价值点单一""技术水平、管理水平较低"；而宏达公司"生产规模大，具有生猪经营完整的产业链，技术力量雄厚……但是，该公司没有获得向A地区出口配额许可权，其猪场也不是在商务部注册的供A地区生猪定点猪场"。双方实现资源互补动机明显。

⑤开拓新的市场。一方面，建安公司战略定位要"扩大公司出口A地区市场业务份额"，另一方面，"A地区市场的开发对宏达公司的发展至关重要"，所以双方通过战略联盟开拓新的市场战略动机明显。

⑥降低协调成本。与并购方式相比，战略联盟的方式不需要进行企业的整合，可以降低协调成本。本案例中，建安公司认为，如果采用并购方式"并购方与被并购方需要很长时间的整合和协调"，所以建安公司决定采用战略联盟方式降低协调成本动机明显。

（4）从股权参与和契约联结的方式来看，可以将企业战略联盟归纳为三种类型：

①合资企业，是指将各自不同的资产组合在一起进行生产，共担风险和共享收益。与一般意义上的合资企业相比，它更多体现了联盟企业之间的战略意图，而并非仅仅限于寻求较高的投资回报率。

②相互持股投资，是指联盟成员之间通过交换彼此的股份而建立起一种长期的相互合作的关系。与合资企业不同的是，这种方式不需要将彼此的设备和人员加以合并，只是便于双方在某些领域采取协作行为。与合并或兼并也不同，这种方式仅持有对方少量股份，联盟企业之间仍保持相对独立性，而且股权持有往往是双向的。

③功能性协议，这是一种契约式的战略联盟，与前面两种有股权参与的方式明显不同，企业之间决定在某些具体领域进行合作。

建安公司与宏达公司采用的战略联盟类型属于第三种——功能性协议。这种方式的优点是，在经营灵活性、自主权和经济效益等方面比股权式战略联盟具有更大的优越性；不足之处在于企业对联盟的控制能力差、松散的组织缺乏稳定性和长远利益、联盟内成员之间的沟通不充分、组织效率低下等。

（5）依据《中央企业全面风险管理指引》，分析市场风险可以考虑以下几个方面：

①产品或服务价格及供需变化带来的风险；

②能源、原材料、配件等物资供应的充足性、稳定性和价格的变化带来的风险；

③主要客户、主要供应商的信用风险；

④税收政策和利率、汇率、股票价格指数的变化带来的风险；

⑤潜在进入者、竞争者与替代品的竞争带来的风险。

根据案例中建安公司提出的战略联盟方案实施过程中可能存在的内部与外部两类风险，其应该考虑的市场风险主要体现在①③⑤。

①产品或服务价格及供需变化带来的风险。"生猪价格波动、生猪疾病疫情"，都可能带来这一风险。

③主要供应商的信用风险。"由于双方利益分配不均、管理协调不畅导致双方战略意图无法实现"可能对建安公司带来其主要供应商宏达公司的信用风险。

⑤潜在进入者带来的风险。"生猪出口配额管理体系变化"可能带来潜在进入者进入的风险。

（6）依据《中央企业全面风险管理指引》，企业风险管理组织体系包括：

①规范的公司法人治理结构；

②风险管理委员会；

③风险管理职能部门；

④审计委员会；

⑤企业其他职能部门及各业务单位；

⑥下属公司。

风险管理委员会对董事会负责，主要履行以下职责：

①提交全面风险管理年度报告；

②审议风险管理策略和重大风险管理解决方案；

③审议重大决策、重大风险、重大事件和重要业务流程的判断标准或判断机制，以及重大决策的风险评估报告；

④审议内部审计部门提交的风险管理监督评价审计综合报告；

⑤审议风险管理组织机构设置及其职责方案；

⑥办理董事会授权的有关全面风险管理的其他事项。

BT学院
btclass.cn
陪伴奋斗年华

21天突破
2020

公司战略与风险管理

Corporate Strategy
and Risk Management

学习框架

李彬 编著　BT学院 组编

CPA

李彬教你考注会®

高效应试 | 通俗易懂 | 快速通关

推荐👍：近四年累计带出**80**名一次过六科学员

中国财经出版传媒集团
经济科学出版社

明星讲师

李彬

BT 学院（www.btclass.cn）明星老师，注册会计师全国统一考试辅导教材「21 天突破注会」系列丛书作者

2019 年一人带出 15 个一次过六科学员，92 个一次性过五科学员，346 个过四科学员；累计带出一次过 6 科学员 80 名。

零基础开始考证之路，自创框架学习法！2012 年一次性极高分通过注册会计师专业阶段考试（459 分），2013 年 6 月一次性通过注册税务师考试（5 门），2013 年 9 月高分通过司法考试（400+）。

↑备考CPA的同学，可以扫码添加彬哥的微信

向艳老师

主讲：会计
16 年 CPA 全国状元（478.25）
BT 学院教研组负责人，多年财会教学经验
极致耐心细致教学，上课传授高效学神备考方法

七喜老师

主讲：财管
自学半个月过财管，2 年过 CPA
曾在世界 500 强、央企等担任管理会计工作
擅长框架法教学，自带圈粉属性的声音，课堂超高互动率

叶子老师

主讲：税法
注册会计师、中国人民大学会计学毕业
担任多年上市公司会计主管，具有多年财会教学经验
以班主任风格授课，条理清晰，生动形象，重点极其突出！

颖儿老师

主讲：经济法
在职宝妈均分 80+ 过 CPA
擅长多线备考，手握数十本证书的考证狂魔
擅长以图说"法"，自创高效抗遗忘法，帮助学员牢记知识点！

丽丽老师

主讲：审计、战略
注册会计师，2 年过 CPA
曾在立信事务所担任审计、担任多年高校财会老师
被誉为最温柔耐心的 CPA 老师，立志打造最快乐的 CPA 课堂

题库领取

Step 1

扫描二维码

Step 2

扫码后弹出
【BT研习社】，
点击"关注公众号"，
如已关注请忽略此步

Step 3

关注后自动领取7天导学
课+精品课
点击弹出消息中的"2020
年BT学院教材正版验证"
（如何领取APP题库）

Step 4

刮开封面题库码刮银，
获取题库码

Step 5

在领取BT学院APP题库
页面中填写题库优惠码，
填写完毕后点击"兑换"

Step 6

领取成功后，
下载【BT学院】APP，
点击【题库】即可做题

下载BT学院APP 　　　联系官方客服

BT 学院——陪伴奋斗年华

致敬这个时代最有梦想的人

有时候会觉得自己很孤单，哪怕并不缺少亲人朋友关切的眼神。因为没有处在相同的境地，没有面临等同的压力，没有殊途同归的共同目标，所以有口难言，情绪都烂在心里。想要与志同道合的朋友喝酒聊天，想要在他们眼里找回激情和梦想，想要与保持着同一份初心的人一路前行。

陪伴，是最温暖的情怀，是最长情的告白，而 BT 学院就想要送你这一份温暖，陪伴奋斗年华。

学习知识固然重要，可是陪伴或许才是教育的本质。有"效率"的陪伴，应该是"双向沟通"，就像高效的学习不应当只是"单向传输"一样。老师懂你的困惑，你也能跟上老师的节奏，及时的互通和反馈才是陪伴的真谛！信息时代里，我们缺少的绝对不是那堆冷冰冰的知识，而是能有良师在授业解惑之余不断引导你培养终身受益的学习方法，有益友持续鼓励你坚定不渝地前行，这或许就是教育的本质。这样的经历在我们学生时代也许并不陌生，只是多年之后再回首，那些坚定又充实的学习时光竟然是那般遥远。在 BT 学院里，我们想要给你陪伴，带你再回那段时光。

纵然无线 WiFi 不能传递热能，可是陪伴却可以带来无限温情。直播间里，老师说"懂得了就扣 1"，一连串的 1111 让我们透过屏幕感受到你们的欣喜和雀跃；班级群里，助教说"复习完了要打卡"，同学们较着劲儿地报进度，互相鼓励着去坚持，真切地觉得在奋斗的不只是自己。

纵使我们来自全国各地，可是有着相同的奋斗心情。我们在一群素未谋面的陌生人中嗅到了至真至纯的人情味儿，让早读成为了习惯，拼搏至凌晨成为了常态。助教的督促，老师的答疑，同学的鼓励，让汗水终将换来理想成绩的感动。正是对这份温暖的向往，对目标的矢志不渝，让你在最美的年华，选择了奋斗在 BT 学院。一个人走得很快，但一群人相伴可以走得更远。

熹微晨光中，鸟鸣和 BT 学院陪你；静谧的夜里，咖啡和 BT 学院陪你；没有休息的周六日，没有旅行的假期，BT 学院一直陪你，陪你！陪你遥望真理无穷，陪你感受每进一寸的欢喜，陪你平缓坎坷心情，陪你度过奋斗年华！

BT 学院—陪伴奋斗年华。BestTime，最美的年华，奋斗在 BT 学院！

目 录
CONTENTS

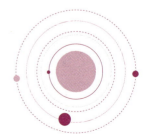

第一章
战略与战略管理（总述）

战略与战略管理（总述）

公司战略的基本概念
- 战略定义
  - 传统概念：计划性、长期性、全局性
  - 现代概念：应变性、竞争性、风险性
- 公司的使命、目标
  - 公司使命：公司目的、公司宗旨、经营哲学
  - 目标：财务目标体系、战略目标体系
- 公司战略的层次　总体战略、业务单位战略、职能战略

公司战略管理
- 战略管理的内涵
- 战略管理的特征　综合性管理、高层次管理、动态性管理
- 战略管理过程
  - 战略分析　外部环境分析和内部环境分析
  - 战略选择
    - 制定战略选择方案　三方法：自上而下、自下而上、上下结合
    - 评估战略备选方案　三标准：适宜性、可接受性、可行性
    - 选择战略　总体战略、业务单位战略、职能战略
  - 战略政策和计划
  - 战略实施
- 战略变革管理
  - 变革的含义
    - 渐进性变革与革命性变革
    - 战略变革的发展阶段：连续、渐进、不断改变、全面阶段
  - 变革的类型　技术变革、产品和服务变革、结构和体系变革、人员变革
  - 变革的任务　调整企业理念、企业战略重新进行定位、重新设计企业的组织结构
  - 变革的实现
    - 支持者的职责　高层、变革代理人的职责
    - 变革受到抵制的原因　生理变化、环境变化、心理变化
    - 变革面临的障碍
      - 文化障碍　如业务活动惯性、管理体系惯性、内部团队抵抗变革、缺乏经验和能力、整个组织的保守主义
      - 私人障碍　习惯、对个人收入的影响、对于未知的恐惧、选择性的信息处理
    - 克服变革阻力的策略
      - 变革的节奏　循序渐进
      - 变革的管理方式
        - （1）鼓励冲突领域的对话
        - （2）鼓励个人参与
        - （3）为员工提供针对新技能和系统应用的学习课程
      - 变革的范围　为避免大转变将会带来巨大的不安全感和较多的刺激，可以考虑采用变革范围较小的方式

战略分析

宏观环境分析 —— PEST模型 —— 政治和法律、经济、社会和文化、技术

企业外部环境分析

产业环境分析

产品生命周期

导入期
- 经营风险：非常高
- 战略目标：扩大市场份额，争取成为"领头羊"
- 战略路径：投资于研究开发和技术改进，提高产品质量

成长期
- 经营风险：有所降低，但维持在较高水平
- 战略目标：争取最大的市场份额
- 战略路径：市场营销

成熟期
- 经营风险：进一步降低，达到中等水平
- 战略目标：经营战略的重点转向巩固市场份额的同时提高投资报酬率
- 战略路径：提高效率、降低成本

衰退期
- 经营风险：较低
- 战略目标：防御，获取最后的现金流
- 战略路径：控制成本，以求能维持正的现金流量

产业五种竞争力

潜在进入者的进入威胁

结构性障碍
- 规模经济
- 现有企业对关键资源的控制 —— 对资金、专利或专有技术、原材料供应、分销渠道、学习曲线等资源及资源使用方法的积累与控制
  - 其中，学习曲线又称经验曲线，它与规模经济往往交叉地影响产品成本的下降水平
- 现有企业的市场优势 —— 品牌优势、政府政策

行为性障碍
- 限制进入定价 —— 在位企业企图通过低价来告诉进入者自己是低成本的，进入将是无利可图的
- 进入对方领域 —— 寡头垄断市场常见的一种报复行为，其目的在于抵消进入者首先采取行动可能带来的优势

替代品的替代威胁 —— 直接产品替代、间接替代品

供应者、购买者讨价还价的能力
- 买方或卖方的集中程度或业务量大小
- 产品差异化程度与资产专用性程度
- 纵向一体化程度
- 信息掌握的程度

供应者与现有竞争者之间的抗衡 —— 下面几种情况下可能是很激烈的：
①产业内有众多的势均力敌的竞争对手
②产业发展缓慢
③顾客认为所有剩余的商品都是同质的
④产业中存在过剩的生产能力
⑤产业进入障碍低而退出障碍高

成功关键因素分析
- 获得盈利必须拥有的技能和资产
- 成功关因素随着产业的不同而不同，甚至在相同的产业中，也会因产业驱动因素和竞争环境的变化而变化
- 随着产品生命周期的演变而变化

…（接下页）

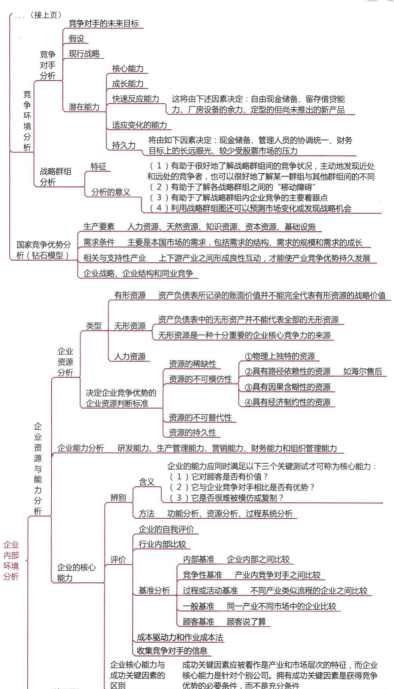

战略分析

企业内部环境分析

...（接上页）

竞争环境分析

竞争对手分析
- 竞争对手的未来目标
- 假设
- 现行战略
- 潜在能力
  - 核心能力
  - 成长能力
  - 快速反应能力 —— 这将由下述因素决定：自由现金储备、留存借贷能力、厂房设备的余力、定型的但尚未推出的新产品
  - 适应变化的能力
  - 持久力 —— 将由如下因素决定：现金储备、管理人员的协调统一、财务目标上的长远眼光、较少受股票市场的压力

战略群组分析
- 特征
- 分析的意义
  - （1）有助于很好地了解战略群组间的竞争状况，主动地发现近处和远处的竞争者，也可以很好地了解某一群组与其他群组间的不同
  - （2）有助于了解战略群组之间的"移动障碍"
  - （3）有助于了解战略群组内企业竞争的主要着眼点
  - （4）利用战略群组图还可以预测市场变化或发现战略机会

国家竞争优势分析（钻石模型）
- 生产要素 —— 人力资源、天然资源、知识资源、资本资源、基础设施
- 需求条件 —— 主要是本国市场的需求，包括需求的结构、需求的规模和需求的成长
- 相关和支持性产业 —— 上下游产业之间形成良性互动，才能使产业竞争优势持久发展
- 企业战略、企业结构和同业竞争

企业资源与能力分析

企业资源分析
- 类型
  - 有形资源 —— 资产负债表所记录的账面价值并不能完全代表有形资源的战略价值
  - 无形资源
    - 资产负债表中的无形资产并不能代表全部的无形资源
    - 无形资源是一种十分重要的企业核心竞争力的来源
  - 人力资源
- 决定企业竞争优势的企业资源判断标准
  - 资源的稀缺性
  - 资源的不可模仿性
    - ①物理上独特的资源
    - ②具有路径依赖性的资源 —— 如海尔售后
    - ③具有因果含糊性的资源
    - ④具有经济制约性的资源
  - 资源的不可替代性
  - 资源的持久性

企业能力分析 —— 研发能力、生产管理能力、营销能力、财务能力和组织管理能力

企业的核心能力
- 辨别
  - 含义 —— 企业的能力应同时满足以下三个关键测试才称为核心能力：（1）它对顾客是否有价值？（2）它与企业竞争对手相比是否有优势？（3）它是否很难被模仿或复制？
  - 方法 —— 功能分析、资源分析、过程系统分析
- 评价
  - 企业的自我评价
  - 行业内部比较
  - 基准分析
    - 内部基准 —— 企业内部之间比较
    - 竞争性基准 —— 产业内竞争对手之间比较
    - 过程或活动基准 —— 不同产业类似流程的企业之间比较
    - 一般基准 —— 同一产业不同市场中的企业比较
    - 顾客基准 —— 顾客说了算
  - 成本驱动力和作业成本法
  - 收集竞争对手的信息
- 企业核心能力与成功关键因素的区别 —— 成功关键因素应被看作是产业和市场层次的特征，而企业核心能力是针对个别公司。拥有成功关键因素是获得竞争优势的必要条件，而不是充分条件

...（接下页）

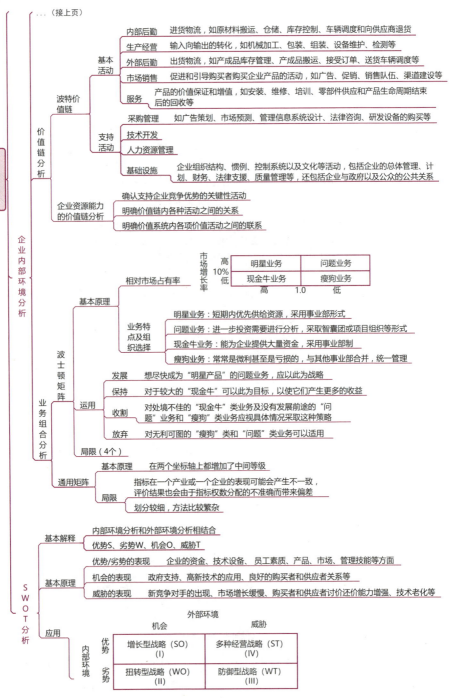

战略分析

企业内部环境分析

价值链分析

波特价值链

基本活动
- 内部后勤　进货物流，如原材料搬运、仓储、库存控制、车辆调度和向供应商退货
- 生产经营　输入向输出的转化，如机械加工、包装、组装、设备维护、检测等
- 外部后勤　出货物流，如产成品库存管理、产成品搬运、接受订单、送货车辆调度等
- 市场销售　促进和引导购买者购买企业产品的活动，如广告、促销、销售队伍、渠道建设等
- 服务　产品的价值保证和增值，如安装、维修、培训、零部件供应和产品生命周期结束后的回收等

支持活动
- 采购管理　如广告策划、市场预测、管理信息系统设计、法律咨询、研发设备的购买等
- 技术开发
- 人力资源管理
- 基础设施　企业组织结构、惯例、控制系统以及文化等活动，包括企业的总体管理、计划、财务、法律支援、质量管理等，还包括企业与政府以及公众的公共关系

企业资源能力的价值链分析
- 确认支持企业竞争优势的关键性活动
- 明确价值链内各种活动之间的关系
- 明确价值系统内各项价值活动之间的联系

业务组合分析

波士顿矩阵

基本原理
- 相对市场占有率

市场增长率		
高 10%	明星业务	问题业务
低	现金牛业务	瘦狗业务
	高　　1.0　　低	

业务特点及组织选择
- 明星业务：短期内优先供给资源，采用事业部形式
- 问题业务：进一步投资需要进行分析，采取智囊团或项目组织等形式
- 现金牛业务：能为企业提供大量资金，采用事业部制
- 瘦狗业务：常常是微利甚至是亏损的，与其他事业部合并，统一管理

运用
- 发展　想尽快成为"明星产品"的问题业务，应以此为战略
- 保持　对于较大的"现金牛"可以此为目标，以使它们产生更多的收益
- 收割　对处境不佳的"现金牛"类业务及没有发展前途的"问题"业务和"瘦狗"类业务视具体情况采取这种策略
- 放弃　对无利可图的"瘦狗"类和"问题"类业务可以适用

局限（4个）

通用矩阵
- 基本原理　在两个坐标轴上都增加了中间等级
- 局限
  - 指标在一个产业或一个企业的表现可能会产生不一致，评价结果也会由于指标权数分配的不准确而带来偏差
  - 划分较细，方法比较繁杂

SWOT分析

基本解释
- 内部环境分析和外部环境分析相结合
- 优势S、劣势W、机会O、威胁T

基本原理
- 优势/劣势的表现　企业的资金、技术设备、员工素质、产品、市场、管理技能等方面
- 机会的表现　政府支持、高新技术的应用、良好的购买者和供应者关系等
- 威胁的表现　新竞争对手的出现、市场增长缓慢、购买者和供应者讨价还价能力增强、技术老化等

应用

	外部环境	
	机会	威胁
内部环境 优势	增长型战略（SO）（I）	多种经营战略（ST）（IV）
劣势	扭转型战略（WO）（II）	防御型战略（WT）（III）

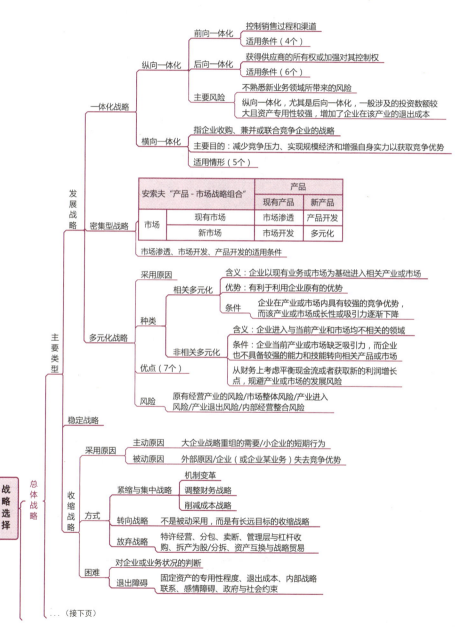

第三章
战略选择

战略选择 — 总体战略

发展战略
- 主要类型
  - 一体化战略
    - 纵向一体化
      - 前向一体化
        - 控制销售过程和渠道
        - 适用条件（4个）
      - 后向一体化
        - 获得供应商的所有权或加强对其控制权
        - 适用条件（6个）
      - 主要风险
        - 不熟悉新业务领域所带来的风险
        - 纵向一体化，尤其是后向一体化，一般涉及的投资数额较大且资产专用性较强，增加了企业在该产业的退出成本
    - 横向一体化
      - 指企业收购、兼并或联合竞争企业的战略
      - 主要目的：减少竞争压力、实现规模经济和增强自身实力以获取竞争优势
      - 适用情形（5个）
  - 密集型战略

安索夫"产品-市场战略组合"		产品	
		现有产品	新产品
市场	现有市场	市场渗透	产品开发
	新市场	市场开发	多元化

   - 市场渗透、市场开发、产品开发的适用条件
  - 多元化战略
    - 采用原因
    - 种类
      - 相关多元化
        - 含义：企业以现有业务或市场为基础进入相关产业或市场
        - 优势：有利于利用企业原有的优势
        - 条件：企业在产业或市场内具有较强的竞争优势，而该产业或市场成长性或吸引力逐渐下降
      - 非相关多元化
        - 含义：企业进入与当前产业和市场均不相关的领域
        - 条件：企业当前产业或市场缺乏吸引力，而企业也不具备较强的能力和技能转向相关产品或市场
    - 优点（7个）
      - 从财务上考虑平衡现金流或者获取新的利润增长点，规避产业或市场的发展风险
    - 风险
      - 原有经营产业的风险/市场整体风险/产业进入风险/产业退出风险/内部经营整合风险

稳定战略

收缩战略
- 采用原因
  - 主动原因：大企业战略重组的需要/小企业的短期行为
  - 被动原因：外部原因/企业（或企业某业务）失去竞争优势
- 方式
  - 紧缩与集中战略
    - 机制变革
    - 调整财务战略
    - 削减成本战略
  - 转向战略：不是被动采用，而是有长远目标的收缩战略
  - 放弃战略：特许经营、分包、卖断、管理层与杠杆收购、拆产为股/分拆、资产互换与战略贸易
- 困难
  - 对企业或业务状况的判断
  - 退出障碍：固定资产的专用性程度、退出成本、内部战略联系、感情障碍、政府与社会约束

……（接下页）

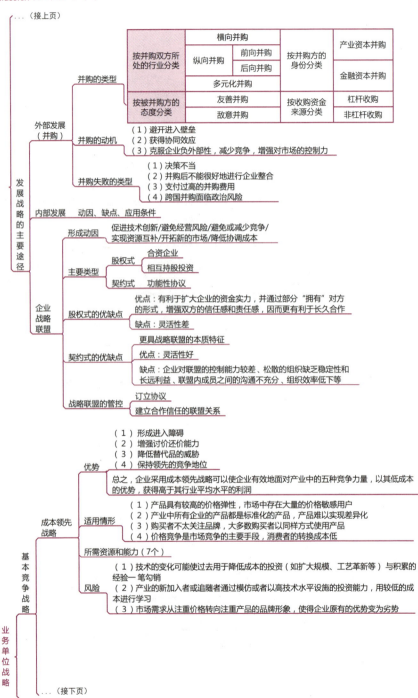

战略选择

发展战略的主要途径

外部发展（并购）

并购的类型

按并购双方所处的行业分类		横向并购		按并购方的身份分类	产业资本并购
		纵向并购	前向并购		金融资本并购
			后向并购		
		多元化并购			
按被并购方的态度分类		友善并购		按收购资金来源分类	杠杆收购
		敌意并购			非杠杆收购

并购的动机
（1）避开进入壁垒
（2）获得协同效应
（3）克服企业负外部性，减少竞争，增强对市场的控制力

并购失败的类型
（1）决策不当
（2）并购后不能很好地进行企业整合
（3）支付过高的并购费用
（4）跨国并购面临政治风险

内部发展　动因、缺点、应用条件

企业战略联盟

形成动因
促进技术创新/避免经营风险/避免或减少竞争/实现资源互补/开拓新的市场/降低协调成本

主要类型
股权式
合资企业
相互持股投资
契约式　功能性协议

股权式的优缺点
优点：有利于扩大企业的资金实力，并通过部分"拥有"对方的形式，增强双方的信任感和责任感，因而更有利于长久合作
缺点：灵活性差

契约式的优缺点
更具战略联盟的本质特征
优点：灵活性好
缺点：企业对联盟的控制能力较差、松散的组织缺乏稳定性和长远利益、联盟内成员之间的沟通不充分、组织效率低下等

战略联盟的管控
订立协议
建立合作信任的联盟关系

基本竞争战略

成本领先战略

优势
（1）形成进入障碍
（2）增强讨价还价能力
（3）降低替代品的威胁
（4）保持领先的竞争地位
总之，企业采用成本领先战略可以使企业有效地面对产业中的五种竞争力量，以其低成本的优势，获得高于其行业平均水平的利润

适用情形
（1）产品具有较高的价格弹性，市场中存在大量的价格敏感用户
（2）产业所有企业的产品都是标准化的产品，产品难以实现差异化
（3）购买者不太关注品牌，大多数购买者以同样方式使用产品
（4）价格竞争是市场竞争的主要手段，消费者的转换成本低

所需资源和能力（7个）

风险
（1）技术的变化可能使过去用于降低成本的投资（如扩大规模、工艺革新等）与积累的经验一笔勾销
（2）产业的新加入者或追随者通过模仿或者以高技术水平设施的投资能力，用较低的成本进行学习
（3）市场需求从注重价格转向注重产品的品牌形象，使得企业原有的优势变为劣势

业务单位战略

...（接上页）

战略选择 — **业务单位战略**

差异化战略

优势
（1）形成进入障碍
（2）降低顾客敏感程度
（3）增强讨价还价能力
（4）防止替代品威胁

实施条件

市场情况
（1）产品能够充分地实现差异化，且为顾客所认可
（2）顾客的需求是多样化的
（3）企业所在产业技术变革较快，创新成为竞争的焦点

所需资源和能力
（1）具有强大的研发能力和产品设计能力，具有很强的研究开发管理人员
（2）具有很强的市场营销能力，具有很强的市场营销能力的管理人员
（3）有能够确保激励员工创造性的激励体制、管理体制和良好的创造性文化
（4）有从总体上提高某项经营业务的质量、树立产品形象、保持先进技术和建立完善分销渠道的能力

风险
（1）企业形成产品差别化的成本过高
（2）市场需求发生变化
（3）竞争对手的模仿和进攻使已建立的差异缩小甚至转向

集中化战略

分类
集中成本领先战略
集中差异战略

优势
能够抵御产业五种竞争力的威胁/可以增强相对的竞争优势

适用情形
（1）购买者群体之间在需求上存在着差异
（2）目标市场在市场容量、成长速度、获利能力、竞争强度等方面具有相对的吸引力
（3）在目标市场上，没有其他竞争对手采用类似的战略
（4）企业资源和能力有限，难以在整个产业实现成本领先或差异化，只能选定个别细分市场

风险
狭小的目标市场导致的风险/购买者群体之间需求差异变小/竞争对手的进入与竞争

基本战略的综合分析——战略钟

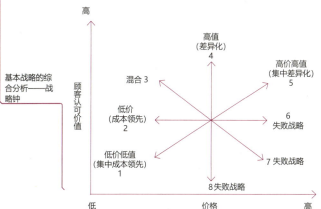

...（接下页）

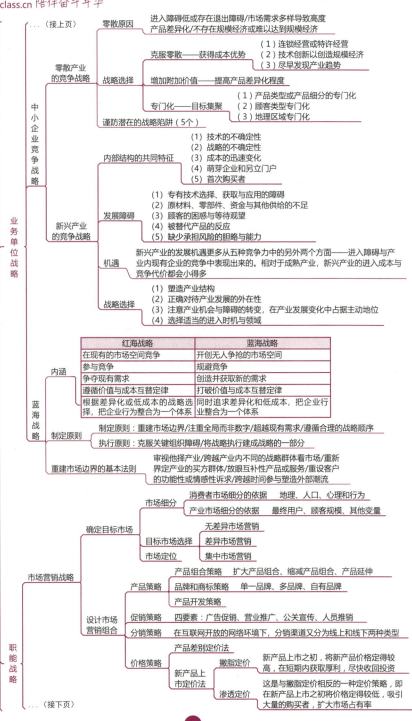

战略选择

业务单位战略

中小企业竞争战略

零散产业的竞争战略

- 零散原因 ... （接上页）
  进入障碍低或存在退出障碍/市场需求多样导致高度产品差异化/不存在规模经济或难以达到规模经济

- 战略选择
  - 克服零散——获得成本优势
    - （1）连锁经营或特许经营
    - （2）技术创新以创造规模经济
    - （3）尽早发现产业趋势
  - 增加附加价值——提高产品差异化程度
  - 专门化——目标集聚
    - （1）产品类型或产品细分的专门化
    - （2）顾客类型专门化
    - （3）地理区域专门化
- 谨防潜在的战略陷阱（5个）

新兴产业的竞争战略

- 内部结构的共同特征
  - (1) 技术的不确定性
  - (2) 战略的不确定性
  - (3) 成本的迅速变化
  - (4) 萌芽企业和另立门户
  - (5) 首次购买者
- 发展障碍
  - (1) 专有技术选择、获取与应用的障碍
  - (2) 原材料、零部件、资金与其他供给的不足
  - (3) 顾客的困惑与等待观望
  - (4) 被替代产品的反应
  - (5) 缺少承担风险的胆略与能力
- 机遇
  新兴产业的发展机遇更多从五种竞争力中的另外两个方面——进入障碍与产业内现有企业的竞争中表现出来的。相对于成熟产业，新兴产业的进入成本与竞争代价都会小得多
- 战略选择
  - (1) 塑造产业结构
  - (2) 正确对待产业发展的外在性
  - (3) 注意产业机会与障碍的转变，在产业发展变化中占据主动地位
  - (4) 选择适当的进入时机与领域

蓝海战略

- 内涵

红海战略	蓝海战略
在现有的市场空间竞争	开创无人争抢的市场空间
参与竞争	规避竞争
争夺现有需求	创造并获取新的需求
遵循价值与成本互替定律	打破价值与成本互替定律
根据差异化或低成本的战略选择，把企业行为整合为一个体系	同时追求差异化和低成本，把企业行业整合为一个体系

- 制定原则
  - 制定原则：重建市场边界/注重全局而非数字/超越现有需求/遵循合理的战略顺序
  - 执行原则：克服关键组织障碍/将战略执行建成战略的一部分
- 重建市场边界的基本法则
  审视他选择产业/跨产业内不同的战略群体看市场/重新界定产业的买方群体/放眼互补性产品或服务/重设客户的功能性或情感性诉求/跨越时间参与塑造外部潮流

职能战略

市场营销战略

- 确定目标市场
  - 市场细分
    - 消费者市场细分的依据　地理、人口、心理和行为
    - 产业市场细分的依据　最终用户、顾客规模、其他变量
  - 目标市场选择
    - 无差异市场营销
    - 差异市场营销
    - 集中市场营销
  - 市场定位
- 设计市场营销组合
  - 产品策略
    - 产品组合策略　扩大产品组合、缩减产品组合、产品延伸
    - 品牌和商标策略　单一品牌、多品牌、自有品牌
    - 产品开发策略
  - 促销策略
    - 四要素：广告促销、营业推广、公关宣传、人员推销
  - 分销策略
    - 在互联网开放的网络环境下，分销渠道又分为线上和线下两种类型
  - 价格策略
    - 产品差别定价法
    - 新产品上市定价法
      - 撇脂定价　新产品上市之初，将新产品价格定得较高，在短期内获取厚利，尽快收回投资
      - 渗透定价　这是与撇脂定价相反的一种定价策略，即在新产品上市之初将价格定得较低，吸引大量的购买者，扩大市场占有率

... （接下页）

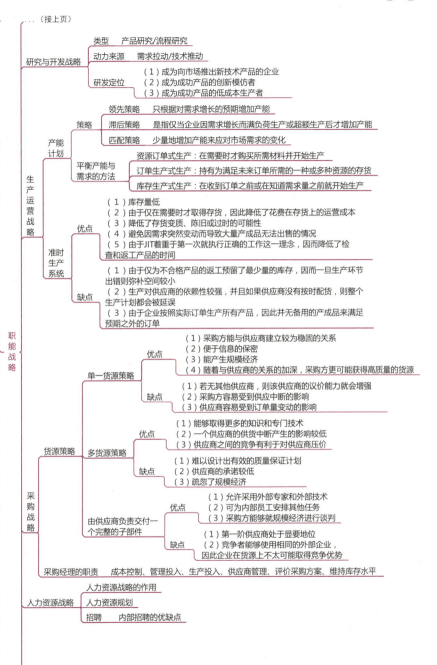

... (接上页)

研究与开发战略
- 类型　产品研究/流程研究
- 动力来源　需求拉动/技术推动
- 研发定位
  - （1）成为向市场推出新技术产品的企业
  - （2）成为成功产品的创新模仿者
  - （3）成为成功产品的低成本生产者

战略选择

职能战略

生产运营战略

产能计划
- 策略
  - 领先策略　只根据对需求增长的预期增加产能
  - 滞后策略　是指仅当企业因需求增长而满负荷生产或超额生产后才增加产能
  - 匹配策略　少量地增加产能来应对市场需求的变化
- 平衡产能与需求的方法
  - 资源订单式生产：在需要时才购买所需材料并开始生产
  - 订单生产式生产：持有为满足未来订单所需的一种或多种资源的存货
  - 库存生产式生产：在收到订单之前或在知道需求量之前就开始生产

准时生产系统
- 优点
  - （1）库存量低
  - （2）由于仅在需要时才取得存货，因此降低了花费在存货上的运营成本
  - （3）降低了存货变质、陈旧或过时的可能性
  - （4）避免因需求突然变动而导致大量成品无法出售的情况
  - （5）由于JIT着重于第一次就执行正确的工作这一理念，因而降低了检查和返工产品的时间
- 缺点
  - （1）由于仅为不合格产品的返工预留了最少量的库存，因而一旦生产环节出错则弥补空间较小
  - （2）生产对供应商的依赖性较强，并且如果供应商没有按时配货，则整个生产计划都会被延误
  - （3）由于企业按照实际订单生产所有产品，因此并无备用的产成品来满足预期之外的订单

采购战略

货源策略
- 单一货源策略
  - 优点
    - （1）采购方能与供应商建立较为稳固的关系
    - （2）便于信息的保密
    - （3）能产生规模经济
    - （4）随着与供应商的关系的加深，采购方更可能获得高质量的货源
  - 缺点
    - （1）若无其他供应商，则该供应商的议价能力就会增强
    - （2）采购方容易受到供应中断的影响
    - （3）供应商容易受到订单量变动的影响
- 多货源策略
  - 优点
    - （1）能够取得更多的知识和专门技术
    - （2）一个供应商的供货中断产生的影响较低
    - （3）供应商之间的竞争有利于对供应商压价
  - 缺点
    - （1）难以设计出有效的质量保证计划
    - （2）供应商的承诺较低
    - （3）疏忽了规模经济
- 由供应商负责交付一个完整的子部件
  - 优点
    - （1）允许采用外部专家和外部技术
    - （2）可为内部员工安排其他任务
    - （3）采购方能够就规模经济进行谈判
  - 缺点
    - （1）第一阶供应商处于显要地位
    - （2）竞争者能够使用相同的外部企业，因此企业在货源上不太可能取得竞争优势

采购经理的职责　成本控制、管理投入、生产投入、供应商管理、评价采购方案、维持库存水平

人力资源战略
- 人力资源战略的作用
- 人力资源规划
- 招聘　内部招聘的优缺点

... (接下页)

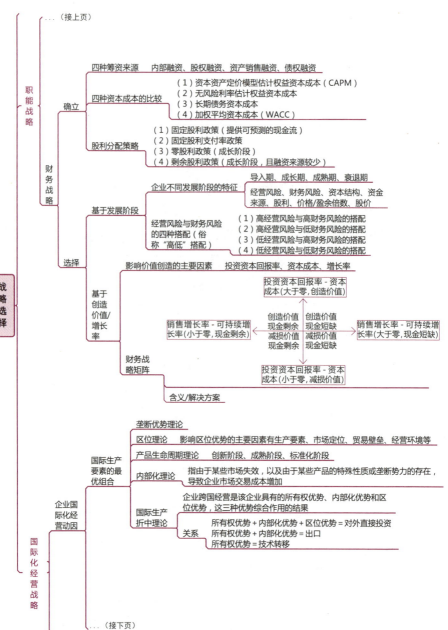

…（接上页）

…（接下页）

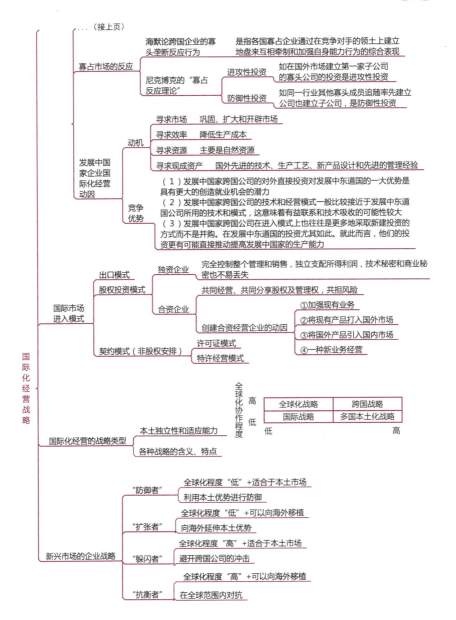

国际化经营战略

...（接上页）

寡占市场的反应
- 海默论跨国企业的寡头垄断反应行为 —— 是指各国寡占企业通过在竞争对手的领土上建立地盘来互相牵制和加强自身能力行为的综合表现
- 尼克博克的"寡占反应理论"
  - 进攻性投资 —— 如在国外市场建立第一家子公司的寡头公司的投资是进攻性投资
  - 防御性投资 —— 如同一行业其他寡头成员追随率先建立公司也建立子公司，是防御性投资

发展中国家企业国际化经营动因
- 动机
  - 寻求市场 —— 巩固、扩大和开辟市场
  - 寻求效率 —— 降低生产成本
  - 寻求资源 —— 主要是自然资源
  - 寻求现成资产 —— 国外先进的技术、生产工艺、新产品设计和先进的管理经验
- 竞争优势
  - （1）发展中国家跨国公司的对外直接投资对发展中东道国的一大优势是具有更大的创造就业机会的潜力
  - （2）发展中国家跨国公司的技术和经营模式一般比较接近于发展中东道国所用的技术和模式，这意味着有益联系和技术吸收的可能性较大
  - （3）发展中国家跨国公司在进入模式上也往往是更多地采取新建投资的方式而不是并购。在发展中东道国的投资尤其如此。就此而言，他们的投资更有可能直接推动提高发展中国家的生产能力

国际市场进入模式
- 出口模式
- 股权投资模式
  - 独资企业 —— 完全控制整个管理和销售，独立支配所得利润，技术秘密和商业秘密也不易丢失
  - 合资企业 —— 共同经营、共同分享股权及管理权，共担风险
  - 创建合资经营企业的动机
    - ①加强现有业务
    - ②将现有产品打入国外市场
    - ③将国外产品引入国内市场
    - ④一种新业务经营
- 契约模式（非股权安排）
  - 许可证模式
  - 特许经营模式

国际化经营的战略类型
- 本土独立性和适应能力
- 各种战略的含义、特点

全球化协作程度 高	全球化战略	跨国战略
低	国际战略	多国本土化战略

低 → 高

新兴市场的企业战略
- "防御者"
  - 全球化程度"低"+适合于本土市场
  - 利用本土优势进行防御
- "扩张者"
  - 全球化程度"低"+可以向海外移植
  - 向海外延伸本土优势
- "躲闪者"
  - 全球化程度"高"+适合于本土市场
  - 避开跨国公司的冲击
- "抗衡者"
  - 全球化程度"高"+可以向海外移植
  - 在全球范围内对抗

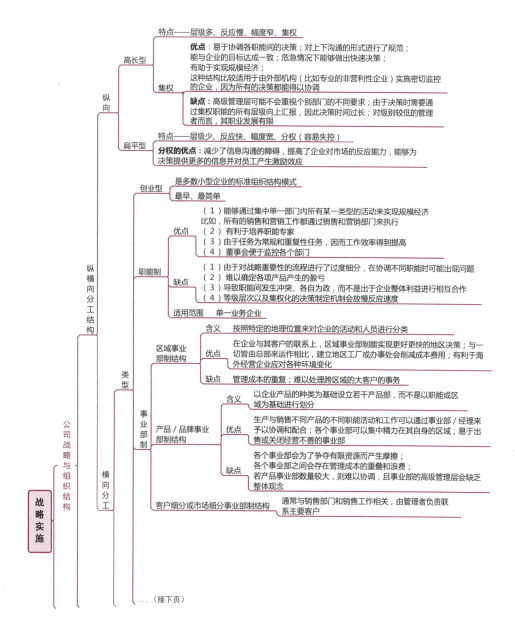

战略实施

公司战略与组织结构

纵横向分工结构

纵向分工

纵向

高长型

特点——层级多、反应慢、幅度窄、集权

集权

优点：易于协调各职能间的决策；对上下沟通的形式进行了规范；能与企业的目标达成一致；危急情况下能够做出快速决策；有助于实现规模经济；这种结构比较适用于由外部机构（比如专业的非营利性企业）实施密切监控的企业，因为所有的决策都能得以协调

缺点：高级管理层可能不会重视个别部门的不同要求；由于决策时需要通过集权职能的所有层级向上汇报，因此决策时间过长；对级别较低的管理者而言，其职业发展有限

扁平型

特点——层级少、反应快、幅度宽、分权（容易失控）

分权的优点：减少了信息沟通的障碍，提高了企业对市场的反应能力，能够为决策提供更多的信息并对员工产生激励效应

横向分工

类型

创业型

是多数小型企业的标准组织结构模式

最早、最简单

职能制

优点：（1）能够通过集中单一部门内所有某一类型的活动来实现规模经济 比如，所有的销售和营销工作都通过销售和营销部门来执行
（2）有利于培养职能专家
（3）由于任务为常规和重复性任务，因而工作效率得到提高
（4）董事会便于监控各个部门

缺点：（1）由于对战略重要性的流程进行了过度细分，在协调不同职能时可能出现问题
（2）难以确定各项产品产生的盈亏
（3）导致职能间发生冲突、各自为政，而不是出于企业整体利益进行相互合作
（4）等级层次以及集权化的决策制定机制会放慢反应速度

适用范围：单一业务企业

事业部制

区域事业部制结构

含义：按照特定的地理位置来对企业的活动和人员进行分类

优点：在企业与其客户的联系上，区域事业部制能实现更好更快的地区决策；与一切皆由总部来运作相比，建立地区工厂或办事处会削减成本费用；有利于海外经营企业应对各种环境变化

缺点：管理成本的重复；难以处理跨区域的大客户的事务

产品/品牌事业部制结构

含义：以企业产品的种类为基础设立若干产品部，而不是以职能或区域为基础进行划分

优点：生产与销售不同产品的不同职能活动和工作可以通过事业部/经理来予以协调和配合；各个事业部可以集中精力在其自身的区域；易于出售或关闭经营不善的事业部

缺点：各个事业部会为了争夺有限资源而产生摩擦；各个事业部之间会存在管理成本的重叠和浪费；若产品事业部数量较大，则难以协调，且事业部的高级管理层会缺乏整体观念

客户细分或市场细分事业部制结构：通常与销售部门和销售工作相关，由管理者负责联系主要客户

…（接下页）

战略实施

... (接上页)

横向分工

类型

M型（多部门）
- 含义：将该企业划分成若干事业部，每一个事业部负责一个或多个产品线
- 优点：
  - 便于企业的持续成长；
  - 首席执行官所在总部员工的工作量会有所减轻；
  - 职权被分派到总部下面的每个事业部；
  - 能够对事业部的绩效进行财务评估和比较
- 缺点：
  - 为事业部分配企业的管理成本比较困难并略带主观性；
  - 经常会在事业部之间滋生功能失调性的竞争和摩擦；
  - 当一个事业部生产另一个事业部所需要的部件或产品时，确定转移价格会产生冲突
- 适用范围：多个产品线的企业

战略业务单位（SBU）
- 优点：降低了企业总部的控制跨度；控制幅度的降低减轻了总部的信息过度情况；使得具有类似使命的产品、市场或技术的事业部之间能够更好地协调；易于监控每个战略业务单位的绩效
- 缺点：总部与事业部和产品层的关系变得疏远；战略业务单位经理为了取得更多的企业资源会引发竞争和摩擦，而这些竞争会变成功能性失调并会对企业的总体绩效产生不利影响
- 适用范围：规模较大的多元化经营的企业

矩阵制
- 含义：横纵两条通道，混合制结构保持着职能制和M型结构的优点
- 优点：
  - （1）由于项目经理与项目的关系更紧密，因而他们能更直接地参与到其产品相关的战略中来，从而激发其成功的动力
  - （2）能更有效地优先考虑关键项目，加强对产品和市场的关注，从而避免职能型结构对产品和市场的关注不足
  - （3）与产品主管和区域主管之间的联系更加直接，从而能够做出更有质量的决策；实现了各个部门之间的协作以及各项技能和专门技术的相互交融
  - （4）实现了各个部门之间的协作以及各项技能和专门技术的相互交融
  - （5）双重权力使得企业具有多重定位，这样职能专家就不会只关注自身业务范围
- 缺点：
  - （1）可能导致权力划分不清晰（比如谁来负责预算），并在职能工作和项目工作之间产生冲突
  - （2）双重权力容易使管理者之间产生冲突。如果采用混合型结构，非常重要的一点就是确保上级的权力不相互重叠，并清晰地划分权力范围。下属必须知道其工作的各个方面应对哪个上级负责
  - （3）管理层可能难以接受混合型结构，并且管理者可能会觉得另一名管理者在争夺其权力，从而产生危机感
  - （4）协调所有的产品和地区会增加时间成本和财务成本，从而导致制定决策的时间过长

H型（控股企业/集团）
- 含义：控股企业可以是对某家企业进行永久投资的企业，主要负责购买和出售业务，在极端情形下，控股企业实际上就是一家投资企业
- 特点：
  - （1）其业务单元的自主性强
  - （2）企业无需负担高额的中央管理费，因为母公司的职员数量很可能非常少，业务单元能够自负盈亏，并从母企业也取得较便宜的投资成本
  - （3）在某些国家，如果将这些企业看成一个整体，业务单元还能够获得一定的节税收益
  - （4）控股企业可以将风险分散到多个企业中，但是有时也很容易撤销对个别企业的投资

国际化经营企业的组织结构

本土独立性和适应能力

	低	高
高 全球协作化程度	全球化战略 全球产品分布结构	跨国战略 跨国结构
低	国际战略 国际部结构	多国本土化战略 全球区域分布结构

横向分工的基本协调机制
- （1）相互适应，自行调整
- （2）直接指挥，直接控制
- （3）工作过程标准化
- （4）工作成果标准化
- （5）技艺（知识）标准化
- （6）共同价值观

... (接下页)

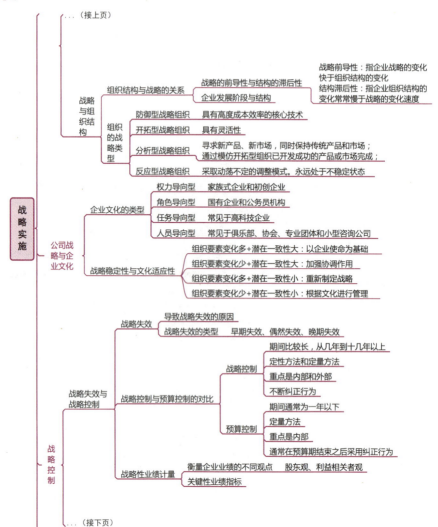

...（接上页）

战略实施

公司战略与企业文化

战略与组织结构

组织结构与战略的关系
- 战略的前导性与结构的滞后性
  - 战略前导性：指企业战略的变化快于组织结构的变化
  - 结构滞后性：指企业组织结构的变化常常慢于战略的变化速度
- 企业发展阶段与结构

组织的战略类型
- 防御型战略组织　具有高度成本效率的核心技术
- 开拓型战略组织　具有灵活性
- 分析型战略组织　寻求新产品、新市场，同时保持传统产品和市场；通过模仿开拓型组织已开发成功的产品或市场完成；
- 反应型战略组织　采取动荡不定的调整模式。永远处于不稳定状态

企业文化的类型
- 权力导向型　家族式企业和初创企业
- 角色导向型　国有企业和公务员机构
- 任务导向型　常见于高科技企业
- 人员导向型　常见于俱乐部、协会、专业团体和小型咨询公司

战略稳定性与文化适应性
- 组织要素变化多+潜在一致性大：以企业使命为基础
- 组织要素变化少+潜在一致性大：加强协调作用
- 组织要素变化多+潜在一致性小：重新制定战略
- 组织要素变化少+潜在一致性小：根据文化进行管理

战略控制

战略失效与战略控制

战略失效
- 导致战略失效的原因
- 战略失效的类型　早期失效、偶然失效、晚期失效

战略控制与预算控制的对比
- 战略控制
  - 期间比较长，从几年到十几年以上
  - 定性方法和定量方法
  - 重点是内部和外部
  - 不断纠正行为
- 预算控制
  - 期间通常为一年以下
  - 定量方法
  - 重点是内部
  - 通常在预算期结束之后采用纠正行为

战略性业绩计量
- 衡量企业业绩的不同观点　股东观、利益相关者观
- 关键性业绩指标

...（接下页）

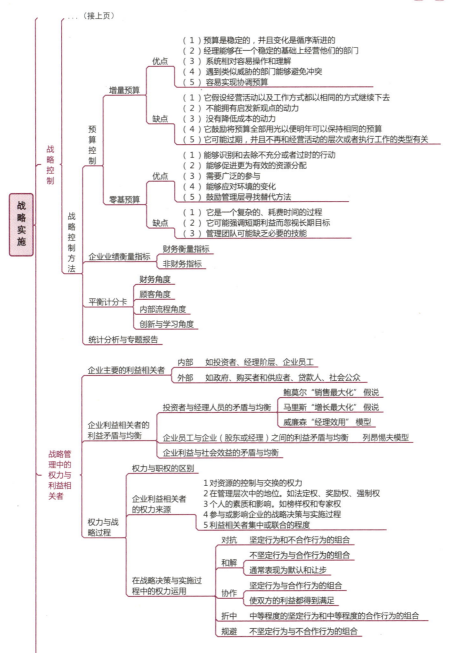

...（接上页）

战略实施

战略控制

战略控制方法

预算控制

增量预算

优点
（1）预算是稳定的，并且变化是循序渐进的
（2）经理能够在一个稳定的基础上经营他们的部门
（3）系统相对容易操作和理解
（4）遇到类似威胁的部门能够避免冲突
（5）容易实现协调预算

缺点
（1）它假设经营活动以及工作方式都以相同的方式继续下去
（2）不能拥有启发新观点的动力
（3）没有降低成本的动力
（4）它鼓励将预算全部用光以便明年可以保持相同的预算
（5）它可能过期，并且不再和经营活动的层次或者执行工作的类型有关

零基预算

优点
（1）能够识别和去除不充分或者过时的行动
（2）能够促进更为有效的资源分配
（3）需要广泛的参与
（4）能够应对环境的变化
（5）鼓励管理层寻找替代方法

缺点
（1）它是一个复杂的、耗费时间的过程
（2）它可能强调短期利益而忽视长期目标
（3）管理团队可能缺乏必要的技能

企业业绩衡量指标
财务衡量指标
非财务指标

平衡计分卡
财务角度
顾客角度
内部流程角度
创新与学习角度

统计分析与专题报告

战略管理中的权力与利益相关者

企业主要的利益相关者
内部 如投资者、经理阶层、企业员工
外部 如政府、购买者和供应者、贷款人、社会公众

企业利益相关者的利益矛盾与均衡
投资者与经理人员的矛盾与均衡
鲍莫尔"销售最大化"假说
马里斯"增长最大化"假说
威廉森"经理效用"模型
企业员工与企业（股东或经理）之间的利益矛盾与均衡 列昂惕夫模型
企业利益与社会效益的矛盾与均衡

权力与战略过程
权力与职权的区别
企业利益相关者的权力来源
1 对资源的控制与交换的权力
2 在管理层次中的地位。如法定权、奖励权、强制权
3 个人的素质和影响。如榜样权和专家权
4 参与或影响企业的战略决策与实施过程
5 利益相关者集中或联合的程度

在战略决策与实施过程中的权力运用
对抗 坚定行为和不合作行为的组合
和解 不坚定行为与合作行为的组合
通常表现为默认和让步
协作 坚定行为与合作行为的组合
使双方的利益都得到满足
折中 中等程度的坚定行为和中等程度的合作行为的组合
规避 不坚定行为与不合作行为的组合

...（接下页）

战略实施

信息技术在战略管理中的作用

信息技术与组织变革
　　两者的关系
　　　　信息技术是推动组织变革的诱因
　　　　组织变革又进一步促进信息技术应用
　　信息技术对组织结构变革的影响
　　　　支持组织扁平化调整
　　　　支持新型组织结构，如团队结构和虚拟组织

信息技术与竞争战略

信息技术与企业价值链网

大数据时代企业战略转型
　　大数据时代的数据分析
　　　　大数据的主要特征：大量性、多样性、高速性、价值性
　　　　大数据时代的数据分析：定量与定性相结合，提取有用信息和形成结论
　　　　传统数据分析和大数据分析的步骤
　　大数据对企业战略决策模式的影响　　决策依据、决策主体、决策技术与方法
　　大数据时代企业战略转型的主要方面　　市场调研与预测、营销管理、生产管理、应收账款管理
　　大数据时代企业战略转型面临的困难　　数据容量、数据安全、数据分析与处理问题
　　大数据时代企业战略转型的主要任务
　　　　树立大数据思维，转变经营管理模式
　　　　优化专业人才队伍，提升对数据收集、挖掘与分析的能力
　　　　加强基础设施建设，积极推进共享模式
　　　　提高风险管理水平，确保企业与客户信息安全

第五章 公司治理

公司治理

- **公司治理的概述**
  - **企业的起源与演进** —— 业主制-合伙制-公司制
  - **公司治理问题的产生**
  - **公司治理的概念**
    - **定义**
      - 狭义：保证股东利益的最大化
      - 广义：保证所有利益相关者的利益最大化
    - **概念理解（从三个方面）** —— 公司治理结构与治理机制、从权力制衡到科学决策、公司治理能力
  - **公司治理理论**
    - **委托代理理论** —— 产生原因
      - 随着生产力大发展和规模化大生产的出现而产生的
      - 所有权与控制权分离相关的所有问题，最终都与代理问题有关
      - 委托人和代理人利益的冲突，是问题产生的根源
    - **资源依赖理论**
      - 董事会的功能：管理环境依赖、反应环境需要
      - 影响董事会规模的因素：外部环境条件、公司当前战略、早期财务绩效
      - **外部资源** —— 董事会发挥的作用
        - 为企业带来忠告、建议形式的信息
        - 获得公司和外部环境之间的信息通道
        - 取得资源的优先条件
        - 提升企业的合法性
        - 处于成长期和衰退期的公司对董事会的资源提供较依赖
      - 内部因素：需要程度、稀缺程度、利用程度、获取能力
    - **利益相关者理论** —— 任何一个公司的发展都离不开各利益相关者的投入或参与，企业追求的是利益相关者的整体利益，而不仅仅是某些主体的利益

- **三大公司治理问题**

项目	代理型公司治理问题	剥夺型公司治理问题
形象称谓	经理人对股东的"内部人控制"问题	终极股东对中小股东的"隧道挖掘"问题
对象	公司所有者与经营者，即股东与经理之间	大股东与中小股东之间
内容	由于所有者和经营者之间存在目标利益不一致与信息的不对称，企业的外部成员（如股东、债权人、主管部门等）无法实施有效的监督，从而使企业的内部成员直接参加企业战略决策并掌握企业实际控制权，在企业战略决策中追求自身利益，并以此侵蚀作为外部人（股东）的合法权益。	许多公司都存在一个或几个有绝对影响力的大股东，他们既有股权优势，又取得了公司控制权，因而便于利用自身地位，以牺牲众多的中小股东利益为代价，通过追求自利目标而不是公司价值目标来实现自身福利最大化。
主要表现	（1）违背忠诚义务的主要表现：过高的在职消费，盲目过度投资，经营行为的短期化；侵占资产，资产转移；工资、奖金等收入增长过快；会计信息作假、财务作假；大量负债，甚至严重亏损；建设个人帝国。 （2）违背勤勉义务的主要表现：信息披露不完整、不及时；敷衍偷懒不作为；财务杠杆过度保守；经营过于稳健、缺乏创新等等。	（1）滥用公司资源 （2）占用公司资源 ①直接占用资源 ②通过关联交易进行利益输送：商业服务交易活动；资产租用和交易活动；费用分摊活动。 ③掠夺性财务活动：掠夺性融资；内幕交易；掠夺性资本运作；超额股利。
基本对策	①完善公司治理体系，加大监督力度 ②强化监事会的监督职能，形成企业内部权力制衡体系 ③完善和加强公司的外部监督体系	如何保护中小股东权益： ①累积投票制 ②建立有效的股东民事赔偿制度 ③建立表决权排除制度 ④完善小股东的代理投票权 ⑤建立股东退出机制：转股；退股

  - **企业与其他利益相关者之间的关系问题** —— 传统股东价值理论过度关注投资者利益而忽略了债权人、员工、供应商、社区、顾客等与其也密切相关的利益群体。当各利益相关者的利益得到合理的配置与满足时，才能建立更有利于企业长远可持续发展的外部环境

.....（接下页）

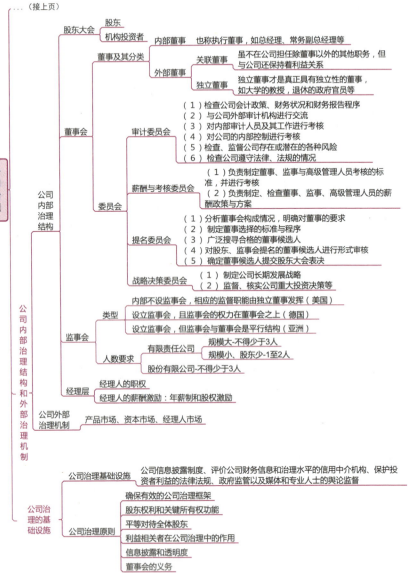

…（接上页）

公司治理

公司内部治理结构和外部治理机制

- 公司内部治理结构
  - 股东大会
    - 股东
    - 机构投资者
  - 董事及其分类
    - 内部董事——也称执行董事，如总经理、常务副总经理等
    - 外部董事
      - 关联董事——虽不在公司担任除董事以外的其他职务，但与公司还保持着利益关系
      - 独立董事——独立董事才是真正具有独立性的董事，如大学的教授，退休的政府官员等
  - 董事会
    - 委员会
      - 审计委员会
        - （1）检查公司会计政策、财务状况和财务报告程序
        - （2）与公司外部审计机构进行交流
        - （3）对内部审计人员及其工作进行考核
        - （4）对公司的内部控制进行考核
        - （5）检查、监督公司存在或潜在的各种风险
        - （6）检查公司遵守法律、法规的情况
      - 薪酬与考核委员会
        - （1）负责制定董事、监事与高级管理人员考核的标准，并进行考核
        - （2）负责制定、检查董事、监事、高级管理人员的薪酬政策与方案
      - 提名委员会
        - （1）分析董事会构成情况，明确对董事的要求
        - （2）制定董事选择的标准与程序
        - （3）广泛搜寻合格的董事候选人
        - （4）对股东、监事会提名的董事候选人进行形式审核
        - （5）确定董事候选人提交股东大会表决
      - 战略决策委员会
        - （1）制定公司长期发展战略
        - （2）监督、核实公司重大投资决策等
  - 监事会
    - 类型
      - 内部不设监事会，相应的监督职能由独立董事发挥（美国）
      - 设立监事会，且监事会的权力在董事会之上（德国）
      - 设立监事会，但监事会与董事会是平行结构（亚洲）
    - 人数要求
      - 有限责任公司
        - 规模大-不得少于3人
        - 规模小、股东少-1至2人
      - 股份有限公司-不得少于3人
  - 经理层
    - 经理人的职权
    - 经理人的薪酬激励：年薪制和股权激励
- 公司外部治理机制
  - 产品市场、资本市场、经理人市场
- 公司治理的基础设施
  - 公司治理基础设施——公司信息披露制度、评价公司财务信息和治理水平的信用中介机构、保护投资者利益的法律法规、政府监管以及媒体和专业人士的舆论监督
  - 公司治理原则
    - 确保有效的公司治理框架
    - 股东权利和关键所有权功能
    - 平等对待全体股东
    - 利益相关者在公司治理中的作用
    - 信息披露和透明度
    - 董事会的义务

第六章
风险与风险管理

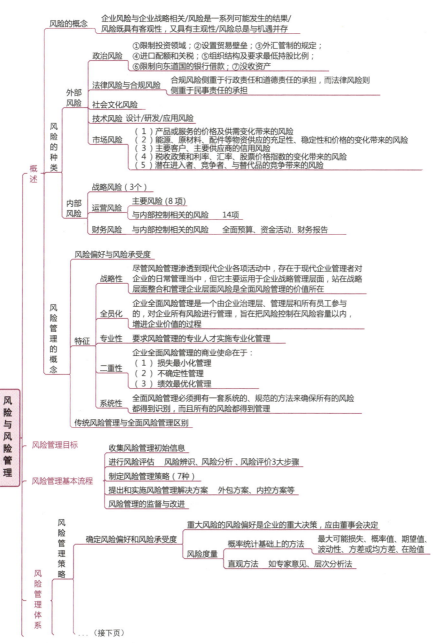

风险与风险管理

概述

- **风险的概念** —— 企业风险与企业战略相关/风险是一系列可能发生的结果/风险既具有客观性，又具有主观性/风险总是与机遇并存

- **风险的种类**
  - **外部风险**
    - **政治风险** —— ①限制投资领域；②设置贸易壁垒；③外汇管制的规定；④进口配额和关税；⑤组织结构及要求最低持股比例；⑥限制向东道国的银行借款；⑦没收资产
    - **法律风险与合规风险** —— 合规风险侧重于行政责任和道德责任的承担，而法律风险则侧重于民事责任的承担
    - **社会文化风险**
    - **技术风险** 设计/研发/应用风险
    - **市场风险** —— （1）产品或服务的价格及供需变化带来的风险
      （2）能源、原材料、配件等物资供应的充足性、稳定性和价格的变化带来的风险
      （3）主要客户、主要供应商的信用风险
      （4）税收政策和利率、汇率、股票价格指数的变化带来的风险
      （5）潜在进入者、竞争者、与替代品的竞争带来的风险
  - **内部风险**
    - **战略风险（3个）**
    - **运营风险** 主要风险（8项）
      与内部控制相关的风险　14项
    - **财务风险** 与内部控制相关的风险　全面预算、资金活动、财务报告

- **风险管理的概念**
  - 风险偏好与风险承受度
  - **特征**
    - **战略性** —— 尽管风险管理渗透到现代企业各项活动中，存在于现代企业管理者对企业的日常管理当中，但它主要运用于企业战略管理层面，站在战略层面整合和管理企业层面风险是全面风险管理的价值所在
    - **全员化** —— 企业全面风险管理是一个由企业治理层、管理层和所有员工参与的，对企业所有风险进行管理，旨在把风险控制在风险容量以内，增进企业价值的过程
    - **专业性** —— 要求风险管理的专业人才实施专业化管理
    - **二重性** —— 企业全面风险管理的商业使命在于：
      （1）损失最小化管理
      （2）不确定性管理
      （3）绩效最优化管理
    - **系统性** —— 全面风险管理必须拥有一套系统的、规范的方法来确保所有的风险都得到识别，而且所有的风险都得到管理
  - 传统风险管理与全面风险管理区别

- **风险管理目标**

- **风险管理基本流程**
  - 收集风险管理初始信息
  - 进行风险评估　风险辨识、风险分析、风险评价3大步骤
  - 制定风险管理策略（7种）
  - 提出和实施风险管理解决方案　外包方案、内控方案等
  - 风险管理的监督与改进

风险管理体系

- **风险管理策略**
  - **确定风险偏好和风险承受度**
    - 重大风险的风险偏好是企业的重大决策，应由董事会决定
    - **风险度量**
      - 概率统计基础上的方法　最大可能损失、概率值、期望值、波动性、方差或均方差、在险值
      - 直观方法　如专家意见、层次分析法

... （接下页）

风险与风险管理

……（接上页）

选择策略工具

- **风险承担**
  - 对未能辨识出的风险，企业只能采用风险承担
  - 对于辨识出的风险承担的原因：缺乏能力进行主动管理、没有其他备选方案、从成本效益考虑
  - 对于企业的重大风险，即影响到企业目标实现的风险，企业一般不应采用风险承担
- **风险规避**：如退出市场以避免竞争、拒绝信用不好的交易对手、外包高危工作、停产隐患产品、禁止金融投机、不准员工访问某些网站或下载某些内容
- **风险转移**：保险、非保险型的风险转移（如服务保证书）、风险证券化
- **风险转换**：手段包括战略调整和衍生产品等、一般不会直接降低企业总的风险
- **风险对冲**：必须涉及风险组合
- **风险补偿**：形式有财务补偿、人力补偿、物资补偿等，如企业自身的风险准备金或应急资本等
- **风险控制**：控制风险事件发生的动因、环境、条件等来达到减轻风险事件发生时的损失或降低风险事件发生的概率的目的

确定风险管理的资源配置

风险管理组织职能体系：规范的公司法人治理结构、风险管理委员会、风险管理职能部门、审计委员会、企业其他职能部门及各业务单位、下属公司

内部控制系统

- **内部控制概述**
  - COSO：三大目标五大要素　三项目标
    - （1）取得经营的效率和有效性
    - （2）确保财务报告的可靠性
    - （3）遵循适用的法律法规
  - 我国内部控制：五大目标五大要素
- **内部控制的五要素**
  - **控制环境**：包括员工的正直、道德价值观和能力，管理当局的理念和经营风格，管理当局建立权威性和责任、组织和开发员工的方法等
  - **风险评估**：为了达成组织目标而对相关的风险所进行的辨别与分析
  - **控制活动**：为了确保实现管理当局的目标而采取的政策和程序，包括审批、授权、验证、确认、经营业绩的复核、资产的安全性等
    - 典型活动有：不相容职务分离、授权审批控制、会计系统控制、财产保护控制、预算控制、运营分析控制和绩效考评控制
  - **信息与沟通**：为保证员工履行职责而必须识别、获取的信息及其沟通
  - **内部监督（监控）**：通过持续性的监控行为、独立评估或两者结合来实现对内控系统的监督

风险理财措施

- **风险理财的特点**
  - 风险理财的手段既不改变风险事件发生的可能性，也不改变风险事件可能引起的直接损失程度
  - 风险理财需要判断风险的定价，因此量化的标准较高
  - 应用范围一般不包括声誉等难以衡量其价值的风险
  - 风险理财手段技术强，许多风险理财工具本身有着比较复杂的风险特性，使用不当容易造成重大损失
- **风险理财的策略与方案**
  - 远期合约　远期合约必须执行，期权可以不执行
  - 互换交易　利率、货币、商品等互换
  - 期货
  - 期权　买方期权和卖方期权
- **损失事件管理**
  - **损失融资**
    - 预期损失融资　一般作为运营资本的一部分
    - 非预期损失融资　属于风险资本的范畴
  - **风险资本**：除经营所需的资本之外，公司还需要额外的资本用于补偿风险造成的财务损失，如风险准备金
  - **应急资本**
    - 应急资本是风险资本的表现形式之一
    - 常见形式如公司为满足特定条件下的经营需要而从银行获得的信贷额度
  - **保险**　把损失的风险转移给了保险公司
  - **专业自保**　为母公司提供保险，建立损失储备金
- **套期保值**

风险管理信息系统

风险管理技术与方法：头脑风暴法、德尔菲法、失效模式影响和危害度分析法、流程图分析法、马尔科夫分析法、风险评估系图法、情景分析法、敏感性分析法、事件树分析法、决策树法、统计推论法

李彬

BT学院(www.btclass.cn)明星老师

四年累计带出80位一次过6科CPA学员。2019年带出15位一次过6科CPA学员、92位一次过5科学员，跟上进度学员的通过率超过80%。

零基础开始考证之路，自创框架学习法！2012年全国第二名一次性通过6科CPA考试（459分）；2013年6月一次性通过注册税务师考试（5科）；2013年9月高分通过司法考试（400+）。

BT学院 陪伴奋斗年华！

——Best Time，最美的年华，奋斗在BT学院

BT学院是一家互联网直播教育品牌，专注于财经考试和财经知识学习，以高效应试、高通过率、陪伴奋斗著称。发展四年来，公司至今无一推销员，从不发垃圾短信，不打营销电话，坚持教育初心和陪伴理念，依靠口碑传播，覆盖用户过百万，累计付费学员人次超10万，成为行业黑马。

BT学院旗下CPA培训品牌「李彬教你考注会」成绩喜人，2019年再创佳绩，带出了15位一次过六科学员，近四年累计带出80位一次过6科学员，跟上进度学员的通过率超过80%，震惊了整个CPA培训行业。

未来，BT学院将继续加大教研和技术投入，陪伴学员奋斗成长，打造一所有温度的在线财经大学。

ISBN 978-7-5218-1416-3

定价：57.00 元（全三册）

扫码免费领取题库

ISBN 978-7-5218-1416-3

9 787521 814163